国家"2011计划"司法文明协同创新中心资助
北京零点市场调查有限公司技术支持

中国司法文明指数调查数据挖掘报告

2020—2021

张 中 主编

DATA MINING REPORT
ON CHINA JUSTICE INDEX 2020-2021

编写人员 张保生 张 中 吴洪淇 褚福民
满运龙 施鹏鹏 郑 飞 樊传明

中国政法大学出版社

2023·北京

中国司法文明指数
项目组

项目顾问： 张文显　陈光中

项目主任： 张保生

项目副主任： 张　中

项目执行主任： 吴洪淇　刘世权

项目组主要成员： 张保生　张　中　吴洪淇　褚福民　满运龙
施鹏鹏　郑　飞　樊传明　张　伟　冯俊伟
刘世权　尚　华　戴　锐　曹　佳　张南宁
王殿玺　张嘉源　张文博　陆誉蓉　彭　江
朱　婧　申雯艳　于函玉

Preface 前言

中国司法文明指数问卷调查针对社会公众与法官、检察官、警察和律师等法律职业群体，分别设计两种类型的问卷，包含受访者基本情况、司法文明情况等相关问题，旨在通过抽样调查的方式对我国司法文明情况进行全面评估。

2020—2021年中国司法文明指数指标体系共计10个一级指标、32个二级指标，并分解为67个问卷题目。本次调查问卷中多数题目采用五级量表的形式进行考察，通过实地动态监测，从普通人的视角调查和评估可能影响人民群众日常生活的司法文明状况，展现司法文明程度的综合指标，以直接调查数据为基础，以直观图形呈现出来，反映了人民群众对本地司法文明状况的满意度。

由于受新型冠状病毒疫情影响，中国司法文明调查数据挖掘报告首次以双年报告形式出版发布。在本次评估中，司法文明协同创新中心在除港澳台以外的全国31个省/自治区/直辖市进行了抽样调查。本次调查以个人为对象，以调查问卷为数据采集形式，以受访者对于司法文明指数所包含各个方面的个人认识集合为统计总体。通过在31个省/自治区/直辖市发放公众卷（个人基本情况8题、主体问题23题）和职业卷（个人基本情况9题，主体问题35题）两类问卷，每个省/自治区/直辖市不少于800份问卷，其中公众卷600份，职业卷200份（法官、检察官、警察各40份，律师80份），最终回收有效样本总量共计24 354份调查问卷，其中公众卷18 081份、职业卷6273份。我们对这些问卷中所包含的各项数据进行统计分析，以便充分展现我国司法文明状况。

为了对司法文明指数调查数据进行更为有效的挖掘，我们在频数分析和主体问题及基本情况间交叉分析的基础上，利用主体问题间的交叉分析、相关分析和年度比较分析等数据统计分析方法，对数据进行深入挖掘。其中，交叉分析的意义在于探寻数据之间的内在联系；相关分析的目的在于探讨数据之间是否存在某种依存关系；年度比较分析的作用则在于了解司法文明指数变化趋势。

本报告将以司法文明指数的衡量指标为划分依据，向人们展示通过上述数据分析方法得到的数据分布情况，并通过归纳推理，展示易读性数据分析结果，发现隐藏在数据下的内在联系，揭示出数据中隐含的、先前未知的且有潜在价值的信息，从而直观呈现受访者对我国司法文明状况的主观感受，进而为研究人员发现问题、解决问题奠定基础，最终起到全面推进我国司法文明进程的作用。

编　者

2023年5月

目 录

前 言 ……………………………………………………………………………………… 1

第一章　调查问卷质量评估 ………………………………………………………… 1

一、问卷样本分布 ………………………………………………………………… 1
（一）职业卷 …………………………………………………………………… 1
（二）公众卷 …………………………………………………………………… 6

二、问卷题目鉴别力分析 ……………………………………………………… 11
（一）职业卷 ………………………………………………………………… 11
（二）公众卷 ………………………………………………………………… 12

三、问卷信度分析 ……………………………………………………………… 13
（一）职业卷 ………………………………………………………………… 14
（二）公众卷 ………………………………………………………………… 16

四、问卷效度分析 ……………………………………………………………… 17
（一）职业卷 ………………………………………………………………… 17
（二）公众卷 ………………………………………………………………… 24

第二章　司法文明指标评分比较 …………………………………………………… 27

指标1　司法权力 ………………………………………………………………… 27
1.1　司法权力依法行使 ……………………………………………………… 27
1.2　司法权力独立行使 ……………………………………………………… 29
1.3　司法权力公正行使 ……………………………………………………… 32
1.4　司法权力主体受到信任与认同 ………………………………………… 35
1.5　司法裁判受到信任与认同 ……………………………………………… 38

指标2　当事人诉讼权利 ………………………………………………………… 40
2.1　当事人享有不被强迫自证其罪的权利 ………………………………… 40
2.2　当事人享有获得辩护、代理的权利 …………………………………… 41
2.3　当事人享有证据性权利 ………………………………………………… 44
2.4　当事人享有获得救济的权利 …………………………………………… 45

指标 3	民事司法程序	48
3.1	民事审判符合公正要求	48
3.2	民事诉讼中的调解自愿、合法	50
3.3	民事诉讼裁判得到有效执行	51
指标 4	刑事司法程序	52
4.1	侦查措施及时合法	52
4.2	审查起诉公正	56
4.3	刑事审判公正及时	57
指标 5	行政司法程序	59
5.1	行政审判符合公正要求	59
5.2	行政诉讼裁判得到有效执行	60
指标 6	证据制度	62
6.1	证据裁判原则得到贯彻	62
6.2	证据依法得到采纳与排除	64
6.3	证明过程得到合理规范	66
指标 7	司法腐败遏制	70
7.1	警察远离腐败	70
7.2	检察官远离腐败	72
7.3	法官远离腐败	74
指标 8	法律职业化	76
8.1	法律职业人员获得职业培训	76
8.2	法律职业人员遵守职业伦理规范	77
8.3	法律职业人员享有职业保障	80
指标 9	司法公开	86
9.1	司法过程依法公开	86
9.2	裁判结果依法公开	87
指标 10	司法文化	90
10.1	公众参与司法的意识及程度	90
10.2	公众诉诸司法的意识及程度	90
10.3	公众接受司法裁判的意识及程度	91
10.4	公众接受现代刑罚理念的意识及程度	92

第三章　司法主体性分析 94
一、对法官/法院的评价 95
　　指标1：司法权力 96
　　指标2：当事人诉讼权利 97

指标 3：民事司法程序 ·· 98
　　指标 4：刑事司法程序 ·· 99
　　指标 5：行政司法程序 ··· 100
　　指标 6：证据制度 ··· 101
　　指标 7：司法腐败遏制 ··· 101
　　指标 8：法律职业化 ··· 102
　　指标 9：司法公开 ··· 103
二、对检察官/检察院的评价 ··· 103
　　指标 1：司法权力 ··· 104
　　指标 2：当事人诉讼权利 ··· 105
　　指标 4：刑事司法程序 ··· 106
　　指标 6：证据制度 ··· 107
　　指标 7：司法腐败遏制 ··· 108
　　指标 8：法律职业化 ··· 108
三、对警察/公安机关的评价 ··· 109
　　指标 1：司法权力 ··· 110
　　指标 2：当事人诉讼权利 ··· 111
　　指标 4：刑事司法程序 ··· 111
　　指标 6：证据制度 ··· 112
　　指标 7：司法腐败遏制 ··· 113
　　指标 8：法律职业化 ··· 113
四、对律师的评价 ··· 114
　　指标 2：当事人诉讼权利 ··· 115
　　指标 8：法律职业化 ··· 115

第四章　受访群体背景变量分析 ··· 117
一、法律职业群体背景变量分析 ··· 117
　　背景变量 1：职业 ··· 117
　　背景变量 2：法官、检察官入额情况 ································· 119
　　背景变量 3：性别 ··· 121
　　背景变量 4：年龄 ··· 123
　　背景变量 5：从业年限 ··· 125
　　背景变量 6：学历 ··· 127
　　背景变量 7：专业 ··· 129
　　背景变量 8：政治面貌 ··· 131
　　背景变量 9：区域 ··· 133

二、公众群体背景变量分析 ……………………………………………………………… 135
背景变量1：性别 ……………………………………………………………… 135
背景变量2：年龄 ……………………………………………………………… 137
背景变量3：学历 ……………………………………………………………… 139
背景变量4：职业 ……………………………………………………………… 141
背景变量5：政治面貌 ………………………………………………………… 144
背景变量6：参与诉讼情况 …………………………………………………… 146
背景变量7：区域 ……………………………………………………………… 148

第五章 司法文明指标相关分析 ………………………………………………………… 150
一、职业卷各指标间的相关分析 ……………………………………………………… 151
指标1：司法权力 ……………………………………………………………… 152
指标2：当事人诉讼权利 ……………………………………………………… 156
指标3：民事司法程序 ………………………………………………………… 159
指标4：刑事司法程序 ………………………………………………………… 161
指标5：行政司法程序 ………………………………………………………… 164
指标6：证据制度 ……………………………………………………………… 166
指标7：司法腐败遏制 ………………………………………………………… 169
指标8：法律职业化 …………………………………………………………… 170
指标9：司法公开 ……………………………………………………………… 171
二、公众卷各指标间的相关分析 ……………………………………………………… 173
指标1：司法权力 ……………………………………………………………… 173
指标2：当事人诉讼权利 ……………………………………………………… 175
指标3：民事司法程序 ………………………………………………………… 176
指标4：刑事司法程序 ………………………………………………………… 178
指标5：行政司法程序 ………………………………………………………… 180
指标6：证据制度 ……………………………………………………………… 181
指标7：司法腐败遏制 ………………………………………………………… 182
指标8：法律职业化 …………………………………………………………… 184
指标9：司法公开 ……………………………………………………………… 185
指标10：司法文化 ……………………………………………………………… 186

第六章 对司法主体满意度相关分析 …………………………………………………… 188
一、职业卷对各司法主体满意度相关分析 …………………………………………… 188
（一）对法官满意度 …………………………………………………………… 188
（二）对检察官满意度 ………………………………………………………… 193
（三）对警察满意度 …………………………………………………………… 196

二、公众卷对各司法主体满意度相关分析 ... 197
（一）对法官满意度 ... 197
（二）对检察官满意度 ... 200
（三）对警察满意度 ... 202
（四）参与法庭审判意愿度 ... 204
（五）遇到纠纷到法院起诉可能性 ... 207

第七章 2014—2021年度数据动态分析 ... 210
一、2014—2021年度数据总体变化情况 ... 210
（一）总得分变化情况 ... 210
（二）各指标得分变化情况 ... 213
二、2014—2021年度各省份数据变化情况 ... 225
（一）北京市 ... 227
（二）天津市 ... 228
（三）河北省 ... 230
（四）山西省 ... 231
（五）内蒙古自治区 ... 232
（六）辽宁省 ... 234
（七）吉林省 ... 235
（八）黑龙江省 ... 236
（九）上海市 ... 238
（十）江苏省 ... 239
（十一）浙江省 ... 240
（十二）安徽省 ... 242
（十三）福建省 ... 243
（十四）江西省 ... 244
（十五）山东省 ... 245
（十六）河南省 ... 247
（十七）湖北省 ... 248
（十八）湖南省 ... 249
（十九）广东省 ... 250
（二十）广西壮族自治区 ... 252
（二十一）海南省 ... 253
（二十二）重庆市 ... 254
（二十三）四川省 ... 255
（二十四）贵州省 ... 257

(二十五) 云南省	258
(二十六) 西藏自治区	259
(二十七) 陕西省	260
(二十八) 甘肃省	262
(二十九) 青海省	263
(三　十) 宁夏回族自治区	264
(三十一) 新疆维吾尔自治区	266

附录1 司法文明指数调查问卷（职业卷） 268

附录2 司法文明指数调查问卷（公众卷） 274

Contents

▶ **Preface** ·· 1

▶ **Chapter I　Evaluation of Questionnaire Quality** ·· 1
　1. Sample Distribution of Questionnaire ·· 1
　　1.1　Questionnaire for the Legal Professional ·· 1
　　1.2　Questionnaire for the Public ··· 6
　2. Analysis on the Discrimination of Questionnaire Topics ··································· 11
　　2.1　Questionnaire for the Legal Professional ··· 11
　　2.2　Questionnaire for the Public ·· 12
　3. Cronbach Alpha Analysis of Questionnaire ·· 13
　　3.1　Questionnaire for the Legal Professional ··· 14
　　3.2　Questionnaire for the Public ·· 16
　4. Scale Validity Analysis of Questionnaire ·· 17
　　4.1　Questionnaire for the Legal Professional ··· 17
　　4.2　Questionnaire for the Public ·· 24

▶ **Chapter II　Score Comparison of the Judicial Civilization Indicators** ················· 27
　Indicator 1: Judicial Power ·· 27
　　1.1　Lawful Use of Judicial Power ··· 27
　　1.2　Independent Exercise of Judicial Power ·· 29
　　1.3　Just Use of Judicial Power ·· 32
　　1.4　Trust and Recognition of Judicial Authorities ··· 35
　　1.5　Trust and Recognition of Judicial Outcomes ·· 38
　Indicator 2: Parties' Litigation Rights ··· 40
　　2.1　Parties' Right of Being Free from Compelled Self-Incrimination ·············· 40
　　2.2　Parties' Right to Legal Defense and Counsel ··· 41
　　2.3　Parties' Evidential Rights in Court ·· 44
　　2.4　Parties' Right to Remedies ··· 45
　Indicator 3: Civil Proceedings ··· 48
　　3.1　Just Civil Procedure ··· 48
　　3.2　Voluntary and Lawful Mediation in Civil Procedure ································· 50
　　3.3　Effective Enforcement of Civil Judgment ·· 51

Indicator 4: Criminal Proceedings 52
  4.1 Timely Processing and Lawfulness of Criminal Investigation 52
  4.2 Just Examination and Public Prosecution 56
  4.3 Just and Speedy Criminal Trial 57

Indicator 5: Administrative Proceedings 59
  5.1 Just Administrative Procedure 59
  5.2 Effective Enforcement of Administrative Judgment 60

Indicator 6: Evidence System 62
  6.1 Effective Application of the Principle of Judgment Based on Evidence 62
  6.2 Admission and Exclusion of Evidence according to Law 64
  6.3 Reasonable Regulation of Process of Proof 66

Indicator 7: Absence of Judicial Corruption 70
  7.1 Avoidance of Corruption by Police 70
  7.2 Avoidance of Corruption by Prosecutors 72
  7.3 Avoidance of Corruption by Judges 74

Indicator 8: Legal Profession 76
  8.1 Access to Professional Training by Legal Professionals 76
  8.2 Adherence to Professional Ethics by Legal Professionals 77
  8.3 Access to Professional Security by Legal Professionals 80

Indicator 9: Open Justice 86
  9.1 Lawfulness and Transparency of Judicial Activities 86
  9.2 Open to Public of Judicial Outcomes 87

Indicator 10: Judicial Culture 90
  10.1 Awareness and Scope of Public Participation in Judicial Process 90
  10.2 Awareness and Scope of Public Use of Judicial Process 90
  10.3 Awareness and Degree of Public Acceptance of Judicial Judgment 91
  10.4 Awareness and Degree of Public Acceptance of Modern Concepts of Crime and Punishment 92

► Chapter III Analysis of the Judicial Subjects 94
  1. Evaluation of the Judge/Court 95
    Indicator 1: Judicial Power 96
    Indicator 2: Parties' Litigation Rights 97
    Indicator 3: Civil Proceedings 98
    Indicator 4: Criminal Proceedings 99
    Indicator 5: Administrative Proceedings 100
    Indicator 6: Evidence System 101
    Indicator 7: Absence of Judicial Corruption 101
    Indicator 8: Legal Profession 102
    Indicator 9: Open Justice 103

2. Evaluation of the Prosecutor/Procuratorate ······ 103
Indicator 1: Judicial Power ······ 104
Indicator 2: Parties' Litigation Rights ······ 105
Indicator 4: Criminal Proceedings ······ 106
Indicator 6: Evidence System ······ 107
Indicator 7: Absence of Judicial Corruption ······ 108
Indicator 8: Legal Profession ······ 108

3. Evaluation of the Police/Public Security Organs ······ 109
Indicator 1: Judicial Power ······ 110
Indicator 2: Parties' Litigation Rights ······ 111
Indicator 4: Criminal Proceedings ······ 111
Indicator 6: Evidence System ······ 112
Indicator 7: Absence of Judicial Corruption ······ 113
Indicator 8: Legal Profession ······ 113

4. Evaluation of the Lawyer ······ 114
Indicator 2: Parties' Litigation Rights ······ 115
Indicator 8: Legal Profession ······ 115

▶ Chapter IV Analysis of Background Variable of Interviewees ······ 117

1. Analysis of Background Variable of the Legal Professional ······ 117
Variable 1: Occupation ······ 117
Variable 2: Specified-number-of-judge (prosecutor) ······ 119
Variable 3: Gender ······ 121
Variable 4: Age ······ 123
Variable 5: Working Seniority ······ 125
Variable 6: Education Background ······ 127
Variable 7: Specialty ······ 129
Variable 8: Political Status ······ 131
Variable 9: Region ······ 133

2. Analysis of Background Variable of the Public ······ 135
Variable 1: Gender ······ 135
Variable 2: Age ······ 137
Variable 3: Education Background ······ 139
Variable 4: Occupation ······ 141
Variable 5: Political Status ······ 144
Variable 6: Participation in Litigation ······ 146
Variable 7: Region ······ 148

▶ Chapter V Analysis of the Judicial Civilization Indicators ······ 150

1. Correlation Analysis of the Indicators of the Questionnaire for the Legal Professional ··· 151
Indicator 1: Judicial Power ······ 152
Indicator 2: Parties' Litigation Rights ······ 156

Indicator 3: Civil Proceedings ⋯⋯ 159
Indicator 4: Criminal Proceedings ⋯⋯ 161
Indicator 5: Administrative Proceedings ⋯⋯ 164
Indicator 6: Evidence System ⋯⋯ 166
Indicator 7: Absence of Judicial Corruption ⋯⋯ 169
Indicator 8: Legal Profession ⋯⋯ 170
Indicator 9: Open Justice ⋯⋯ 171

2. Correlation Analysis of the Indicators of the Questionnaire for the Public ⋯⋯ 173
Indicator 1: Judicial Power ⋯⋯ 173
Indicator 2: Parties' Litigation Rights ⋯⋯ 175
Indicator 3: Civil Proceedings ⋯⋯ 176
Indicator 4: Criminal Proceedings ⋯⋯ 178
Indicator 5: Administrative Proceedings ⋯⋯ 180
Indicator 6: Evidence System ⋯⋯ 181
Indicator 7: Absence of Judicial Corruption ⋯⋯ 182
Indicator 8: Legal Profession ⋯⋯ 184
Indicator 9: Open Justice ⋯⋯ 185
Indicator 10: Judicial Culture ⋯⋯ 186

► Chapter VI Analysis of the Satisfaction of Judicial Subject ⋯⋯ 188
1. Analysis of the Satisfaction of Judicial Subjects in Questionnaire for the Legal
Professional ⋯⋯ 188
1.1 Satisfaction with Judges ⋯⋯ 188
1.2 Satisfaction with Procurators ⋯⋯ 193
1.3 Satisfaction with Police ⋯⋯ 196

2. Analysis of the Satisfaction of Judicial Subjects in Questionnaire for the Public ⋯⋯ 197
2.1 Satisfaction with Judges ⋯⋯ 197
2.1 Satisfaction with Procecutors ⋯⋯ 200
2.3 Satisfaction with Police ⋯⋯ 202
2.4 Willingness to Participate in Court Trials ⋯⋯ 204
2.5 Possibility of Participation in Litigation ⋯⋯ 207

► Chapter VII Dynamic Analysis of the Data in 2014−2021 ⋯⋯ 210
1. The Overall Change of the Data in 2014−2021 ⋯⋯ 210
1.1 The Change of Total Score ⋯⋯ 210
1.2 Changes in the Scores of Various Indicators ⋯⋯ 213

2. Data Changes in Each Province /Autonomous Region / Municipality in 2014−2021 ⋯⋯ 225
2.1 Beijing Municipality ⋯⋯ 227
2.2 Tianjin Municipality ⋯⋯ 228
2.3 Hebei Province ⋯⋯ 230
2.4 Shanxi Province ⋯⋯ 231
2.5 Inner Mongolia Autonomous Region ⋯⋯ 232

第一章　调查问卷质量评估

一、问卷样本分布

在本次调查中，共收集有效问卷 24 354 份，其中职业卷样本 6 273 份，公众卷样本 18 081 份。[1] 职业卷样本数据的背景信息主要被限定在职业、法官和检察官入额情况、性别、年龄、从业年限、学历、专业、政治面貌等方面；公众卷样本数据的背景信息主要被限定在性别、年龄、学历、职业、政治面貌、参与诉讼活动情况等方面。

（一）职业卷

在 6 273 份职业卷样本中，从具体职业上看，法官占比为 20.6%，检察官占比为 19.6%，警察占比为 20.9%，律师占比为 38.9%。

表 1-1　职业卷样本职业分布

职　业	人　数	占比（%）
法　官	1 290	20.6
检察官	1 227	19.6
警　察	1 314	20.9
律　师	2 442	38.9
合　计	6 273	100.0

图 1-1　职业卷样本职业分布

从法官和检察官入额情况上看，已入额法官占法官样本的 64.3%，未入额法官占 35.7%；已入额检察官占检察官样本的 54.5%，未入额检察官占 45.5%。

---

[1] 因部分问卷漏答背景信息题，故本章和其他各章存在各类法律职业群体人数不一致以及职业卷或公众卷样本加总不为 6 273 份或 18 081 份的情况，且调查数据百分比的计算均保留一位小数，因四舍五入，可能出现频率加总不为 100% 的情况，其他个别类似数据细微差别也由此原因导致。

表1-2 职业卷样本法官、检察官入额情况分布

进入员额情况	法官	检察官	总计
已入额	810	661	1 471
未入额	450	551	1 001
合计	1 260	1 212	2 472

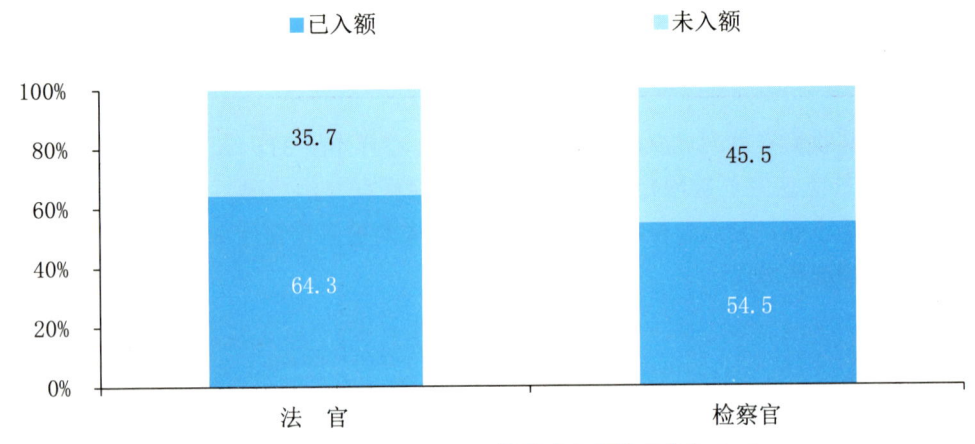

图1-2 职业卷样本法官、检察官入额情况分布（%）

从性别上看，在全部样本中，男性占比为57.0%，女性占比为43.0%。具体而言，男法官占50.0%，女法官占50.0%；男检察官占48.0%，女检察官占52.0%；男警察占79.9%，女警察占20.1%；男律师占52.8%，女律师占47.2%。

表1-3 职业卷样本性别分布

性别	法官	检察官	警察	律师	总计
男	644	588	1 042	1 281	3 555
女	644	636	262	1 143	2 685
合计	1 288	1 224	1 304	2 424	6 240

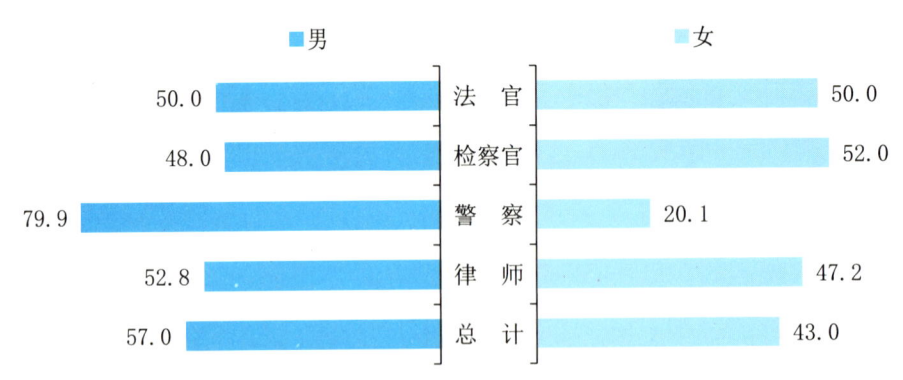

图1-3 职业卷样本性别分布（%）

从年龄上看，25岁以下的占比9.5%，26~35岁的占比46.8%，36~45岁的占比29.6%，46~55岁的占比12.3%，56岁以上的占比1.8%。

表 1-4　职业卷样本年龄分布

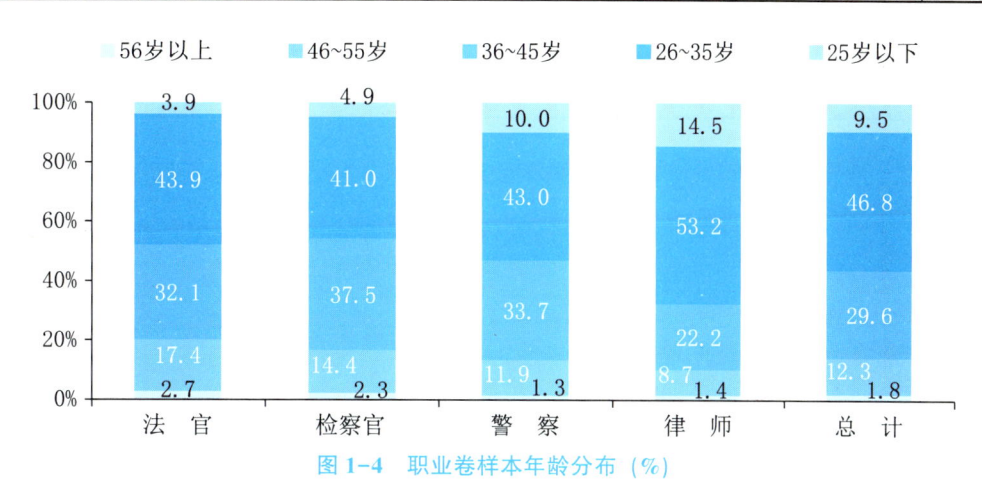

年龄段	法官	检察官	警察	律师	总计
25 岁以下	49	58	128	349	584
26~35 岁	552	490	551	1 276	2 869
36~45 岁	403	448	432	532	1 815
46~55 岁	219	172	153	208	752
56 岁以上	34	27	17	34	112
合　计	1 257	1 195	1 281	2 399	6 132

图 1-4　职业卷样本年龄分布（%）

从从业年限上看，从业年限在 3 年以下的占比 24.6%，3~10 年的占比 39.2%，11~20 年的占比 23.8%，20 年以上的占比 12.4%。

表 1-5　职业卷样本从业年限分布

从业年限	法官	检察官	警察	律师	总计
3 年以下	173	165	339	868	1 545
3~10 年	526	450	419	1 062	2 457
11~20 年	342	409	363	380	1 494
20 年以上	249	203	193	132	777
合　计	1 290	1 227	1 314	2 442	6 273

图 1-5　职业卷样本从业年限分布（%）

从学历上看，学历为高中及以下的占比0.4%，专科的占比4.1%，本科的占比67.2%，硕士研究生的占比27.2%，博士研究生的占比1.2%。

表 1-6 职业卷样本学历分布

学 历	法 官	检察官	警 察	律 师	总 计
高中及以下	2	3	16	3	24
专 科	21	14	180	29	244
本 科	707	748	913	1 655	4 023
研究生/硕士	479	400	125	625	1 629
研究生/博士	18	13	6	33	70
合 计	1 227	1 178	1 240	2 345	5 990

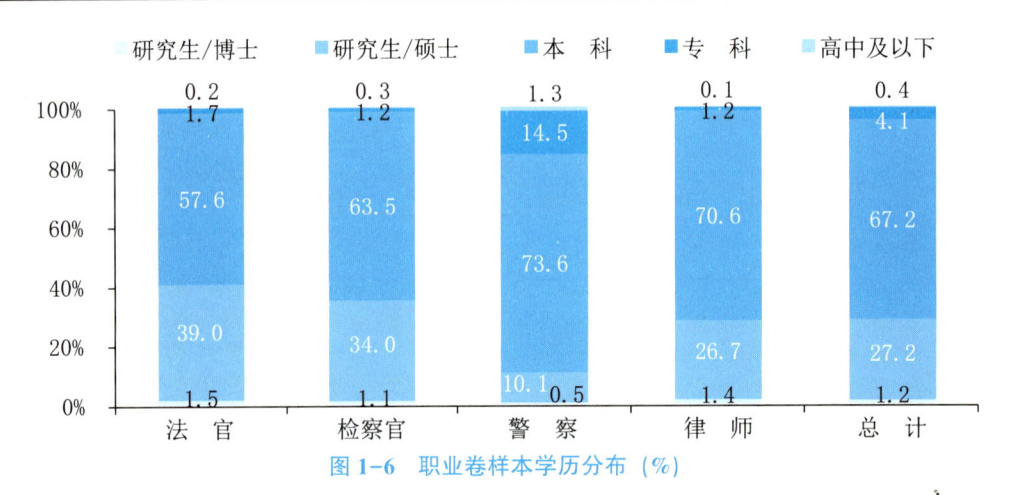

图 1-6 职业卷样本学历分布（%）

从专业上看，法学专业的占比为79.5%，其他专业的占比为20.5%。具体而言，法官中法学专业占90.7%，其他专业占9.3%；检察官中法学专业占84.7%，其他专业占15.3%；警察中法学专业占52.7%，其他专业占47.3%；律师中法学专业占85.0%，其他专业占15.0%。

表 1-7 职业卷样本专业分布

专 业	法 官	检察官	警 察	律 师	总 计
法学专业	1 126	1 000	647	2 003	4 776
其他专业	116	180	581	353	1 230
合 计	1 242	1 180	1 228	2 356	6 006

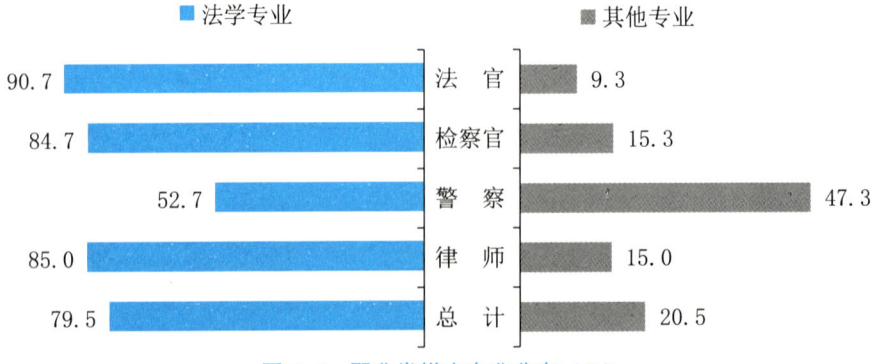

图 1-7 职业卷样本专业分布（%）

第一章 调查问卷质量评估

从政治面貌上看，中共党员占比62.9%，民主党派占比2.5%，无党派占比0.8%，共青团员占比9.5%，群众占比24.3%。

表1-8 职业卷样本政治面貌分布

政治面貌	法 官	检察官	警 察	律 师	总 计
中共党员	1 004	986	1 015	924	3 929
民主党派	26	13	10	106	155
无党派	6	11	3	30	50
共青团员	64	67	115	347	593
群　众	185	148	163	1 022	1 518
合　计	1 285	1 225	1 306	2 429	6 245

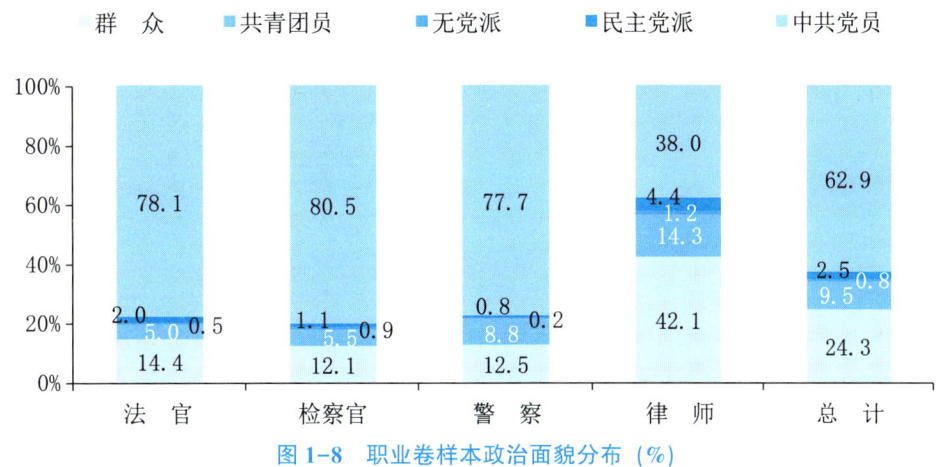

图1-8 职业卷样本政治面貌分布（%）

从省份上看，每省份计划抽取200个职业卷样本，其中法官、检察官、警察各40人，律师80人。本次调查收集的样本中，天津市、辽宁省、黑龙江省、上海市、江苏省、浙江省、湖北省、四川省、云南省、西藏自治区、陕西省、青海省未达到200个样本，其中西藏自治区的样本量最少，只有174个样本。

表1-9 职业卷样本省份分布

省 份	法 官	检察官	警 察	律 师	总 计
北京市	41	41	41	82	205
天津市	37	45	35	77	194
河北省	38	36	47	87	208
山西省	41	38	40	81	200
内蒙古自治区	40	38	32	97	207
辽宁省	44	42	31	75	192
吉林省	39	52	45	86	222
黑龙江省	39	40	41	78	198
上海市	34	38	41	67	180

续表

省　份	法　官	检察官	警　察	律　师	总　计
江苏省	25	28	40	84	177
浙江省	41	34	40	72	187
安徽省	40	40	41	81	202
福建省	49	40	44	85	218
江西省	48	42	42	82	214
山东省	63	43	44	80	230
河南省	44	40	42	85	211
湖北省	36	28	37	80	181
湖南省	36	34	56	83	209
广东省	39	39	48	100	226
广西壮族自治区	38	55	39	78	210
海南省	41	37	66	58	202
重庆市	45	42	78	62	227
四川省	39	41	39	64	183
贵州省	54	47	49	94	244
云南省	37	39	39	80	195
西藏自治区	36	35	38	65	174
陕西省	46	41	21	76	184
甘肃省	40	40	42	81	203
青海省	61	30	25	62	178
宁夏回族自治区	39	41	49	80	209
新疆维吾尔自治区	40	41	42	80	203
合　计	1 290	1 227	1 314	2 442	6 273

（二）公众卷

公众卷样本中，从性别上看，男性占比为50.4%，女性占比为49.6%。

表1-10　公众卷样本性别分布

性　别	人　数	占比（%）
男	9 053	50.4
女	8 924	49.6
合　计	17 977	100.0

公众卷样本　　　　　　　　　　全国数据

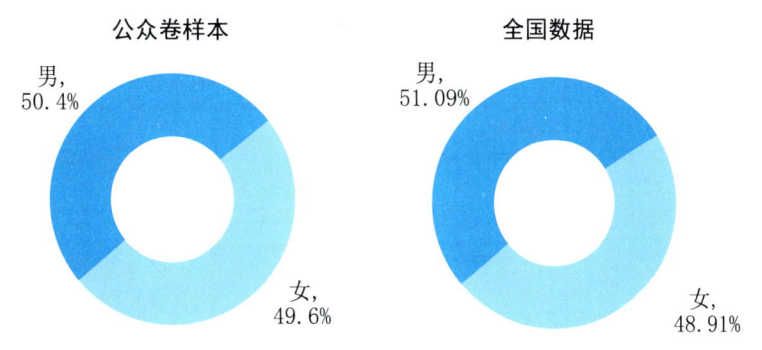

男，50.4%　　　　　　　　　　男，51.09%

女，49.6%　　　　　　　　　　女，48.91%

图 1-9　公众卷样本性别分布与全国数据对比[1]

从年龄上看，25 岁以下的占比 24.4%，26~35 岁的占比 23.7%，36~45 岁的占比 22.3%，46~55 岁的占比 19.3%，56 岁以上的占比 10.3%。

表 1-11　公众卷样本年龄分布

年龄段	人 数	占比（%）
25 岁以下	4 408	24.4
26~35 岁	4 282	23.7
36~45 岁	4 024	22.3
46~55 岁	3 492	19.3
56 岁以上	1 852	10.3
合　计	18 058	100.0

■ 公众卷样本　　■ 全国数据

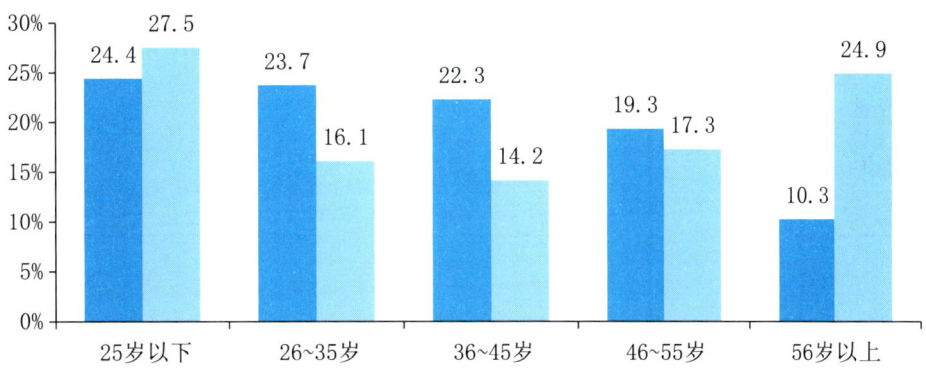

年龄段	公众卷样本	全国数据
25岁以下	24.4	27.5
26~35岁	23.7	16.1
36~45岁	22.3	14.2
46~55岁	19.3	17.3
56岁以上	10.3	24.9

图 1-10　公众卷样本年龄分布与全国数据对比（%）

从学历上看，学历为初中及以下的占比 19.9%，高中/中专的占比 26.7%，本科/专科的占比 46.1%，研究生的占比 7.2%。

---

[1]　全国人口数据来源于《中国统计年鉴 2020》。

表 1-12　公众卷样本学历分布

学　历	人　数	占比（%）
初中及以下	3 588	19.9
高中/中专	4 806	26.7
本科/专科	8 307	46.1
研究生	1 300	7.2
合　计	18 001	100.0

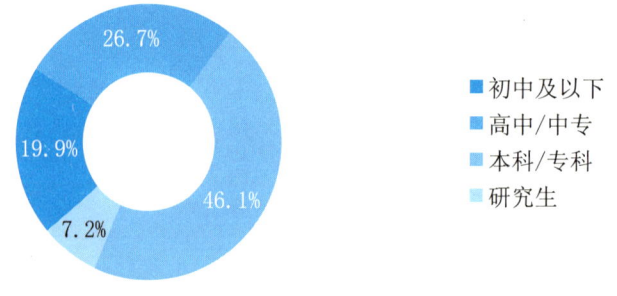

图 1-11　公众卷样本学历分布

从职业上看，党政机关人员占比6.6%，事业单位人员占比14.3%，企业、服务业人员占比22.2%，进城务工人员占比7.1%，农民占比5.5%，自由职业者占比15.3%，离退休人员占比7.0%，学生占比17.2%，无业人员占比3.5%，其他职业占比1.2%。

表 1-13　公众卷样本职业分布

职　业	人　数	占比（%）
党政机关人员	1 192	6.6
事业单位人员	2 581	14.3
企业、服务业人员	4 002	22.2
进城务工人员	1 284	7.1
农　民	998	5.5
自由职业者	2 759	15.3
离退休人员	1 259	7.0
学　生	3 090	17.2
无　业	630	3.5
其　他	219	1.2
合　计	18 014	100.0

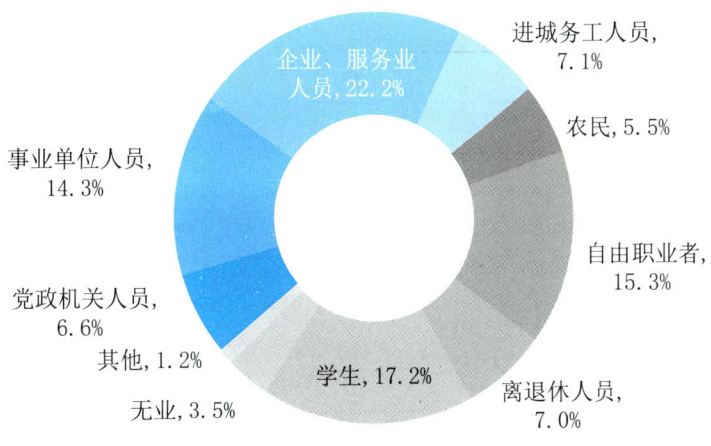

图 1-12　公众卷样本职业分布

从政治面貌上看，中共党员占比 22.6%，民主党派占比 0.8%，无党派人士占比 1.1%，共青团员占比 19.5%，群众占比 56.0%。

表 1-14　公众卷样本政治面貌分布

政治面貌	人数	占比（%）
中共党员	4 060	22.6
民主党派	149	0.8
无党派	205	1.1
共青团员	3 501	19.5
群　众	10 082	56.0
合　计	17 997	100.0

图 1-13　公众卷样本政治面貌分布

从参与诉讼活动情况上看，参与过诉讼活动的占比为 19.3%，未参与过诉讼活动的占比为 80.7%。

表 1-15　公众卷样本参与诉讼活动情况分布

参与诉讼活动情况	人数	占比（%）
参与过诉讼活动	3 441	19.3
未参与过诉讼活动	14 377	80.7
合　计	17 818	100.0

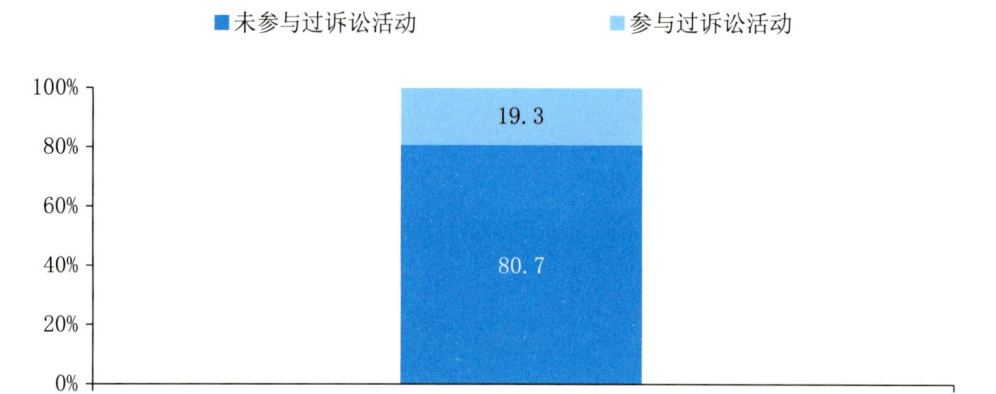

图 1-14　公众卷样本参与诉讼活动情况分布（%）

从省份上看，每省份计划抽取 600 个公众卷样本。本次调查收集的样本中，各省份回收问卷的平均数量在 583 份左右，基本完成计划样本量。

表 1-16　公众卷样本省份分布

省　份	人　数
北京市	614
天津市	584
河北省	595
山西省	595
内蒙古自治区	594
辽宁省	567
吉林省	583
黑龙江省	584
上海市	574
江苏省	598
浙江省	575
安徽省	572
福建省	579
江西省	587
山东省	609
河南省	536
湖北省	592
湖南省	575
广东省	564
广西壮族自治区	591
海南省	571
重庆市	576
四川省	577

续表

省　份	人　数
贵州省	596
云南省	588
西藏自治区	570
陕西省	592
甘肃省	578
青海省	582
宁夏回族自治区	597
新疆维吾尔自治区	586
合　计	18 081

二、问卷题目鉴别力分析

问卷题目鉴别力，是指问题的所有选项设置都有意义，即不同样本在同一个问题上的答案分布存在显著差异。在本研究中，主要以变异系数和极端组 t 检验 p 值作为鉴别力分析的标准。

变异系数又称标准差率，即标准差和平均值的比值。如果题目的变异系数较小，表示变量的分布较为集中，题目的区分度较低。极端组分析的具体操作方法是：首先，依据总分将所有样本划分为高分组和低分组，总分前 27% 的为高分组，后 27% 的为低分组。其次，对高分组和低分组进行 t 检验，分析每个题目的答案在高分组和低分组是否有显著差异。若有显著差异，说明该题目的鉴别力较大；否则，说明该题目的鉴别力不足，可考虑对其进行优化处理。

分析结果显示：司法文明指数调查问卷可重点优化的题目共有 2 题，其中职业卷有 1 题，公众卷有 1 题（如表 1-17 所示），具体分析可参见职业卷和公众卷的分析。请注意：问卷题目鉴别力分析是依据数据结构检测题目的鉴别力，如题目鉴别力不高，反映出来的是所有样本在某一题目上的答案趋于一致。

表 1-17　问卷题目鉴别力分析后可优化问题

题　目	题目内容	变异系数	极端组 t 检验 p 值
ZY33.1	在您所在地区，法院公正审判的可能性有多大？——审判过程公正	0.18847	0.000
GZ6.1	在您所在地区，法院公正审判的可能性有多大？——审判过程公正	0.21670	0.000

(一) 职业卷

变异系数计算结果显示，题目 ZY33.1（在您所在地区，法院公正审判的可能性有多大？——审判过程公正）的变异系数最小，说明该题目区分度较其他题目小，如需对问卷进行优化，可优先考虑修订这个问题。

极端组检验结果显示，职业卷所有题目的答案在高分组和低分组之间均存在显著差异，说明题目均具有较大的鉴别力，不需进行优化处理。

表 1-18 职业卷题目变异系数与极端组检验

题 目	变异系数	极端组检验		题 目	变异系数	极端组检验	
		t 值	t 检验 p 值			t 值	t 检验 p 值
ZY12	0.214 10	−59.813	0.000	ZY11.2	0.265 66	−54.001	0.000
ZY22	0.264 27	−38.278	0.000	ZY11.3	0.280 20	−56.292	0.000
ZY8	0.287 21	−56.441	0.000	ZY21.2	0.249 28	−51.041	0.000
ZY9.1	0.318 37	−56.900	0.000	ZY28	0.317 50	−28.571	0.000
ZY9.2	0.309 82	−56.253	0.000	ZY27	0.214 98	−35.047	0.000
ZY10.1	0.230 66	−46.365	0.000	ZY13	0.248 80	−60.722	0.000
ZY10.2	0.230 46	−48.412	0.000	ZY29	0.265 16	−46.755	0.000
ZY10.3	0.247 40	−49.503	0.000	ZY30.1	0.270 05	−51.901	0.000
ZY31.1	0.210 67	−63.284	0.000	ZY30.2	0.247 39	−61.275	0.000
ZY31.2	0.212 85	−59.882	0.000	ZY4.1	0.361 83	−41.481	0.000
ZY31.3	0.241 89	−56.568	0.000	ZY4.2	0.272 22	−43.309	0.000
ZY33.1	0.188 47	−75.413	0.000	ZY6.3	0.297 68	−55.176	0.000
ZY33.2	0.193 30	−74.273	0.000	ZY7.3	0.291 86	−57.443	0.000
ZY17	0.262 18	−40.276	0.000	ZY6.2	0.261 35	−61.307	0.000
ZY18	0.230 05	−59.465	0.000	ZY7.2	0.259 20	−61.884	0.000
ZY4.3	0.262 78	−29.792	0.000	ZY6.1	0.276 56	−62.770	0.000
ZY4.4	0.268 02	−48.535	0.000	ZY7.1	0.271 68	−61.465	0.000
ZY19	0.265 45	−47.707	0.000	ZY1	0.370 85	−8.482	0.000
ZY26.1	0.272 93	−52.921	0.000	ZY5.1	0.303 42	−26.140	0.000
ZY26.2	0.284 40	−63.102	0.000	ZY5.2	0.272 44	−41.991	0.000
ZY26.3	0.291 65	−60.363	0.000	ZY5.3	0.440 15	−2.016	0.044
ZY11.1	0.250 86	−44.107	0.000	ZY2.1	0.279 93	−20.660	0.000
ZY20	0.250 19	−48.467	0.000	ZY2.2	0.279 27	−21.751	0.000
ZY21.1	0.236 63	−48.638	0.000	ZY2.3	0.272 65	−25.477	0.000
ZY15	0.222 65	−50.595	0.000	ZY3.1	0.427 93	3.199	0.001
ZY16	0.232 92	−51.709	0.000	ZY3.3	0.416 12	−4.575	0.000
ZY23	0.228 97	−51.615	0.000	ZY32.1	0.208 22	−58.114	0.000
ZY14	0.254 12	−45.562	0.000	ZY32.2	0.206 11	−66.670	0.000
ZY24	0.277 61	−27.844	0.000	ZY32.3	0.236 86	−72.061	0.000
ZY25	0.250 15	−49.925	0.000				

(二) 公众卷

变异系数计算结果显示，题目 GZ6.1（在您所在地区，法院公正审判的可能性有多大？——审判过程公正）的变异系数最小，说明该题目区分度较其他题目小，如需对问卷进行优化，可优先考虑修订这个问题。

极端组检验结果显示，公众卷所有题目的答案在高分组和低分组之间均存在显著差异，说明题目均具有较大的鉴别力，不需进行优化处理。

表1-19 公众卷题目变异系数与极端组检验

题 目	变异系数	极端组检验		题 目	变异系数	极端组检验	
		t值	t检验p值			t值	t检验p值
GZ4.1	0.217 50	−101.852	0.000	GZ2.3	0.325 94	−84.653	0.000
GZ4.2	0.217 98	−102.814	0.000	GZ2.2	0.294 22	−91.283	0.000
GZ4.3	0.246 59	−95.264	0.000	GZ2.1	0.306 18	−92.390	0.000
GZ6.1	0.216 70	−106.952	0.000	GZ3.1	0.290 12	−73.519	0.000
GZ6.2	0.223 74	−112.292	0.000	GZ3.2	0.281 25	−83.911	0.000
GZ13	0.294 67	−67.084	0.000	GZ3.3	0.306 33	−25.747	0.000
GZ11	0.298 61	−54.705	0.000	GZ5.1	0.260 97	−76.973	0.000
GZ15	0.247 92	−66.642	0.000	GZ5.2	0.257 94	−87.268	0.000
GZ16.1	0.230 29	−72.017	0.000	GZ1	0.280 29	−43.966	0.000
GZ12	0.266 60	−65.773	0.000	GZ7	0.265 41	−49.219	0.000
GZ17	0.238 92	−76.939	0.000	GZ8	0.302 61	−51.835	0.000
GZ14	0.269 15	−59.107	0.000	GZ9	0.442 49	6.047	0.000
GZ16.2	0.282 33	−68.044	0.000	GZ10	0.247 05	−30.186	0.000
GZ18	0.312 07	−72.785	0.000				

三、问卷信度分析

信度，即可靠性，是指采取同样的方法对同一对象重复进行测量时，其所得结果相一致的程度。[1] 根据所关心的重点不同，信度可分为内在信度和外在信度两类：内在信度是指整个调查问卷或问卷内的一组问题是否测量的是同一个概念，即这些问题之间的内在一致性如何；外在信度则是指在不同时间进行测量时调查结果的一致性程度。[2] 在本研究中，我们将采用内在信度来检测调查问卷的信度，内在信度测量最为常用的方法为Cronbach's α系数和折半信度。

一般而言，Cronbach's α系数越大，调查问卷的信度就越高。根据多数学者的观点，量表（即调查问卷，下同）的信度系数如果在0.9以上，则该量表的信度甚佳；信度系数在0.8以上都是可接受的；如果在0.7以上，则该量表应进行较大的修订，但仍不失其价值；如果低于0.7，就需要重新设计了。[3] 折半信度，就是在不可能进行重复调查的情况下，将题目分为两半，然后计算两部分各自的信度以及之间的相关性，以此为标准来衡量整个量表的信度，相关性高则意味着信度好，而相应的信度指标就是折半信度。[4]

为了优化问卷题目，进一步进行同质性检验。在本研究中，将采用相关性分析和敏感性分析进行检

---

[1] 风笑天：《社会学研究方法》（第3版），中国人民大学出版社2009年版，第109页。
[2] 张文彤、董伟主编：《SPSS统计分析高级教程》（第2版），高等教育出版社2013年版，第366页。
[3] 张文彤、董伟主编：《SPSS统计分析高级教程》（第2版），高等教育出版社2013年版，第366页。
[4] 张文彤、董伟主编：《SPSS统计分析高级教程》（第2版），高等教育出版社2013年版，第370页。

验。相关性分析，是指将每一个题目的分数与量表中其他题目的加总得分进行相关性分析。如果某题目与总分的相关性越强，说明该题目与整体量表的同质性越高。通常相关系数若高于0.4，可判定为相关性较强。敏感性分析，是指通过观察将某一题目删除后，整体量表的Cronbach's α系数变化情况来判断是否删除题目。一般而言，量表所包含的题目数越多，内部一致性（用Cronbach's α系数表示）会越大。删除某个题目后，量表的内部一致性相对会变小。若删除某个题目后，量表的内部一致性反而变大（Cronbach's α系数升高），则此题所欲测量的行为或心理特质与该量表其他题目所欲测量的行为或心理特质并不同质，因而可考虑删除此题。[1]

（一）职业卷

1. Cronbach's α 系数检验

检验结果显示，职业卷的Cronbach's α系数为0.958，高于0.9的系数值，说明职业卷内部一致性非常好，量表信度甚佳。

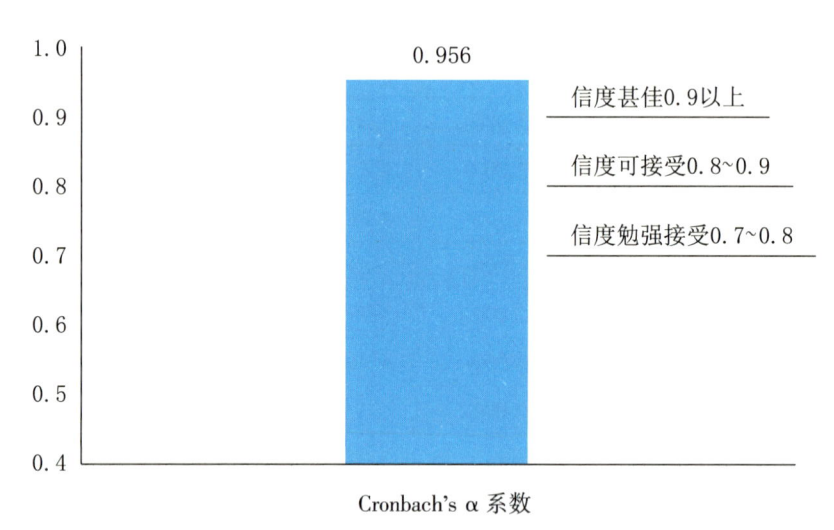

图1-15 职业卷 Cronbach's α 系数

2. 折半信度检验

对职业卷的整体量表进行折半信度检验，结果显示，整体量表的折半信度系数为0.930>0.9，表明整体量表信度非常好；折半后两部分量表的信度系数均在0.8以上，说明量表信度能通过检验。

表1-20 职业卷折半信度

	项　数	系数值
第一部分 Cronbach's α 系数	30	0.943
第二部分 Cronbach's α 系数	29	0.896
折半信度系数（Spearman-Brown系数）	59	0.930

3. 同质性检验

相关性分析结果显示，题目ZY1、ZY3.3、ZY5.3、ZY3.1的得分与总分的相关系数低于0.2；敏感性分析结果显示，删除题目ZY1、ZY5.3、ZY2.1、ZY2.2、ZY3.1、ZY3.3之后总体量表的Cronbach's α

---

[1] 吴明隆：《问卷统计分析实务——SPSS操作与应用》，重庆大学出版社2010年版，第185~188页。

系数有所上升。

因此，若要对量表进行优化，可考虑删除或修订题目ZY1（在过去三年，您获得业务培训的总时长是多少？）、ZY3.3（在您所在单位，您感受到来自以下方面的工作压力如何？——当事人及其家属）、ZY5.3（在您所在地区，律师存在下列行为的可能性有多大？——尽职尽责为委托人服务）、ZY3.1（在您所在单位，您感受到来自以下方面的工作压力如何？——绩效考核）。

表1-21 职业卷同质性检验结果

题 目	校正后题目与总分相关系数	删除题目后 Cronbach's α 系数	题 目	校正后题目与总分相关系数	删除题目后 Cronbach's α 系数
ZY12	0.607	0.958	ZY11.2	0.579	0.958
ZY22	0.486	0.958	ZY11.3	0.597	0.957
ZY8	0.667	0.957	ZY21.2	0.567	0.958
ZY9.1	0.654	0.957	ZY28	0.359	0.958
ZY9.2	0.649	0.957	ZY27	0.421	0.958
ZY10.1	0.512	0.958	ZY13	0.629	0.957
ZY10.2	0.520	0.958	ZY29	0.562	0.958
ZY10.3	0.543	0.958	ZY30.1	0.575	0.958
ZY31.1	0.694	0.957	ZY30.2	0.614	0.957
ZY31.2	0.658	0.957	ZY4.1	0.514	0.958
ZY31.3	0.646	0.957	ZY4.2	0.523	0.958
ZY33.1	0.705	0.957	ZY6.3	0.638	0.957
ZY33.2	0.713	0.957	ZY7	0.651	0.957
ZY17	0.520	0.958	ZY6.2	0.688	0.957
ZY18	0.618	0.957	ZY7.2	0.689	0.957
ZY4.3	0.385	0.958	ZY6.1	0.688	0.957
ZY4.4	0.561	0.958	ZY7.1	0.683	0.957
ZY19	0.543	0.958	ZY1	0.087	0.960
ZY26.1	0.599	0.957	ZY5.1	0.364	0.958
ZY26.2	0.654	0.957	ZY5.2	0.532	0.958
ZY26.3	0.649	0.957	ZY5.3	0.031	0.960
ZY11.1	0.492	0.958	ZY2.1	0.284	0.959
ZY20	0.575	0.958	ZY2.2	0.294	0.959
ZY21.1	0.563	0.958	ZY2.3	0.353	0.958
ZY15	0.575	0.958	ZY3.1	−0.064	0.960
ZY16	0.581	0.958	ZY3.3	0.055	0.960
ZY23	0.589	0.958	ZY32.1	0.592	0.958
ZY14	0.530	0.958	ZY32.2	0.653	0.957
ZY24	0.374	0.958	ZY32.3	0.701	0.957
ZY25	0.579	0.958			

（二）公众卷

1. Cronbach's α 系数检验

检验结果显示，公众卷的 Cronbach's α 系数为 0.890，高于 0.8 的系数值，说明公众卷内部一致性尚可，量表信度可接受。

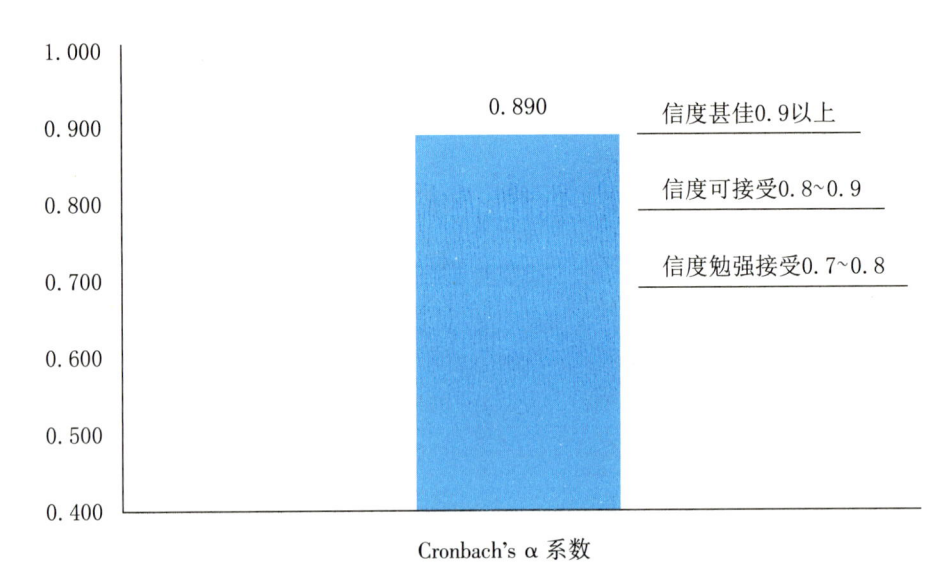

图 1-16　公众卷 Cronbach's α 系数

2. 折半信度检验

对公众卷的整体量表进行折半信度检验，结果显示，整体量表的折半信度系数为 0.838>0.8，表明整体量表信度良好；折半后两部分量表的信度系数均在 0.7 以上，说明量表信度能通过检验。

表 1-22　公众卷折半信度

	项　数	系数值
第一部分 Cronbach's α 系数	14	0.872
第二部分 Cronbach's α 系数	13	0.728
折半信度系数（Spearman-Brown 系数）	27	0.838

3. 同质性检验

相关性分析结果显示，题目 GZ3.3、GZ9、GZ10 的得分与总分的相关系数低于 0.2；敏感性分析结果显示，删除题目 GZ3.3、GZ1、GZ9、GZ10 之后总体量表的 Cronbach's α 系数有所上升。

因此，若要对量表进行优化，可考虑删除或修订题目 GZ3.3（在您所在地区，律师存在下列行为的可能性有多大？——尽职尽责为委托人服务），GZ1（如果有当人民陪审员的机会，您愿意参与法院审判吗?），GZ9（对于在公共场所举行公捕、公判大会，您的总体态度是?），GZ10（与枪决相比，您对以注射方式执行死刑的态度是?）。

表 1-23 公众卷同质性检验结果

题 目	校正后题目与总分相关系数	删除题目后 Cronbach's α 系数	题 目	校正后题目与总分相关系数	删除题目后 Cronbach's α 系数
GZ4.1	0.656	0.883	GZ2.3	0.557	0.884
GZ4.2	0.655	0.883	GZ2.2	0.591	0.883
GZ4.3	0.615	0.883	GZ2.1	0.591	0.883
GZ6.1	0.646	0.883	GZ3.1	0.505	0.886
GZ6.2	0.662	0.882	GZ3.2	0.567	0.884
GZ13	0.461	0.887	GZ3.3	0.146	0.894
GZ11	0.415	0.888	GZ5.1	0.512	0.885
GZ15	0.472	0.886	GZ5.2	0.561	0.884
GZ16.1	0.502	0.886	GZ1	0.276	0.891
GZ12	0.459	0.887	GZ7	0.327	0.889
GZ17	0.519	0.885	GZ8	0.361	0.889
GZ14	0.449	0.887	GZ9	−0.138	0.901
GZ16.2	0.473	0.886	GZ10	0.181	0.893
GZ18	0.521	0.885			

四、问卷效度分析

效度（Validity），是指测量工具或测量手段能够准确测出所要测量的变量的程度，或者说能够准确、真实地度量事物属性的程度。测量的效度具有三种不同的类型，即表面效度、准则效度和构造效度。[1] 构造效度是利用现有的理论或命题来考察当前测量工具或手段的效度。对本次调查问卷，主要采用 KMO（Kaiser-Meyer-Olkin）值、Bartlett 球形检验和因子分析的方法进行构造效度分析。

一般认为，KMO 值接近于 1，Bartlett 球形检验通过，则该问卷效度较好。在 Bartlett 球形检验的 p 值小于 0.05 的显著性差异标准的前提下，如果 KMO 值在 0.9 以上，表明非常适合做因子分析，亦即问卷构造效度非常好；如果 KMO 值在 0.8~0.9 之间，则问卷效度较好，适合做因子分析；如果 KMO 值在 0.5 以下，则表示问卷非常不适合做因子分析，问卷构造效度很差，需要针对性地进行优化。[2]

因子分析是多元统计分析技术的一个分支，其主要价值是通过浓缩数据，研究众多变量（问卷题目）之间的内部依赖关系，探求数据中的基本结构，并用少数几个假想变量来表示基本的数据结构。这些假想变量能够反映原来众多的变量所代表的主要信息，并解释这些变量之间的相互依存关系。[3] 司法文明指数调研已制定出一套指标体系，将职业卷和公众卷的部分题目划分进各级指标中，因子分析可用各题目的得分来检验该指标体系的划分是否合理。

（一）职业卷

1. KMO 值和 Bartlett 球形检验

职业卷的 KMO 值为 0.952，该值大于 0.9，且 Bartlett 球形检验的 p 值小于 0.05，说明职业卷效度非

---

[1] 风笑天：《社会学研究方法》（第 3 版），中国人民大学出版社 2009 年版，第 110 页。
[2] 吴明隆：《问卷统计分析实务——SPSS 操作与应用》，重庆大学出版社 2010 年版，第 208 页。
[3] 郭志刚主编：《社会统计分析方法：SPSS 软件应用》（第 2 版），中国人民大学出版社 2015 年版，第 91 页。

常好,非常适合做因子分析。

表 1-24 职业卷 KMO 值及 Bartlett 球形检验表

取样足够度的 KMO		0.952
Bartlett 球形检验	近似卡方	19.806
	自由度	5.900
	t 检验 p 值	2.707

2. 因子分析

对职业卷中的题目进行因子分析,参照职业卷设定的 9 个一级指标,设定提取 9 个因子。数据分析结果显示,前 9 个因子的累计贡献率达到 65.143%,超过 40%,因子能较好地反映职业卷数据结构。

表 1-25 职业卷因子分析方差贡献率表(前 9 个因子)

因子	初始特征值			提取载荷平方和			旋转载荷平方和		
	总计	方差百分比	累积%	总计	方差百分比	累积%	总计	方差百分比	累积%
1	19.806	33.569	33.569	19.806	33.569	33.569	8.292	14.055	14.055
2	5.900	10.000	43.569	5.900	10.000	43.569	5.737	9.724	23.779
3	2.707	4.589	48.158	2.707	4.589	48.158	5.577	9.452	33.231
4	2.366	4.010	52.168	2.366	4.010	52.168	5.452	9.241	42.472
5	1.799	3.050	55.218	1.799	3.050	55.218	3.971	6.731	49.203
6	1.676	2.841	58.058	1.676	2.841	58.058	2.800	4.746	53.949
7	1.594	2.701	60.760	1.594	2.701	60.760	2.629	4.456	58.405
8	1.326	2.248	63.008	1.326	2.248	63.008	2.461	4.171	62.576
9	1.260	2.135	65.143	1.260	2.135	65.143	1.514	2.567	65.143

将因子轴进行方差最大化正交旋转,提取前 9 个因子与职业卷原有的指标体系相对照,其中"司法公开"指标中的题目都归于第二个因子中,第九个因子中的题目均为"法律职业化"指标中的题目。整体上划分出的因子与指标体系吻合度较低,因此可考虑将吻合度较低的问题进行优化或重新归类到其他指标中。

表 1-26 职业卷因子载荷表

题目	因子1	因子2	因子3	因子4	因子5	因子6	因子7	因子8	因子9
ZY8	0.745	0.143	0.082	0.091	0.251	0.121	0.097	0.186	0.027
ZY9.1	0.734	0.126	0.077	0.052	0.324	0.165	0.066	0.135	0.110
ZY9.2	0.727	0.123	0.079	0.055	0.310	0.169	0.070	0.140	0.109
ZY6.3	0.775	0.099	0.109	0.069	0.245	0.055	0.114	0.112	−0.074
ZY7.3	0.786	0.117	0.094	0.083	0.327	0.058	0.059	0.051	−0.069
ZY6.2	0.811	0.175	0.156	0.132	0.145	0.052	0.178	−0.002	−0.047
ZY7.2	0.813	0.193	0.136	0.130	0.216	0.052	0.115	−0.036	−0.039

续表

题 目	因子1	因子2	因子3	因子4	因子5	因子6	因子7	因子8	因子9
ZY6.1	0.837	0.203	0.114	0.132	0.115	0.026	0.158	0.050	−0.037
ZY7.1	0.844	0.200	0.101	0.142	0.159	0.024	0.106	0.013	−0.030
ZY5.1	0.602	−0.022	−0.058	0.011	0.026	0.189	0.132	0.072	0.282
ZY5.2	0.741	0.098	0.037	0.086	0.028	0.109	0.163	0.034	0.135
ZY31.1	0.277	0.631	0.172	0.161	0.286	0.260	0.022	0.125	0.007
ZY31.2	0.256	0.583	0.208	0.151	0.298	0.293	−0.007	0.037	0.020
ZY31.3	0.253	0.480	0.188	0.100	0.411	0.261	−0.004	0.175	−0.060
ZY33.1	0.206	0.745	0.242	0.279	0.142	0.038	0.115	0.113	−0.053
ZY33.2	0.233	0.713	0.241	0.282	0.128	0.040	0.115	0.162	−0.081
ZY32.1	0.117	0.761	0.221	0.204	0.073	0.018	0.136	0.043	−0.031
ZY32.2	0.160	0.777	0.241	0.220	0.104	0.022	0.132	0.076	−0.037
ZY32.3	0.211	0.697	0.307	0.196	0.150	0.050	0.100	0.193	−0.094
ZY22	0.094	0.105	0.678	0.157	0.078	0.095	0.047	0.120	−0.044
ZY18	0.110	0.299	0.505	0.337	0.202	0.038	0.193	0.033	0.064
ZY19	0.157	0.266	0.504	0.177	0.112	0.054	0.000	0.240	0.105
ZY14	0.056	0.119	0.716	0.248	0.200	0.068	0.059	−0.017	−0.028
ZY24	0.023	0.048	0.696	0.083	0.077	0.055	0.039	0.018	−0.055
ZY28	0.022	0.162	0.575	0.071	0.023	−0.009	0.078	0.093	−0.177
ZY18	0.046	0.366	0.502	0.223	−0.017	−0.074	0.057	−0.094	0.024
ZY13	0.155	0.193	0.565	0.365	0.225	0.093	0.090	0.056	−0.007
ZY29	0.130	0.234	0.622	0.153	0.104	0.004	0.095	0.225	−0.113
ZY30.1	0.126	0.366	0.502	0.197	0.077	0.024	0.037	0.277	−0.008
ZY30.2	0.131	0.438	0.493	0.222	0.120	0.036	0.037	0.203	0.007
ZY12	0.184	0.304	0.354	0.571	0.099	0.028	0.055	−0.014	0.069
ZY10.1	0.037	0.188	0.165	0.831	0.096	0.018	0.069	0.049	−0.024
ZY10.2	0.033	0.164	0.179	0.825	0.148	0.040	0.070	0.020	−0.025
ZY10.3	0.066	0.141	0.162	0.779	0.241	0.081	0.030	0.064	−0.033
ZY11.1	0.125	0.187	0.174	0.774	−0.054	−0.004	0.061	0.078	−0.025
ZY11.2	0.170	0.183	0.240	0.748	0.037	0.008	0.078	0.126	−0.062
ZY11.3	0.208	0.166	0.227	0.718	0.086	0.031	0.047	0.162	−0.052
ZY17	0.302	0.114	0.168	0.058	0.626	0.004	0.123	0.032	0.022
ZY20	0.357	0.190	0.103	0.134	0.544	0.016	0.167	0.075	0.019
ZY15	0.334	0.113	0.114	0.123	0.711	0.028	0.141	0.023	0.020
ZY16	0.301	0.134	0.157	0.112	0.720	−0.003	0.159	0.026	−0.007
ZY23	0.309	0.150	0.125	0.137	0.662	0.040	0.174	0.067	0.028
ZY25	0.357	0.181	0.116	0.107	0.570	0.011	0.138	0.123	−0.012

续表

题　目	因子1	因子2	因子3	因子4	因子5	因子6	因子7	因子8	因子9
ZY1	0.042	0.017	0.147	0.021	−0.021	0.343	−0.028	−0.211	0.093
ZY2.1	0.164	0.093	0.012	0.016	0.005	0.876	−0.008	0.064	0.018
ZY2.2	0.139	0.083	0.011	0.060	0.024	0.874	0.019	0.056	0.018
ZY2.3	0.195	0.104	0.043	0.032	0.085	0.841	0.029	0.066	0.034
ZY4.3	0.237	0.086	0.036	0.079	0.118	−0.019	0.751	−0.027	0.154
ZY4.4	0.299	0.165	0.165	0.139	0.247	0.006	0.686	0.007	0.022
ZY4.1	0.263	0.061	0.152	0.044	0.248	0.055	0.673	0.239	−0.053
ZY4.2	0.254	0.165	0.147	0.132	0.174	−0.010	0.758	0.025	0.089
ZY26.1	0.136	0.309	0.406	0.225	0.038	0.018	0.054	0.668	0.000
ZY26.2	0.173	0.318	0.431	0.211	0.121	0.040	0.062	0.632	−0.012
ZY26.3	0.190	0.305	0.404	0.222	0.098	0.030	0.053	0.678	−0.003
ZY21.1	0.169	0.342	0.290	0.278	0.071	0.107	−0.014	0.406	0.131
ZY21.2	0.152	0.325	0.309	0.308	0.116	0.064	−0.011	0.379	0.132
ZY5.3	0.109	−0.136	−0.126	−0.177	0.121	−0.071	0.242	0.391	−0.296
ZY3.1	0.066	−0.073	−0.143	−0.038	−0.038	0.030	0.021	−0.058	0.792
ZY3.3	0.092	−0.064	−0.088	−0.097	0.093	0.083	0.160	0.045	0.689

共同度反映的是每个题目中所含原始信息能被提取的公因子所代表的程度，共同度高代表某个题目与其他题目相关性高，共同度低代表该题目与其他题目相关性低，不适合在因子分析时加入。

因子分析共同度的结果显示，在职业卷的所有题目中，ZY1（在过去三年，您获得业务培训的总时长是多少？）的共同度为0.196，ZY5.3（在您所在地区，律师存在下列行为的可能性有多大？——尽职尽责为委托人服务）的共同度为0.397，ZY28（在您所在地区，认定被告人有罪的证据不足，法院"宁可错放，也不错判"的可能性有多大？）的共同度为0.409，ZY27（在您所在地区，您觉得"打官司就是打证据"的可能性有多大？）的共同度为0.457，可考虑将上述共同度较低的题目删除后重新进行因子分析，检验因子与指标体系的吻合度。

表1-27　职业卷因子分析共同度

题　目	共同度	题　目	共同度
ZY12	0.596	ZY11.2	0.706
ZY22	0.538	ZY11.3	0.677
ZY8	0.713	ZY21.2	0.497
ZY9.1	0.730	ZY28	0.409
ZY9.2	0.713	ZY27	0.457
ZY10.1	0.771	ZY13	0.584
ZY10.2	0.770	ZY29	0.566
ZY10.3	0.729	ZY30.1	0.526
ZY31.1	0.696	ZY30.2	0.560

题　目	共同度	题　目	共同度
ZY31.2	0.648	ZY4.1	0.675
ZY31.3	0.611	ZY4.2	0.745
ZY33.1	0.784	ZY6.3	0.721
ZY33.2	0.764	ZY7.3	0.768
ZY17	0.544	ZY6.2	0.787
ZY18	0.554	ZY7.2	0.800
ZY4.3	0.674	ZY6.1	0.815
ZY4.4	0.696	ZY7.1	0.820
ZY19	0.464	ZY1	0.196
ZY26.1	0.779	ZY5.1	0.505
ZY26.2	0.781	ZY5.2	0.626
ZY26.3	0.814	ZY5.3	0.397
ZY11.1	0.693	ZY2.1	0.809
ZY20	0.522	ZY2.2	0.798
ZY21.1	0.506	ZY2.3	0.772
ZY15	0.680	ZY3.1	0.664
ZY16	0.690	ZY3.3	0.547
ZY23	0.627	ZY32.1	0.711
ZY14	0.640	ZY32.2	0.772
ZY24	0.508	ZY32.3	0.744
ZY25	0.545		

经过尝试，在删除共同度低的题目 ZY1、ZY5.3、ZY28、ZY27 后，因子分析共同度的结果显示，所有题目的共同度均高于 0.4，说明每个题目与其余题目的关联度均较好。

表 1-28　删除题目后因子分析共同度

题　目	共同度	题　目	共同度
ZY12	0.579	ZY24	0.553
ZY22	0.595	ZY25	0.547
ZY8	0.712	ZY11.2	0.708
ZY9.1	0.731	ZY11.3	0.678
ZY9.2	0.715	ZY21.2	0.495
ZY10.1	0.773	ZY13	0.609
ZY10.2	0.774	ZY29	0.534
ZY10.3	0.728	ZY30.1	0.527
ZY31.1	0.705	ZY30.2	0.551

续表

题　目	共同度	题　目	共同度
ZY31.2	0.663	ZY4.1	0.622
ZY31.3	0.617	ZY4.2	0.758
ZY33.1	0.787	ZY6.3	0.718
ZY33.2	0.769	ZY7.3	0.769
ZY17	0.546	ZY6.2	0.785
ZY18	0.553	ZY7.2	0.796
ZY4.3	0.684	ZY6.1	0.814
ZY4.4	0.706	ZY7.1	0.818
ZY19	0.488	ZY5.1	0.506
ZY26.1	0.839	ZY5.2	0.624
ZY26.2	0.829	ZY2.1	0.828
ZY26.3	0.864	ZY2.2	0.816
ZY11.1	0.696	ZY2.3	0.789
ZY20	0.525	ZY3.1	0.696
ZY21.1	0.501	ZY3.3	0.642
ZY15	0.692	ZY32.1	0.715
ZY16	0.697	ZY32.2	0.776
ZY23	0.636	ZY32.3	0.754
ZY14	0.693		

删除共同度低的题目后的因子分析结果显示，前9个因子的累积贡献率达到68.226%，高于所有题目的累积贡献率（65.143%）。

表1-29　删除题目后因子分析方差贡献率表（前9个因子）

因子	初始特征值			提取载荷平方和			旋转载荷平方和		
	总计	方差百分比	累积%	总计	方差百分比	累积%	总计	方差百分比	累积%
1	19.472	35.404	35.404	19.472	35.404	35.404	8.126	14.774	14.774
2	5.691	10.347	45.750	5.691	10.347	45.750	5.529	10.052	24.827
3	2.640	4.800	50.550	2.640	4.800	50.550	5.427	9.867	34.694
4	2.252	4.095	54.645	2.252	4.095	54.645	3.961	7.202	41.896
5	1.787	3.249	57.894	1.787	3.249	57.894	3.901	7.092	48.989
6	1.641	2.984	60.878	1.641	2.984	60.878	3.694	6.716	55.704
7	1.580	2.873	63.750	1.580	2.873	63.750	2.694	4.898	60.603
8	1.261	2.293	66.043	1.261	2.293	66.043	2.669	4.852	65.455
9	1.201	2.183	68.226	1.201	2.183	68.226	1.524	2.771	68.226

将因子轴进行方差最大化正交旋转，提取前 9 个因子与职业卷原有的指标体系相对照，结果显示，删除 ZY1、ZY5.3、ZY28、ZY27 之后的因子组成与删除之前的因子组成大体相同，因子划分与整体指标体系的设定仍然有较大差异。

表 1-30　删除题目后因子载荷表

题　　目	因子 1	因子 2	因子 3	因子 4	因子 5	因子 6	因子 7	因子 8	因子 9
ZY8	0.744	0.143	0.086	0.254	0.064	0.191	0.098	0.120	0.041
ZY9.1	0.731	0.127	0.050	0.326	0.067	0.148	0.071	0.161	0.121
ZY9.2	0.724	0.125	0.053	0.311	0.071	0.151	0.073	0.164	0.121
ZY6.3	0.774	0.111	0.067	0.249	0.107	0.106	0.111	0.052	-0.049
ZY7.3	0.785	0.132	0.083	0.328	0.098	0.056	0.057	0.052	-0.049
ZY6.2	0.807	0.184	0.138	0.150	0.136	0.048	0.185	0.046	-0.049
ZY7.2	0.809	0.202	0.137	0.220	0.119	0.020	0.124	0.044	-0.044
ZY6.1	0.832	0.200	0.135	0.125	0.082	0.101	0.169	0.024	-0.045
ZY7.1	0.838	0.199	0.146	0.169	0.071	0.070	0.119	0.021	-0.039
ZY5.1	0.603	-0.028	0.011	0.023	-0.040	0.057	0.135	0.194	0.284
ZY5.2	0.737	0.089	0.088	0.031	0.028	0.064	0.178	0.114	0.121
ZY31.1	0.274	0.645	0.168	0.269	0.137	0.181	0.017	0.246	0.032
ZY31.2	0.255	0.612	0.162	0.275	0.194	0.095	-0.017	0.268	0.052
ZY31.3	0.256	0.515	0.101	0.388	0.197	0.164	-0.028	0.243	0.006
ZY33.1	0.197	0.742	0.290	0.135	0.164	0.219	0.125	0.029	-0.059
ZY33.2	0.225	0.712	0.292	0.122	0.167	0.250	0.120	0.033	-0.075
ZY30.2	0.119	0.423	0.230	0.126	0.383	0.369	0.067	0.029	-0.043
ZY32.1	0.109	0.761	0.218	0.059	0.163	0.147	0.150	0.010	-0.042
ZY32.2	0.152	0.776	0.233	0.090	0.179	0.181	0.146	0.013	-0.046
ZY32.3	0.207	0.705	0.203	0.134	0.254	0.266	0.105	0.038	-0.081
ZY12	0.173	0.299	0.581	0.093	0.299	0.127	0.083	0.023	0.021
ZY10.1	0.033	0.184	0.834	0.092	0.136	0.099	0.068	0.019	-0.024
ZY10.2	0.030	0.167	0.830	0.141	0.160	0.068	0.066	0.037	-0.020
ZY10.3	0.065	0.148	0.782	0.232	0.152	0.087	0.020	0.075	-0.011
ZY11.1	0.120	0.173	0.777	-0.046	0.104	0.170	0.072	-0.006	-0.040
ZY11.2	0.166	0.182	0.750	0.039	0.179	0.201	0.081	0.001	-0.058
ZY11.3	0.204	0.165	0.718	0.088	0.169	0.227	0.049	0.024	-0.045
ZY17	0.289	0.115	0.061	0.634	0.142	0.077	0.134	0.010	0.009
ZY20	0.349	0.180	0.128	0.548	0.078	0.114	0.187	0.024	-0.009
ZY15	0.324	0.113	0.126	0.724	0.086	0.059	0.147	0.039	0.015
ZY16	0.291	0.141	0.118	0.729	0.129	0.062	0.163	0.002	-0.005
ZY23	0.299	0.147	0.135	0.671	0.097	0.099	0.184	0.051	0.017

续表

题 目	因子1	因子2	因子3	因子4	因子5	因子6	因子7	因子8	因子9
ZY25	0.351	0.179	0.103	0.575	0.094	0.140	0.147	0.016	-0.016
ZY22	0.094	0.147	0.158	0.047	0.702	0.191	0.051	0.061	-0.044
ZY18	0.101	0.306	0.346	0.188	0.467	0.170	0.217	0.025	0.015
ZY19	0.152	0.271	0.174	0.085	0.493	0.323	0.025	0.039	0.071
ZY14	0.054	0.170	0.262	0.165	0.743	0.082	0.067	0.033	-0.037
ZY24	0.023	0.095	0.093	0.048	0.719	0.105	0.043	0.019	-0.056
ZY13	0.150	0.220	0.369	0.199	0.568	0.150	0.106	0.071	-0.028
ZY29	0.119	0.247	0.171	0.115	0.517	0.353	0.102	-0.012	-0.116
ZY30.1	0.117	0.359	0.202	0.078	0.410	0.406	0.058	0.015	-0.039
ZY26.1	0.121	0.237	0.205	0.077	0.212	0.811	0.098	0.038	-0.081
ZY26.2	0.157	0.257	0.194	0.157	0.248	0.771	0.101	0.056	-0.080
ZY26.3	0.175	0.238	0.202	0.136	0.219	0.808	0.093	0.050	-0.072
ZY21.1	0.166	0.310	0.264	0.070	0.215	0.487	0.010	0.108	0.090
ZY21.2	0.145	0.292	0.298	0.120	0.222	0.474	0.014	0.065	0.089
ZY4.3	0.227	0.071	0.078	0.128	0.003	0.008	0.767	-0.012	0.127
ZY4.4	0.290	0.160	0.140	0.253	0.131	0.052	0.702	0.007	-0.001
ZY4.1	0.264	0.076	0.030	0.246	0.158	0.174	0.654	0.054	-0.003
ZY4.2	0.245	0.150	0.129	0.185	0.104	0.078	0.777	-0.005	0.057
ZY2.1	0.167	0.091	0.015	0.006	0.023	0.060	-0.009	0.887	0.022
ZY2.2	0.141	0.086	0.060	0.023	0.031	0.041	0.013	0.884	0.029
ZY2.3	0.199	0.112	0.028	0.076	0.076	0.046	0.024	0.848	0.051
ZY3.1	0.062	-0.072	-0.025	-0.053	-0.110	-0.063	0.010	0.016	0.817
ZY3.3	0.095	-0.035	-0.088	0.068	-0.020	-0.031	0.119	0.063	0.774

(二) 公众卷

1. KMO 值及 Bartlett 球形检验

公众卷的 KMO 值为 0.903，该值大于 0.8，且 Bartlett 球形检验的 p 值小于 0.05，说明公众卷效度较好，适合做因子分析。

表 1-31　公众卷 KMO 值及 Bartlett 球形检验表

取样足够度的 KMO		0.903
Bartlett 球形检验	近似卡方	223 026.976
	自由度	351.000
	t 检验 p 值	0.000

2. 因子分析

对公众卷中的题目进行因子分析，参照公众卷设定的10个一级指标，设定提取10个因子。数据分析结果显示，前10个因子的累计贡献率达到71.440%，超过40%，因子能较好地反映公众卷数据结构。

表1-32 公众卷因子分析方差贡献率表（前10个因子）

因子	初始特征值			提取载荷平方和			旋转载荷平方和		
	总计	方差百分比	累积%	总计	方差百分比	累积%	总计	方差百分比	累积%
1	8.165	30.241	30.241	8.165	30.241	30.241	3.857	14.284	14.284
2	2.932	10.859	41.100	2.932	10.859	41.100	2.582	9.565	23.848
3	1.358	5.031	46.130	1.358	5.031	46.130	2.408	8.919	32.768
4	1.300	4.813	50.943	1.300	4.813	50.943	2.398	8.882	41.649
5	1.103	4.085	55.028	1.103	4.085	55.028	1.919	7.108	48.758
6	1.024	3.792	58.821	1.024	3.792	58.821	1.813	6.713	55.471
7	0.941	3.485	62.306	0.941	3.485	62.306	1.201	4.448	59.919
8	0.846	3.134	65.440	0.846	3.134	65.440	1.096	4.059	63.978
9	0.819	3.034	68.473	0.819	3.034	68.473	1.064	3.943	67.921
10	0.801	2.966	71.440	0.801	2.966	71.440	0.950	3.519	71.440

将因子轴进行方差最大化正交旋转，提取10个因子后的结果显示，第二个因子中的题目均为"司法权力"指标中的题目，但整体因子划分与指标体系吻合度不高。

表1-33 公众卷因子载荷表

题目	因子1	因子2	因子3	因子4	因子5	因子6	因子7	因子8	因子9	因子10
GZ2.3	0.833	0.159	0.173	0.063	0.064	0.069	−0.035	−0.021	0.019	0.004
GZ2.2	0.883	0.128	0.164	0.078	0.050	0.083	−0.041	0.027	0.077	0.010
GZ2.1	0.883	0.126	0.168	0.077	0.057	0.074	−0.034	0.037	0.066	0.017
GZ3.1	0.682	0.103	0.276	0.058	0.098	0.046	0.139	−0.099	−0.035	0.013
GZ3.2	0.737	0.136	0.293	0.064	0.098	0.074	0.116	−0.084	−0.027	−0.008
GZ4.1	0.203	0.849	0.139	0.207	0.156	0.144	0.043	0.073	0.087	0.013
GZ4.2	0.210	0.855	0.150	0.194	0.142	0.142	0.047	0.058	0.090	0.026
GZ4.3	0.211	0.796	0.168	0.160	0.146	0.142	0.060	0.032	0.051	0.009
GZ15	0.230	0.072	0.759	0.089	0.062	0.034	0.059	0.057	−0.005	0.043
GZ12	0.255	0.130	0.677	0.075	0.068	−0.002	−0.025	0.054	0.078	0.004
GZ14	0.180	0.097	0.760	0.094	0.070	0.071	−0.026	−0.017	−0.036	−0.009
GZ18	0.338	0.138	0.566	0.057	0.109	0.203	−0.018	0.015	0.025	−0.050
GZ6.1	0.217	0.263	0.119	0.566	0.280	0.223	0.295	0.261	−0.083	−0.075
GZ6.2	0.249	0.279	0.129	0.537	0.281	0.220	0.304	0.259	−0.097	−0.061
GZ5.1	0.047	0.169	0.104	0.854	0.134	0.147	−0.038	−0.042	0.124	0.065
GZ5.2	0.081	0.181	0.123	0.838	0.151	0.160	−0.018	0.031	0.122	0.088

续表

题　目	因子1	因子2	因子3	因子4	因子5	因子6	因子7	因子8	因子9	因子10
GZ16.1	0.083	0.146	0.093	0.185	0.797	0.152	0.040	0.060	0.091	0.031
GZ17	0.130	0.161	0.206	0.121	0.470	0.267	0.253	0.180	0.106	0.047
GZ16.2	0.114	0.146	0.080	0.162	0.800	0.158	−0.025	−0.041	0.036	0.007
GZ13	0.067	0.093	0.181	0.223	0.203	0.556	0.006	0.006	0.237	−0.060
GZ11	0.134	0.138	0.050	0.100	0.170	0.673	0.006	0.113	−0.130	0.100
GZ8	0.065	0.130	0.028	0.122	0.097	0.665	0.017	−0.040	0.053	0.141
GZ7	0.030	0.034	0.051	0.162	0.036	0.413	0.439	0.184	0.399	−0.250
GZ3.3	−0.124	0.099	0.059	0.075	0.060	0.057	−0.092	0.900	0.065	0.077
GZ9	−0.019	−0.072	0.044	−0.012	−0.054	0.026	−0.815	0.135	−0.053	−0.225
GZ1	0.062	0.147	0.012	0.113	0.127	0.046	0.063	0.039	0.838	0.144
GZ10	0.019	0.026	0.007	0.091	0.042	0.180	0.186	0.084	0.119	0.864

因子分析共同度的结果显示，所有题目的共同度均高于0.4，说明每个题目与其余题目的关联度均较好。

表1-34　公众卷因子分析共同度

题　目	共同度	题　目	共同度
GZ4.1	0.885	GZ2.3	0.764
GZ4.2	0.890	GZ2.2	0.846
GZ4.3	0.781	GZ2.1	0.846
GZ6.1	0.747	GZ3.1	0.597
GZ6.2	0.745	GZ3.2	0.689
GZ13	0.506	GZ3.3	0.870
GZ11	0.571	GZ5.1	0.833
GZ15	0.656	GZ5.2	0.829
GZ16.1	0.744	GZ1	0.785
GZ12	0.560	GZ7	0.651
GZ17	0.502	GZ8	0.513
GZ14	0.640	GZ9	0.747
GZ16.2	0.735	GZ10	0.846
GZ18	0.514		

第二章　司法文明指标评分比较

本章对全国31个省/自治区/直辖市的受访者就各指标下的问题回答进行频数、频率统计，就各法律职业群体和普通公众的评分情况进行比较分析，以便显示二者在共同涉及的指标评分上存在怎样的差异。

指标1　司法权力

1.1　司法权力依法行使

为测量这一指标，调查问卷设计两个问题：

问题一："在您所在地区，法院依法行使审判权的可能性有多大？"（职业卷Q12）

问题二："在您所在地区，对于被批准逮捕后不再具有社会危险性的犯罪嫌疑人，检察机关依法予以变更或者解除逮捕措施的可能性有多大？"（职业卷Q22）

对于问题一，调查数据显示，有96.3%的受访者认为，法院可能（含有可能、很可能和非常可能）依法行使审判权。

表 2-1　法院依法行使审判权的可能性

	法官		检察官		警察		律师		全体	
	计数	频率%	计数	频率%	计数	频率%	计数	频率%	计数	频率%
非常可能	695	53.9	475	38.8	373	28.4	510	20.9	2 053	32.8
很可能	458	35.5	540	44.1	486	37.0	1 110	45.5	2 594	41.4
有可能	106	8.2	185	15.1	361	27.5	733	30.1	1 385	22.1
不太可能	24	1.9	16	1.3	65	4.9	70	2.9	175	2.8
非常不可能	6	0.5	8	0.7	29	2.2	14	0.6	57	0.9

图 2-1　法院依法行使审判权的可能性

不同法律职业群体认为法院可能（含有可能、很可能和非常可能）依法行使审判权的比例均超过九成，其中检察官认为存在这种可能性的比例最高，达98.0%；警察的比例最低，也有92.9%。

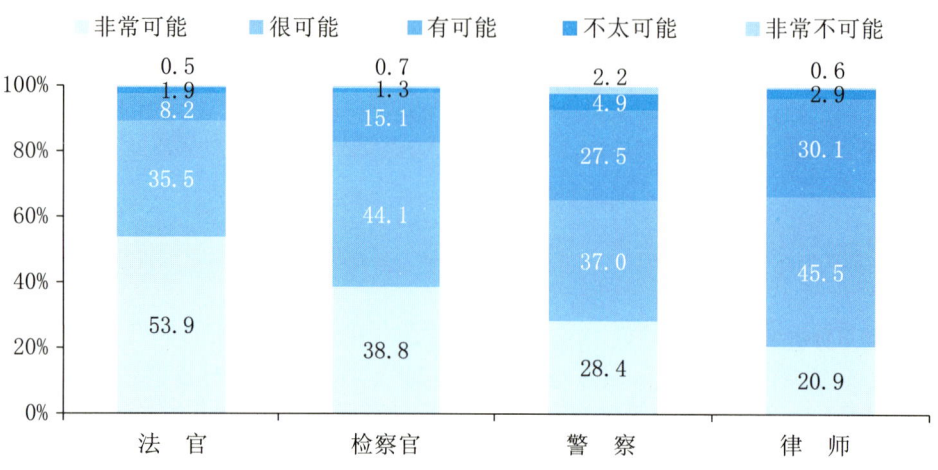

图 2-2　法院依法行使审判权的可能性——不同法律职业群体比较（%）

对于问题二，调查数据显示，对于被批准逮捕后不再具有社会危险性的犯罪嫌疑人，86.6%的受访者认为检察机关可能（含有可能、很可能和非常可能）依法予以变更或者解除逮捕措施，13.4%的受访者则认为检察机关不可能（含不太可能和非常不可能）依法予以变更或者解除逮捕措施。

表 2-2　检察机关依法予以变更或者解除逮捕措施的可能性

	法官		检察官		警察		律师		全体	
	计数	频率%	计数	频率%	计数	频率%	计数	频率%	计数	频率%
非常可能	157	12.2	289	23.7	155	11.8	124	5.1	725	11.6
很可能	418	32.5	477	39.1	316	24.0	490	20.1	1 701	27.2
有可能	572	44.4	398	32.6	641	48.8	1 385	56.7	2 996	47.8
不太可能	125	9.7	51	4.2	166	12.6	410	16.8	752	12.0
非常不可能	15	1.2	6	0.5	36	2.7	32	1.3	89	1.4

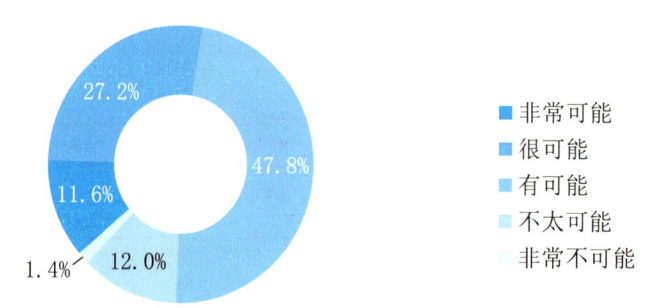

图 2-3　检察机关依法予以变更或者解除逮捕措施的可能性

不同法律职业群体均有八成以上的受访者认为，对于被批准逮捕后不再具有社会危险性的犯罪嫌疑人，检察机关可能（含有可能、很可能和非常可能）依法予以变更或者解除逮捕措施，其中检察官认为存在这种可能性的比例最高，达95.4%；律师的比例相对偏低，也有81.9%。

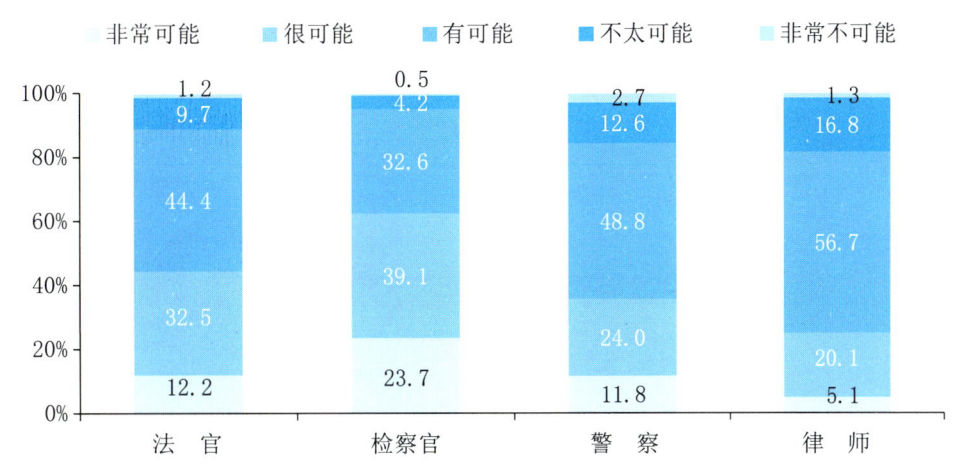

图 2-4 检察机关依法予以变更或者解除逮捕措施的可能性——不同法律职业群体比较（%）

1.2 司法权力独立行使

为测量这一指标，调查问卷设计三个问题：

问题一："在您所在地区，法官办案受到本院领导干涉的可能性有多大？"（职业卷 Q8）

问题二："在您所在地区，法院办案受到党政机关干涉的可能性有多大？"（职业卷 Q9.1）

问题三："在您所在地区，检察院办案受到党政机关干涉的可能性有多大？"（职业卷 Q9.2）

对于问题一，调查数据显示，有 53.7% 的受访者认为，法官办案可能（含有可能、很可能和非常可能）受到本院领导干涉。

表 2-3 法官办案受到本院领导干涉的可能性

	法 官		检察官		警 察		律 师		全 体	
	计数	频率%	计数	频率%	计数	频率%	计数	频率%	计数	频率%
非常可能	24	1.9	32	2.6	65	5.0	180	7.4	301	4.8
很可能	75	5.8	96	7.9	115	8.8	335	13.7	621	9.9
有可能	369	28.6	476	39.0	490	37.4	1 103	45.2	2 438	39.0
不太可能	598	46.4	473	38.7	471	36.0	671	27.5	2 213	35.4
非常不可能	222	17.2	144	11.8	168	12.8	149	6.1	683	10.9

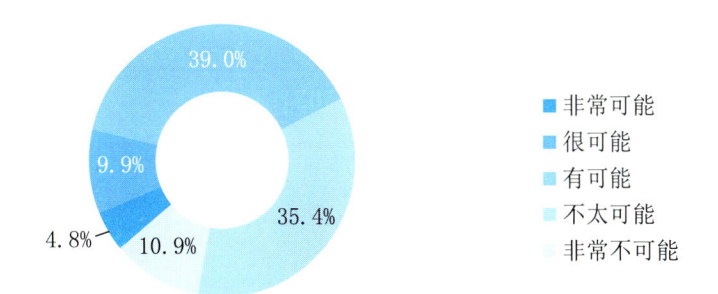

图 2-5 法官办案受到本院领导干涉的可能性

不同法律职业群体中，律师认为法院办案可能（含有可能、很可能和非常可能）受到本院领导干涉的比例最高，达 66.3%；法官的比例最低，只有 36.3%，二者相差 30.0 个百分点。

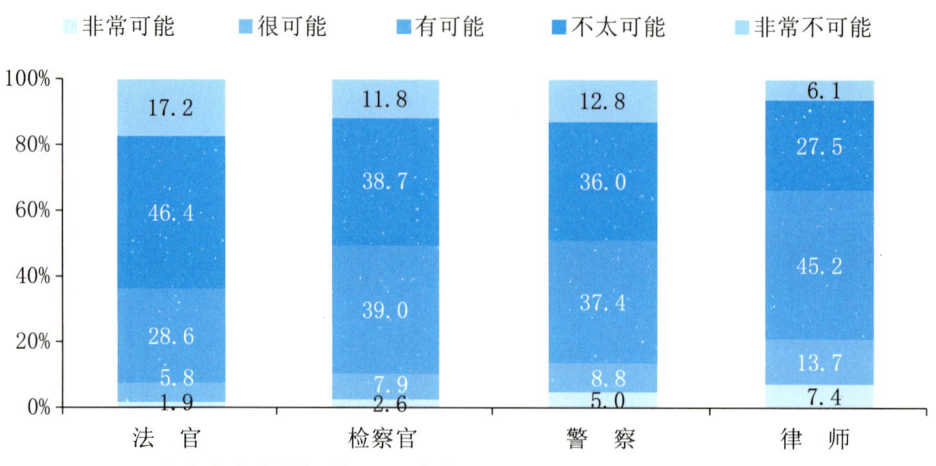

图 2-6　法官办案受到本院领导干涉的可能性——不同法律职业群体比较（%）

对于问题二，调查数据显示，有 56.8% 的受访者认为，法院办案可能（含有可能、很可能和非常可能）受到党政机关干涉。

表 2-4　法院办案受到党政机关干涉的可能性

	法　官		检察官		警　察		律　师		全　体	
	计数	频率%	计数	频率%	计数	频率%	计数	频率%	计数	频率%
非常可能	66	5.1	93	7.6	79	6.0	200	8.2	438	7.0
很可能	113	8.8	132	10.8	157	12.0	370	15.2	772	12.3
有可能	436	33.9	415	33.9	457	34.9	1 037	42.6	2 345	37.5
不太可能	481	37.3	434	35.5	435	33.2	659	27.0	2 009	32.1
非常不可能	192	14.9	150	12.3	182	13.9	171	7.0	695	11.1

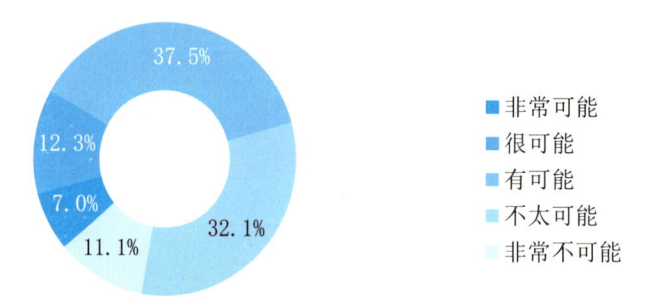

图 2-7　法院办案受到党政机关干涉的可能性

不同法律职业群体中，律师认为法院办案可能（含有可能、很可能和非常可能）受到党政机关干涉的比例最高，达 66.0%；法官的比例最低，只有 47.8%，二者相差 18.2 个百分点。

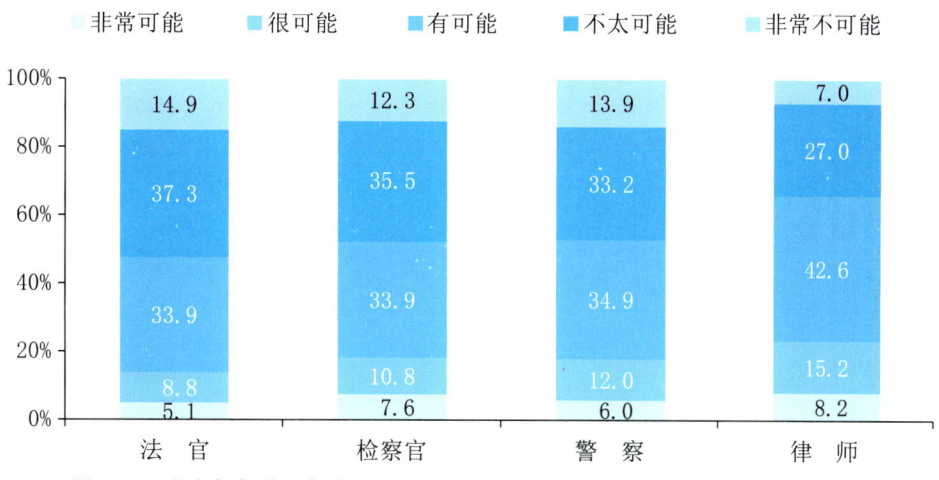

图 2-8　法院办案受到党政机关干涉的可能性——不同法律职业群体比较（%）

对于问题三，调查数据显示，有 56.3% 的受访者认为，检察院办案可能（含有可能、很可能和非常可能）受到党政机关干涉。

表 2-5　检察院办案受到党政机关干涉的可能性

	法　官		检察官		警　察		律　师		全　体	
	计数	频率%	计数	频率%	计数	频率%	计数	频率%	计数	频率%
非常可能	49	3.8	66	5.4	77	5.9	196	8.1	388	6.2
很可能	121	9.4	144	11.8	131	10.0	341	14.0	737	11.8
有可能	454	35.4	412	33.7	476	36.4	1 050	43.2	2 392	38.3
不太可能	473	36.8	427	34.9	441	33.7	674	27.7	2 015	32.3
非常不可能	187	14.6	173	14.2	182	13.9	172	7.1	714	11.4

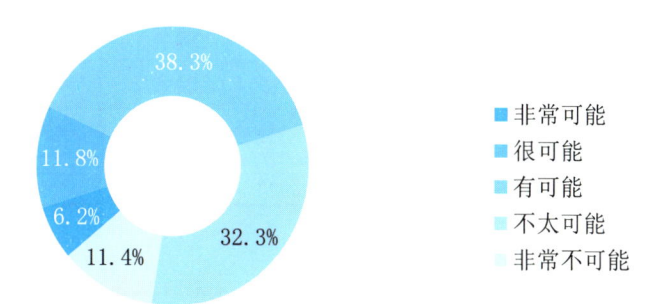

图 2-9　检察院办案受到党政机关干涉的可能性

不同法律职业群体中，律师认为检察院办案可能（含有可能、很可能和非常可能）受到党政机关干涉的比例最高，达 65.3%；法官的比例最低，只有 48.6%，二者相差 16.7 个百分点。

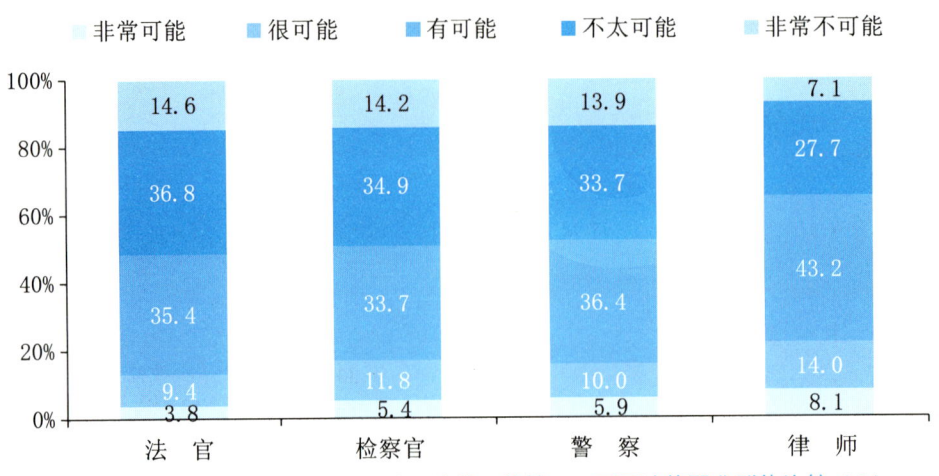

图 2-10 检察院办案受到党政机关干涉的可能性——不同法律职业群体比较（%）

1.3 司法权力公正行使

为测量这一指标，调查问卷设计三个问题：

问题一："在您所在地区，法院公正办案的可能性有多大？"（职业卷 Q10.1）
问题二："在您所在地区，检察院公正办案的可能性有多大？"（职业卷 Q10.2）
问题三："在您所在地区，公安机关公正办案的可能性有多大？"（职业卷 Q10.3）

对于问题一，调查数据显示，有94.4%的受访者认为，法院可能（含有可能、很可能和非常可能）公正办案。

表 2-6 法院公正办案的可能性

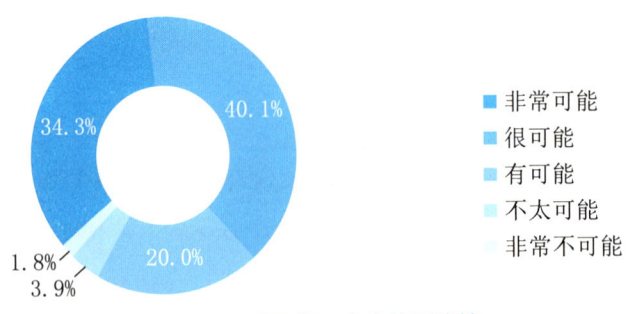

	法官		检察官		警察		律师		全体	
	计数	频率%	计数	频率%	计数	频率%	计数	频率%	计数	频率%
非常可能	729	56.5	554	45.4	402	30.6	461	18.9	2 146	34.3
很可能	407	31.6	475	38.9	452	34.5	1 177	48.2	2 511	40.1
有可能	100	7.8	143	11.7	315	24.0	694	28.4	1 252	20.0
不太可能	35	2.7	29	2.4	94	7.2	86	3.5	244	3.9
非常不可能	19	1.5	20	1.6	49	3.7	22	0.9	110	1.8

图 2-11 法院公正办案的可能性

不同法律职业群体中，认为法院可能（含有可能、很可能和非常可能）公正办案的，比例最高的是检察官，达96.0%；比例最低的是警察，也有89.1%。不过，认为法院"非常可能"公正办案的，比例最低的是律师，只有18.9%，与法官的56.5%相比，低了37.6个百分点。

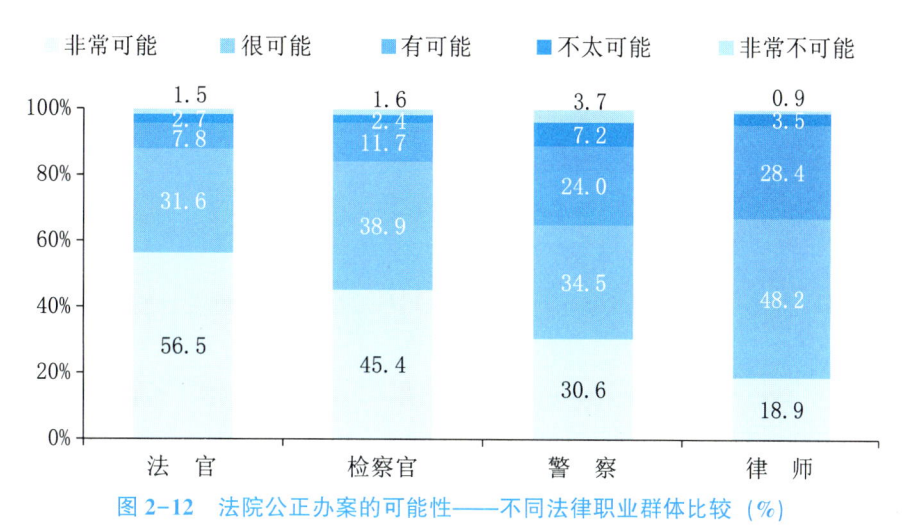

图 2-12 法院公正办案的可能性——不同法律职业群体比较（%）

对于问题二，调查数据显示，有 94.4% 的受访者认为，检察院可能（含有可能、很可能和非常可能）公正办案。

表 2-7 检察院公正办案的可能性

	法官		检察官		警察		律师		全体	
	计数	频率%	计数	频率%	计数	频率%	计数	频率%	计数	频率%
非常可能	624	48.7	613	50.0	402	30.6	455	18.6	2 094	33.5
很可能	474	37.0	458	37.4	458	34.9	1 161	47.6	2 551	40.8
有可能	127	9.9	104	8.5	313	23.9	713	29.2	1 257	20.1
不太可能	39	3.0	29	2.4	92	7.0	88	3.6	248	4.0
非常不可能	18	1.4	21	1.7	47	3.6	23	0.9	109	1.7

图 2-13 检察院公正办案的可能性

不同法律职业群体中，认为检察院可能（含有可能、很可能和非常可能）公正办案的，比例最高的是检察官，高达 95.9%；比例最低的是警察，也有 89.4%。认为检察院"非常可能"公正办案的，比例最高的也是检察官，达 50.0%；比例最低的是律师，只有 18.6%，二者相差 31.4 个百分点。

图 2-14 检察院公正办案的可能性——不同法律职业群体比较（%）

对于问题三，调查数据显示，有92.9%的受访者认为，公安机关可能（含有可能、很可能和非常可能）公正办案。

表 2-8 公安机关公正办案的可能性

	法 官		检察官		警 察		律 师		全 体	
	计数	频率%	计数	频率%	计数	频率%	计数	频率%	计数	频率%
非常可能	533	41.6	456	37.3	468	35.6	403	16.5	1 860	29.7
很可能	482	37.6	471	38.6	425	32.4	1 017	41.7	2 395	38.3
有可能	206	16.1	238	19.5	268	20.4	845	34.6	1 557	24.9
不太可能	39	3.0	31	2.5	93	7.1	149	6.1	312	5.0
非常不可能	22	1.7	25	2.0	59	4.5	27	1.1	133	2.1

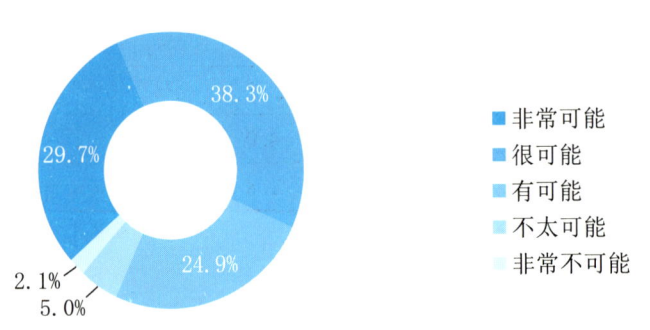

图 2-15 公安机关公正办案的可能性

不同法律职业群体中，认为公安机关可能（含有可能、很可能和非常可能）公正办案的，比例最高的是检察官，达95.4%；而警察的比例却是最低的，虽然也有88.4%。不过，认为公安机关"非常可能"公正办案的，律师的比例很低，只有16.5%，明显低于其他三类法律职业群体。

非常可能　很可能　有可能　不太可能　非常不可能

图 2-16　公安机关公正办案的可能性——不同法律职业群体比较（%）

1.4　司法权力主体受到信任与认同

为测量这一指标，调查问卷设计三个问题：

问题一："您对自己所在地区法官队伍的总体满意程度如何？"（职业卷 Q31.1 和公众卷 Q4.1）

问题二："您对自己所在地区检察官队伍的总体满意程度如何？"（职业卷 Q31.2 和公众卷 Q4.2）

问题三："您对自己所在地区警察队伍的总体满意程度如何？"（职业卷 Q31.3 和公众卷 Q4.3）

对于问题一，调查数据显示，有 64.6% 的受访者对自己所在地区法官在总体上感到满意（含比较满意和非常满意），其中"非常满意"的比例只有 17.6%。

表 2-9　对法官队伍的总体满意程度

	法官		检察官		警察		律师		公众		全体	
	计数	频率%	计数	频率%	计数	频率%	计数	频率%	计数	频率%	计数	频率%
非常满意	486	37.7	316	25.8	335	25.6	276	11.3	2 869	15.9	4 282	17.6
比较满意	614	47.6	682	55.6	596	45.5	1 264	51.8	8 273	45.9	11 429	47.0
一　般	145	11.2	168	13.7	305	23.3	778	31.9	6 096	33.8	7 492	30.8
不太满意	39	3.0	56	4.6	52	4.0	102	4.2	581	3.2	830	3.4
非常不满意	6	0.5	5	0.4	23	1.8	20	0.8	214	1.2	268	1.1

图 2-17　对法官队伍的总体满意程度

不同法律职业群体和公众中，法官和检察官对自己所在地区法官总体上感到满意（含比较满意和非常满意）的比例较高，均超过八成；警察的比例超七成；律师和公众的比例则较低，均只有六成。此外，对法官感到"非常满意"的，只有法官自评的比例达到了 37.7%，其他群体的评价普遍不高，其中律师对法官感到"非常满意"的比例只有11.3%，二者相差26.4个百分点。

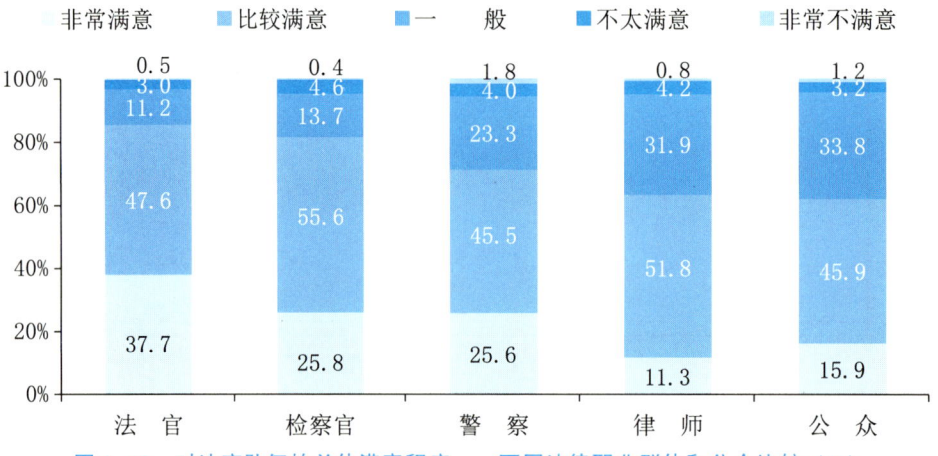

| | 非常满意 | 比较满意 | 一般 | 不太满意 | 非常不满意 |

法官：37.7 / 47.6 / 11.2 / 3.0 / 0.5
检察官：25.8 / 55.6 / 13.7 / 4.6 / 0.4
警察：25.6 / 45.5 / 23.3 / 4.0 / 1.8
律师：11.3 / 51.8 / 31.9 / 4.2 / 0.8
公众：15.9 / 45.9 / 33.8 / 3.2 / 1.2

图 2-18 对法官队伍的总体满意程度——不同法律职业群体和公众比较（%）

对于问题二，调查数据显示，有64.7%的受访者对自己所在地区检察官在总体上感到满意（含比较满意和非常满意），其中"非常满意"的比例只有18.1%。

表 2-10 对检察官队伍的总体满意程度

	法 官		检察官		警 察		律 师		公 众		全 体	
	计数	频率%	计数	频率%	计数	频率%	计数	频率%	计数	频率%	计数	频率%
非常满意	380	29.6	438	35.7	337	25.7	295	12.1	2 951	16.4	4 401	18.1
比较满意	653	50.8	613	50.0	565	43.2	1 315	53.9	8 163	45.3	11 309	46.6
一　般	199	15.5	119	9.7	316	24.1	710	29.1	6 103	33.9	7 447	30.7
不太满意	46	3.6	50	4.1	59	4.5	102	4.2	603	3.3	860	3.5
非常不满意	7	0.5	7	0.6	32	2.4	16	0.7	197	1.1	259	1.1

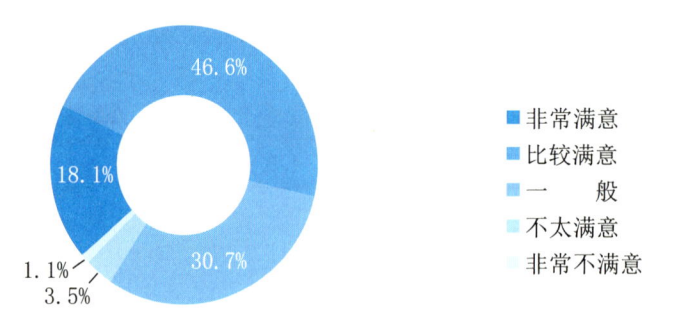

图 2-19 对检察官队伍的总体满意程度

非常满意 18.1%；比较满意 46.6%；一般 30.7%；不太满意 3.5%；非常不满意 1.1%

不同法律职业群体和公众中，检察官和法官对自己所在地区检察官总体上感到满意（含比较满意和非常满意）的比例较高，其中检察官的自评比例最高，达85.7%；警察和律师的比例相对较低，均不足七成；公众的比例最低，只有61.7%。此外，对检察官感到"非常满意"的，只有检察官自评的比例达到了35.7%，律师、公众群体的评价普遍不高，其中律师对检察官感到"非常满意"的比例只有12.1%，二者相差23.6个百分点。

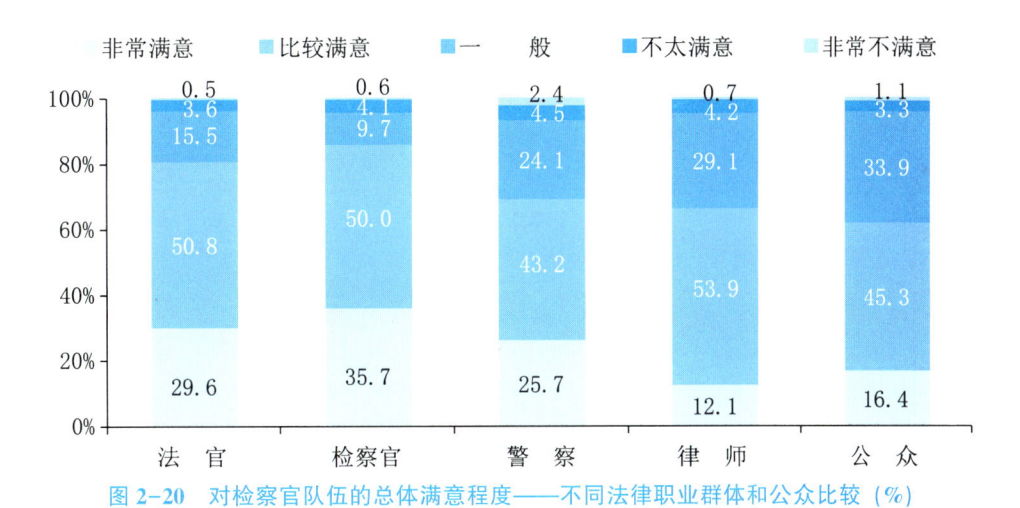

图 2-20 对检察官队伍的总体满意程度——不同法律职业群体和公众比较（%）

对于问题三，调查数据显示，有61.1%的受访者对自己所在地区警察在总体上感到满意（含比较满意和非常满意），对警察的满意度略低于对法官、检察官。

表 2-11 对警察队伍的总体满意程度

	法 官		检察官		警 察		律 师		公 众		全 体	
	计数	频率%	计数	频率%	计数	频率%	计数	频率%	计数	频率%	计数	频率%
非常满意	330	25.7	278	22.7	504	38.4	244	10.0	3 180	17.6	4 536	18.7
比较满意	622	48.4	628	51.2	544	41.5	972	39.9	7 529	41.7	10 295	42.4
一 般	266	20.7	238	19.4	225	17.1	918	37.7	5 843	32.4	7 490	30.8
不太满意	60	4.7	71	5.8	22	1.7	221	9.1	1 132	6.3	1 506	6.2
非常不满意	7	0.5	11	0.9	17	1.3	80	3.3	355	2.0	470	1.9

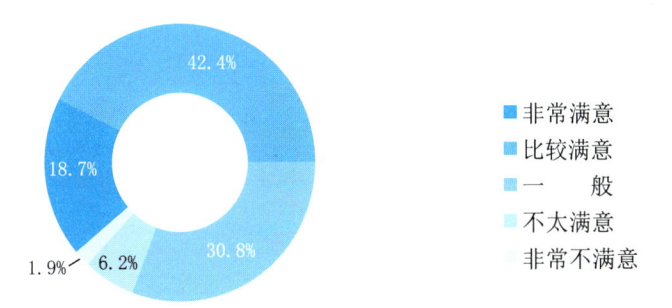

图 2-21 对警察队伍的总体满意程度

不同法律职业群体和公众中，法官、检察官和警察对自己所在地区警察总体上感到满意（含比较满意和非常满意）的比例较高，都在七成以上，其中警察自评的比例最高，达79.9%；律师的比例最低，只有49.9%；公众的比例也不高，只有59.3%。此外，对警察感到"非常满意"的，只有警察自评的比例达到了38.4%，其他群体的评价普遍不高，其中律师对警察感到"非常满意"的比例只有10.0%，二者相差28.4个百分点。

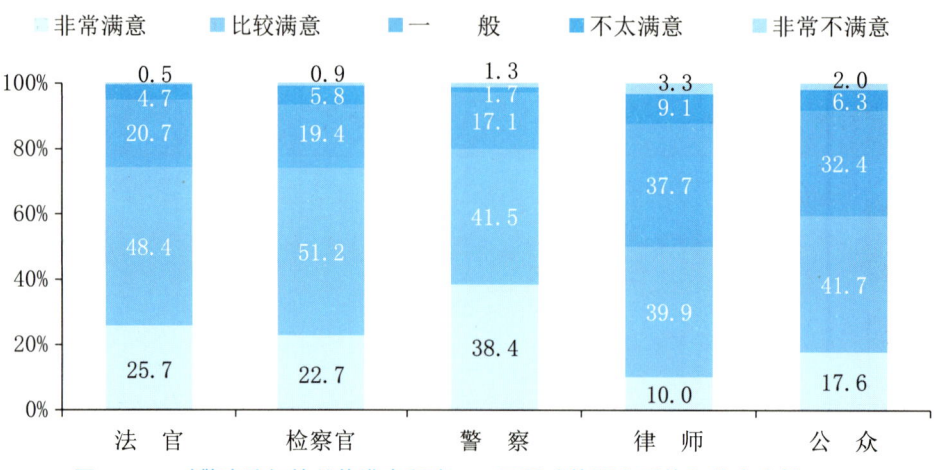

图例：非常满意 | 比较满意 | 一 般 | 不太满意 | 非常不满意

图 2-22 对警察队伍的总体满意程度——不同法律职业群体和公众比较（%）

1.5 司法裁判受到信任与认同

为测量这一指标，调查问卷设计两个问题：

问题一："在您所在地区，法院审判过程公正的可能性有多大？"（职业卷Q33.1和公众卷Q6.1）

问题二："在您所在地区，法院判决结果公正的可能性有多大？"（职业卷Q33.2和公众卷Q6.2）

对于问题一，调查数据显示，有96.6%的受访者认为，法院审判过程可能（含有可能、很可能和非常可能）是公正的。

表 2-12 法院审判过程公正的可能性

	法 官		检察官		警 察		律 师		公 众		全 体	
	计数	频率%	计数	频率%	计数	频率%	计数	频率%	计数	频率%	计数	频率%
非常可能	895	69.9	555	45.7	487	37.4	513	21.1	4 545	25.2	6 995	28.8
很可能	324	25.3	543	44.7	507	38.9	1 185	48.8	7 781	43.2	10 340	42.6
有可能	54	4.2	113	9.3	272	20.9	684	28.2	4 978	27.6	6 101	25.2
不太可能	7	0.5	3	0.2	26	2.0	39	1.6	601	3.3	676	2.8
非常不可能	1	0.1	1	0.1	11	0.8	8	0.3	122	0.7	143	0.6

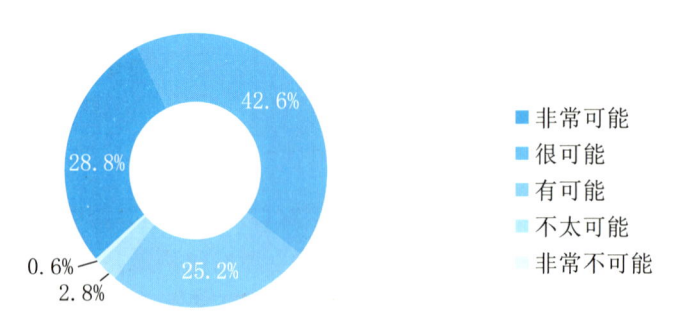

图 2-23 法院审判过程公正的可能性

法律职业群体和公众相比较，法律职业群体认为法院审判过程可能（含有可能、很可能和非常可能）公正的比例较高，达98.5%；公众的比例较低，也有96.0%。不过，公众认为法院审判过程"非常可能"公正的比例偏低，只有25.2%。

不同法律职业群体中，均有九成以上的受访者认为法院审判过程可能（含有可能、很可能和非常可能）是公正的，其中检察官的比例最高，达99.7%；警察的比例最低，也有97.2%。不过，认为法院审判过程"非常可能"公正的，法官自评的比例最高，达69.9%；律师的比例最低，只有21.1%，明显低于法官、检察官和警察，甚至比公众的比例还要低4.1个百分点。

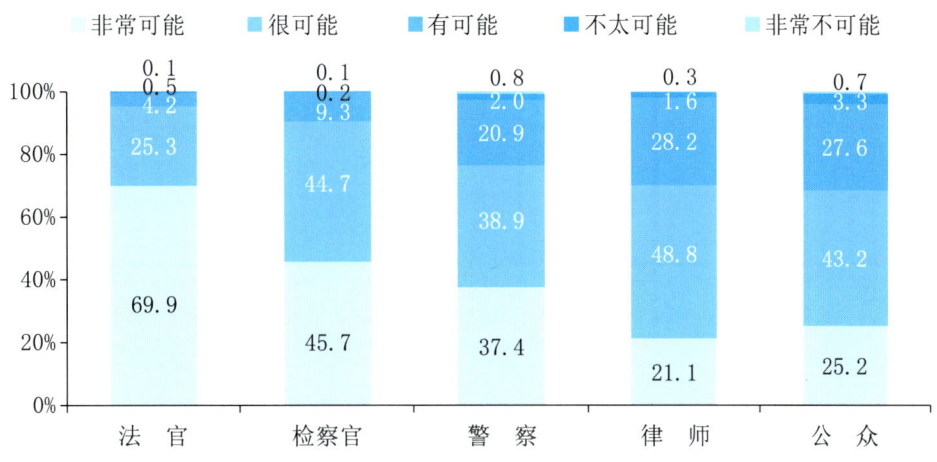

图2-24 法院审判过程公正的可能性——不同法律职业群体和公众比较（%）

对于问题二，调查数据显示，有96.1%的受访者认为，法院判决结果可能（含有可能、很可能和非常可能）是公正的。

表2-13 法院判决结果公正的可能性

	法 官		检察官		警 察		律 师		公 众		全 体	
	计数	频率%	计数	频率%	计数	频率%	计数	频率%	计数	频率%	计数	频率%
非常可能	871	68.0	553	45.5	457	35.0	461	19.0	4 342	24.2	6 684	27.6
很可能	339	26.5	543	44.7	533	40.9	1 116	46.0	7 413	41.2	9 944	41.1
有可能	64	5.0	114	9.4	279	21.4	796	32.8	5 376	29.9	6 629	27.4
不太可能	5	0.4	4	0.3	22	1.7	45	1.9	712	4.0	788	3.3
非常不可能	2	0.2	1	0.1	13	1.0	7	0.3	129	0.7	152	0.6

图2-25 法院判决结果公正的可能性

法律职业群体和公众相比较，法律职业群体认为法院判决结果可能（含有可能、很可能和非常可能）公正的比例较高，达98.4%；公众的比例较低，也有95.3%。不过，公众认为法院判决结果"非常可能"公正的比例偏低，只有24.2%。

不同法律职业群体中，均有九成以上的受访者认为法院判决结果可能（含有可能、很可能和非常可能）是公正的，其中检察官的比例最高，达99.6%；警察的比例最低，也有97.3%。不过，认为法院判决结果"非常可能"公正的，法官自评的比例最高，达68.0%；律师的比例最低，只有19.0%，明显低于法官、检察官和警察，甚至比公众的比例还要低5.2个百分点。

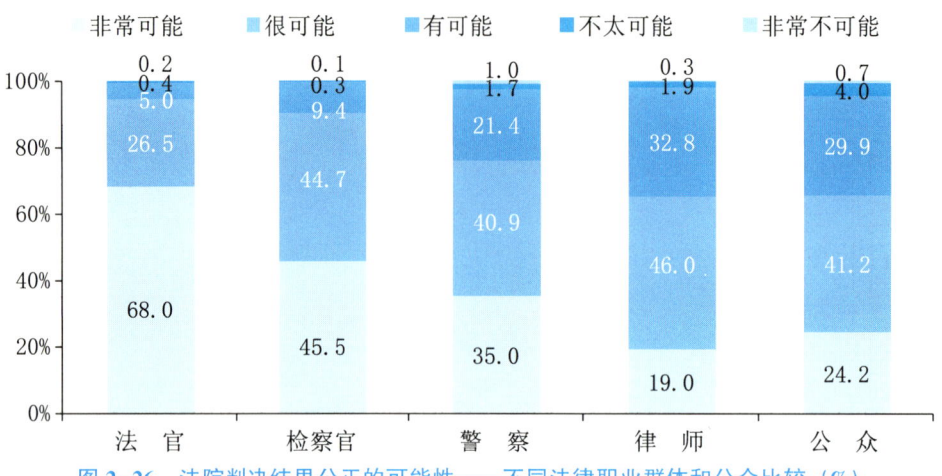

图2-26 法院判决结果公正的可能性——不同法律职业群体和公众比较（%）

指标2 当事人诉讼权利

2.1 当事人享有不被强迫自证其罪的权利

为测量这一指标，调查问卷设计一个问题：

问题："在您所在地区的侦查讯问中，警察要求犯罪嫌疑人自证其罪的可能性有多大？"（职业卷Q17）

对于这一问题，调查数据显示，有46.6%的受访者认为，在侦查讯问中，警察可能（含有可能、很可能和非常可能）要求犯罪嫌疑人自证其罪。

表2-14 侦查讯问中，警察要求犯罪嫌疑人自证其罪的可能性

	法官		检察官		警察		律师		全体	
	计数	频率%	计数	频率%	计数	频率%	计数	频率%	计数	频率%
非常可能	32	2.5	22	1.8	39	3.0	85	3.5	178	2.8
很可能	74	5.7	65	5.3	123	9.4	255	10.5	517	8.3
有可能	353	27.4	347	28.3	403	30.7	1 122	46.0	2 225	35.5
不太可能	591	45.9	586	47.9	492	37.5	823	33.7	2 492	39.8
非常不可能	237	18.4	204	16.7	256	19.5	155	6.4	852	13.6

图2-27 侦查讯问中，警察要求犯罪嫌疑人自证其罪的可能性

不同法律职业群体中，认为在侦查讯问中警察可能（含有可能、很可能和非常可能）要求犯罪嫌疑

人自证其罪的，比例最低的是检察官，有35.4%；比例最高的是律师，达60.0%。不过，认为警察"非常可能"要求犯罪嫌疑人自证其罪的比例并不高，其中比例最高的是律师，也只有3.5%；比例最低的不是警察，而是检察官，仅为1.8%。

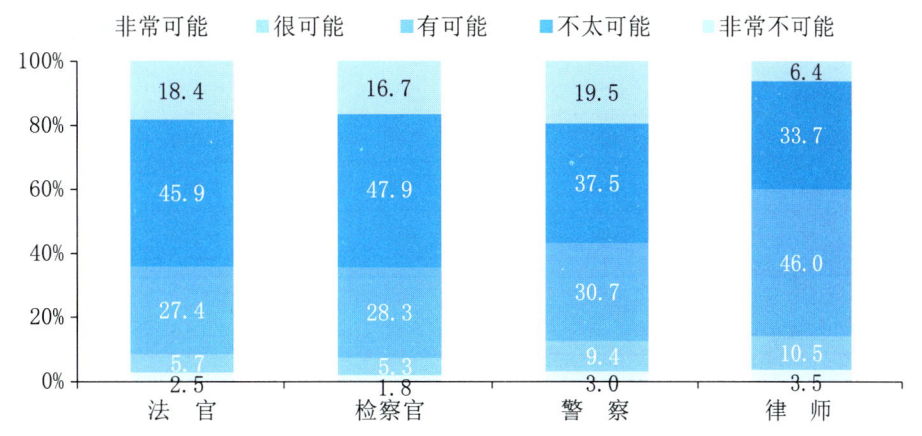

图2-28 侦查讯问中，警察要求犯罪嫌疑人自证其罪的可能性——不同法律职业群体比较（%）

2.2 当事人享有获得辩护、代理的权利

为测量这一指标，调查问卷设计四个问题：

问题一："在您所在地区，被告人如果请不起律师，他/她得到免费法律援助的可能性有多大？"（公众卷Q13）

问题二："在您所在地区，律师行使辩护权得到保障的可能性有多大？"（职业卷Q18）

问题三："在您所在地区，律师执业时被追究'律师伪证罪'的可能性有多大？"（职业卷Q4.3）

问题四："在您所在地区，律师办案过程中被公检法人员羞辱的可能性有多大？"（职业卷Q4.4）

对于问题一，调查数据显示，有80.5%的受访者认为，被告人如果请不起律师，他/她可能（含有可能、很可能和非常可能）得到免费法律援助，其中认为"非常可能"的受访者比例为12.5%。

表2-15 被告人如果请不起律师，他/她得到免费法律援助的可能性

	公 众	
	计 数	频率%
非常可能	2 247	12.5
很可能	4 795	26.6
有可能	7 476	41.4
不太可能	3 095	17.2
非常不可能	429	2.4

图2-29 被告人如果请不起律师，他/她得到免费法律援助的可能性

对于问题二,调查数据显示,有95.0%的受访者认为,律师行使辩护权可能(含有可能、很可能和非常可能)得到保障。

表 2-16 律师行使辩护权得到保障的可能性

	法 官		检察官		警 察		律 师		全 体	
	计数	频率%	计数	频率%	计数	频率%	计数	频率%	计数	频率%
非常可能	443	34.4	480	39.2	277	21.1	244	10.0	1 444	23.0
很可能	563	43.7	518	42.3	488	37.2	943	38.6	2 512	40.1
有可能	221	17.1	198	16.2	467	35.6	1 113	45.6	1 999	31.9
不太可能	44	3.4	23	1.9	53	4.0	124	5.1	244	3.9
非常不可能	18	1.4	7	0.6	28	2.1	16	0.7	69	1.1

图 2-30 律师行使辩护权得到保障的可能性

不同法律职业群体中,认为律师行使辩护权可能(含有可能、很可能和非常可能)得到保障的,比例最高的是检察官,达97.7%;比例最低的是警察,也有93.9%。不过,认为律师行使辩护权"非常可能"得到保障的比例较低,其中律师自评的比例最低,只有10.0%。

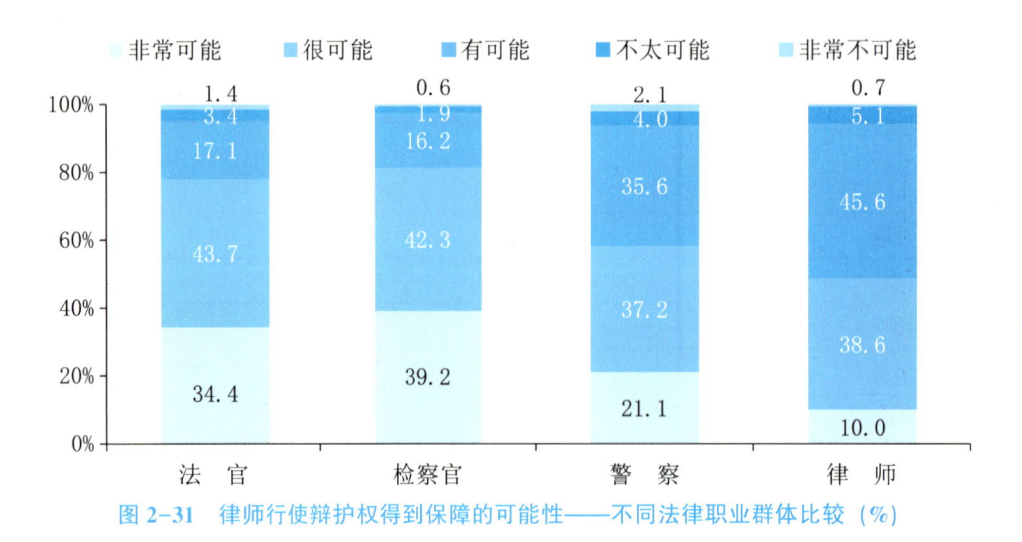

图 2-31 律师行使辩护权得到保障的可能性——不同法律职业群体比较(%)

对于问题三,调查数据显示,有44.7%的受访者认为,律师执业时可能(含有可能、很可能和非常可能)被追究"律师伪证罪"。

表 2-17 律师执业时被追究"律师伪证罪"的可能性

	法 官		检察官		警 察		律 师		全 体	
	计数	频率%	计数	频率%	计数	频率%	计数	频率%	计数	频率%
非常可能	17	1.3	17	1.4	48	3.7	126	5.2	208	3.3
很可能	59	4.6	42	3.4	93	7.1	242	9.9	436	7.0
有可能	364	28.4	356	29.2	479	36.7	949	39.0	2 148	34.4
不太可能	616	48.1	581	47.6	508	39.0	840	34.5	2 545	40.8
非常不可能	224	17.5	224	18.4	176	13.5	278	11.4	902	14.5

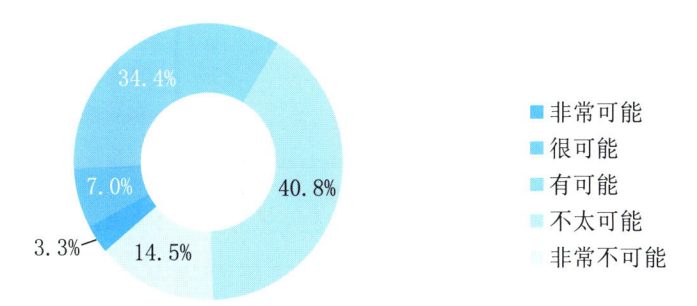

图 2-32 律师执业时被追究"律师伪证罪"的可能性

不同法律职业群体中，认为律师执业时可能（含有可能、很可能和非常可能）被追究"律师伪证罪"的，比例最高的是律师自评，达 54.1%；比例最低的是检察官，只有 34.0%。不过，认为律师执业时"非常可能"被追究"律师伪证罪"的比例并不高，比例最高的仍是律师自评，有 5.2%；比例最低的是法官，只有 1.3%。

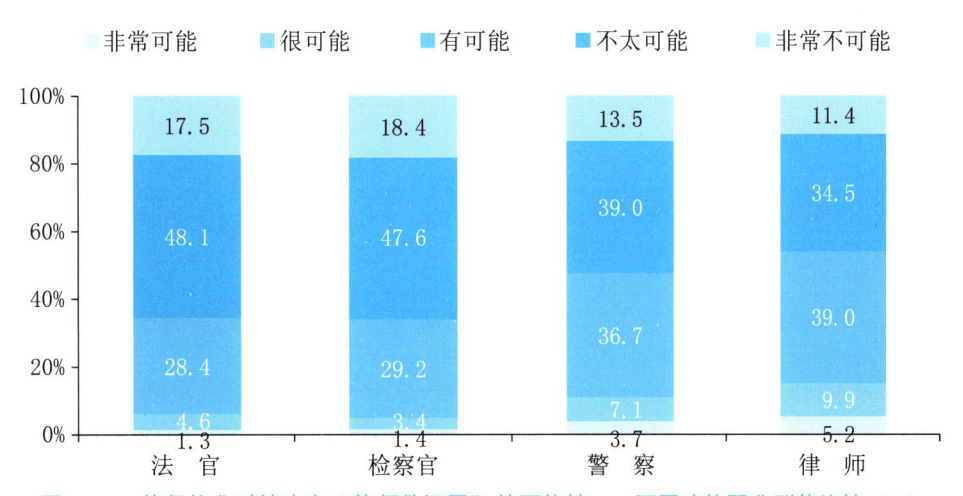

图 2-33 律师执业时被追究"律师伪证罪"的可能性——不同法律职业群体比较（%）

对于问题四，调查数据显示，有 34.3% 的受访者认为，律师在办案过程中可能（含有可能、很可能和非常可能）被公检法人员羞辱。

表 2-18 律师在办案过程中被公检法人员羞辱的可能性

	法官		检察官		警察		律师		全体	
	计数	频率%	计数	频率%	计数	频率%	计数	频率%	计数	频率%
非常可能	18	1.4	10	0.8	29	2.2	165	6.8	222	3.6
很可能	37	2.9	32	2.6	83	6.4	269	11.0	421	6.7
有可能	181	14.1	183	15.0	313	24.0	824	33.8	1 501	24.0
不太可能	589	46.0	505	41.4	562	43.1	927	38.0	2 583	41.4
非常不可能	455	35.5	491	40.2	318	24.4	252	10.3	1 516	24.3

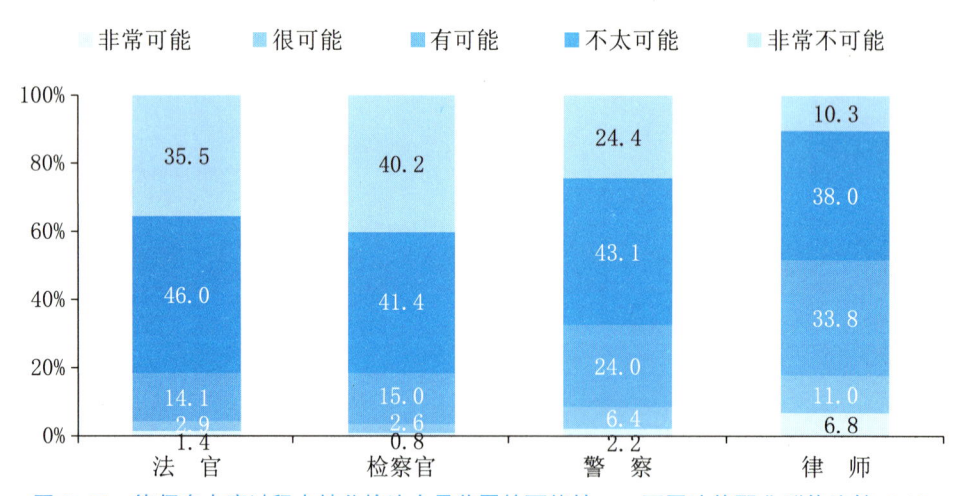

图 2-34 律师在办案过程中被公检法人员羞辱的可能性

不同法律职业群体中，认为律师在办案过程中可能（含有可能、很可能和非常可能）被公检法人员羞辱的，比例最高的是律师自评，达 51.6%；比例最低的是检察官，只有 18.4%，二者相差 33.2 个百分点。不过，认为律师在办案过程中"非常可能"被公检法人员羞辱的比例并不高，比例最高的仍然是律师自评，有 6.8%；比例最低的是检察官，只有 0.8%。

图 2-35 律师在办案过程中被公检法人员羞辱的可能性——不同法律职业群体比较（%）

2.3 当事人享有证据性权利

为测量这一指标，调查问卷设计一个问题：

问题："在您所在地区的刑事审判中，如果被告人要求证人出庭作证，法官传唤该证人出庭作证的可能性有多大？"（职业卷 Q19）

对于这一问题，调查数据显示，有 88.9% 的受访者认为，在刑事审判中，如果被告人要求证人出庭作证，法官可能（含有可能、很可能和非常可能）传唤该证人出庭作证。

表 2-19 刑事审判中，法官传唤证人出庭作证的可能性

	法官		检察官		警察		律师		全体	
	计数	频率%	计数	频率%	计数	频率%	计数	频率%	计数	频率%
非常可能	337	26.1	256	20.9	252	19.2	233	9.5	1 078	17.2
很可能	475	36.8	432	35.3	376	28.6	681	27.9	1 964	31.3
有可能	406	31.5	445	36.3	549	41.8	1 133	46.4	2 533	40.4
不太可能	57	4.4	84	6.9	113	8.6	340	13.9	594	9.5
非常不可能	15	1.2	8	0.7	23	1.8	54	2.2	100	1.6

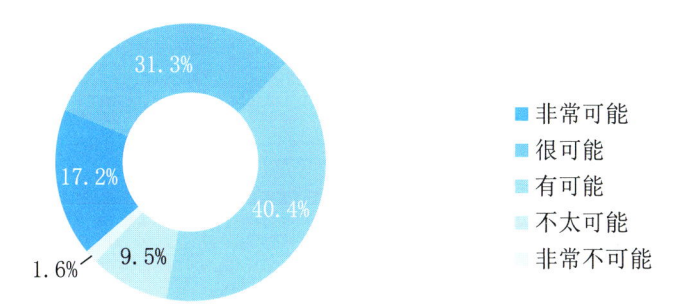

图 2-36 刑事审判中，法官传唤证人出庭作证的可能性

不同法律职业群体中，均有八成以上的受访者认为，在刑事审判中，如果被告人要求证人出庭作证，法官可能（含有可能、很可能和非常可能）传唤该证人出庭作证，其中法官认为存在这种可能性的比例最高，达94.4%；律师认为存在这种可能性的比例最低，有83.8%。而认为法官"非常可能"传唤证人出庭作证的，比例最高的是法官，有26.1%；比例最低的是律师，仅有9.5%。

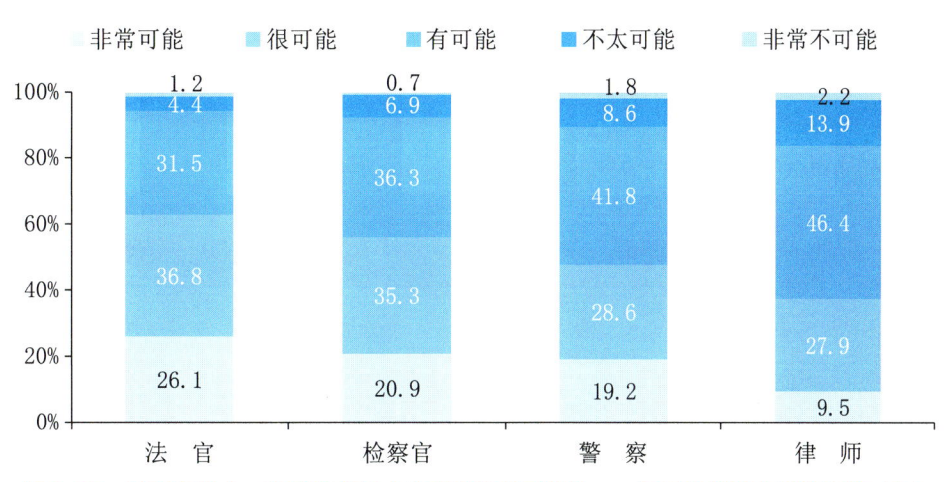

图 2-37 刑事审判中，法官传唤证人出庭作证的可能性——不同法律职业群体比较（%）

2.4 当事人享有获得救济的权利

为测量这一指标，调查问卷设计三个问题：

问题一："在您所在地区，对确有错误的民事案件生效判决，法院启动再审程序予以纠正的可能性有多大？"（职业卷Q26.1）

问题二："在您所在地区，对确有错误的刑事案件生效判决，法院启动再审程序予以纠正的可能性有多大？"（职业卷Q26.2）

问题三:"在您所在地区,对确有错误的行政案件生效判决,法院启动再审程序予以纠正的可能性有多大?"(职业卷 Q26.3)

对于问题一,调查数据显示,有88.5%的受访者认为,对确有错误的民事案件生效判决,法院可能(含有可能、很可能和非常可能)启动再审程序予以纠正。

表 2-20 对确有错误的民事案件生效判决,法院启动再审程序予以纠正的可能性

	法官		检察官		警察		律师		全体	
	计数	频率%	计数	频率%	计数	频率%	计数	频率%	计数	频率%
非常可能	504	39.1	298	24.3	231	17.6	232	9.5	1 265	20.2
很可能	437	33.9	426	34.7	370	28.2	618	25.3	1 851	29.5
有可能	298	23.1	422	34.4	567	43.2	1 143	46.9	2 430	38.8
不太可能	43	3.3	70	5.7	113	8.6	385	15.8	611	9.8
非常不可能	8	0.6	10	0.8	30	2.3	60	2.5	108	1.7

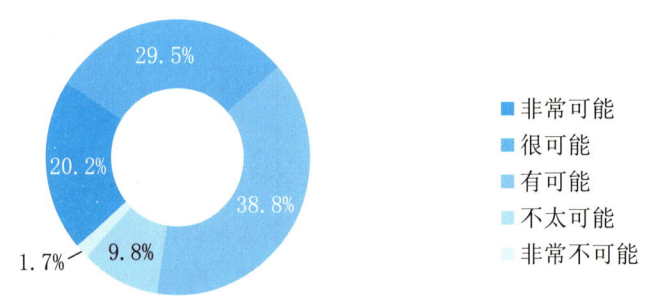

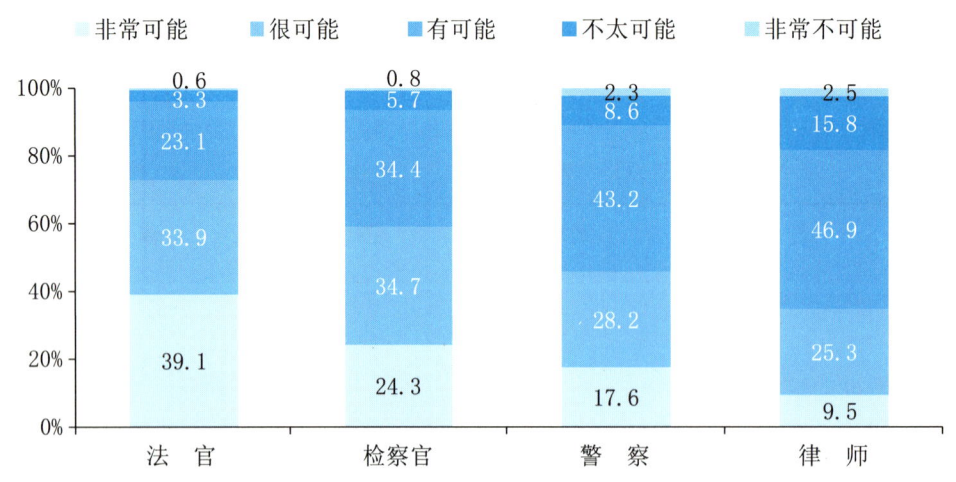

图 2-38 对确有错误的民事案件生效判决,法院启动再审程序予以纠正的可能性

不同法律职业群体中,认为对确有错误的民事案件生效判决,法院可能(含有可能、很可能和非常可能)启动再审程序予以纠正的,比例最高的是法官,达96.1%;比例最低的是律师,有81.7%。不过,对确有错误的民事案件生效判决,认为法院"非常可能"启动再审程序予以纠正的,律师的比例偏低,只有9.5%;法官的比例最高,达39.1%,二者相差29.6个百分点。

图 2-39 对确有错误的民事案件生效判决,法院启动再审程序予以纠正的可能性——不同法律职业群体比较 (%)

对于问题二,调查数据显示,有87.0%的受访者认为,对确有错误的刑事案件生效判决,法院可能(含有可能、很可能和非常可能)启动再审程序予以纠正。

表 2-21 对确有错误的刑事案件生效判决，法院启动再审程序予以纠正的可能性

	法官		检察官		警察		律师		全体	
	计数	频率%	计数	频率%	计数	频率%	计数	频率%	计数	频率%
非常可能	499	38.9	319	26.1	273	21.0	243	10.0	1 334	21.4
很可能	421	32.8	414	33.9	367	28.2	532	21.9	1 734	27.8
有可能	304	23.7	401	32.9	527	40.5	1 125	46.3	2 357	37.8
不太可能	52	4.1	75	6.1	108	8.3	441	18.1	676	10.8
非常不可能	7	0.5	11	0.9	27	2.1	90	3.7	135	2.2

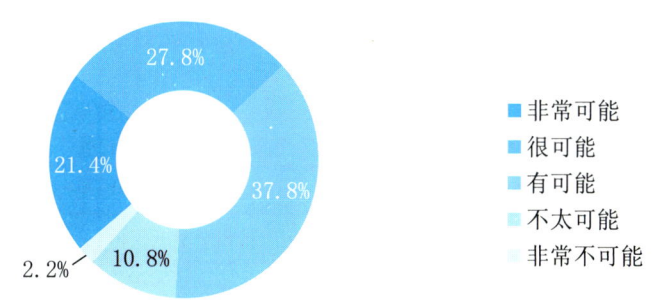

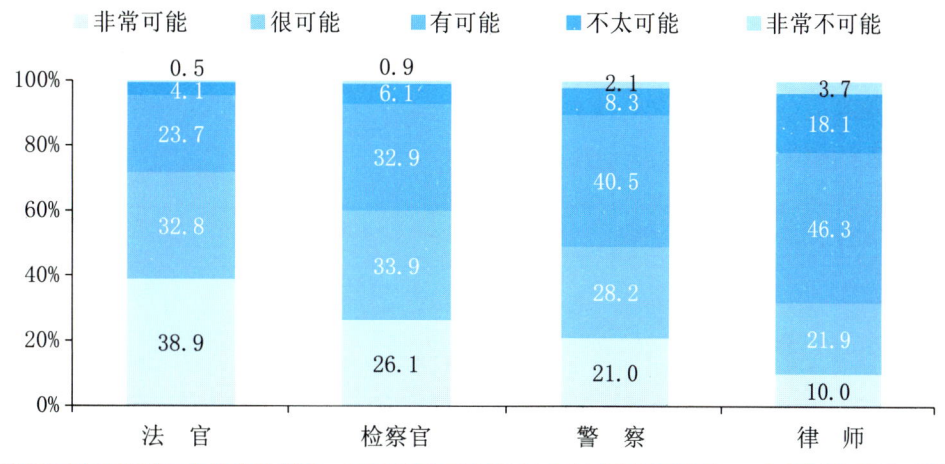

图 2-40 对确有错误的刑事案件生效判决，法院启动再审程序予以纠正的可能性

不同法律职业群体中，认为对确有错误的刑事案件生效判决，法院可能（含有可能、很可能和非常可能）启动再审程序予以纠正的，比例最高的是法官，达 95.4%；比例最低的是律师，有 78.2%。不过，对确有错误的刑事案件生效判决，认为法院"非常可能"启动再审程序予以纠正的，律师的比例偏低，只有 10.0%；而法官的比例则有 38.9%，二者相差 28.9 个百分点。

图 2-41 对确有错误的刑事案件生效判决，法院启动再审程序予以纠正的可能性——不同法律职业群体比较（%）

对于问题三，调查数据显示，有 85.2% 的受访者认为，对确有错误的行政案件生效判决，法院可能（含有可能、很可能和非常可能）启动再审程序予以纠正。

表 2-22 对确有错误的行政案件生效判决，法院启动再审程序予以纠正的可能性

	法官		检察官		警察		律师		全体	
	计数	频率%	计数	频率%	计数	频率%	计数	频率%	计数	频率%
非常可能	469	36.6	259	21.3	245	18.9	206	8.5	1 179	18.9
很可能	434	33.9	436	35.8	342	26.3	513	21.1	1 725	27.7
有可能	311	24.3	401	32.9	568	43.7	1 124	46.2	2 404	38.6
不太可能	57	4.4	102	8.4	112	8.6	484	19.9	755	12.1
非常不可能	10	0.8	19	1.6	32	2.5	105	4.3	166	2.7

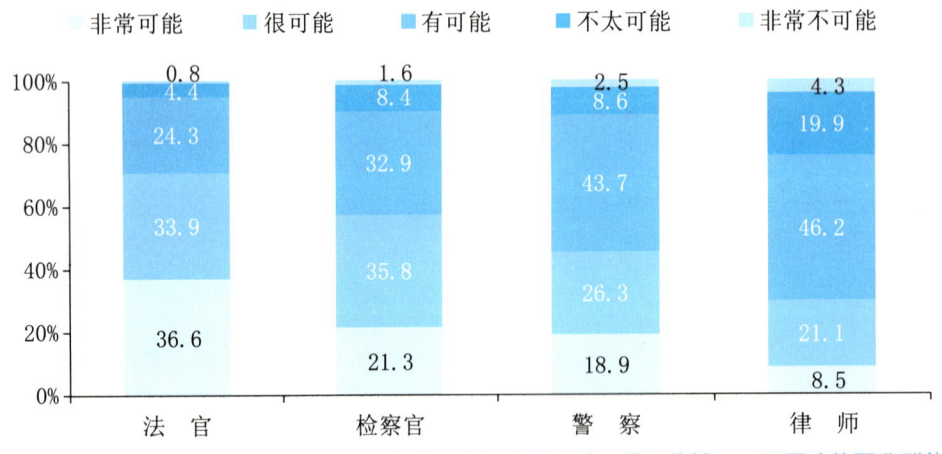

图 2-42 对确有错误的行政案件生效判决，法院启动再审程序予以纠正的可能性

不同法律职业群体中，认为对确有错误的行政案件生效判决，法院可能（含有可能、很可能和非常可能）启动再审程序予以纠正的，比例最高的是法官，达 94.8%；比例最低的是律师，有 75.8%。不过，对确有错误的行政案件生效判决，认为法院"非常可能"启动再审程序予以纠正的，律师的比例偏低，只有 8.5%；而法官的比例则有 36.6%，二者相差 28.1 个百分点。

图 2-43 对确有错误的行政案件生效判决，法院启动再审程序予以纠正的可能性——不同法律职业群体比较（%）

指标 3 民事司法程序

3.1 民事审判符合公正要求

为测量这一指标，调查问卷设计两个问题：

问题一："在您所在地区，法院对民事诉讼中贫富不同的当事人'不偏不倚'的可能性有多大？"（职业卷 Q11.1）

问题二:"在您所在地区,贫富不同的当事人受到法院平等对待的可能性有多大?"(公众卷Q11)

对于问题一,调查数据显示,有91.9%的受访者认为,法院可能(含有可能、很可能和非常可能)对民事诉讼中贫富不同的当事人"不偏不倚"。

表2-23 法院对民事诉讼中贫富不同的当事人"不偏不倚"的可能性

	法官		检察官		警察		律师		全体	
	计数	频率%	计数	频率%	计数	频率%	计数	频率%	计数	频率%
非常可能	789	61.2	473	38.5	337	25.7	543	22.3	2 142	34.2
很可能	331	25.7	495	40.3	468	35.6	1 002	41.1	2 296	36.6
有可能	82	6.4	182	14.8	351	26.7	706	28.9	1 321	21.1
不太可能	52	4.0	58	4.7	109	8.3	159	6.5	378	6.0
非常不可能	35	2.7	19	1.5	48	3.7	30	1.2	132	2.1

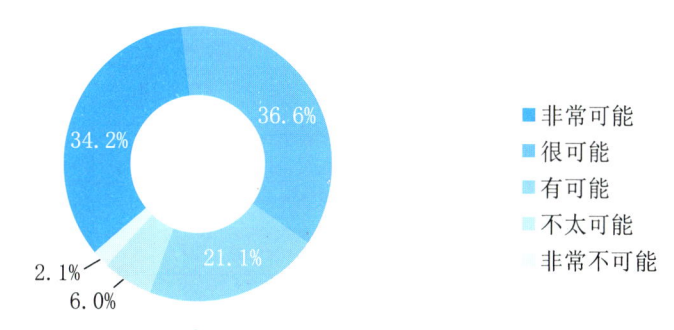

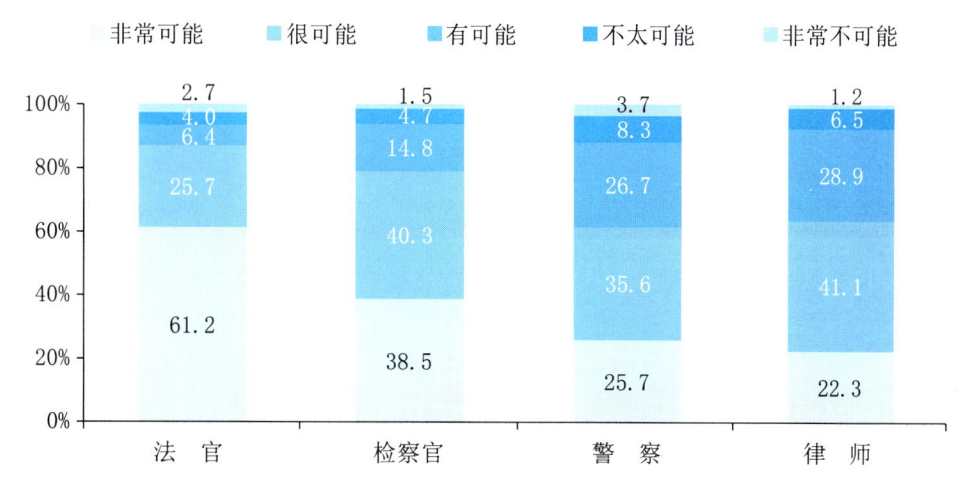

图2-44 法院对民事诉讼中贫富不同的当事人"不偏不倚"的可能性

不同法律职业群体中,认为法院可能(含有可能、很可能和非常可能)对民事诉讼中贫富不同的当事人"不偏不倚"的,比例最高的是检察官,达93.6%;比例最低的是警察,也有88.0%。不过,认为法院"非常可能"对民事诉讼中贫富不同的当事人"不偏不倚"的,比例最高的是法官,达61.2%;比例最低的是律师,只有22.3%,二者相差38.9个百分点。

图2-45 法院对民事诉讼中贫富不同的当事人"不偏不倚"的可能性——不同法律职业群体比较(%)

对于问题二,调查数据显示,有79.6%的受访者认为,贫富不同的当事人可能(含有可能、很可能和非常可能)受到法院平等对待。不过,认为贫富不同的当事人"非常可能"受到法院平等对待的比例偏低,只有11.8%。

表 2-24　贫富不同的当事人受到法院平等对待的可能性

	公　众	
	计　数	频率%
非常可能	2 132	11.8
很可能	5 218	28.9
有可能	7 023	38.9
不太可能	3 163	17.5
非常不可能	521	2.9

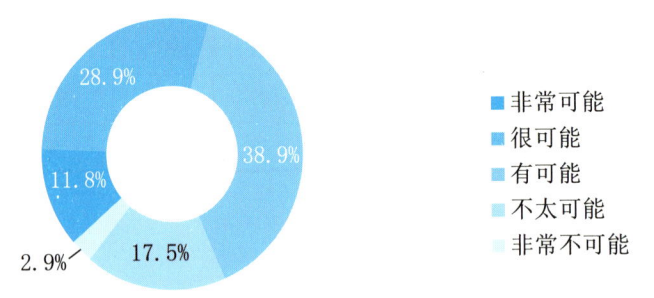

图 2-46　贫富不同的当事人受到法院平等对待的可能性

3.2　民事诉讼中的调解自愿、合法

为测量这一指标，调查问卷设计一个问题：

问题："在您所在地区的民事诉讼中，法官强迫或变相强迫当事人接受调解的可能性有多大？"（职业卷 Q20 和公众卷 Q15）

对于这一问题，调查数据显示，有 47.9% 的受访者认为，在民事诉讼中，法官可能（含有可能、很可能和非常可能）强迫或变相强迫当事人接受调解。不过，认为法官"非常可能"强迫或变相强迫当事人接受调解的比例并不高，只有 2.0%。

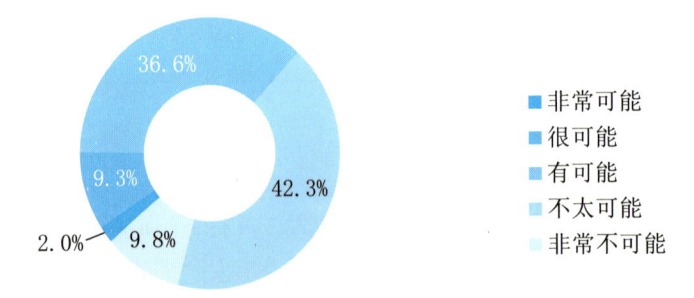

表 2-25　法官强迫或变相强迫民事诉讼当事人接受调解的可能性

	法官		检察官		警察		律师		公众		全体	
	计数	频率%	计数	频率%	计数	频率%	计数	频率%	计数	频率%	计数	频率%
非常可能	10	0.8	11	0.9	23	1.8	86	3.5	364	2.0	494	2.0
很可能	67	5.2	81	6.6	71	5.4	273	11.2	1 771	9.8	2 263	9.3
有可能	248	19.3	309	25.2	444	33.9	1 081	44.3	6 811	37.7	8 893	36.6
不太可能	612	47.7	636	52.0	559	42.6	865	35.4	7 598	42.1	10 270	42.3
非常不可能	346	27.0	187	15.3	214	16.3	136	5.6	1 501	8.3	2 384	9.8

图 2-47　法官强迫或变相强迫民事诉讼当事人接受调解的可能性

法律职业群体和公众相比较，公众更倾向于认为法官可能（含有可能、很可能和非常可能）强迫或变相强迫民事诉讼当事人接受调解，比例达49.5%；而法律职业群体的比例相对低些，只有43.2%，二者相差6.3个百分点。

不同法律职业群体中，律师认为法官可能（含有可能、很可能和非常可能）强迫或变相强迫民事诉讼当事人接受调解的比例最高，达59.0%，甚至比公众的比例还高。相比较而言，法官普遍否认存在这种可能性，认为存在这种可能性的比例只有25.3%，其中认为"非常可能"的比例仅有0.8%。

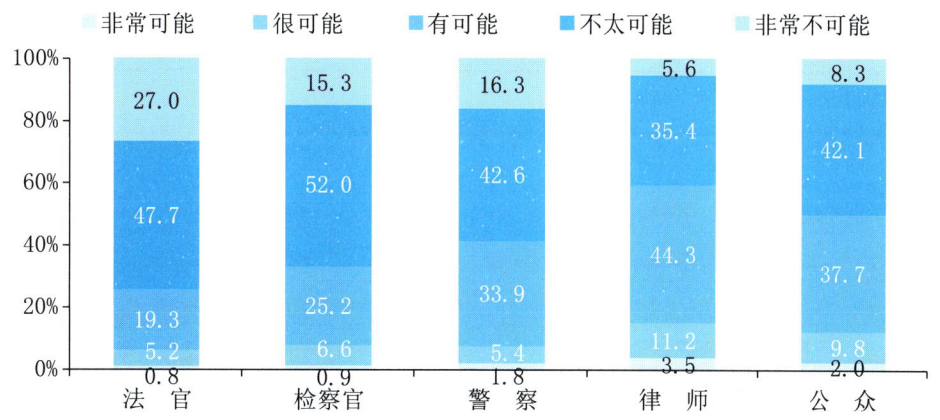

图 2-48　法官强迫或变相强迫民事诉讼当事人接受调解的可能性——不同法律职业群体和公众比较（%）

3.3　民事诉讼裁判得到有效执行

为测量这一指标，调查问卷设计一个问题：

问题："在您所在地区，民事案件生效判决得到有效执行的可能性有多大？"（职业卷Q21.1和公众卷Q16.1）

对于这一问题，调查数据显示，有93.8%的受访者认为，民事案件生效判决可能（含有可能、很可能和非常可能）得到有效执行。

表 2-26　民事案件生效判决得到有效执行的可能性

	法　官		检察官		警　察		律　师		公　众		全　体	
	计数	频率%	计数	频率%	计数	频率%	计数	频率%	计数	频率%	计数	频率%
非常可能	382	29.7	248	20.3	211	16.1	265	10.9	2 952	16.4	4 058	16.8
很可能	530	41.2	524	42.8	419	32.0	766	31.5	7 094	39.5	9 333	38.5
有可能	347	27.0	417	34.1	549	41.9	1 217	50.0	6 796	37.8	9 326	38.5
不太可能	22	1.7	30	2.5	102	7.8	163	6.7	1 000	5.6	1 317	5.4
非常不可能	6	0.5	5	0.4	28	2.1	21	0.9	125	0.7	185	0.8

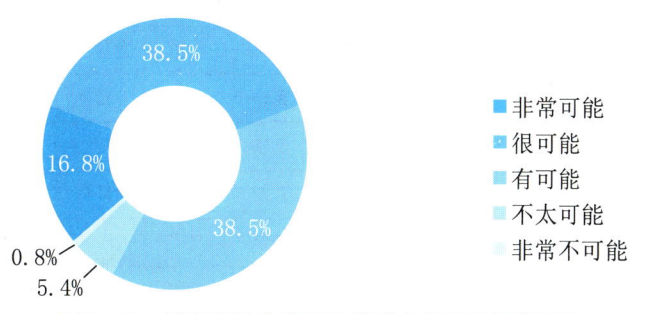

图 2-49　民事案件生效判决得到有效执行的可能性

法律职业群体和公众中，均有九成以上的受访者认为民事案件生效判决可能（含有可能、很可能和非常可能）得到有效执行，其中法律职业群体的比例是 94.0%，公众的比例是 93.7%，二者的比例接近，都非常高。

不同法律职业群体中，认为民事案件生效判决可能（含有可能、很可能和非常可能）得到有效执行的，法官的比例最高，达 97.9%；警察的比例最低，也有 90.0%。不过，认为民事案件生效判决"非常可能"得到有效执行的比例偏低，尤其是律师，只有 10.9%，比公众的比例还低 5.5 个百分点。

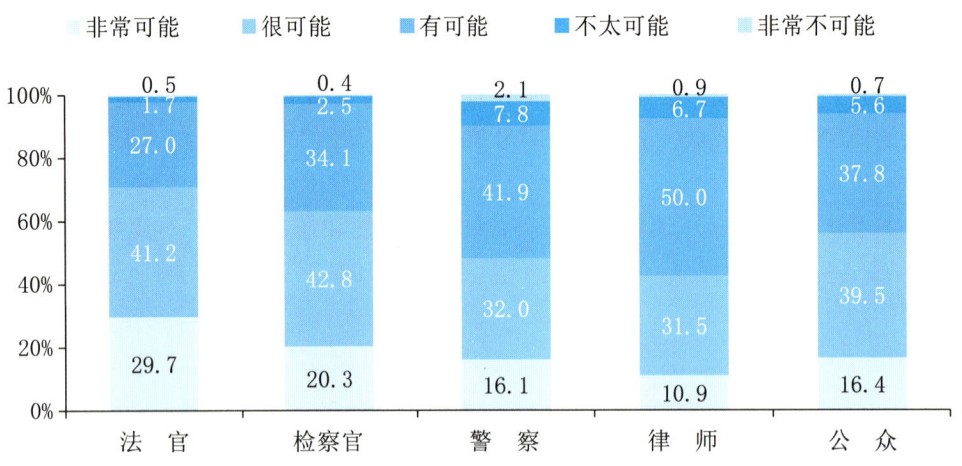

图 2-50　民事案件生效判决得到有效执行的可能性——不同法律职业群体和公众比较（%）

指标 4　刑事司法程序

4.1　侦查措施及时合法

为测量这一指标，调查问卷设计四个问题：

问题一："在您所在地区，警察对犯罪嫌疑人刑讯逼供的可能性有多大？"（职业卷 Q15 和公众卷 Q12）

问题二："在您所在地区，犯罪嫌疑人被超期羁押的可能性有多大？"（职业卷 Q16）

问题三："在您所在地区，侦查机关滥用权力进行非法监听的可能性有多大？"（职业卷 Q23）

问题四："在您所在地区，刑事案件立案后，公安机关及时侦查的可能性有多大？"（公众卷 Q17）

对于问题一，调查数据显示，有 45.0% 的受访者认为，警察可能（含有可能、很可能和非常可能）对犯罪嫌疑人刑讯逼供。不过，认为警察"非常可能"对犯罪嫌疑人刑讯逼供的比例并不高，只有 2.7%。

表 2-27　警察对犯罪嫌疑人刑讯逼供的可能性

	法官		检察官		警察		律师		公众		全体	
	计数	频率%	计数	频率%	计数	频率%	计数	频率%	计数	频率%	计数	频率%
非常可能	20	1.6	11	0.9	13	1.0	43	1.8	559	3.1	646	2.7
很可能	51	4.0	60	4.9	51	3.9	127	5.2	1 971	10.9	2 260	9.3
有可能	223	17.3	227	18.5	225	17.1	876	35.9	6 473	35.9	8 024	33.0
不太可能	708	54.9	665	54.2	532	40.5	1 190	48.8	7 380	40.9	10 475	43.1
非常不可能	287	22.3	263	21.5	492	37.5	205	8.4	1 658	9.2	2 905	11.9

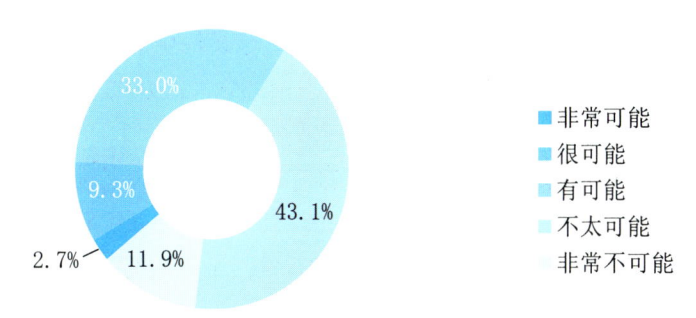

图 2-51 警察对犯罪嫌疑人刑讯逼供的可能性

法律职业群体和公众相比较，法律职业群体认为警察可能（含有可能、很可能和非常可能）对犯罪嫌疑人刑讯逼供的比例远低于公众，前者的比例为 30.7%，而后者的比例则高达 49.9%，二者相差 19.2 个百分点。

不同法律职业群体中，认为警察可能（含有可能、很可能和非常可能）对犯罪嫌疑人刑讯逼供的，比例最高的是律师，达 42.9%；比例最低的是警察，只有 22.0%，二者相差 20.9 个百分点。

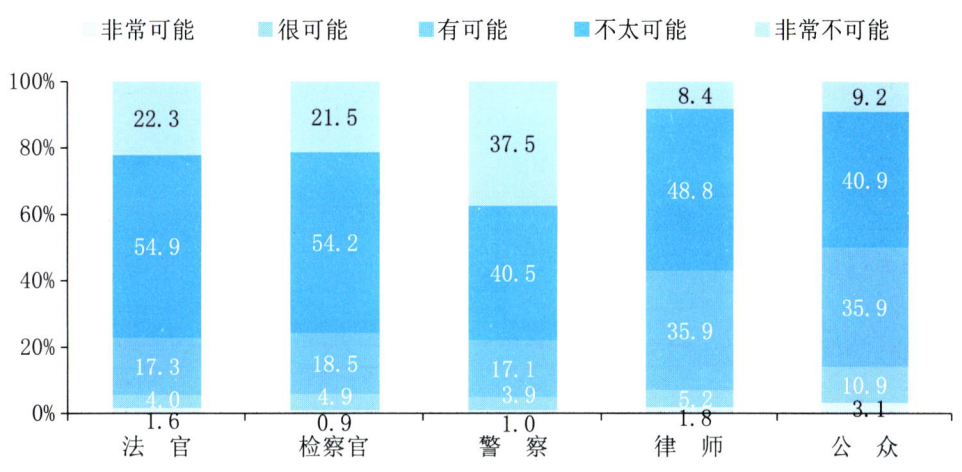

图 2-52 警察对犯罪嫌疑人刑讯逼供的可能性——不同法律职业群体和公众比较（%）

对于问题二，调查数据显示，有 31.3% 的受访者认为，犯罪嫌疑人可能（含有可能、很可能和非常可能）被超期羁押。不过，认为犯罪嫌疑人"非常可能"被超期羁押的比例并不高，只有 1.7%。

表 2-28 犯罪嫌疑人被超期羁押的可能性

	法官		检察官		警察		律师		全体	
	计数	频率%	计数	频率%	计数	频率%	计数	频率%	计数	频率%
非常可能	18	1.4	13	1.1	15	1.1	59	2.4	105	1.7
很可能	56	4.3	37	3.0	32	2.4	191	7.8	316	5.0
有可能	203	15.7	194	15.8	256	19.5	888	36.4	1 541	24.6
不太可能	690	53.5	614	50.0	495	37.7	1 089	44.7	2 888	46.1
非常不可能	322	25.0	369	30.1	516	39.3	211	8.7	1 418	22.6

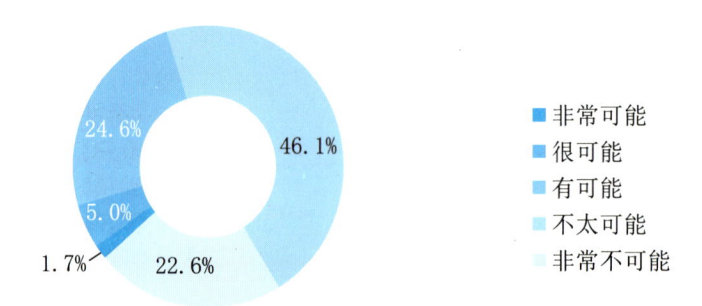

图 2-53 犯罪嫌疑人被超期羁押的可能性

不同法律职业群体中，认为犯罪嫌疑人可能（含有可能、很可能和非常可能）被超期羁押的，比例最高的是律师，达 46.6%；比例最低的是检察官，只有 19.9%，二者相差 26.7 个百分点。不过，认为犯罪嫌疑人"非常可能"被超期羁押的比例普遍不高，法官的比例仅为 1.4%，而律师的比例也只有 2.4%。

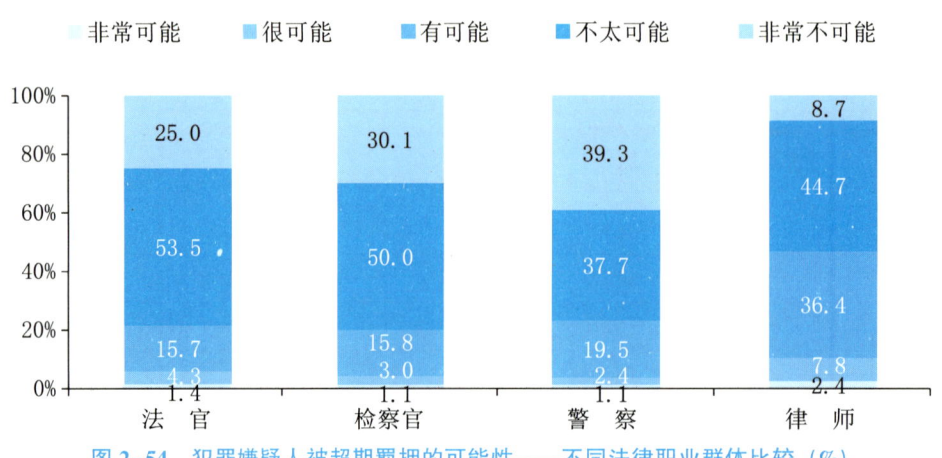

图 2-54 犯罪嫌疑人被超期羁押的可能性——不同法律职业群体比较（%）

对于问题三，调查数据显示，有 33.9% 的受访者认为，侦查机关可能（含有可能、很可能和非常可能）滥用权力进行非法监听。不过，认为侦查机关"非常可能"滥用权力进行非法监听的比例并不高，只有 1.3%。

表 2-29 侦查机关滥用权力进行非法监听的可能性

	法 官		检察官		警 察		律 师		全 体	
	计数	频率%	计数	频率%	计数	频率%	计数	频率%	计数	频率%
非常可能	8	0.6	11	0.9	15	1.1	48	2.0	82	1.3
很可能	66	5.1	69	5.6	43	3.3	164	6.7	342	5.5
有可能	241	18.7	215	17.6	279	21.2	961	39.4	1 696	27.1
不太可能	689	53.5	638	52.1	523	39.8	1 098	45.1	2 948	47.1
非常不可能	284	22.0	292	23.8	453	34.5	165	6.8	1 194	19.1

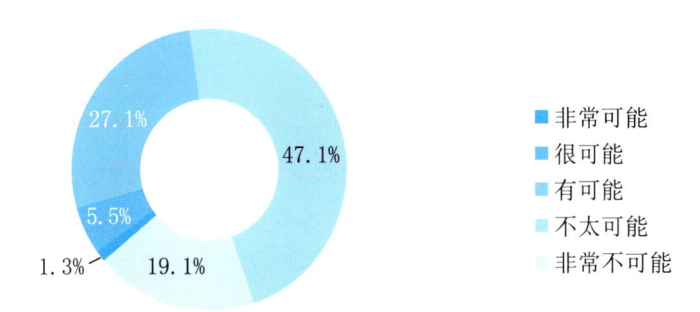

图 2-55 侦查机关滥用权力进行非法监听的可能性

不同法律职业群体中，认为侦查机关可能（含有可能、很可能和非常可能）滥用权力进行非法监听的，比例最高的是律师，达48.1%；比例最低的是检察官，只有24.1%，二者相差24.0个百分点。

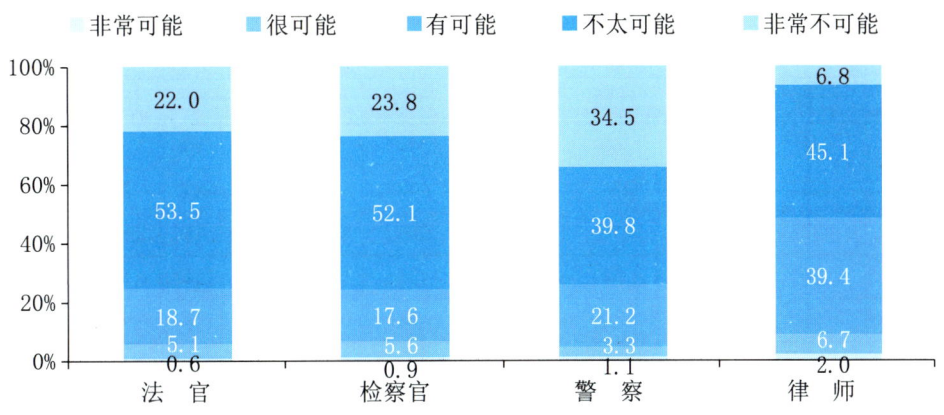

图 2-56 侦查机关滥用权力进行非法监听的可能性——不同法律职业群体比较（%）

对于问题四，调查数据显示，有92.6%的受访者认为，刑事案件立案后，公安机关可能（含有可能、很可能和非常可能）及时侦查。不过，认为公安机关"非常可能"及时侦查的比例并不高，只有17.7%。

表 2-30 刑事案件立案后，公安机关及时侦查的可能性

	公　众	
	计　数	频率%
非常可能	3 186	17.7
很可能	6 751	37.5
有可能	6 735	37.4
不太可能	1 200	6.7
非常不可能	132	0.7

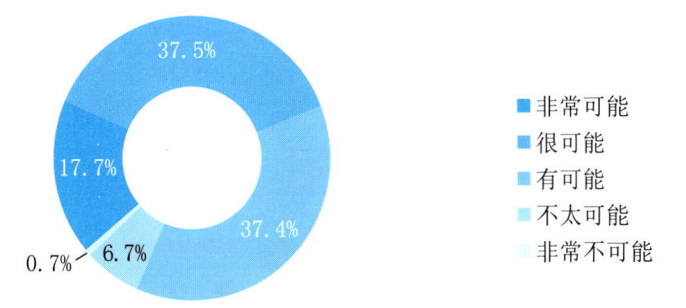

图 2-57 刑事案件立案后，公安机关及时侦查的可能性

4.2 审查起诉公正

为测量这一指标，调查问卷设计两个问题：

问题一："在您所在地区，对于公安机关移送审查起诉的案件，检察机关经过审查后认为犯罪情节轻微，依照刑法规定不需要判处刑罚或者可以免除刑罚的，其作出不起诉决定的可能性有多大？"（职业卷Q14）

问题二："在您所在地区，对于公安机关移送审查起诉的案件，检察机关经过审查后认为证据不足，直接作出不起诉决定的可能性有多大？"（职业卷Q24）

对于问题一，调查数据显示，有91.4%的受访者认为，对于公安机关移送审查起诉的案件，检察机关经过审查后认为犯罪情节轻微，依照刑法规定不需要判处刑罚或者可以免除刑罚的，可能（含有可能、很可能和非常可能）作出不起诉决定。

表2-31 检察机关依法作出酌定不起诉决定的可能性

	法官		检察官		警察		律师		全体	
	计数	频率%	计数	频率%	计数	频率%	计数	频率%	计数	频率%
非常可能	246	19.1	460	37.5	244	18.6	210	8.6	1 160	18.5
很可能	481	37.4	454	37.0	440	33.6	680	27.9	2 055	32.8
有可能	477	37.1	276	22.5	509	38.8	1 246	51.1	2 508	40.1
不太可能	70	5.4	34	2.8	94	7.2	254	10.4	452	7.2
非常不可能	11	0.9	2	0.2	24	1.8	48	2.0	85	1.4

图2-58 检察机关依法作出酌定不起诉决定的可能性

不同法律职业群体中，均有八成以上的受访者认为，对于公安机关移送审查起诉的案件，检察机关经过审查后认为犯罪情节轻微，依照刑法规定不需要判处刑罚或者可以免除刑罚的，可能（含有可能、很可能和非常可能）作出不起诉决定，其中比例最高的是检察官，达97.0%；比例最低的是律师，也有87.6%。

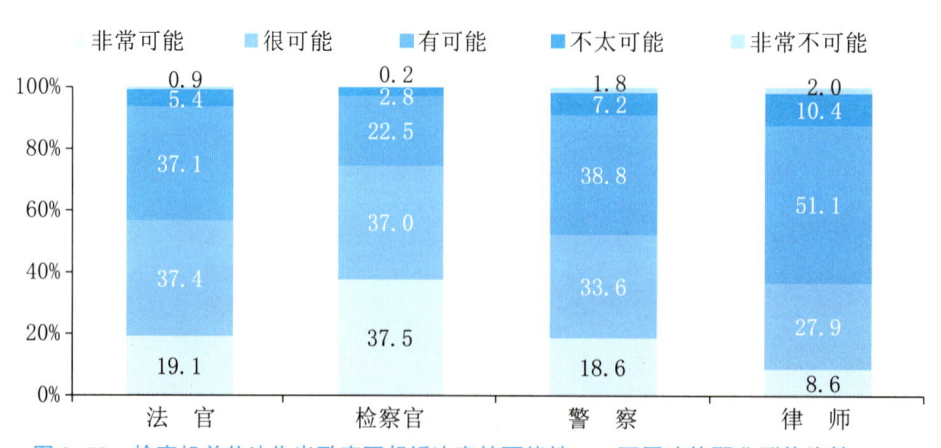

图2-59 检察机关依法作出酌定不起诉决定的可能性——不同法律职业群体比较（%）

对于问题二，调查数据显示，有83.8%的受访者认为，对于公安机关移送审查起诉的案件，检察机关经过审查后认为证据不足，可能（含有可能、很可能和非常可能）直接作出不起诉决定。

表2-32 检察机关依法作出证据不足不起诉决定的可能性

	法 官		检察官		警 察		律 师		全 体	
	计数	频率%	计数	频率%	计数	频率%	计数	频率%	计数	频率%
非常可能	157	12.2	281	23.0	132	10.1	105	4.3	675	10.8
很可能	290	22.5	377	30.8	303	23.1	426	17.5	1 396	22.3
有可能	674	52.3	417	34.1	666	50.8	1 415	58.0	3 172	50.7
不太可能	145	11.3	120	9.8	167	12.7	452	18.5	884	14.1
非常不可能	22	1.7	29	2.4	42	3.2	41	1.7	134	2.1

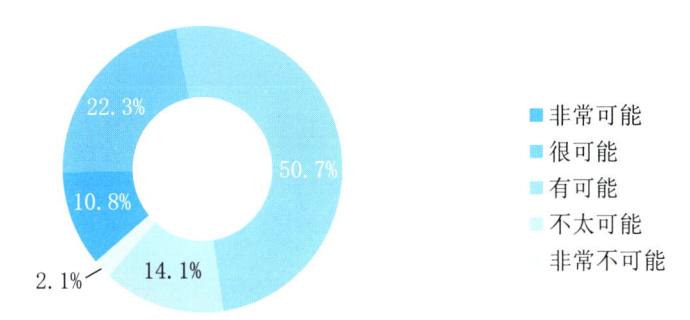

图2-60 检察机关依法作出证据不足不起诉决定的可能性

不同法律职业群体中，均有七成以上的受访者认为，对于公安机关移送审查起诉的案件，检察机关经过审查后认为证据不足，可能（含有可能、很可能和非常可能）直接作出不起诉决定，其中比例最高的是检察官，达87.9%；比例最低的是律师，也有79.8%。不过，认为这种情况"非常可能"发生的比例普遍不高，即使从检察官的自评数据看，也只有23.0%；律师的比例则更低，仅为4.3%。

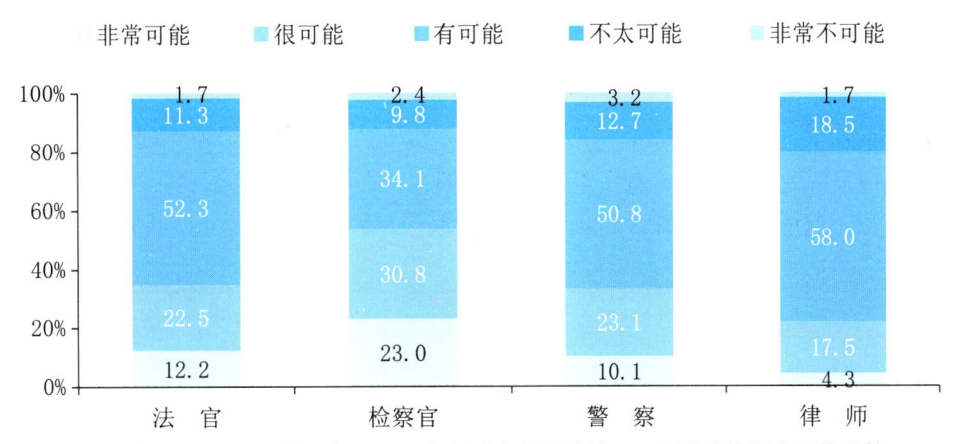

图2-61 检察机关依法作出证据不足不起诉决定的可能性——不同法律职业群体比较（%）

4.3 刑事审判公正及时

为测量这一指标，调查问卷设计两个问题：

问题一："在您所在地区，刑事案件审判久拖不决的可能性有多大？"（职业卷Q25和公众卷Q14）

问题二："在您所在地区，法院对刑事诉讼控辩双方'不偏不倚'的可能性有多大？"（职业卷Q11.2）

对于问题一,调查数据显示,有 58.0%的受访者认为,刑事案件审判可能(含有可能、很可能和非常可能)久拖不决。

表 2-33 刑事案件审判久拖不决的可能性

	法 官		检察官		警 察		律 师		公 众		全 体	
	计数	频率%	计数	频率%	计数	频率%	计数	频率%	计数	频率%	计数	频率%
非常可能	8	0.6	15	1.2	17	1.3	83	3.4	611	3.4	734	3.0
很可能	68	5.3	92	7.5	80	6.1	303	12.4	2 425	13.5	2 968	12.2
有可能	283	22.0	354	28.9	429	32.7	1 214	49.8	8 127	45.1	10 407	42.8
不太可能	665	51.6	599	48.8	571	43.5	749	30.7	5 909	32.8	8 493	35.0
非常不可能	265	20.6	167	13.6	215	16.4	91	3.7	957	5.3	1 695	7.0

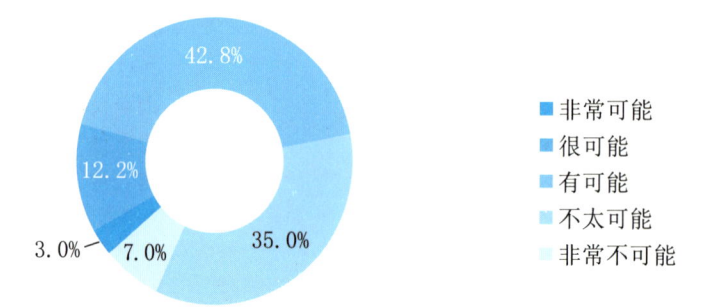

图 2-62 刑事案件审判久拖不决的可能性

法律职业群体和公众相比较,公众认为刑事案件审判可能(含有可能、很可能和非常可能)久拖不决的比例高于法律职业群体,前者的比例为 62.0%,后者的比例仅有 47.0%,二者相差 15.0 个百分点。

不同法律职业群体中,认为刑事案件审判可能(含有可能、很可能和非常可能)久拖不决的,比例最高的是律师,达 65.6%;比例最低的是法官,只有 27.9%,二者相差 37.7 个百分点。

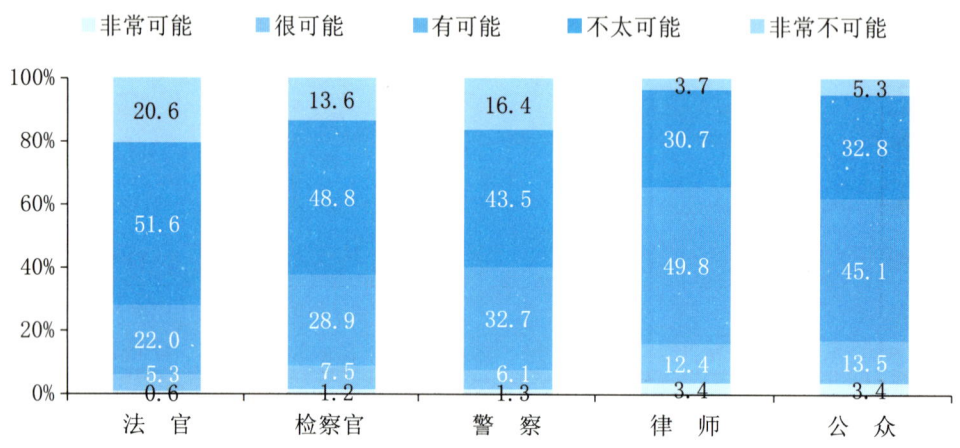

图 2-63 刑事案件审判久拖不决的可能性——不同法律职业群体和公众比较(%)

对于问题二,调查数据显示,有 89.9%的受访者认为,法院可能(含有可能、很可能和非常可能)对刑事诉讼控辩双方"不偏不倚"。

表 2-34 法院对刑事诉讼控辩双方"不偏不倚"的可能性

	法 官		检察官		警 察		律 师		全 体	
	计数	频率%	计数	频率%	计数	频率%	计数	频率%	计数	频率%
非常可能	722	56.1	473	38.6	354	27.0	395	16.2	1 944	31.0
很可能	384	29.8	501	40.9	461	35.1	877	36.0	2 223	35.5
有可能	95	7.4	176	14.4	339	25.8	854	35.0	1 464	23.4
不太可能	50	3.9	60	4.9	115	8.8	259	10.6	484	7.7
非常不可能	36	2.8	16	1.3	44	3.4	54	2.2	150	2.4

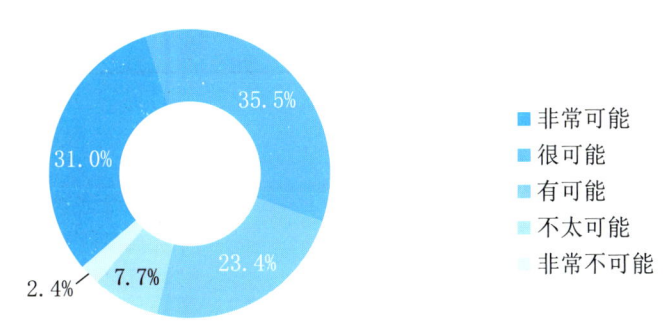

图 2-64 法院对刑事诉讼控辩双方"不偏不倚"的可能性

不同法律职业群体中，均有八成以上的受访者认为法院可能（含有可能、很可能和非常可能）对刑事诉讼控辩双方"不偏不倚"，其中检察官的比例最高，达 93.9%；律师的比例最低，也有 87.2%。不过，认为这种情况"非常可能"发生的比例差距显著，法官的比例高达 56.1%，而律师的比例只有 16.2%，二者相差 39.9 个百分点。

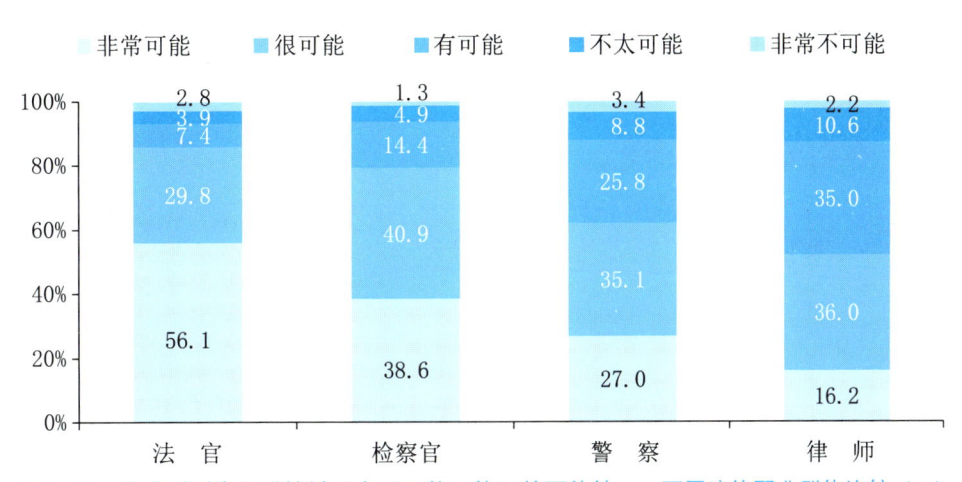

图 2-65 法院对刑事诉讼控辩双方"不偏不倚"的可能性——不同法律职业群体比较（%）

指标5 行政司法程序

5.1 行政审判符合公正要求

为测量这一指标，调查问卷设计一个问题：

问题："在您所在地区，法院对行政诉讼原告与被告'不偏不倚'的可能性有多大？"（职业卷 Q11.3）

对于这一问题，调查数据显示，有 88.3% 的受访者认为，法院可能（含有可能、很可能和非常可能）对行政诉讼原告与被告"不偏不倚"。

表 2-35 法院对行政诉讼原告与被告"不偏不倚"的可能性

	法　官		检察官		警　察		律　师		全　体	
	计数	频率%	计数	频率%	计数	频率%	计数	频率%	计数	频率%
非常可能	674	52.4	399	32.6	333	25.4	371	15.2	1 777	28.4
很可能	372	28.9	464	37.9	444	33.8	779	31.9	2 059	32.9
有可能	153	11.9	269	22.0	377	28.7	894	36.7	1 693	27.0
不太可能	56	4.4	72	5.9	106	8.1	317	13.0	551	8.8
非常不可能	31	2.4	20	1.6	52	4.0	78	3.2	181	2.9

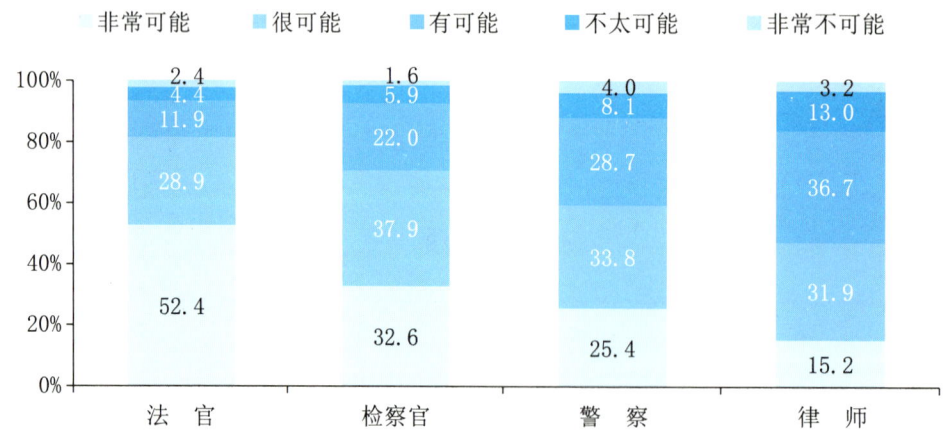

图 2-66 法院对行政诉讼原告与被告"不偏不倚"的可能性

不同法律职业群体中，认为法院可能（含有可能、很可能和非常可能）对行政诉讼原告与被告"不偏不倚"的，比例最高的是法官，达 93.2%；比例最低的是律师，也有 83.8%。不过，认为这种情况"非常可能"发生的比例差距显著，法官的比例为 52.4%，而律师的比例只有 15.2%，二者相差 37.2 个百分点。

图 2-67 法院对行政诉讼原告与被告"不偏不倚"的可能性——不同法律职业群体比较（%）

5.2 行政诉讼裁判得到有效执行

为测量这一指标，调查问卷设计一个问题：

问题："在您所在地区，行政诉讼中行政机关败诉的生效判决得到有效执行的可能性有多大？"（职业卷 Q21.2 和公众卷 Q16.2）

对于这一问题，调查数据显示，有 86.5% 的受访者认为，行政诉讼中行政机关败诉的生效判决可能（含有可能、很可能和非常可能）得到有效执行。

表 2-36 行政机关败诉的生效判决得到有效执行的可能性

	法官		检察官		警察		律师		公众		全体	
	计数	频率%	计数	频率%	计数	频率%	计数	频率%	计数	频率%	计数	频率%
非常可能	432	33.6	269	22.0	255	19.5	284	11.6	2 481	13.9	3 721	15.4
很可能	476	37.1	485	39.7	400	30.5	720	29.5	5 361	30.0	7 442	30.9
有可能	332	25.9	416	34.0	528	40.3	1 182	48.5	7 230	40.5	9 688	40.2
不太可能	39	3.0	48	3.9	94	7.2	224	9.2	2 390	13.4	2 795	11.6
非常不可能	5	0.4	5	0.4	33	2.5	28	1.1	404	2.3	475	2.0

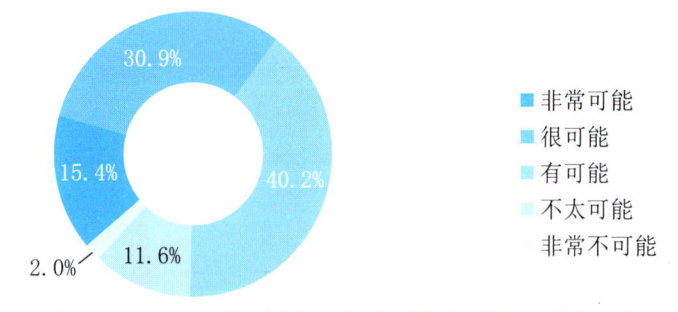

图 2-68 行政机关败诉的生效判决得到有效执行的可能性

法律职业群体和公众相比较，法律职业群体认为行政诉讼中行政机关败诉的生效判决可能（含有可能、很可能和非常可能）得到有效执行的比例高于公众，前者的比例高达 92.4%，后者的比例只有 84.4%。

不同法律职业群体中，认为行政诉讼中行政机关败诉的生效判决可能（含有可能、很可能和非常可能）得到有效执行的，比例最高的是法官，达 96.6%；比例最低的是律师，也有 89.6%。不过，认为这种情况"非常可能"发生的比例差距显著，其中法官的比例是 33.6%，而律师的比例只有 11.6%，二者相差 22.0 个百分点。

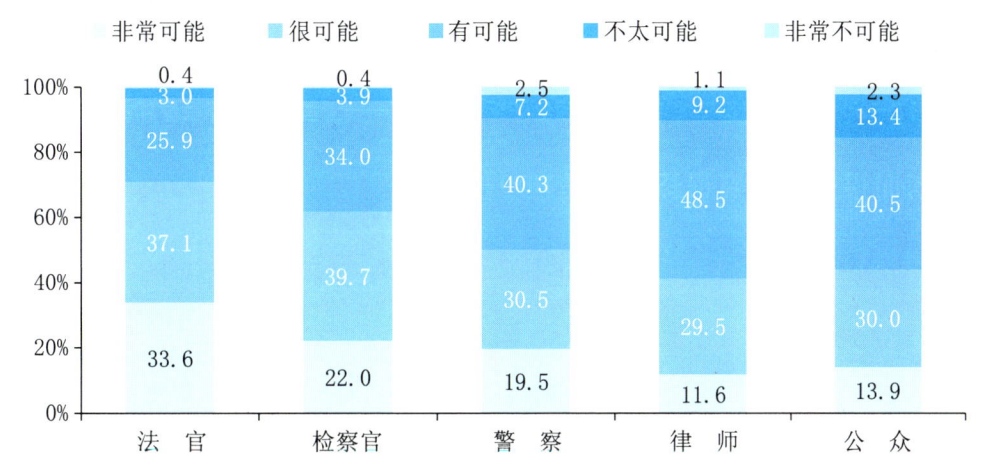

图 2-69 行政机关败诉的生效判决得到有效执行的可能性——不同法律职业群体和公众比较（%）

指标 6 证据制度

6.1 证据裁判原则得到贯彻

为测量这一指标,调查问卷设计三个问题:

问题一:"在您所在地区,认定被告人有罪的证据不足,法院'宁可错放,也不错判'的可能性有多大?"(职业卷 Q28)

问题二:"在您所在地区,您觉得'打官司就是打证据'的可能性有多大?"(职业卷 Q27)

问题三:"在您所在地区,您觉得'打官司就是打关系'的可能性有多大?"(公众卷 Q18)

对于问题一,调查数据显示,有79.9%的受访者认为,认定被告人有罪的证据不足,法院可能(含有可能、很可能和非常可能)"宁可错放,也不错判"。不过,认为法院"非常可能""宁可错放,也不错判"的比例偏低,只有14.9%。

表 2-37 法院"宁可错放,也不错判"的可能性

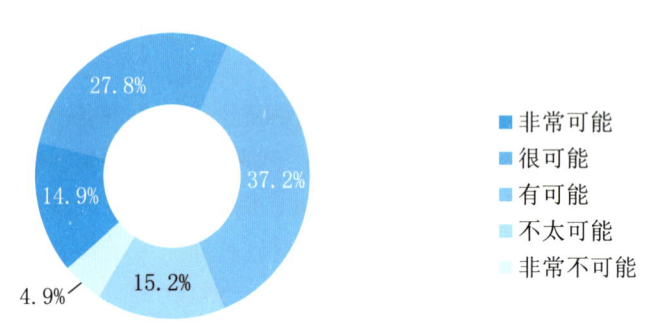

	法官		检察官		警察		律师		全体	
	计数	频率%	计数	频率%	计数	频率%	计数	频率%	计数	频率%
非常可能	275	21.3	292	23.8	223	17.0	144	5.9	934	14.9
很可能	420	32.6	415	33.8	362	27.5	549	22.5	1 746	27.8
有可能	401	31.1	350	28.5	485	36.9	1 095	44.8	2 331	37.2
不太可能	134	10.4	118	9.6	192	14.6	512	21.0	956	15.2
非常不可能	60	4.7	52	4.2	52	4.0	142	5.8	306	4.9

图 2-70 法院"宁可错放,也不错判"的可能性

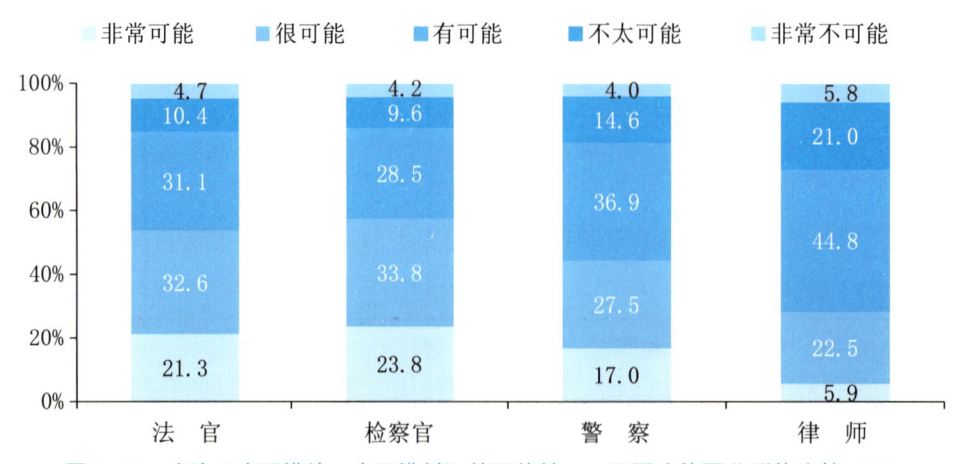

图 2-71 法院"宁可错放,也不错判"的可能性——不同法律职业群体比较(%)

不同法律职业群体中，认为认定被告人有罪的证据不足，法院可能（含有可能、很可能和非常可能）"宁可错放，也不错判"的，比例最高的不是法官，而是检察官，达86.1%；比例最低的是律师，仅有73.2%，二者相差12.9个百分点。不过，认为这种情况"非常可能"发生的比例普遍偏低，尤其是律师，仅有5.9%，比检察官低了17.9个百分点。

对于问题二，调查数据显示，有95.9%的受访者认为，"打官司就是打证据"是可能（含有可能、很可能和非常可能）的。

表2-38 "打官司就是打证据"的可能性

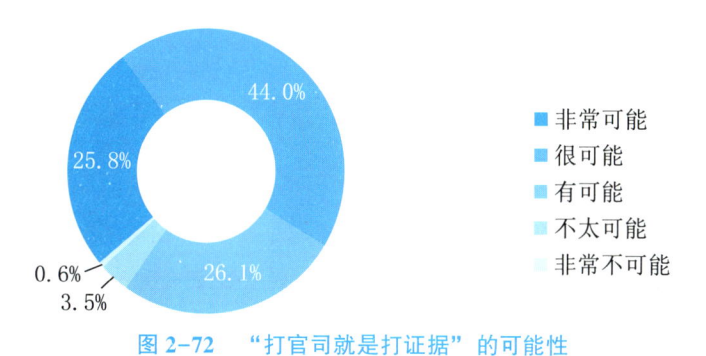

	法官		检察官		警察		律师		全体	
	计数	频率%	计数	频率%	计数	频率%	计数	频率%	计数	频率%
非常可能	483	37.5	396	32.4	271	20.7	466	19.1	1 616	25.8
很可能	553	42.9	550	44.9	494	37.7	1 160	47.5	2 757	44.0
有可能	217	16.8	239	19.5	447	34.1	730	29.9	1 633	26.1
不太可能	31	2.4	33	2.7	80	6.1	77	3.2	221	3.5
非常不可能	5	0.4	6	0.5	19	1.4	8	0.3	38	0.6

图2-72 "打官司就是打证据"的可能性

不同法律职业群体中，均有九成以上的受访者认为"打官司就是打证据"是可能（含有可能、很可能和非常可能）的，其中法官的比例最高，达97.2%；警察的比例最低，也有92.5%。

图2-73 "打官司就是打证据"的可能性——不同法律职业群体比较（%）

对于问题三，调查数据显示，有65.1%的受访者认为，"打官司就是打关系"是可能（含有可能、很可能和非常可能）的。不过，认为"打官司就是打关系""非常可能"的比例并不高，只有6.3%。

表 2-39 "打官司就是打关系"的可能性

	公众	
	计数	频率%
非常可能	1 143	6.3
很可能	3 145	17.5
有可能	7 437	41.3
不太可能	5 247	29.1
非常不可能	1 033	5.7

图 2-74 "打官司就是打关系"的可能性

6.2 证据依法得到采纳与排除

为测量这一指标，调查问卷设计两个问题：

问题一："在您所在地区，在审查起诉时如果发现有利于犯罪嫌疑人的证据，检察院及时调取该证据的可能性有多大？"（职业卷 Q13）

问题二："辩护律师向法庭申请排除非法口供，并履行了初步证明责任，而公诉人未证明取证合法的，法官排除该证据的可能性有多大？"（职业卷 Q29）

对于问题一，调查数据显示，有 92.7% 的受访者认为，在审查起诉时如果发现有利于犯罪嫌疑人的证据，检察院可能（含有可能、很可能和非常可能）及时调取该证据。

表 2-40 检察院及时调取有利于犯罪嫌疑人的证据的可能性

	法官		检察官		警察		律师		全体	
	计数	频率%	计数	频率%	计数	频率%	计数	频率%	计数	频率%
非常可能	408	31.7	608	49.6	338	25.7	303	12.4	1 657	26.4
很可能	538	41.8	400	32.6	434	33.0	786	32.2	2 158	34.4
有可能	282	21.9	195	15.9	436	33.2	1 087	44.5	2 000	31.9
不太可能	49	3.8	22	1.8	74	5.6	237	9.7	382	6.1
非常不可能	11	0.9	2	0.2	32	2.4	29	1.2	74	1.2

图 2-75 检察院及时调取有利于犯罪嫌疑人的证据的可能性

不同法律职业群体中，认为在审查起诉时如果发现有利于犯罪嫌疑人的证据，检察院可能（含有可能、很可能和非常可能）及时调取该证据的，比例最高的是检察官，达 98.1%；比例最低的是律师，也有 89.1%。不过，认为这种情况"非常可能"发生的比例差距显著，检察官的比例达 49.6%，律师的比例只有 12.4%，二者相差 37.2 个百分点。

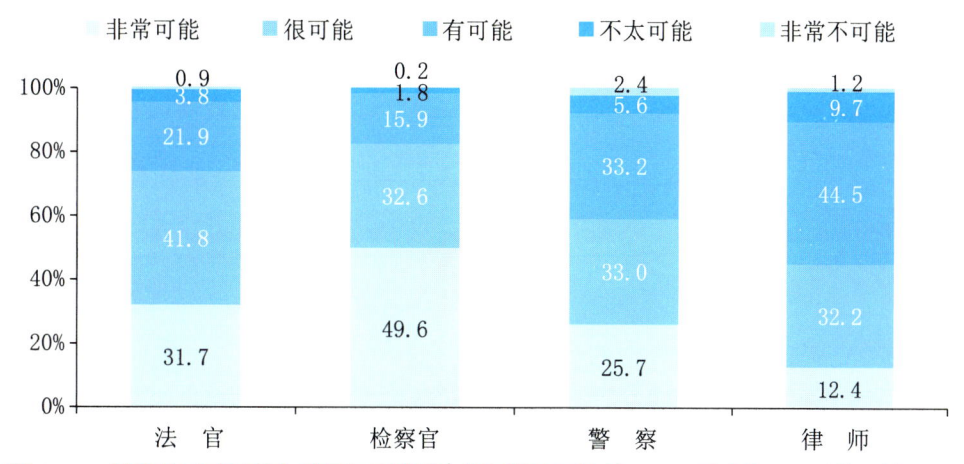

图 2-76 检察院及时调取有利于犯罪嫌疑人的证据的可能性——不同法律职业群体比较（%）

对于问题二，调查数据显示，有 87.4% 的受访者认为，辩护律师向法庭申请排除非法口供，并履行了初步证明责任，而公诉人未证明取证合法的，法官可能（含有可能、很可能和非常可能）排除该证据。

表 2-41 法官依法排除非法证据的可能性

	法 官		检察官		警 察		律 师		全 体	
	计数	频率%	计数	频率%	计数	频率%	计数	频率%	计数	频率%
非常可能	251	19.5	249	20.3	182	13.9	133	5.4	815	13.0
很可能	505	39.2	501	40.9	362	27.6	525	21.5	1 893	30.2
有可能	453	35.1	412	33.6	629	47.9	1 278	52.4	2 772	44.2
不太可能	73	5.7	55	4.5	109	8.3	446	18.3	683	10.9
非常不可能	7	0.5	9	0.7	30	2.3	59	2.4	105	1.7

图 2-77 法官依法排除非法证据的可能性

不同法律职业群体中，认为辩护律师向法庭申请排除非法口供，并履行了初步证明责任，而公诉人未证明取证合法的，法官可能（含有可能、很可能和非常可能）排除该证据的，比例最高的是检察官，达 94.8%；比例最低的是律师，也有 79.3%。不过，认为这种情况"非常可能"发生的比例普遍偏低，其中律师的比例最低，仅有 5.4%。

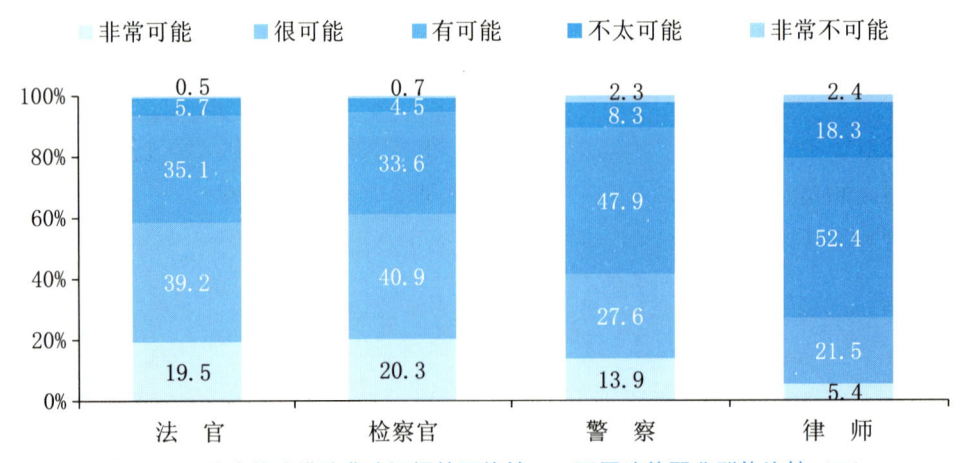

图 2-78 法官依法排除非法证据的可能性——不同法律职业群体比较（%）

6.3 证明过程得到合理规范

为测量这一指标，调查问卷设计四个问题：

问题一："在您所在地区，庭审经过侦查人员出庭作证才作出判决的可能性有多大？"（职业卷 Q30.1）

问题二："在您所在地区，庭审经过证人证言在法庭上得到质证才作出判决的可能性有多大？"（职业卷 Q30.2）

问题三："在您所在地区，律师调查取证权行使受到限制的可能性有多大？"（职业卷 Q4.1）

问题四："在您所在地区，庭审中的律师质证权行使受到限制的可能性有多大？"（职业卷 Q4.2）

对于问题一，调查数据显示，有 89.4% 的受访者认为，庭审可能（含有可能、很可能和非常可能）经过侦查人员出庭作证才作出判决。

表 2-42 庭审经过侦查人员出庭作证才作出判决的可能性

	法 官		检察官		警 察		律 师		全 体	
	计数	频率%	计数	频率%	计数	频率%	计数	频率%	计数	频率%
非常可能	546	42.4	422	34.4	290	22.1	302	12.4	1 560	24.9
很可能	403	31.3	448	36.5	426	32.4	765	31.4	2 042	32.6

续表

	法官		检察官		警察		律师		全体	
	计数	频率%	计数	频率%	计数	频率%	计数	频率%	计数	频率%
有可能	269	20.9	284	23.2	474	36.1	969	39.8	1 996	31.9
不太可能	59	4.6	62	5.1	82	6.2	342	14.0	545	8.7
非常不可能	11	0.9	10	0.8	41	3.1	58	2.4	120	1.9

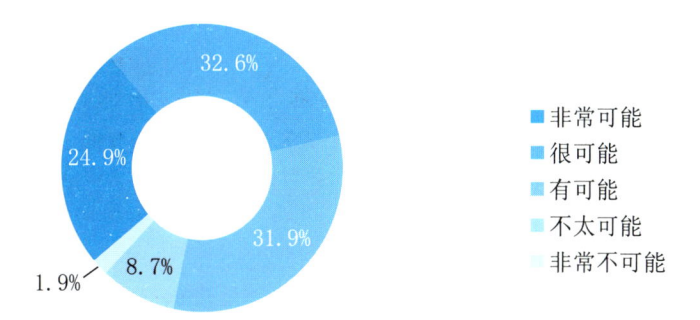

图 2-79 庭审经过侦查人员出庭作证才作出判决的可能性

不同法律职业群体中，认为庭审可能（含有可能、很可能和非常可能）经过侦查人员出庭作证才作出判决的，比例最高的是法官，达 94.6%；比例最低的是律师，也有 83.6%。不过，认为这种情况"非常可能"发生的比例并不高，尤其是律师，仅有 12.4%。

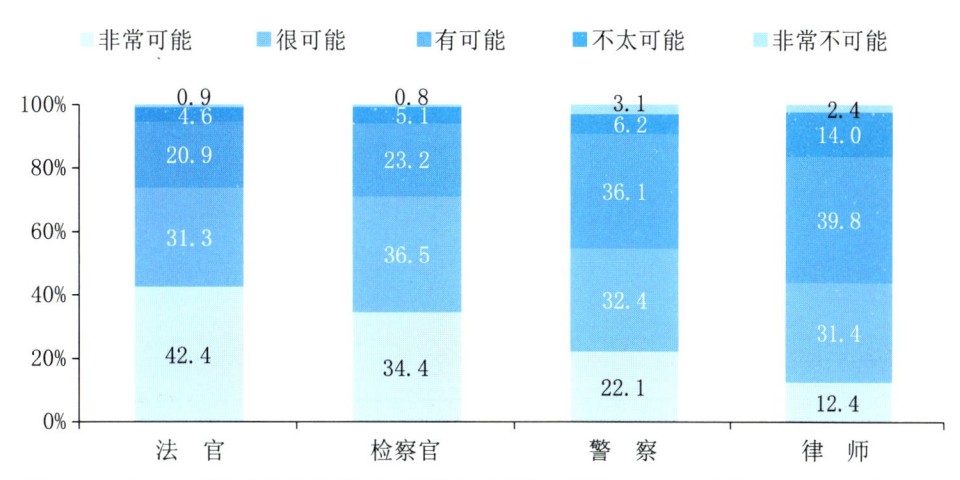

图 2-80 庭审经过侦查人员出庭作证才作出判决的可能性——不同法律职业群体比较（%）

对于问题二，调查数据显示，有 92.7% 的受访者认为，庭审可能（含有可能、很可能和非常可能）经过证人证言在法庭上得到质证才作出判决。

表 2-43 庭审经过证人证言在法庭上得到质证才作出判决的可能性

	法官		检察官		警察		律师		全体	
	计数	频率%	计数	频率%	计数	频率%	计数	频率%	计数	频率%
非常可能	618	48.1	460	37.6	301	23.1	368	15.2	1 747	28.0
很可能	412	32.0	466	38.1	451	34.7	841	34.7	2 170	34.8
有可能	202	15.7	238	19.5	444	34.1	983	40.5	1 867	29.9

续表

	法官		检察官		警察		律师		全体	
	计数	频率%	计数	频率%	计数	频率%	计数	频率%	计数	频率%
不太可能	48	3.7	56	4.6	75	5.8	201	8.3	380	6.1
非常不可能	6	0.5	3	0.2	30	2.3	32	1.3	71	1.1

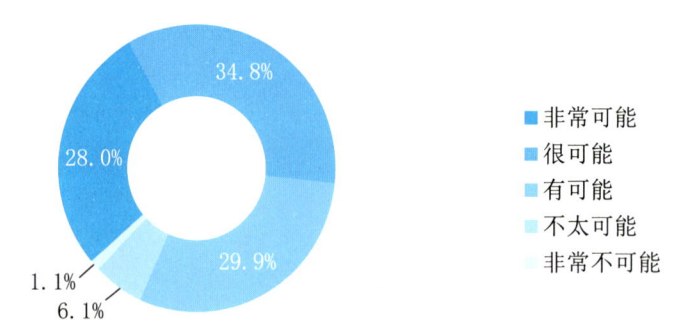

图 2-81　庭审经过证人证言在法庭上得到质证才作出判决的可能性

不同法律职业群体中，认为庭审可能（含有可能、很可能和非常可能）经过证人证言在法庭上得到质证才作出判决的，比例最高的是法官，达 95.8%；比例最低的是律师，也有 90.4%。不过，认为这种情况"非常可能"发生的比例差距显著，法官的比例最高，达 48.1%；律师的比例偏低，仅有 15.2%，二者相差 32.9 个百分点。

图 2-82　庭审经过证人证言在法庭上得到质证才作出判决的可能性——不同法律职业群体比较（%）

对于问题三，调查数据显示，有 65.0% 的受访者认为，律师行使调查取证权可能（含有可能、很可能和非常可能）受到限制。

表 2-44　律师行使调查取证权受到限制的可能性

	法官		检察官		警察		律师		全体	
	计数	频率%	计数	频率%	计数	频率%	计数	频率%	计数	频率%
非常可能	69	5.4	27	2.2	64	4.9	575	23.6	735	11.8
很可能	147	11.5	94	7.7	140	10.7	585	24.0	966	15.5
有可能	508	39.7	419	34.3	530	40.6	897	36.8	2 354	37.7

续表

	法 官		检察官		警 察		律 师		全 体	
	计数	频率%	计数	频率%	计数	频率%	计数	频率%	计数	频率%
不太可能	426	33.3	509	41.6	437	33.5	332	13.6	1 704	27.3
非常不可能	130	10.2	174	14.2	133	10.2	51	2.1	488	7.8

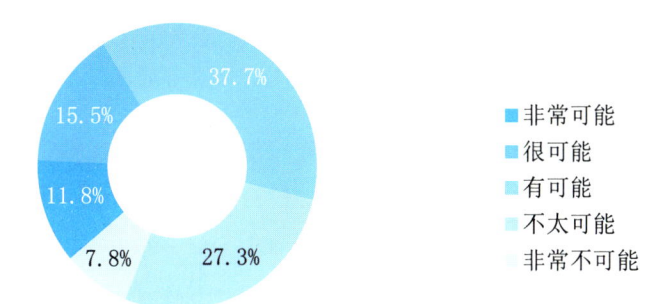

图 2-83 律师行使调查取证权受到限制的可能性

不同法律职业群体中，认为律师行使调查取证权可能（含有可能、很可能和非常可能）受到限制的，比例最高的是律师，达 84.4%；比例最低的是检察官，只有 44.2%，二者相差 40.2 个百分点。

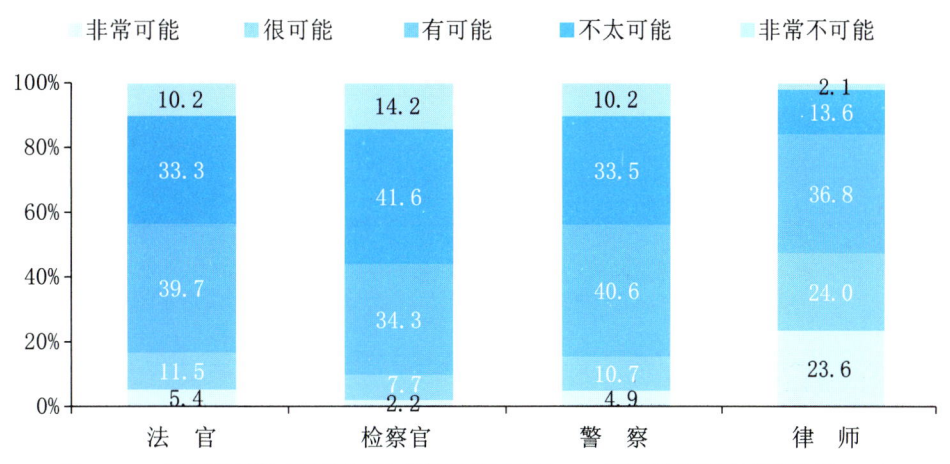

图 2-84 律师行使调查取证权受到限制的可能性——不同法律职业群体比较（%）

对于问题四，调查数据显示，有 42.8% 的受访者认为，律师在庭审中行使质证权可能（含有可能、很可能和非常可能）受到限制。

表 2-45 律师行使质证权受到限制的可能性

	法 官		检察官		警 察		律 师		全 体	
	计数	频率%	计数	频率%	计数	频率%	计数	频率%	计数	频率%
非常可能	17	1.3	14	1.1	47	3.6	169	6.9	247	4.0
很可能	52	4.1	51	4.2	107	8.2	312	12.8	522	8.4
有可能	254	19.8	271	22.2	482	37.0	892	36.6	1 899	30.4
不太可能	659	51.5	643	52.7	511	39.2	881	36.1	2 694	43.2
非常不可能	298	23.3	242	19.8	157	12.0	184	7.5	881	14.1

图 2-85 律师行使质证权受到限制的可能性

不同法律职业群体中，认为律师在庭审中行使质证权可能（含有可能、很可能和非常可能）受到限制的，比例最高的是律师，达 56.3%；比例最低的是法官，仅有 25.2%。不过，认为律师在庭审中行使质证权"非常可能"受到限制的比例均不高，检察官的比例只有 1.1%；律师的比例相对最高，也只有 6.9%。

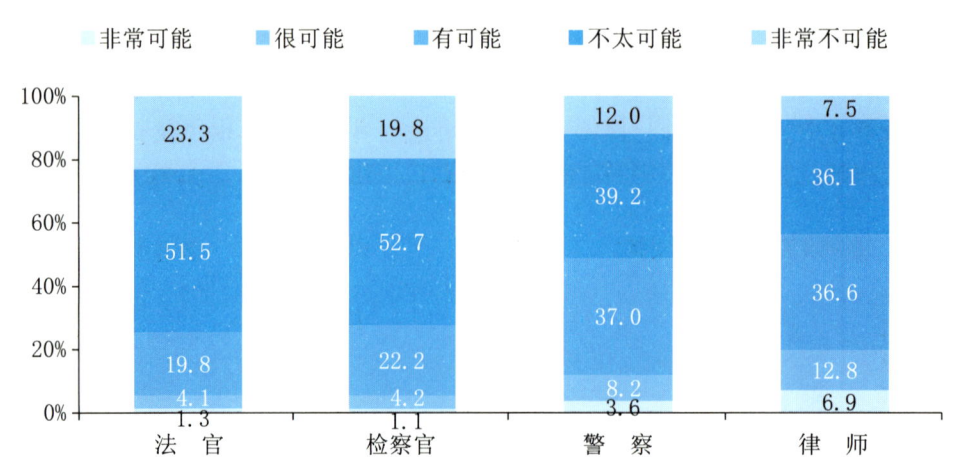

图 2-86 律师行使质证权受到限制的可能性——不同法律职业群体比较（%）

指标 7　司法腐败遏制

7.1　警察远离腐败

为测量这一指标，调查问卷设计两个问题：

问题一："在您所在地区，警察办'关系案'的可能性有多大？"（职业卷 Q6.3）

问题二："在您所在地区，警察收受贿赂的可能性有多大？"（职业卷 Q7.3 和公众卷 Q2.3）

对于问题一，调查数据显示，有 51.3% 的受访者认为，警察可能（含有可能、很可能和非常可能）办"关系案"。

表 2-46　警察办"关系案"的可能性

	法 官		检察官		警 察		律 师		全 体	
	计数	频率%	计数	频率%	计数	频率%	计数	频率%	计数	频率%
非常可能	28	2.2	55	4.5	36	2.7	199	8.2	318	5.1
很可能	89	6.9	104	8.5	74	5.6	325	13.3	592	9.4
有可能	415	32.2	471	38.4	376	28.6	1 043	42.7	2 305	36.8

续表

	法 官		检察官		警 察		律 师		全 体	
	计数	频率%	计数	频率%	计数	频率%	计数	频率%	计数	频率%
不太可能	492	38.2	409	33.4	521	39.7	652	26.7	2 074	33.1
非常不可能	265	20.6	187	15.3	306	23.3	221	9.1	979	15.6

图 2-87 警察办"关系案"的可能性

不同法律职业群体中，认为警察可能（含有可能、很可能和非常可能）办"关系案"的，比例最高的是律师，达 64.2%；比例最低的是警察，有 36.9%，二者相差 27.3 个百分点。

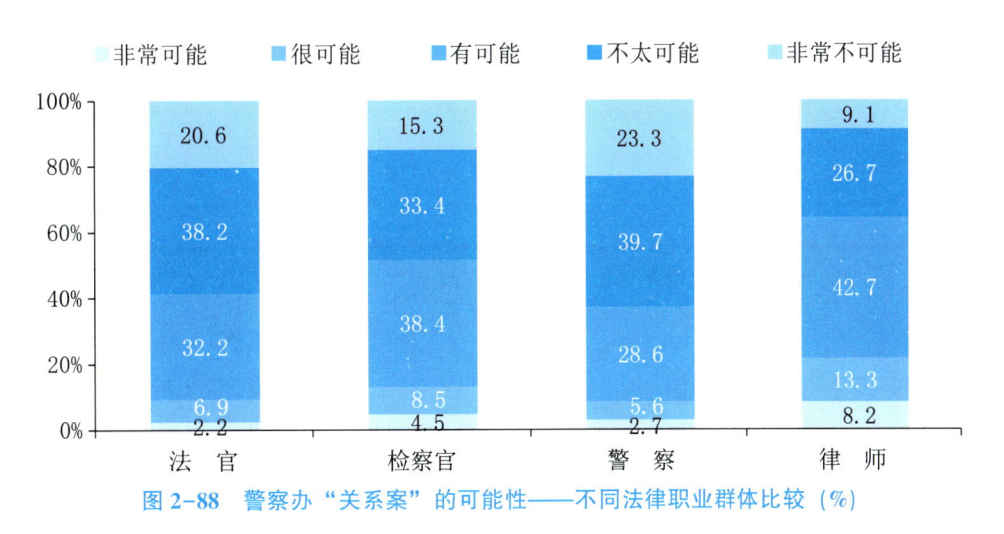

图 2-88 警察办"关系案"的可能性——不同法律职业群体比较（%）

对于问题二，调查数据显示，有 53.9%的受访者认为，警察可能（含有可能、很可能和非常可能）收受贿赂。不过，认为警察"非常可能"收受贿赂的比例并不高，只有 6.9%。

表 2-47 警察收受贿赂的可能性

	法 官		检察官		警 察		律 师		公 众		全 体	
	计数	频率%	计数	频率%	计数	频率%	计数	频率%	计数	频率%	计数	频率%
非常可能	49	3.8	78	6.4	29	2.2	162	6.6	1 352	7.5	1 670	6.9
很可能	71	5.5	90	7.3	54	4.1	289	11.8	2 349	13.1	2 853	11.8
有可能	340	26.4	381	31.1	358	27.3	1 012	41.5	6 439	35.8	8 530	35.2
不太可能	539	41.8	467	38.1	528	40.2	743	30.4	5 814	32.3	8 091	33.4
非常不可能	289	22.4	210	17.1	343	26.1	235	9.6	2 039	11.3	3 116	12.8

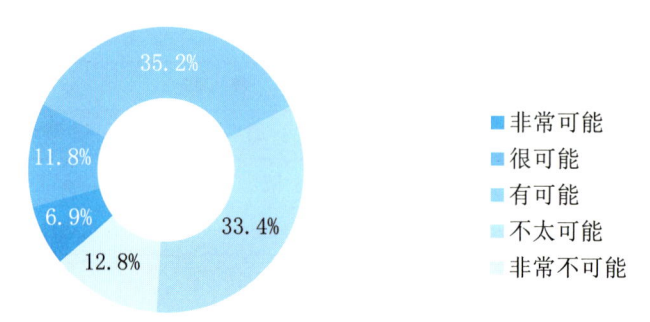

图 2-89 警察收受贿赂的可能性

法律职业群体和公众相比较，法律职业群体认为警察可能（含有可能、很可能和非常可能）收受贿赂的比例有 46.5%，而公众的比例则有 56.4%，二者相差 9.9 个百分点。

不同法律职业群体中，认为警察可能（含有可能、很可能和非常可能）收受贿赂的，比例最高的是律师，达 59.9%，比公众的比例还高；比例最低的是警察，有 33.6%。

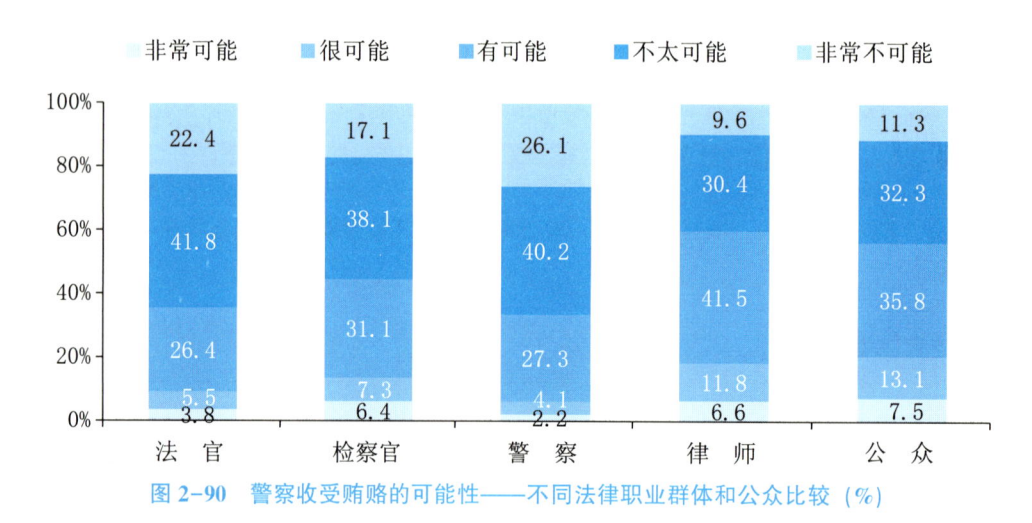

图 2-90 警察收受贿赂的可能性——不同法律职业群体和公众比较（%）

7.2 检察官远离腐败

为测量这一指标，调查问卷设计两个问题：

问题一："在您所在地区，检察官办'关系案'的可能性有多大？"（职业卷 Q6.2）

问题二："在您所在地区，检察官收受贿赂的可能性有多大？"（职业卷 Q7.2 和公众卷 Q2.2）

对于问题一，调查数据显示，有 42.9% 的受访者认为，检察官可能（含有可能、很可能和非常可能）办"关系案"。

表 2-48 检察官办"关系案"的可能性

	法官		检察官		警察		律师		全体	
	计数	频率%	计数	频率%	计数	频率%	计数	频率%	计数	频率%
非常可能	14	1.1	10	0.8	61	4.6	99	4.1	184	2.9
很可能	35	2.7	27	2.2	102	7.8	246	10.1	410	6.5
有可能	323	25.1	330	26.9	428	32.6	1 019	41.8	2 100	33.5
不太可能	595	46.2	542	44.2	499	38.0	825	33.8	2 461	39.3
非常不可能	322	25.0	317	25.9	222	16.9	251	10.3	1 112	17.7

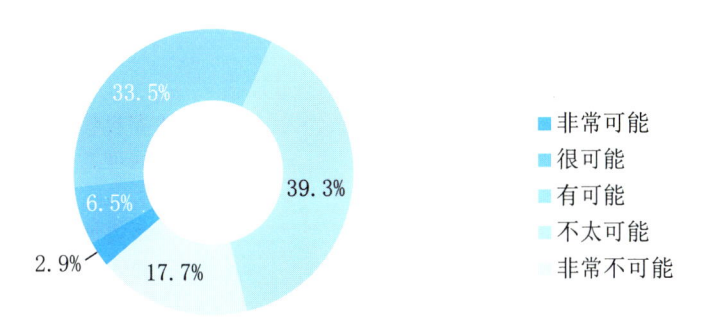

图 2-91 检察官办"关系案"的可能性

不同法律职业群体中，认为检察官可能（含有可能、很可能和非常可能）办"关系案"的，比例最高的是律师，达 56.0%；比例最低的是法官，只有 28.9%，二者相差 27.1 个百分点。不过，认为检察官"非常可能"办"关系案"的比例并不高，检察官的比例只有 0.8%，而警察的比例也不过 4.6%。

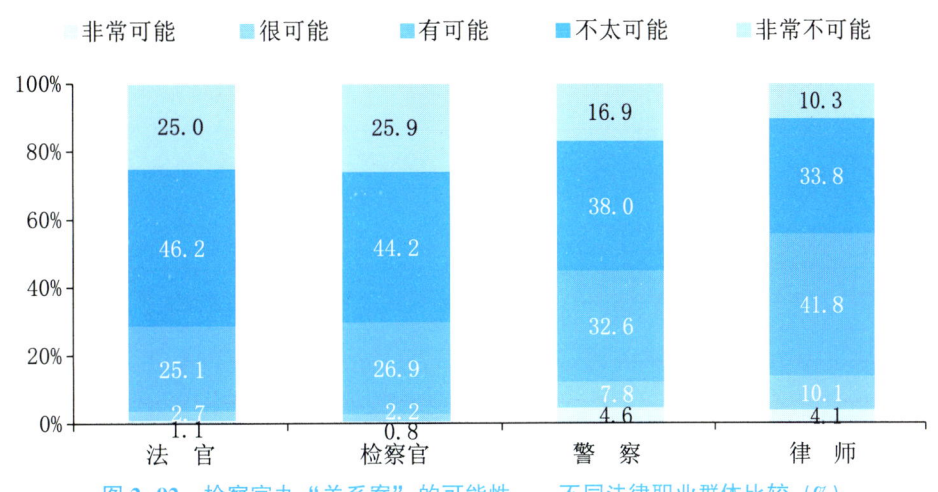

图 2-92 检察官办"关系案"的可能性——不同法律职业群体比较（%）

对于问题二，调查数据显示，有 47.9% 的受访者认为，检察官可能（含有可能、很可能和非常可能）收受贿赂。

表 2-49 检察官收受贿赂的可能性

	法官		检察官		警察		律师		公众		全体	
	计数	频率%	计数	频率%	计数	频率%	计数	频率%	计数	频率%	计数	频率%
非常可能	24	1.9	21	1.7	68	5.2	94	3.9	898	5.0	1 105	4.6
很可能	38	3.0	35	2.9	76	5.8	201	8.2	1 997	11.1	2 347	9.7
有可能	263	20.4	267	21.8	402	30.7	980	40.1	6 244	34.7	8 156	33.6
不太可能	629	48.8	597	48.7	506	38.6	890	36.5	6 690	37.2	9 312	38.4
非常不可能	334	25.9	306	25.0	259	19.8	276	11.3	2 143	11.9	3 318	13.7

图 2-93 检察官收受贿赂的可能性

法律职业群体和公众相比较，法律职业群体认为检察官可能（含有可能、很可能和非常可能）收受贿赂的比例有 39.4%，而公众的比例则有 50.8%，二者相差 11.4 个百分点。

不同法律职业群体中，认为检察官可能（含有可能、很可能和非常可能）收受贿赂的，比例最高的是律师，达 52.2%，比公众的比例还高；比例最低的是法官，只有 25.3%，二者相差 26.9 个百分点。

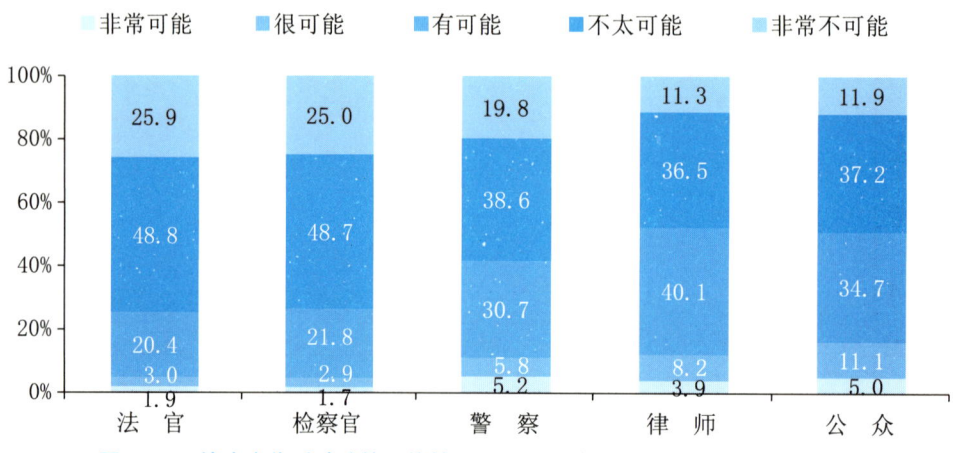

图 2-94 检察官收受贿赂的可能性——不同法律职业群体和公众比较（%）

7.3 法官远离腐败

为测量这一指标，调查问卷设计两个问题：

问题一："在您所在地区，法官办'关系案'的可能性有多大？"（职业卷 Q6.1）

问题二："在您所在地区，法官收受贿赂的可能性有多大？"（职业卷 Q7.1 和公众卷 Q2.1）

对于问题一，调查数据显示，有 47.1% 的受访者认为，法官可能（含有可能、很可能和非常可能）办"关系案"。

表 2-50 法官办"关系案"的可能性

	法官		检察官		警察		律师		全体	
	计数	频率%	计数	频率%	计数	频率%	计数	频率%	计数	频率%
非常可能	10	0.8	32	2.6	72	5.5	122	5.0	236	3.8
很可能	31	2.4	67	5.5	121	9.2	285	11.7	504	8.0
有可能	295	22.9	440	35.9	430	32.8	1 047	42.9	2 212	35.3
不太可能	606	47.0	479	39.1	478	36.4	754	30.9	2 317	37.0
非常不可能	348	27.0	208	17.0	211	16.1	231	9.5	998	15.9

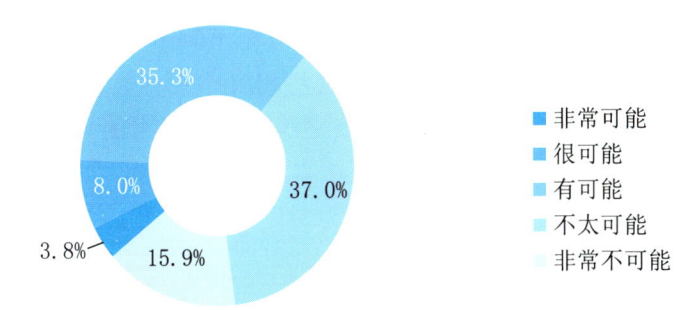

图 2-95 法官办"关系案"的可能性

不同法律职业群体中,认为法官可能(含有可能、很可能和非常可能)办"关系案"的,比例最高的是律师,达 59.6%;比例最低的是法官,只有 26.1%,二者相差 33.5 个百分点。

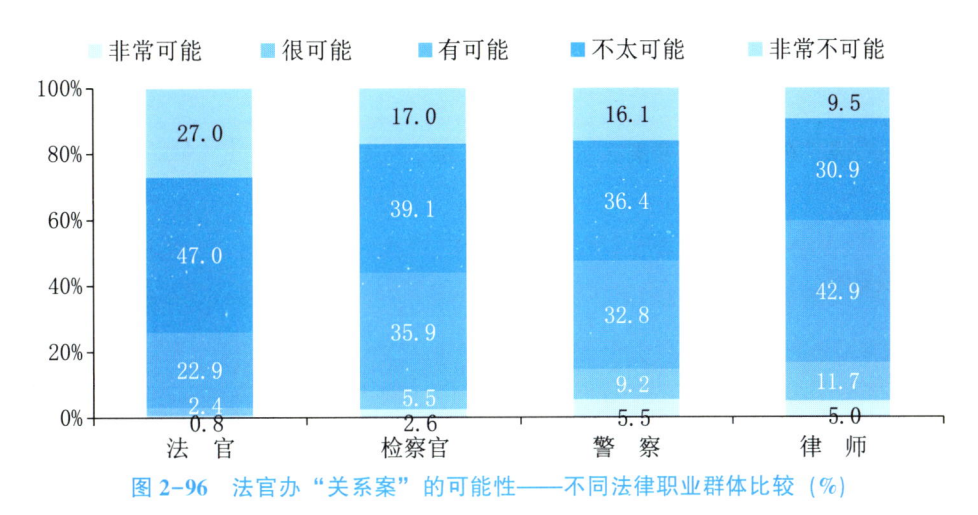

图 2-96 法官办"关系案"的可能性——不同法律职业群体比较(%)

对于问题二,调查数据显示,有 50.4% 的受访者认为,法官可能(含有可能、很可能和非常可能)收受贿赂。

表 2-51 法官收受贿赂的可能性

	法官		检察官		警察		律师		公众		全体	
	计数	频率%	计数	频率%	计数	频率%	计数	频率%	计数	频率%	计数	频率%
非常可能	19	1.5	39	3.2	84	6.4	104	4.3	1 044	5.8	1 290	5.3
很可能	32	2.5	58	4.7	93	7.1	241	9.9	2 255	12.5	2 679	11.0
有可能	248	19.2	375	30.6	395	30.1	986	40.4	6 270	34.8	8 274	34.1
不太可能	640	49.7	533	43.5	493	37.6	844	34.6	6 437	35.7	8 947	36.8
非常不可能	350	27.2	220	18.0	246	18.8	265	10.9	2 009	11.2	3 090	12.7

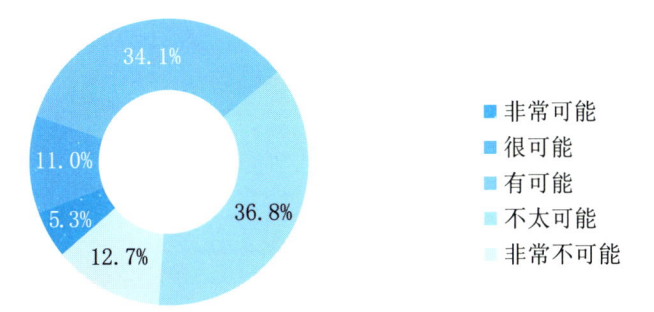

图 2-97 法官收受贿赂的可能性

法律职业群体和公众相比较，法律职业群体认为法官可能（含有可能、很可能和非常可能）收受贿赂的比例有42.7%，而公众的比例则有53.1%，二者相差10.4个百分点。

不同法律职业群体中，认为法官可能（含有可能、很可能和非常可能）收受贿赂的，比例最高的是律师，达54.6%，比公众的比例还高；比例最低的是法官，只有23.2%，二者相差31.4个百分点。

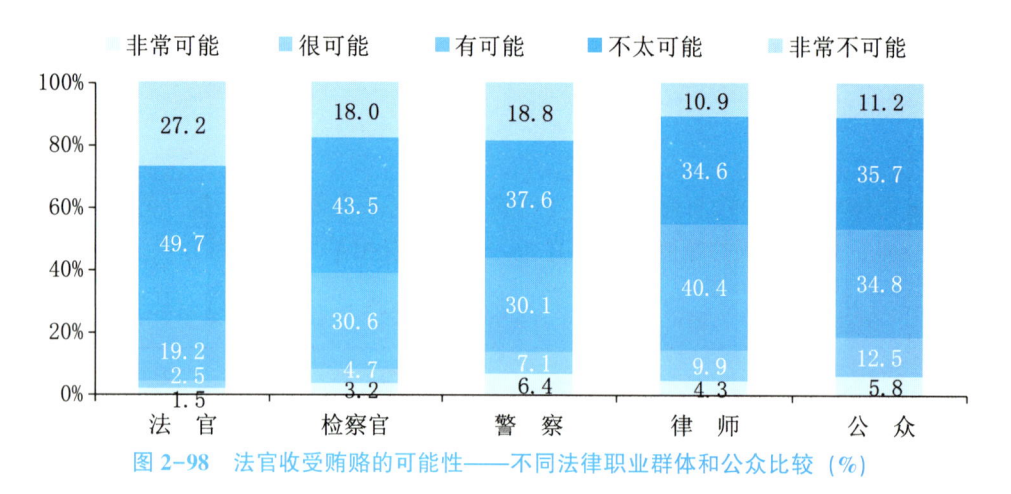

图 2-98 法官收受贿赂的可能性——不同法律职业群体和公众比较（%）

指标8 法律职业化

8.1 法律职业人员获得职业培训

为测量这一指标，调查问卷设计一个问题：

问题："在过去三年，您获得业务培训的总时长是多少？"（职业卷 Q1）

对于这一问题，调查数据显示，有91.8%的受访者表示，在过去三年获得过业务培训。其中培训总时长在4周以下的有59.2%，培训总时长在4周以上的有32.6%。

表 2-52 过去三年业务培训总时长

	法官		检察官		警察		律师		全体	
	计数	频率%	计数	频率%	计数	频率%	计数	频率%	计数	频率%
4周以上	309	24.2	379	31.0	307	23.6	1 038	42.7	2 033	32.6
2~4周	293	23.0	291	23.8	288	22.2	534	22.0	1 406	22.6
1~2周	249	19.5	281	23.0	297	22.8	408	16.8	1 235	19.8
1周以内	279	21.9	206	16.8	233	17.9	328	13.5	1 046	16.8
没 有	146	11.4	67	5.5	175	13.5	124	5.1	512	8.2

图 2-99 过去三年业务培训总时长

法律职业群体中，有 75.0% 的受访者表示，在过去三年获得过一周以上的业务培训。不同法律职业群体中，获得一周以上业务培训比例最高的是律师，达 81.5%；比例最低的是法官，只有 66.7%。

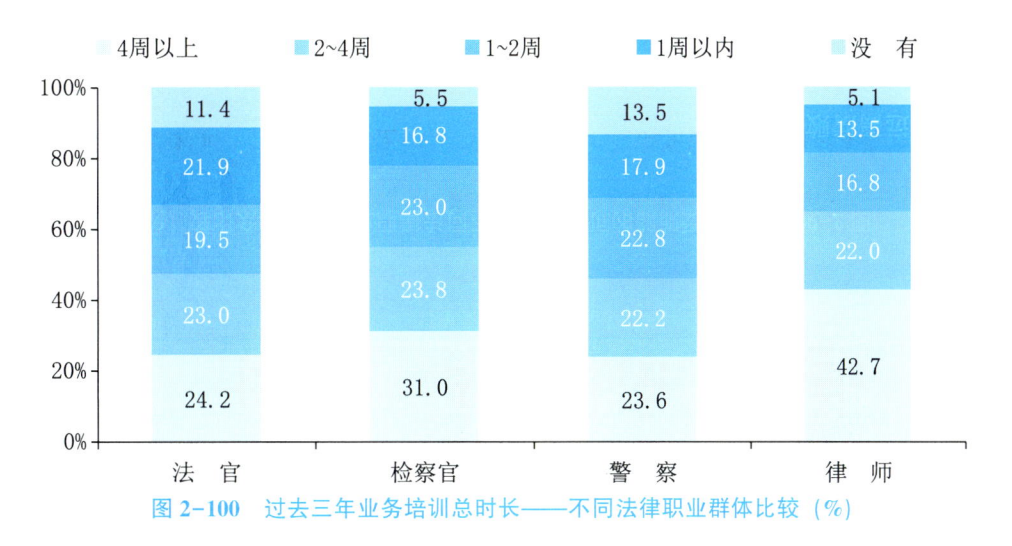

图 2-100　过去三年业务培训总时长——不同法律职业群体比较（%）

8.2　法律职业人员遵守职业伦理规范

为测量这一指标，调查问卷设计三个问题：

问题一："在您所在地区，律师虚假承诺的可能性有多大？"（职业卷 Q5.1 和公众卷 Q3.1）

问题二："在您所在地区，律师与法官有不正当利益往来的可能性有多大？"（职业卷 Q5.2 和公众卷 Q3.2）

问题三："在您所在地区，律师尽职尽责为委托人服务的可能性有多大？"（职业卷 Q5.3 和公众卷 Q3.3）

对于问题一，调查数据显示，有 59.5% 的受访者认为，律师可能（含有可能、很可能和非常可能）虚假承诺。

表 2-53　律师虚假承诺的可能性

	法官		检察官		警察		律师		公众		全体	
	计数	频率%	计数	频率%	计数	频率%	计数	频率%	计数	频率%	计数	频率%
非常可能	91	7.1	77	6.3	92	7.0	119	4.9	787	4.4	1 166	4.8
很可能	202	15.7	205	16.8	172	13.1	299	12.3	2 345	13.1	3 223	13.3
有可能	633	49.1	587	48.0	597	45.5	1 096	44.9	7 100	39.6	10 013	41.4
不太可能	294	22.8	270	22.1	351	26.8	730	29.9	6 079	33.9	7 724	31.9
非常不可能	70	5.4	83	6.8	99	7.6	196	8.0	1 640	9.1	2 088	8.6

图 2-101　律师虚假承诺的可能性

法律职业群体和公众相比较，法律职业群体认为律师可能（含有可能、很可能和非常可能）虚假承诺的比例达66.6%，公众的比例则有57.1%，二者相差9.5个百分点。

不同法律职业群体中，认为律师可能（含有可能、很可能和非常可能）虚假承诺的，法官的比例最高，达71.9%；律师的比例最低，也有62.1%，仍然高于公众的比例。

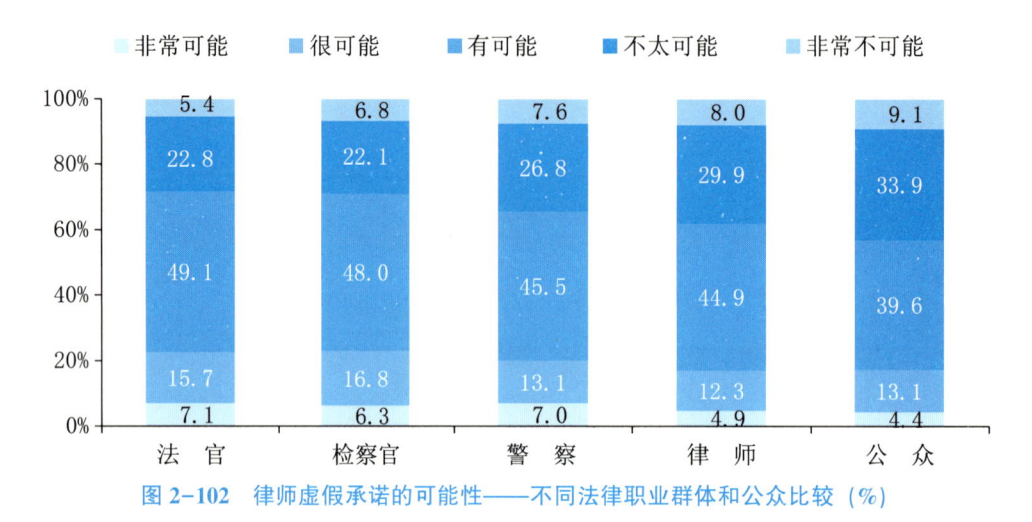

图2-102 律师虚假承诺的可能性——不同法律职业群体和公众比较（%）

对于问题二，调查数据显示，有53.1%的受访者认为，律师可能（含有可能、很可能和非常可能）与法官有不正当利益往来。

表2-54 律师与法官有不正当利益往来的可能性

	法官		检察官		警察		律师		公众		全体	
	计数	频率%	计数	频率%	计数	频率%	计数	频率%	计数	频率%	计数	频率%
非常可能	21	1.6	37	3.0	74	5.6	107	4.4	706	3.9	945	3.9
很可能	65	5.0	99	8.1	136	10.4	254	10.4	2 006	11.2	2 560	10.6
有可能	474	36.8	535	43.7	537	40.9	1 015	41.7	6 786	37.8	9 347	38.6
不太可能	546	42.4	444	36.3	446	34.0	801	32.9	6 571	36.6	8 808	36.4
非常不可能	183	14.2	108	8.8	119	9.1	259	10.6	1 892	10.5	2 561	10.6

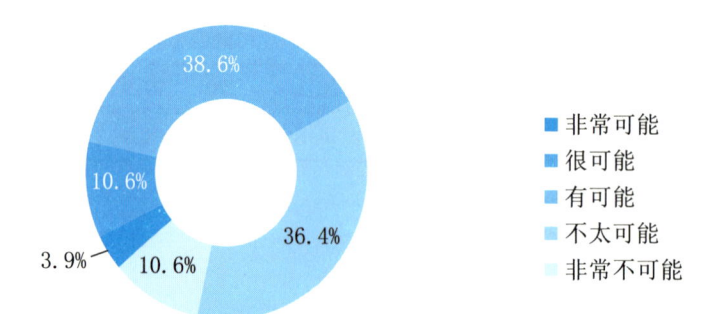

图2-103 律师与法官有不正当利益往来的可能性

法律职业群体和公众相比较，法律职业群体认为律师可能（含有可能、很可能和非常可能）与法官有不正当利益往来的比例和公众非常接近，前者的比例是53.6%，而后者的比例是52.9%，二者仅相差0.7个百分点。

不同法律职业群体中，认为律师可能（含有可能、很可能和非常可能）与法官有不正当利益往来的，比例最高的是警察，达 56.9%；比例最低的不是律师，而是法官，有 43.4%，二者相差 13.5 个百分点。

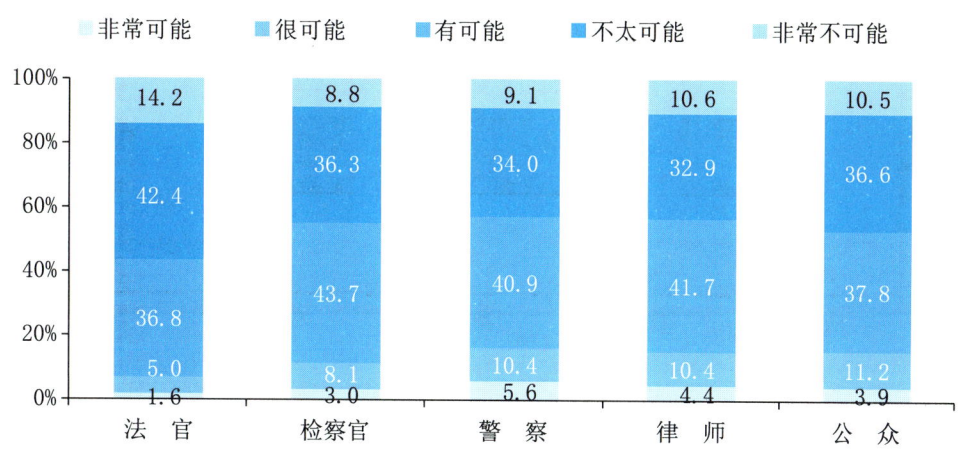

图 2-104 律师与法官有不正当利益往来的可能性——不同法律职业群体和公众比较 (%)

对于问题三，调查数据显示，有 83.8% 的受访者认为，律师可能（含有可能、很可能和非常可能）尽职尽责为委托人服务。

表 2-55 律师尽职尽责为委托人服务的可能性

	法 官		检察官		警 察		律 师		公 众		全 体	
	计数	频率%	计数	频率%	计数	频率%	计数	频率%	计数	频率%	计数	频率%
非常可能	171	13.3	146	12.0	105	8.0	1 031	42.3	3 005	16.7	4 458	18.4
很可能	498	38.7	405	33.2	364	27.8	863	35.4	5 924	33.0	8 054	33.3
有可能	461	35.8	502	41.1	571	43.7	364	14.9	5 870	32.7	7 768	32.1
不太可能	116	9.0	119	9.8	206	15.7	124	5.1	2 359	13.1	2 924	12.1
非常不可能	41	3.2	48	3.9	62	4.7	54	2.2	804	4.5	1 009	4.2

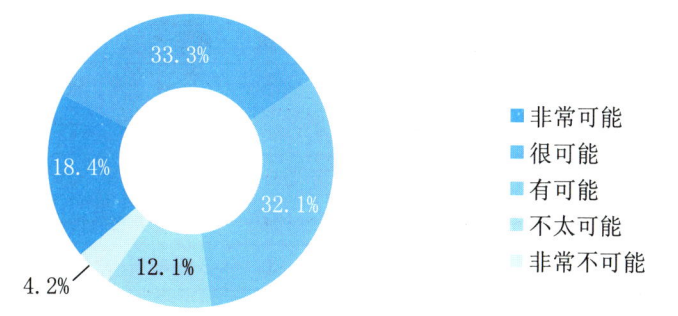

图 2-105 律师尽职尽责为委托人服务的可能性

法律职业群体和公众相比较，法律职业群体认为律师可能（含有可能、很可能和非常可能）尽职尽责为委托人服务的比例略高于公众，前者的比例达 87.7%，后者的比例是 82.4%，二者相差 5.3 个百分点。

不同法律职业群体中，认为律师可能（含有可能、很可能和非常可能）尽职尽责为委托人服务的，律师的比例最高，达 92.6%；警察的比例最低，也有 79.5%。不过，除律师自评外，包括公众在内，认为律师"非常可能"尽职尽责为委托人服务的比例普遍较低，均不足二成，其中比例最低的是警察，仅有 8.0%，与律师自评相差 34.3 个百分点。

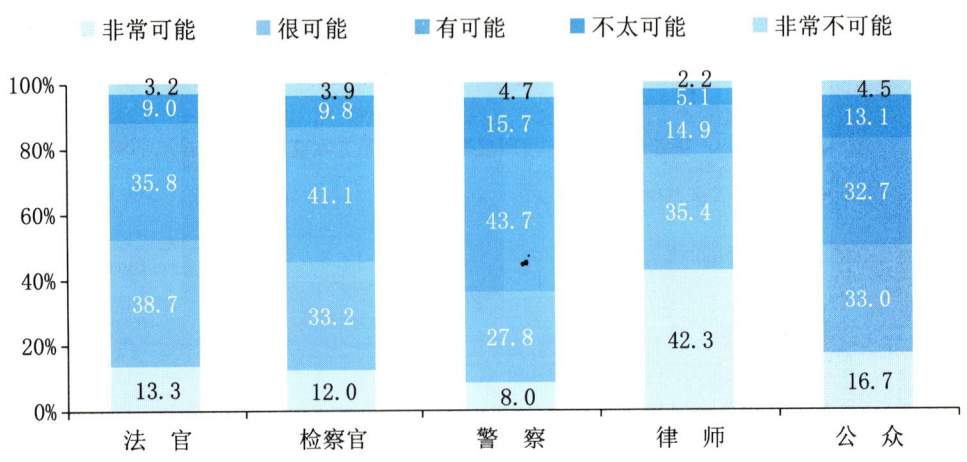

图 2-106 律师尽职尽责为委托人服务的可能性——不同法律职业群体和公众比较（%）

8.3 法律职业人员享有职业保障

为测量这一指标，调查问卷设计七个问题：

问题一："您对自己的职务晋升前景的满意程度如何？"（职业卷 Q2.1）
问题二："您对自己的职业待遇（工资、奖金、福利等）的满意程度如何？"（职业卷 Q2.2）
问题三："您对自己所在单位履行法定职责保护机制的满意程度如何？"（职业卷 Q2.3）
问题四："在您所在单位，您感受到来自绩效考核的压力如何？"（职业卷 Q3.1）
问题五："在您所在单位，您感受到来自错案责任追究的压力如何？"（职业卷 Q3.2）
问题六："在您所在单位，您感受到来自当事人及其家属的压力如何？"（职业卷 Q3.3）
问题七："在您所在单位，您感受到来自媒体舆论的压力如何？"（职业卷 Q3.4）

对于问题一，调查数据显示，有47.6%的受访者对自己的职务晋升前景感到满意（含比较满意和非常满意），有39.7%的受访者对此评价一般，明确表示不满意（含不太满意和非常不满意）的受访者有12.7%。

表 2-56 对职务晋升前景的满意程度

	法 官		检察官		警 察		律 师		全 体	
	计数	频率%	计数	频率%	计数	频率%	计数	频率%	计数	频率%
非常满意	156	12.1	165	13.5	175	13.4	343	14.1	839	13.4
比较满意	375	29.1	407	33.2	378	29.0	973	40.1	2 133	34.2
一 般	505	39.2	481	39.3	535	41.1	959	39.5	2 480	39.7
不太满意	179	13.9	123	10.0	124	9.5	118	4.9	544	8.7
非常不满意	74	5.7	49	4.0	90	6.9	36	1.5	249	4.0

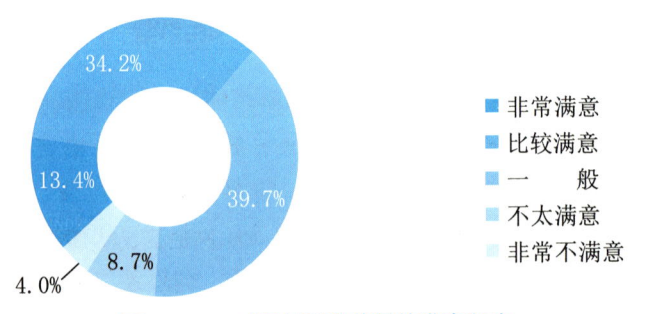

图 2-107 对职务晋升前景的满意程度

不同法律职业群体对自己的职务晋升前景感到满意（含比较满意和非常满意）的比例均低于六成，其中律师的比例最高，有54.2%；法官的比例最低，只有41.2%。此外，对自己的职务晋升前景感到"非常满意"的比例普遍偏低，比例最高的仍然是律师，也只有14.1%。

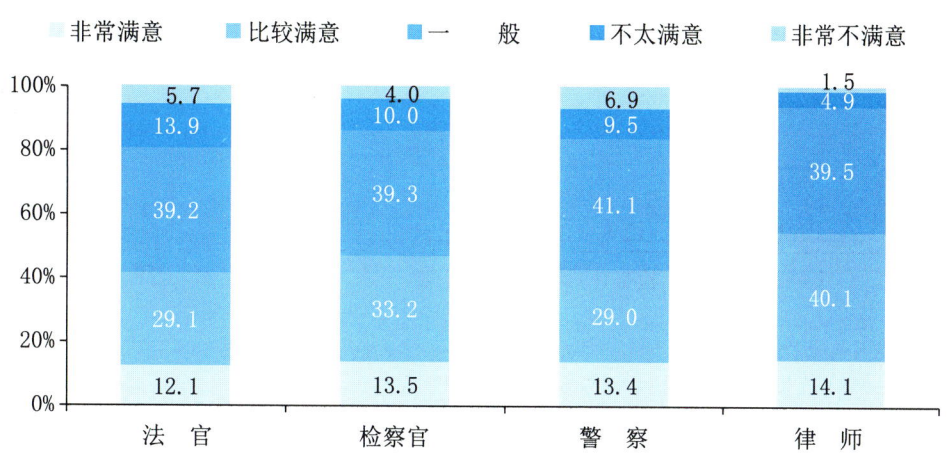

图 2-108 对职务晋升前景的满意程度——不同法律职业群体比较（%）

对于问题二，调查数据显示，有48.0%的受访者对自己的职业待遇（工资、奖金、福利等）感到满意（含比较满意和非常满意），有38.2%的受访者对此评价一般，明确表示不满意（含不太满意和非常不满意）的受访者有13.7%。

表 2-57 对职业待遇（工资、奖金、福利等）的满意程度

	法官		检察官		警察		律师		全体	
	计数	频率%	计数	频率%	计数	频率%	计数	频率%	计数	频率%
非常满意	144	11.3	159	13.1	171	13.2	291	12.0	765	12.3
比较满意	407	31.9	441	36.3	379	29.3	994	41.0	2 221	35.7
一般	485	38.0	451	37.1	521	40.2	918	37.8	2 375	38.2
不太满意	180	14.1	119	9.8	141	10.9	177	7.3	617	9.9
非常不满意	61	4.8	45	3.7	83	6.4	46	1.9	235	3.8

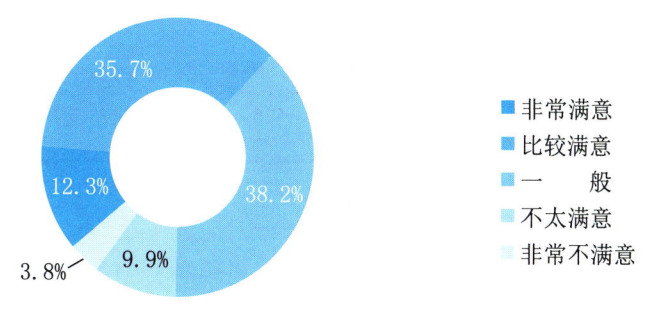

图 2-109 对职业待遇（工资、奖金、福利等）的满意程度

不同法律职业群体中，对自己的职业待遇（工资、奖金、福利等）感到满意（含比较满意和非常满意）的，律师的比例最高，有53.0%；警察的比例最低，只有42.5%。此外，对自己的职业待遇（工资、奖金、福利等）感到"非常满意"的比例普遍偏低，比例最高的是警察，也只有13.2%。

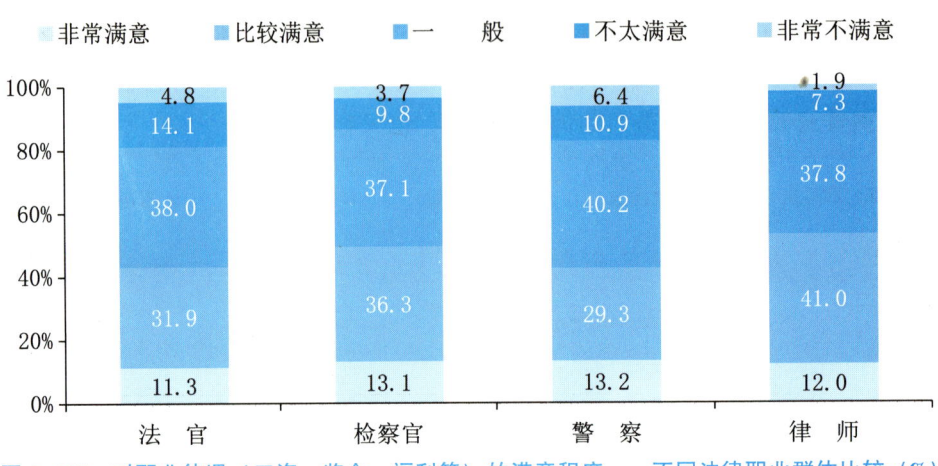

图 2-110 对职业待遇（工资、奖金、福利等）的满意程度——不同法律职业群体比较（%）

对于问题三，调查数据显示，有48.9%的受访者对自己所在单位履行法定职责保护机制感到满意（含比较满意和非常满意），有38.4%的受访者对此评价一般，明确表示不满意（含不太满意和非常不满意）的受访者有12.7%。

表 2-58 对单位履行法定职责保护机制的满意程度

	法 官		检察官		警 察		律 师		全 体	
	计数	频率%	计数	频率%	计数	频率%	计数	频率%	计数	频率%
非常满意	153	12.0	181	15.0	189	14.6	312	12.9	835	13.5
比较满意	387	30.4	448	37.0	405	31.3	954	39.3	2 194	35.4
一 般	476	37.4	452	37.4	521	40.3	935	38.6	2 384	38.4
不太满意	194	15.2	98	8.1	135	10.4	177	7.3	604	9.7
非常不满意	64	5.0	31	2.6	44	3.4	47	1.9	186	3.0

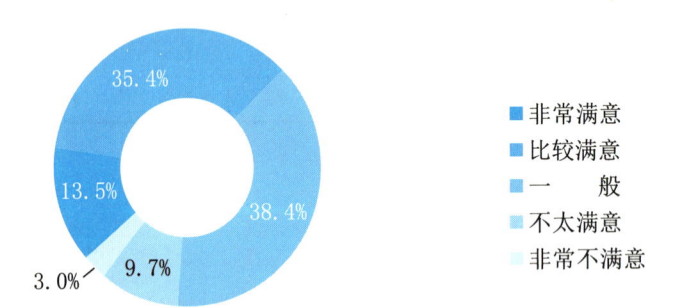

图 2-111 对单位履行法定职责保护机制的满意程度

不同法律职业群体对自己所在单位履行法定职责保护机制感到满意（含比较满意和非常满意）的比例均在五成左右，比例最高的是律师，有52.2%；比例最低的是法官，有42.4%。此外，对自己所在单位履行法定职责保护机制感到"非常满意"的比例普遍偏低，比例最高的是检察官，也只有15.0%。

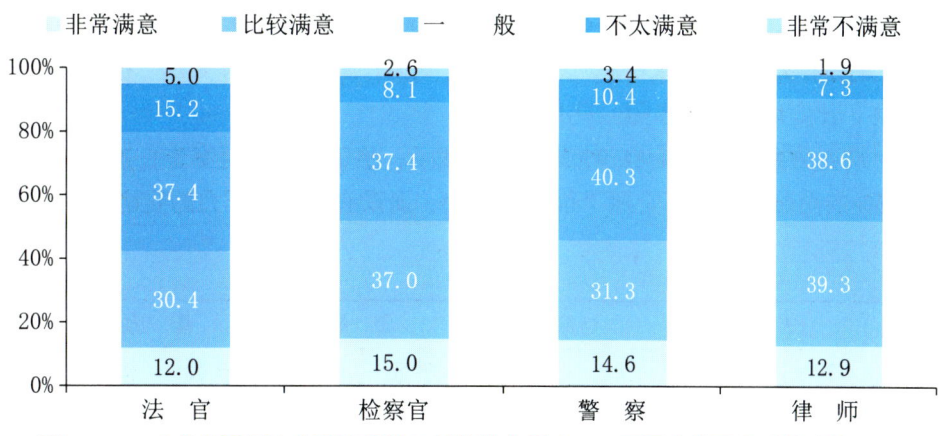

图 2-112 对单位履行法定职责保护机制的满意程度——不同法律职业群体比较（%）

对于问题四，调查数据显示，有 45.8% 的受访者表示，感受到来自绩效考核的压力大（含大和很大），其中 17.2% 的受访者表示感受到"很大"压力，而没有感受到压力的受访者只有 7.9%。

表 2-59　感受到来自绩效考核的工作压力

	法　官		检察官		警　察		律　师		全　体	
	计数	频率%	计数	频率%	计数	频率%	计数	频率%	计数	频率%
很　大	322	25.0	247	20.2	314	23.9	195	8.0	1 078	17.2
大	435	33.7	470	38.4	393	29.9	489	20.2	1 787	28.6
中	387	30.0	389	31.8	432	32.9	973	40.1	2 181	34.9
小	99	7.7	69	5.6	108	8.2	434	17.9	710	11.4
无	46	3.6	49	4.0	67	5.1	333	13.7	495	7.9

图 2-113　感受到来自绩效考核的工作压力

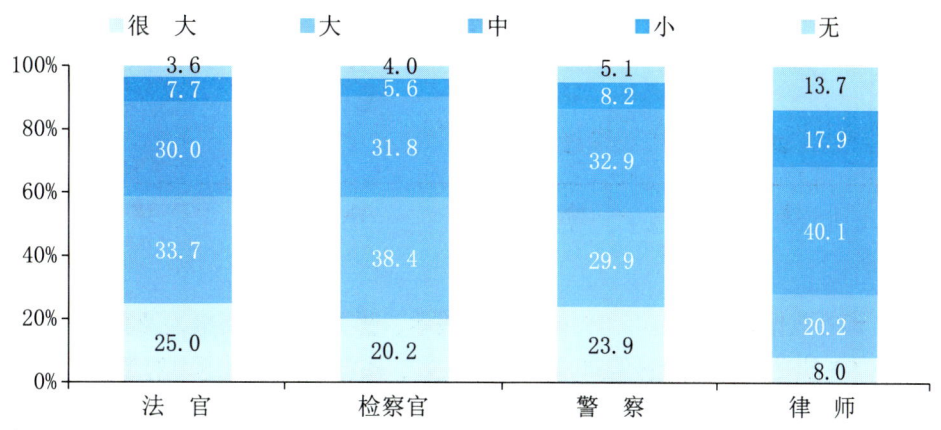

图 2-114　感受到来自绩效考核的工作压力——不同法律职业群体比较（%）

不同法律职业群体中，感受到来自绩效考核的压力大（含大和很大）的，比例最高的是法官，达58.7%；比例最低的是律师，只有28.2%。其中，感受到来自绩效考核的压力"很大"的，比例最高的是法官，有25.0%；比例最低的是律师，只有8.0%。

对于问题五，调查数据显示，有44.9%的受访者表示，感受到来自错案责任追究的压力大（含大和很大），其中17.5%的受访者表示感受到"很大"压力，而没有感受到压力的受访者只有10.7%。

表2-60　感受到来自错案责任追究的工作压力

	法　官		检察官		警　察		律　师		全　体	
	计数	频率%	计数	频率%	计数	频率%	计数	频率%	计数	频率%
很　大	332	25.8	313	25.6	299	22.8	151	6.2	1 095	17.5
大	433	33.6	438	35.8	359	27.4	477	19.7	1 707	27.4
中	340	26.4	341	27.8	379	28.9	882	36.5	1 942	31.1
小	118	9.2	72	5.9	147	11.2	492	20.4	829	13.3
无	65	5.0	61	5.0	126	9.6	415	17.2	667	10.7

图2-115　感受到来自错案责任追究的工作压力

不同法律职业群体中，感受到来自错案责任追究的压力大（含大和很大）的，比例最高的是检察官，达61.4%；比例最低的是律师，只有25.9%。其中，感受到来自错案责任追究的压力"很大"的，比例最高的是法官，为25.8%；比例最低的是律师，为6.2%。

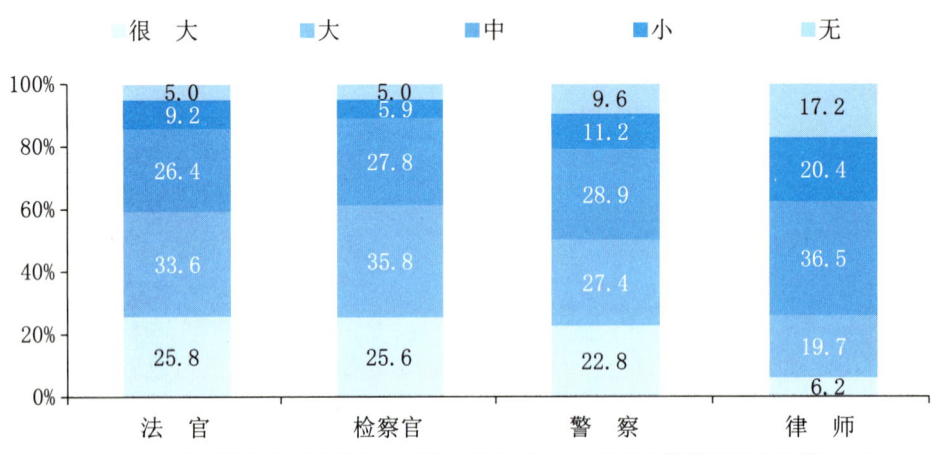

图2-116　感受到来自错案责任追究的工作压力——不同法律职业群体比较（%）

对于问题六，调查数据显示，有45.1%的受访者表示，感受到来自当事人及其家属的压力大（含大和很大），其中15.9%的受访者表示感受到"很大"压力，而没有感受到压力的受访者只有7.2%。

表 2-61 感受到来自当事人及其家属的工作压力

	法官		检察官		警察		律师		全体	
	计数	频率%	计数	频率%	计数	频率%	计数	频率%	计数	频率%
很 大	296	23.0	213	17.5	215	16.4	271	11.1	995	15.9
大	413	32.0	374	30.7	319	24.4	717	29.4	1 823	29.2
中	394	30.6	420	34.4	450	34.4	937	38.5	2 201	35.2
小	140	10.9	139	11.4	173	13.2	333	13.7	785	12.6
无	46	3.6	74	6.1	151	11.5	177	7.3	448	7.2

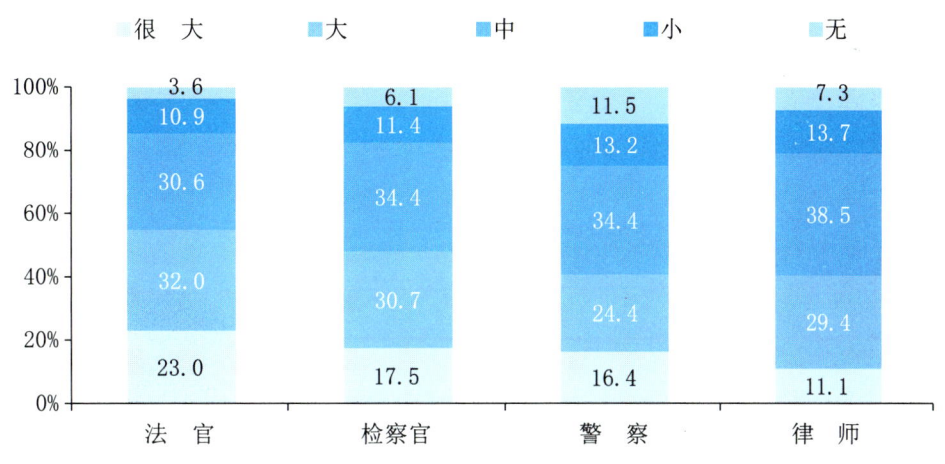

图 2-117 感受到来自当事人及其家属的工作压力

不同法律职业群体中，感受到来自当事人及其家属的压力大（含大和很大）的，比例最高的是法官，达 55.0%；比例最低的是律师，有 40.5%。其中，感受到来自当事人及其家属的压力"很大"的，比例最高的是法官，有 23.0%；比例最低的是律师，也有 11.1%。

图 2-118 感受到来自当事人及其家属的工作压力——不同法律职业群体比较（%）

对于问题七，调查数据显示，有 33.2% 的受访者表示，感受到来自媒体舆论的压力大（含大和很大），其中 13.2% 的受访者表示感受到"很大"压力，而没有感受到压力的受访者只有 15.5%。

表 2-62 感受到来自媒体舆论的工作压力

	法官		检察官		警察		律师		全体	
	计数	频率%	计数	频率%	计数	频率%	计数	频率%	计数	频率%
很 大	255	19.8	167	13.8	271	20.8	122	5.1	815	13.2

续表

	法官		检察官		警察		律师		全体	
	计数	频率%	计数	频率%	计数	频率%	计数	频率%	计数	频率%
大	334	26.0	315	26.0	304	23.3	289	12.1	1 242	20.0
中	404	31.4	441	36.4	410	31.4	824	34.4	2 079	33.6
小	188	14.6	173	14.3	178	13.6	558	23.3	1 097	17.7
无	104	8.1	114	9.4	143	10.9	601	25.1	962	15.5

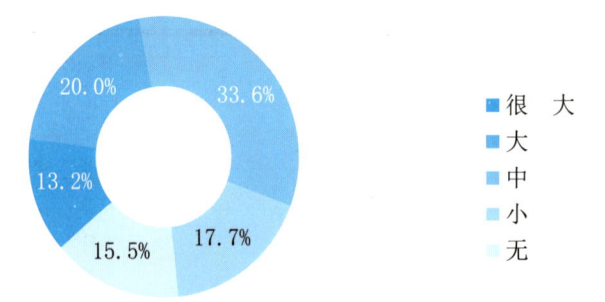

图 2-119 感受到来自媒体舆论的工作压力

不同法律职业群体中，感受到来自媒体舆论的压力大（含大和很大）的，比例最高的是法官，达45.8%；比例最低的是律师，只有17.2%。其中，感受到来自媒体舆论的压力"很大"的，比例最高的是警察，有20.8%；比例最低的是律师，只有5.1%。

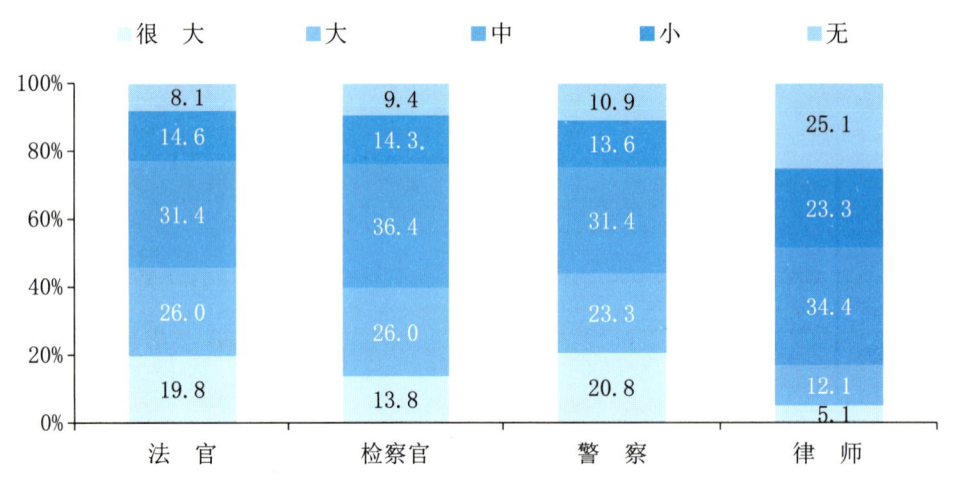

图 2-120 感受到来自媒体舆论的工作压力——不同法律职业群体比较（%）

指标9 司法公开

9.1 司法过程依法公开

为测量这一指标，调查问卷设计一个问题：

问题："在您所在地区，法院允许公众旁听审判的可能性有多大？"（职业卷 Q32.1 和公众卷 Q5.1）

对于这一问题，调查数据显示，有91.0%的受访者认为，法院可能（含有可能、很可能和非常可能）允许公众旁听审判。

表 2-63 法院允许公众旁听审判的可能性

	法 官		检察官		警 察		律 师		公 众		全 体	
	计数	频率%	计数	频率%	计数	频率%	计数	频率%	计数	频率%	计数	频率%
非常可能	833	64.6	548	44.7	419	31.9	674	27.6	3 138	17.4	5 612	23.1
很可能	364	28.2	500	40.7	470	35.8	966	39.6	6 028	33.5	8 328	34.3
有可能	82	6.4	168	13.7	362	27.5	687	28.1	6 864	38.1	8 163	33.6
不太可能	10	0.8	10	0.8	49	3.7	103	4.2	1752	9.7	1 924	7.9
非常不可能	1	0.1	1	0.1	14	1.1	11	0.5	223	1.2	250	1.0

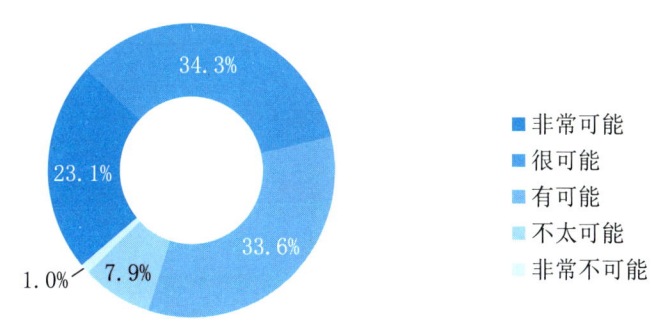

图 2-121 法院允许公众旁听审判的可能性

法律职业群体和公众相比较，法律职业群体认为法院可能（含有可能、很可能和非常可能）允许公众旁听审判的比例高于公众，前者的比例高达 96.9%，后者的比例也有 89.0%。不过，认为法院"非常可能"允许公众旁听审判的，法律职业群体的比例高达 39.4%，而公众的比例只有 17.4%，二者相差 22.0 个百分点。

不同法律职业群体中，认为法院可能（含有可能、很可能和非常可能）允许公众旁听审判的，比例最高的是法官，达 99.2%；比例最低的是警察，也有 95.2%。此外，认为法院"非常可能"允许公众旁听审判的，比例最高的仍然是法官，高达 64.6%；比例最低的是律师，只有 27.6%，二者相差 37.0 个百分点。

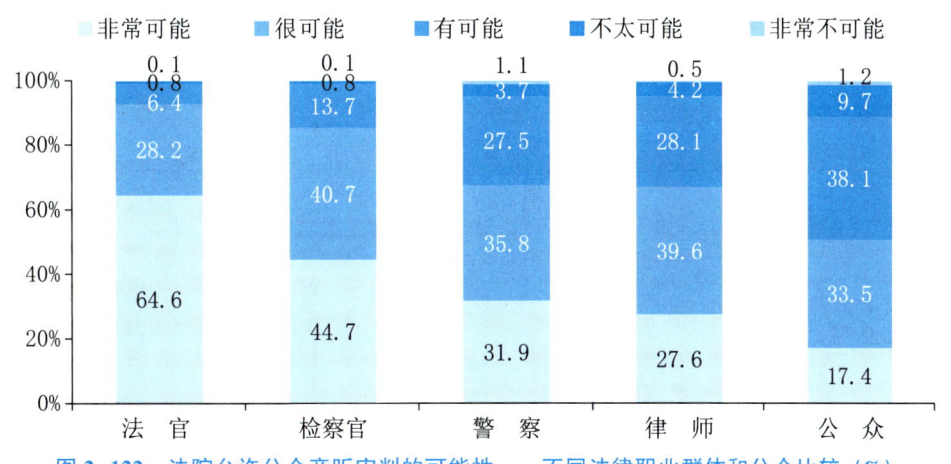

图 2-122 法院允许公众旁听审判的可能性——不同法律职业群体和公众比较（%）

9.2 裁判结果依法公开

为测量这一指标，调查问卷设计两个问题：

问题一："在您所在地区，法院依法及时公开判决书的可能性有多大？"（职业卷 Q32.2 和公众卷 Q5.2）

问题二:"在您所在地区,法院判决书对证据采纳与排除的理由予以充分说明的可能性有多大?"(职业卷 Q32.3)

对于问题一,调查数据显示,有91.8%的受访者认为,法院可能(含有可能、很可能和非常可能)依法及时公开判决书。

表2-64 法院依法及时公开判决书的可能性

	法官		检察官		警察		律师		公众		全体	
	计数	频率%	计数	频率%	计数	频率%	计数	频率%	计数	频率%	计数	频率%
非常可能	875	67.9	543	44.3	418	31.8	560	22.9	3 461	19.2	5 857	24.1
很可能	337	26.1	524	42.7	476	36.3	1 050	43.0	6 225	34.6	8 612	35.5
有可能	67	5.2	150	12.2	361	27.5	733	30.0	6 507	36.2	7 818	32.2
不太可能	8	0.6	8	0.7	44	3.4	84	3.4	1 570	8.7	1 714	7.1
非常不可能	2	0.2	2	0.2	14	1.1	15	0.6	227	1.3	260	1.1

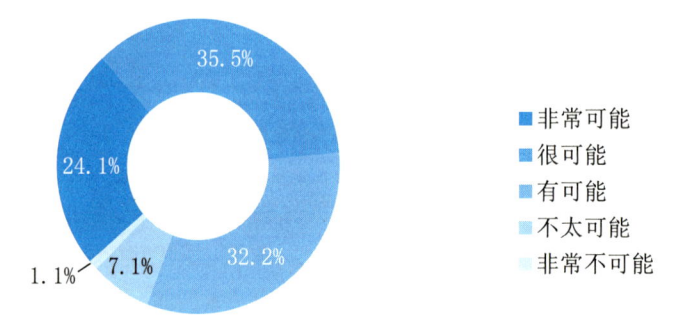

图2-123 法院依法及时公开判决书的可能性

法律职业群体和公众相比较,法律职业群体认为法院可能(含有可能、很可能和非常可能)依法及时公开判决书的比例高达97.2%,公众的比例也有90.0%,二者相差7.2个百分点。不过,认为法院"非常可能"依法及时公开判决书的,法律职业群体的比例是38.2%,公众的比例只有19.2%,二者相差19.0个百分点。

不同法律职业群体中,认为法院可能(含有可能、很可能和非常可能)依法及时公开判决书的,比例最高的是法官,达99.2%;比例最低的是警察,也有95.6%。不过,认为法院"非常可能"依法及时公开判决书的,比例最高的仍然是法官,高达67.9%;比例最低的是律师,只有22.9%,二者相差45.0个百分点。

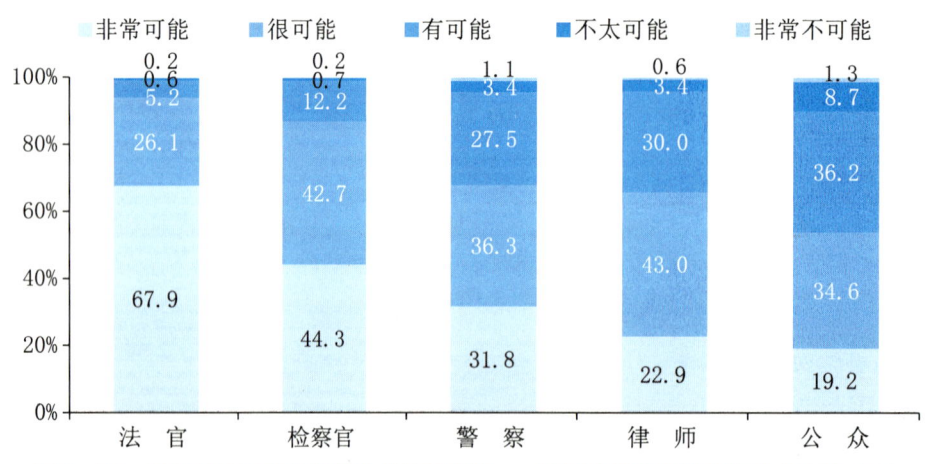

图2-124 法院依法及时公开判决书的可能性——不同法律职业群体和公众比较(%)

对于问题二，调查数据显示，有94.2%的受访者认为，法院判决书可能（含有可能、很可能和非常可能）对证据采纳与排除的理由予以充分说明。

表2-65 法院判决书对证据采纳与排除的理由予以充分说明的可能性

	法　官		检察官		警　察		律　师		全　体	
	计数	频率%	计数	频率%	计数	频率%	计数	频率%	计数	频率%
非常可能	736	57.1	453	36.9	400	30.5	415	17.0	2 004	32.0
很可能	427	33.1	541	44.1	477	36.4	852	34.9	2 297	36.7
有可能	117	9.1	209	17.0	381	29.0	893	36.6	1 600	25.5
不太可能	7	0.5	21	1.7	40	3.0	216	8.9	284	4.5
非常不可能	2	0.2	3	0.2	14	1.1	62	2.5	81	1.3

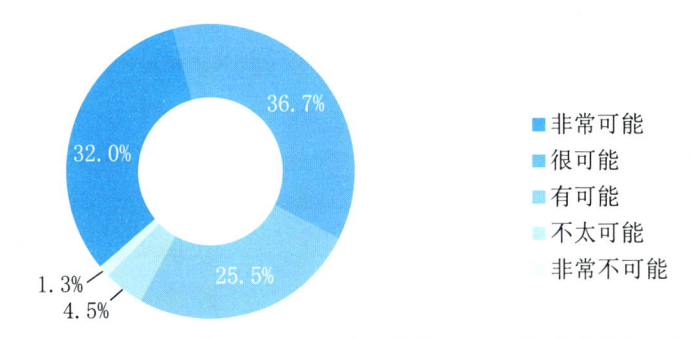

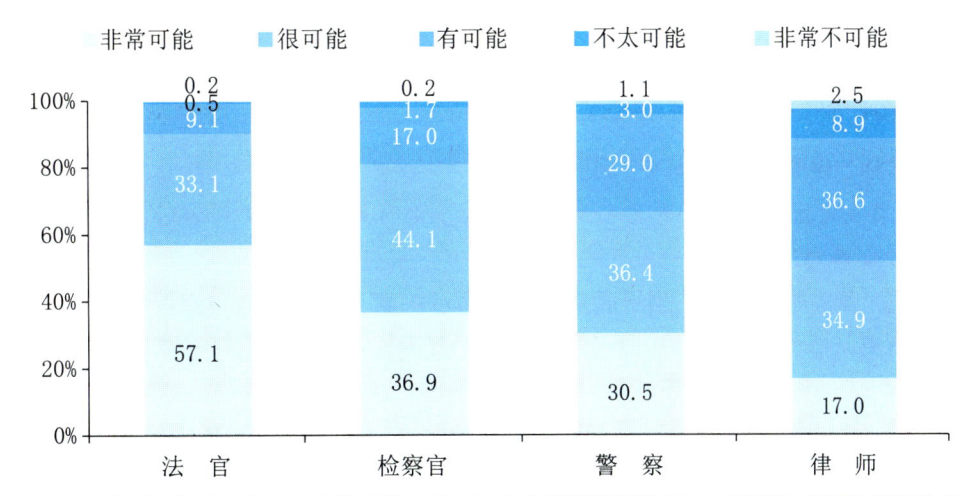

图2-125 法院判决书对证据采纳与排除的理由予以充分说明的可能性

不同法律职业群体中，认为法院判决书可能（含有可能、很可能和非常可能）对证据采纳与排除的理由予以充分说明的，比例最高的是法官，达99.3%；比例最低的是律师，也有88.5%。不过，认为法院判决书"非常可能"对证据采纳与排除的理由予以充分说明的，比例最高的是法官，达57.1%；比例最低的是律师，只有17.0%，二者相差40.1个百分点。

图2-126 法院判决书对证据采纳与排除的理由予以充分说明的可能性——不同法律职业群体比较（%）

指标 10　司法文化

10.1　公众参与司法的意识及程度

为测量这一指标，调查问卷设计一个问题：

问题："如果有当人民陪审员的机会，您愿意参与法庭审判吗？"（公众卷 Q1）

对于这一问题，调查数据显示，如果有当人民陪审员的机会，有57.9%的受访者表示愿意（含比较愿意和非常愿意）参与法庭审判；明确表示"不太愿意"和"非常不愿意"的，分别只有10.9%和2.1%。

表 2-66　如果有当人民陪审员的机会，公众参与法庭审判的意愿度

	公众	
	计数	频率%
非常愿意	4 575	25.3
比较愿意	5 887	32.6
一　般	5 251	29.1
不太愿意	1 959	10.9
非常不愿意	376	2.1

图 2-127　如果有当人民陪审员的机会，公众参与法庭审判的意愿度

10.2　公众诉诸司法的意识及程度

为测量这一指标，调查问卷设计一个问题：

问题："在您所在地区，当矛盾双方无法通过协商、调解等方式解决纠纷时，人们到法院起诉的可能性有多大？"（公众卷 Q7）

对于这一问题，调查数据显示，当矛盾双方无法通过协商、调解等方式解决纠纷时，有87.1%的受访者表示可能（含有可能、很可能和非常可能）到法院起诉。不过，表示"非常可能"到法院起诉的比例偏低，只有15.6%。

表 2-67　无法通过协商、调解等方式解决纠纷的矛盾双方到法院起诉的可能性

	公众	
	计数	频率%
非常可能	2 815	15.6
很可能	5 832	32.3

续表

	公 众	
	计 数	频率%
有可能	7 079	39.2
不太可能	2 140	11.9
非常不可能	186	1.0

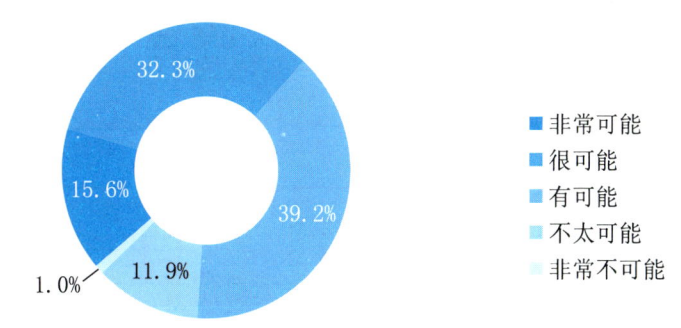

图 2-128　无法通过协商、调解等方式解决纠纷的矛盾双方到法院起诉的可能性

10.3　公众接受司法裁判的意识及程度

为测量这一指标，调查问卷设计一个问题：

问题："假设审判程序没有问题，但判决结果对您不利，您尊重法院判决的可能性有多大？"（公众卷 Q8）

对于这一问题，调查数据显示，假设审判程序没有问题，但判决结果对自己不利，有 78.9% 的受访者表示可能（含有可能、很可能和非常可能）尊重法院判决。不过，表示"非常可能"尊重法院判决的比例偏低，只有 11.5%。

表 2-68　尊重对自己不利的判决结果的可能性

	公 众	
	计 数	频率%
非常可能	2 070	11.5
很可能	5 112	28.3
有可能	7 049	39.1
不太可能	3 230	17.9
非常不可能	585	3.2

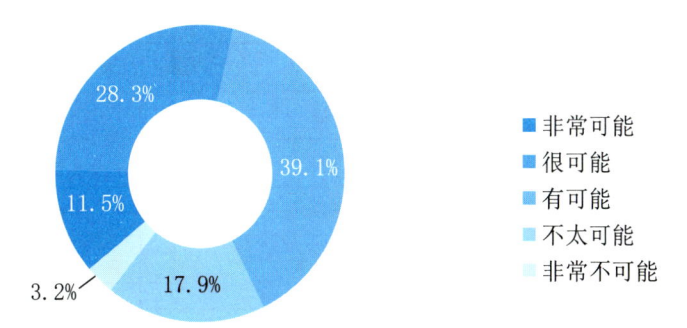

图 2-129　尊重对自己不利的判决结果的可能性

10.4 公众接受现代刑罚理念的意识及程度

为测量这一指标，调查问卷设计两个问题：

问题一："对于在公共场所举行公捕、公判大会，您的总体态度是？"（公众卷 Q9）

问题二："与枪决相比，您对以注射方式执行死刑的态度是？"（公众卷 Q10）

对于问题一，调查数据显示，对于在公共场所举行公捕、公判大会，有61.2%的受访者表示支持（含一定程度上支持和坚决支持），其中19.1%的受访者表示"坚决支持"。相比较而言，表示不支持（含不太支持和强烈反对）的比例低些，只有18.4%。此外，还有20.3%的受访者表示"不关心，无所谓"。

表 2-69 对于在公共场所举行公捕、公判大会的态度

	公众	
	计数	频率%
坚决支持	3 452	19.1
一定程度上支持	7 608	42.1
不关心，无所谓	3 671	20.3
不太支持	2 641	14.6
强烈反对	681	3.8

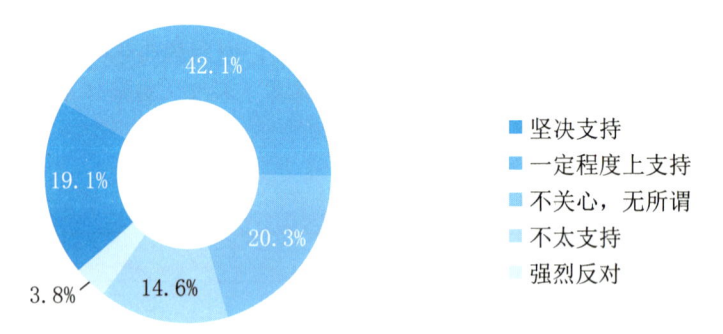

图 2-130 对于在公共场所举行公捕、公判大会的态度

对于问题二，调查数据显示，与枪决相比，有69.2%的受访者更支持（含一定程度上支持和坚决支持）以注射方式执行死刑，其中20.6%的受访者表示"坚决支持"。相比较而言，表示不支持（含不太支持和强烈反对）的比例低些，只有10.5%。此外，还有20.3%的受访者表示"不关心，无所谓"。

表 2-70 与枪决相比，对以注射方式执行死刑的态度

	公众	
	计数	频率%
坚决支持	3 717	20.6
一定程度上支持	8 767	48.6
不关心，无所谓	3 671	20.3
不太支持	1 563	8.7
强烈反对	330	1.8

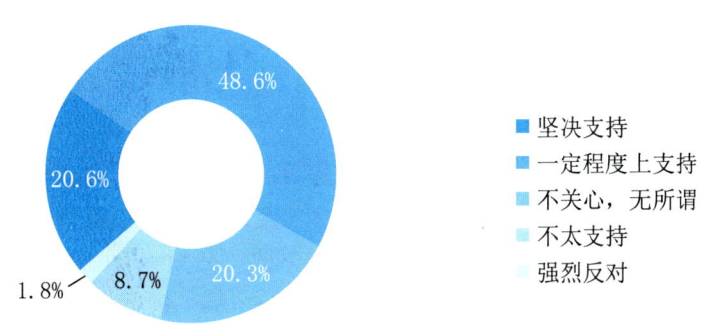

图 2-131 与枪决相比，对以注射方式执行死刑的态度

第三章　司法主体性分析

本章将分析各群体（包括法律职业群体和公众）对法官/法院、检察官/检察院、警察/公安机关、律师的评价。各评价主体对于四类被评对象的评价以指标得分体现，一级指标得分为二级指标得分的均值，二级指标得分为该指标下所有问题得分的均值[1]。

表3-1　不同主体之间指标评分及指标得分排名汇总表[2]

评价主体	一级指标	被评对象							
		法官/法院		检察官/检察院		警察/公安机关		律师	
		得分	排名	得分	排名	得分	排名	得分	排名
法官	司法权力	84.8	2/9	76.4	3/5	80.8	2/5	/	/
	当事人诉讼权利	77.9	7/9	76.2	4/5	77.0	4/5	75.2	1/2
	民事司法程序	82.1	4/9	/	/	/	/	/	/
	刑事司法程序	81.9	5/9	74.2	5/5	78.7	3/5	/	/
	行政司法程序	82.5	3/9	/	/	/	/	/	/
	证据制度	77.6	8/9	81.4	1/5	82.9	1/5	/	/
	司法腐败遏制	79.6	6/9	78.5	2/5	74.2	5/5	/	/
	法律职业化	61.8	9/9	/	/	/	/	61.1	2/2
	司法公开	91.0	1/9	/	/	/	/	/	/
检察官	司法权力	80.9	2/8	78.5	3/6	79.6	2/5	/	/
	当事人诉讼权利	75.7	7/8	78.6	2/6	77.7	4/5	75.6	1/2
	民事司法程序	77.6	4/8	/	/	/	/	/	/
	刑事司法程序	77.7	3/8	77.8	5/6	79.2	3/5	/	/
	行政司法程序	77.3	5/8	/	/	/	/	/	/
	证据制度	77.2	6/8	83.6	1/6	81.2	1/5	/	/
	司法腐败遏制	73.0	8/8	78.4	4/6	69.9	5/5	/	/
	法律职业化	/	/	66.4	6/6	/	/	60.5	2/2
	司法公开	85.2	1/8	/	/	/	/	/	/
警察	司法权力	76.1	2/8	71.8	3/5	80.2	2/6	/	/
	当事人诉讼权利	71.1	6/8	71.8	4/5	72.9	5/6	70.3	1/2
	民事司法程序	72.7	4/8	/	/	/	/	/	/
	刑事司法程序	74.1	3/8	74.5	1/5	81.6	1/6	/	/

[1]　"均值"为加权平均值，权重为各群体的样本量占比。下同。
[2]　表中"/"表示该被评对象没有对应一级指标对其进行评价，故没有指标得分和排名数据。下同。

续表

评价主体	一级指标	被评对象							
		法官/法院		检察官/检察院		警察/公安机关		律 师	
		得分	排名	得分	排名	得分	排名	得分	排名
警 察	行政司法程序	72.6	5/8	/	/	/	/	/	/
	证据制度	70.5	7/8	74.4	2/5	74.0	4/6	/	/
	司法腐败遏制	70.4	8/8	71.7	5/5	75.9	3/6	/	/
	法律职业化	/	/	/	/	62.9	6/6	61.7	2/2
	司法公开	78.7	1/8	/	/	/	/	/	/
律 师	司法权力	73.1	2/8	68.7	2/5	71.1	2/5	/	/
	当事人诉讼权利	64.2	8/8	63.5	5/5	67.0	4/5	67.4	1/2
	民事司法程序	70.0	3/8	/	/	/	/	/	/
	刑事司法程序	67.2	5/8	66.5	4/5	70.3	3/5	/	/
	行政司法程序	68.4	4/8	/	/	/	/	/	/
	证据制度	66.0	7/8	72.7	1/5	76.4	1/5	/	/
	司法腐败遏制	66.6	6/8	67.9	3/5	64.0	5/5	/	/
	法律职业化	/	/	/	/	/	/	66.5	2/2
	司法公开	75.9	1/8	/	/	/	/	/	/
公 众	司法权力	75.9	1/8	74.5	1/4	73.4	1/5	/	/
	当事人诉讼权利	65.9	6/8	65.9	3/4	65.9	3/5	65.9	2/2
	民事司法程序	69.3	3/8	/	/	/	/	/	/
	刑事司法程序	64.6	7/8	/	/	70.7	2/5	/	/
	行政司法程序	68.0	4/8	/	/	/	/	/	/
	证据制度	62.1	8/8	62.1	4/4	62.1	5/5	/	/
	司法腐败遏制	66.8	5/8	68.0	2/4	65.4	4/5	/	/
	法律职业化	/	/	/	/	/	/	67.5	1/2
	司法公开	71.8	2/8	/	/	/	/	/	/

一、对法官/法院的评价

本年度司法文明指标体系中，指向法官/法院的一级指标共有9个，分别为"司法权力""当事人诉讼权利""民事司法程序""刑事司法程序""行政司法程序""证据制度""司法腐败遏制""法律职业化""司法公开"。

以五类群体对某个一级指标的评分均值作为该指标得分。在9个一级指标中，"司法权力"指标得分（76.3分）最高，"法律职业化"指标得分（61.8分）最低。

以某类群体对9个一级指标的评分均值作为该群体对法官/法院的总评价[1]。在五类群体中，法官对法官/法院总评价（79.9分）最高，公众总评价（68.0分）最低。五类群体对法官/法院的总评分均

---

[1] "总评价"为各一级指标得分的简单平均分。下同。

值为69.8分。

表3-2 对指向法官/法院的一级指标评分

一级指标	法官	检察官	警察	律师	公众	均值
司法权力	84.8	80.9	76.1	73.1	75.9	76.3
当事人诉讼权利	77.9	75.7	71.1	64.2	65.9	69.5
民事司法程序	82.1	77.6	72.7	70.0	69.3	70.6
刑事司法程序	81.9	77.7	74.1	67.2	64.6	67.0
行政司法程序	82.5	77.3	72.6	68.4	68.0	72.1
证据制度	77.6	77.2	70.5	66.0	62.1	69.0
司法腐败遏制	79.6	73.0	70.4	66.6	66.8	68.0
法律职业化	61.8	/	/	/	/	61.8
司法公开	91.0	85.2	78.7	75.9	71.8	74.3
总评价	79.9	78.1	73.3	68.9	68.0	69.8

横向对比五类群体的一级指标评分。五类群体中法官评分较高，9个指标中有8个指标（除"法律职业化"指标外）评分为各群体中最高；而律师和公众评分较低，律师在"司法权力""当事人诉讼权利""司法腐败遏制"3个指标上评分为各群体中最低，公众在"民事司法程序""刑事司法程序""行政司法程序""证据制度""司法公开"5个指标上评分为各群体中最低。

纵向对比各群体内的指标评分。法官、检察官、警察、律师评分最高的指标均为"司法公开"，公众评分最高的指标为"司法权力"；法官评分最低的指标为"法律职业化"，检察官、警察评分最低的指标均为"司法腐败遏制"，律师评分最低的指标为"当事人诉讼权利"，公众评分最低的指标为"证据制度"。

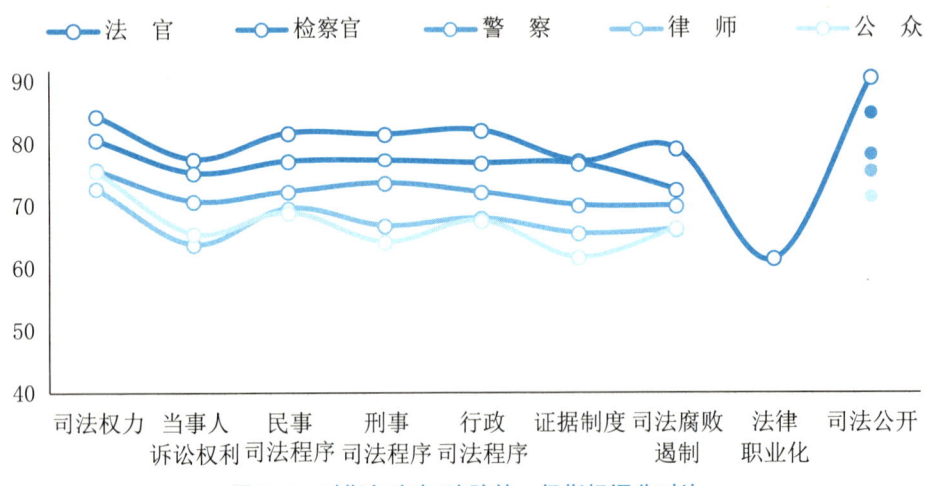

图3-1 对指向法官/法院的一级指标评分对比

指标1：司法权力

在"司法权力"一级指标下，指向法官/法院的二级指标共有5个，分别为"司法权力依法行使""司法权力独立行使""司法权力公正行使""司法权力主体受到信任与认同""司法裁判受到信任与认同"。

以五类群体对某个二级指标的评分均值作为该指标得分。在 5 个二级指标中,"司法权力依法行使"指标得分(80.5 分)最高,"司法权力独立行使"指标得分(66.6 分)最低。

以某类群体对 5 个二级指标的评分均值作为该群体对法官/法院"司法权力"指标的评价。在五类群体中,法官对"司法权力"指标评分(84.8 分)最高,律师评分(73.1 分)最低。五类群体对指向法官/法院的"司法权力"一级指标的评分均值为 76.3 分。

表 3-3　对指向法官/法院的"司法权力"下二级指标评分

二级指标	法官	检察官	警察	律师	公众	均值
司法权力依法行使	88.1	83.8	76.9	76.7	/	80.5
司法权力独立行使	71.9	68.4	68.0	62.1	/	66.6
司法权力公正行使	87.8	84.8	76.2	76.1	/	80.2
司法权力主体受到信任与认同	83.8	80.3	77.8	73.7	74.4	75.3
司法裁判受到信任与认同	92.6	87.1	81.7	77.0	77.3	78.8
司法权力	84.8	80.9	76.1	73.1	75.9	76.3

横向对比五类群体对"司法权力"下二级指标的评分。五类群体中法官评分较高,5 个二级指标评分均为各群体中最高;律师评分较低,5 个二级指标评分均为各群体中最低。

纵向对比各群体内的指标评分。法律职业群体和公众评分最高的指标均为"司法裁判受到信任与认同",法律职业群体评分最低的指标均为"司法权力独立行使",公众评分最低的指标为"司法权力主体受到信任与认同"。

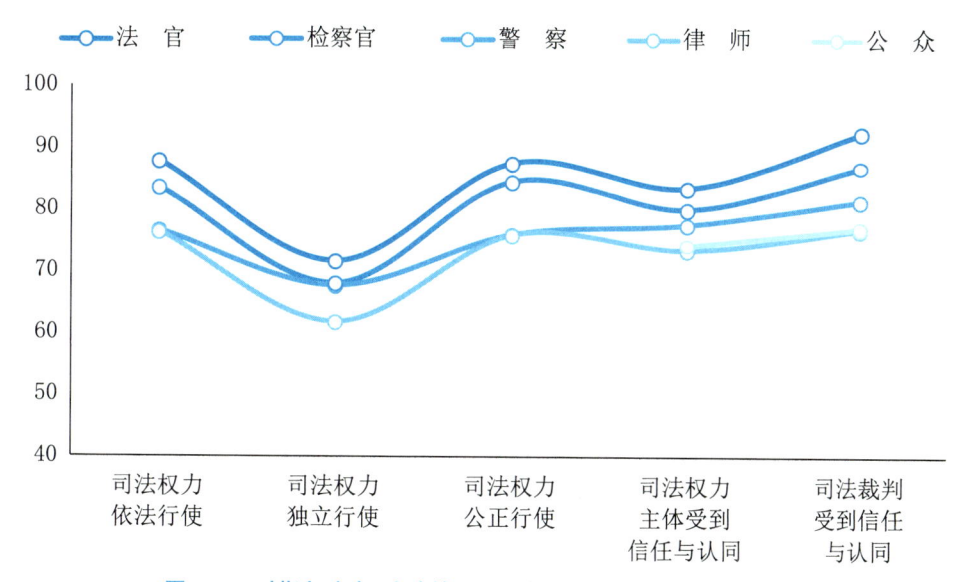

图 3-2　对指向法官/法院的"司法权力"下二级指标评分对比

指标 2:当事人诉讼权利

在"当事人诉讼权利"一级指标下,指向法官/法院的二级指标共有 3 个,分别为"当事人享有获得辩护、代理的权利""当事人享有证据性权利""当事人享有获得救济的权利"。

以五类群体对某个二级指标的评分均值作为该指标得分。在 3 个二级指标中,"当事人享有获得救济的权利"指标得分(70.7 分)最高,"当事人享有获得辩护、代理的权利"指标得分(67.2 分)

最低。

以某类群体对3个二级指标的评分均值作为该群体对法官/法院"当事人诉讼权利"指标的评价。在五类群体中，法官对"当事人诉讼权利"指标评分（77.9分）最高，律师评分（64.2分）最低。五类群体对指向法官/法院的"当事人诉讼权利"一级指标的评分均值为69.5分。

表3-4 对指向法官/法院的"当事人诉讼权利"下二级指标评分

二级指标	法 官	检察官	警 察	律 师	公 众	均 值
当事人享有获得辩护、代理的权利	76.3	78.6	71.8	63.5	65.9	67.2
当事人享有证据性权利	76.5	73.8	71.0	65.7	/	70.6
当事人享有获得救济的权利	80.9	74.7	70.6	63.3	/	70.7
当事人诉讼权利	77.9	75.7	71.1	64.2	65.9	69.5

横向对比五类群体对"当事人诉讼权利"下二级指标的评分。五类群体中，法官对"当事人享有证据性权利"和"当事人享有获得救济的权利"指标评分均为各群体中最高，检察官对"当事人享有获得辩护、代理的权利"指标评分为各群体中最高；律师对3个指标评分均为各群体中最低。

纵向对比法律职业群体内的指标评分。法官评分最高的指标为"当事人享有获得救济的权利"，评分最低的指标为"当事人享有获得辩护、代理的权利"；检察官评分最高的指标为"当事人享有获得辩护、代理的权利"，评分最低的指标为"当事人享有证据性权利"；警察评分最高的指标为"当事人享有获得辩护、代理的权利"，评分最低的指标为"当事人享有获得救济的权利"；律师评分最高的指标为"当事人享有证据性权利"，评分最低的指标为"当事人享有获得救济的权利"。

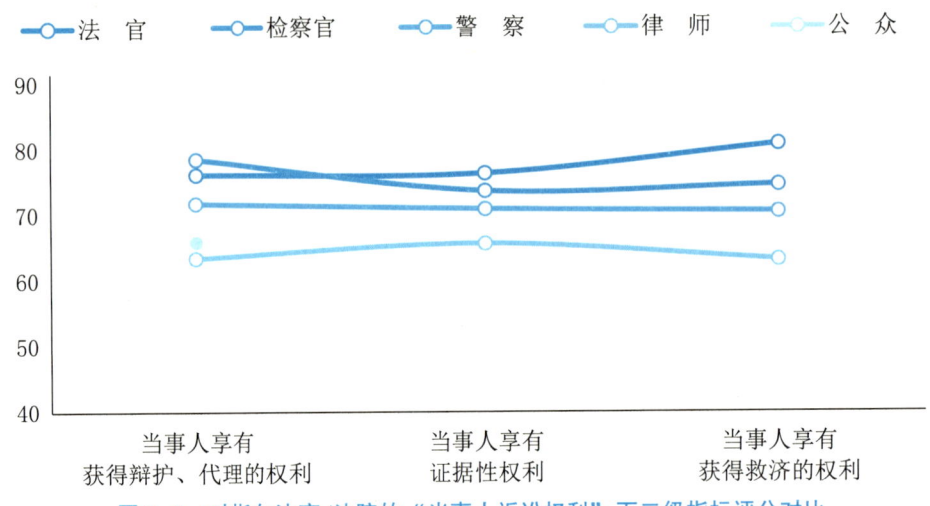

图3-3 对指向法官/法院的"当事人诉讼权利"下二级指标评分对比

指标3：民事司法程序

在"民事司法程序"一级指标下，指向法官/法院的二级指标共有3个，分别为"民事审判符合公正要求""民事诉讼中的调解自愿、合法""民事诉讼裁判得到有效执行"。

以五类群体对某个二级指标的评分均值作为该指标得分。在3个二级指标中，"民事诉讼裁判得到有效执行"指标得分（73.0分）最高，"民事审判符合公正要求"指标得分（69.2分）最低。

以某类群体对3个二级指标的评分均值作为该群体对法官/法院"民事司法程序"指标的评价。在五类群体中，法官对"民事司法程序"指标评分（82.1分）最高，公众评分（69.3分）最低。五类群体对指向法官/法院的"民事司法程序"一级指标的评分均值为70.6分。

表3-5 对指向法官/法院的"民事司法程序"下二级指标评分

二级指标	法官	检察官	警察	律师	公众	均值
民事审判符合公正要求	87.7	81.9	74.3	75.3	65.8	69.2
民事诉讼中的调解自愿、合法	79.0	74.8	73.3	65.7	69.0	69.7
民事诉讼裁判得到有效执行	79.6	76.0	70.4	69.0	73.1	73.0
民事司法程序	82.1	77.6	72.7	70.0	69.3	70.6

横向对比五类群体对"民事司法程序"下二级指标的评分。五类群体中，法官对3个二级指标的评分均为各群体中最高；律师对"民事诉讼中的调解自愿、合法"和"民事诉讼裁判得到有效执行"指标评分均为各群体中最低；公众对"民事审判符合公正要求"指标评分为各群体中最低。

纵向对比各群体内的指标评分。法官、检察官、警察、律师评分最高的指标均为"民事审判符合公正要求"，公众评分最高的指标为"民事诉讼裁判得到有效执行"；法官、检察官、律师评分最低的指标均为"民事诉讼中的调解自愿、合法"，警察评分最低的指标为"民事诉讼裁判得到有效执行"，公众评分最低的指标为"民事审判符合公正要求"。

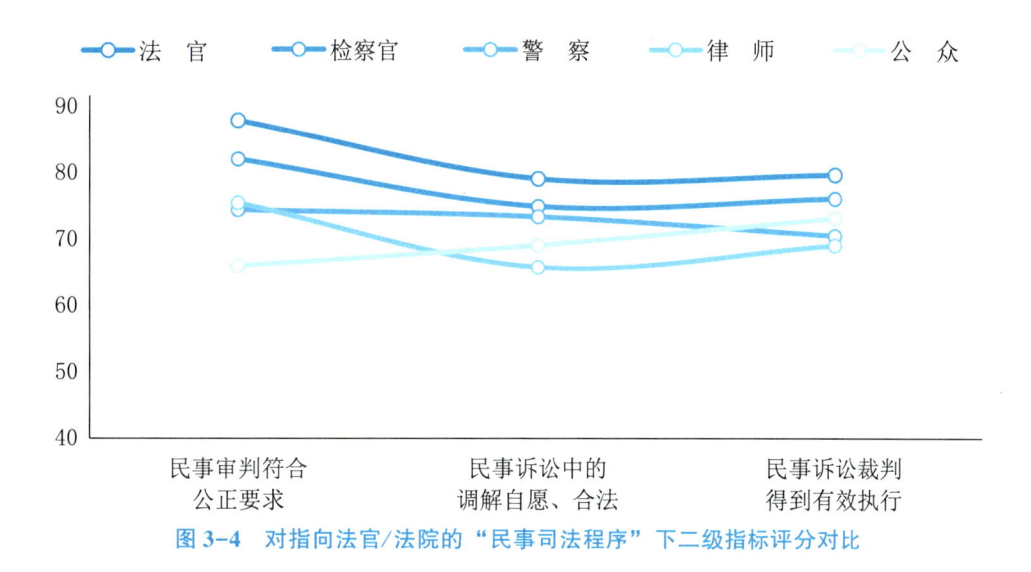

图3-4 对指向法官/法院的"民事司法程序"下二级指标评分对比

指标4：刑事司法程序

在"刑事司法程序"一级指标下，指向法官/法院的二级指标只有1个，即"刑事审判公正及时"。在五类群体中，法官对"刑事司法程序"指标评分（81.9分）最高，公众评分（64.6分）最低。五类群体对指向法官/法院的"刑事司法程序"一级指标的评分均值为67.0分。

表3-6 对指向法官/法院的"刑事司法程序"下二级指标评分

二级指标	法官	检察官	警察	律师	公众	均值
刑事审判公正及时	81.9	77.7	74.1	67.2	64.6	67.0
刑事司法程序	81.9	77.7	74.1	67.2	64.6	67.0

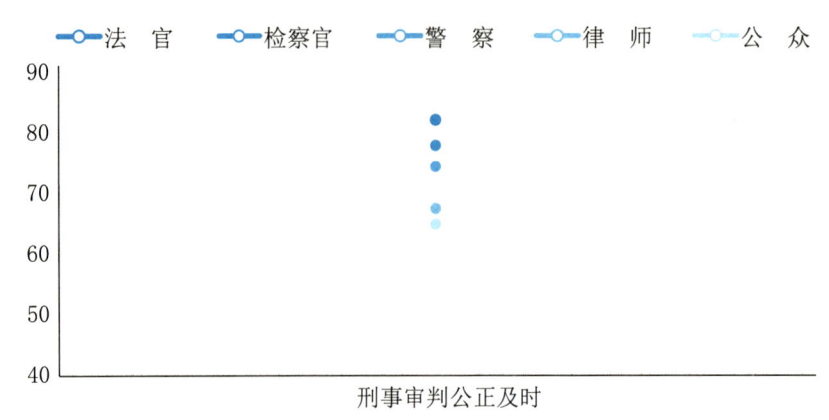

图 3-5 对指向法官/法院的"刑事司法程序"下二级指标评分对比

指标 5：行政司法程序

在"行政司法程序"一级指标下，指向法官/法院的二级指标共有 2 个，分别为"行政审判符合公正要求""行政诉讼裁判得到有效执行"。

以五类群体对某个二级指标的评分均值作为该指标得分。在 2 个二级指标中，"行政审判符合公正要求"指标得分（75.0 分）高于"行政诉讼裁判得到有效执行"指标得分（69.2 分）。

以某类群体对 2 个二级指标的评分均值作为该群体对法官/法院"行政司法程序"指标的评价。在法律职业群体中，法官对"行政司法程序"指标评分（82.5 分）最高，律师评分（68.4 分）最低。五类群体对指向法官/法院的"行政司法程序"一级指标的评分均值为 72.1 分。

表 3-7 对指向法官/法院的"行政司法程序"下二级指标评分

二级指标	法官	检察官	警察	律师	公众	均值
行政审判符合公正要求	84.9	78.8	73.7	68.6	/	75.0
行政诉讼裁判得到有效执行	80.1	75.8	71.5	68.3	68.0	69.2
行政司法程序	82.5	77.3	72.6	68.4	68.0	72.1

横向对比五类群体对"行政司法程序"下二级指标的评分。法律职业群体中，法官对 2 个二级指标的评分均为最高，律师对 2 个二级指标的评分均为最低；公众对"行政诉讼裁判得到有效执行"指标的评分为各群体中最低。

纵向对比法律职业群体内的指标评分。法官、检察官、警察、律师对"行政审判符合公正要求"指标的评分高于对"行政诉讼裁判得到有效执行"指标的评分。

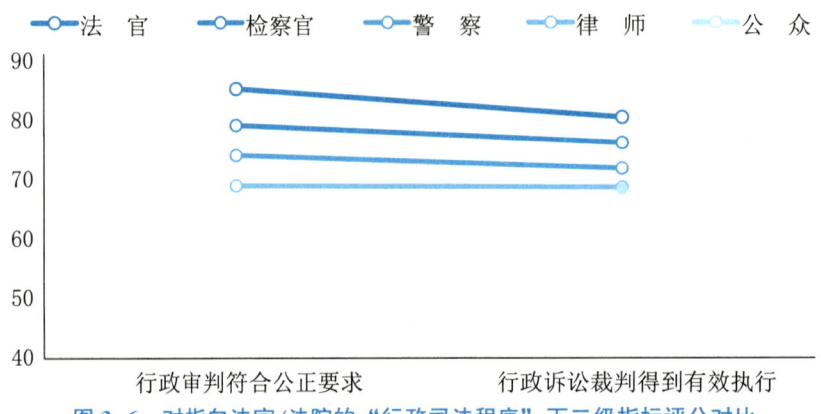

图 3-6 对指向法官/法院的"行政司法程序"下二级指标评分对比

指标6：证据制度

在"证据制度"一级指标下，指向法官/法院的二级指标共有3个，分别为"证据裁判原则得到贯彻""证据依法得到采纳与排除""证明过程得到合理规范"。

以五类群体对某个二级指标的评分均值作为该指标得分。在3个二级指标中，"证明过程得到合理规范"指标得分（73.8分）最高，"证据裁判原则得到贯彻"指标得分（64.7分）最低。

以某类群体对3个二级指标的评分均值作为该群体对法官/法院"证据制度"指标的评价。在五类群体中，法官对"证据制度"指标评分（77.6分）最高，公众评分（62.1分）最低。五类群体对指向法官/法院的"证据制度"一级指标的评分均值为69.0分。

表3-8 对指向法官/法院的"证据制度"下二级指标评分

二级指标	法官	检察官	警察	律师	公众	均值
证据裁判原则得到贯彻	77.0	76.9	70.9	68.4	62.1	64.7
证据依法得到采纳与排除	74.3	75.1	68.5	61.9	/	68.4
证明过程得到合理规范	81.6	79.5	72.1	67.7	/	73.8
证据制度	77.6	77.2	70.5	66.0	62.1	69.0

横向对比五类群体对"证据制度"下二级指标的评分。五类群体中，法官在"证据裁判原则得到贯彻"和"证明过程得到合理规范"2个指标上评分均为各群体中最高，检察官在"证据依法得到采纳与排除"指标上评分为各群体中最高；律师在"证据依法得到采纳与排除"和"证明过程得到合理规范"2个指标上评分均为各群体中最低，公众在"证据裁判原则得到贯彻"指标上评分为各群体中最低。

纵向对比法律职业群体内的指标评分。法官、检察官、警察评分最高的指标均为"证明过程得到合理规范"，评分最低的指标均为"证据依法得到采纳与排除"；律师评分最高的指标为"证据裁判原则得到贯彻"，评分最低的指标为"证据依法得到采纳与排除"。

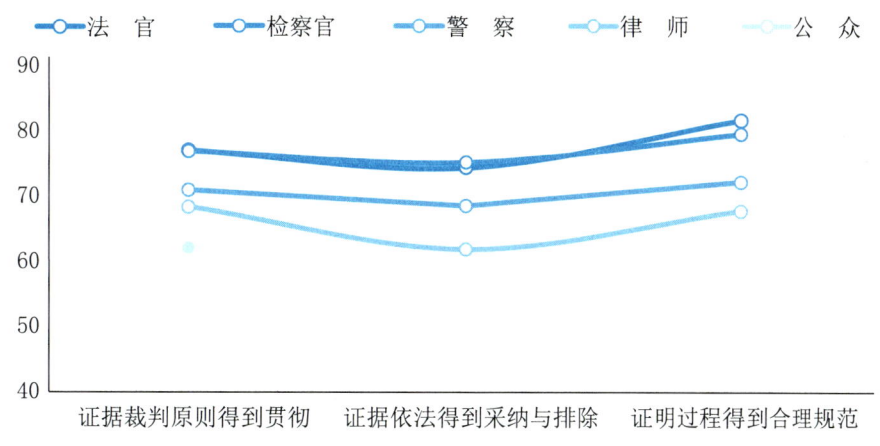

图3-7 对指向法官/法院的"证据制度"下二级指标评分对比

指标7：司法腐败遏制

在"司法腐败遏制"一级指标下，指向法官/法院的二级指标只有1个，即"法官远离腐败"。在五类群体中，法官对"司法腐败遏制"指标评分（79.6分）最高，律师评分（66.6分）最低。五类群体对指向法官/法院的"司法腐败遏制"一级指标的评分均值为68.0分。

表 3-9 对指向法官/法院的"司法腐败遏制"下二级指标评分

二级指标	法 官	检察官	警 察	律 师	公 众	均 值
法官远离腐败	79.6	73.1	70.4	66.6	66.8	68.0
司法腐败遏制	79.6	73.1	70.4	66.6	66.8	68.0

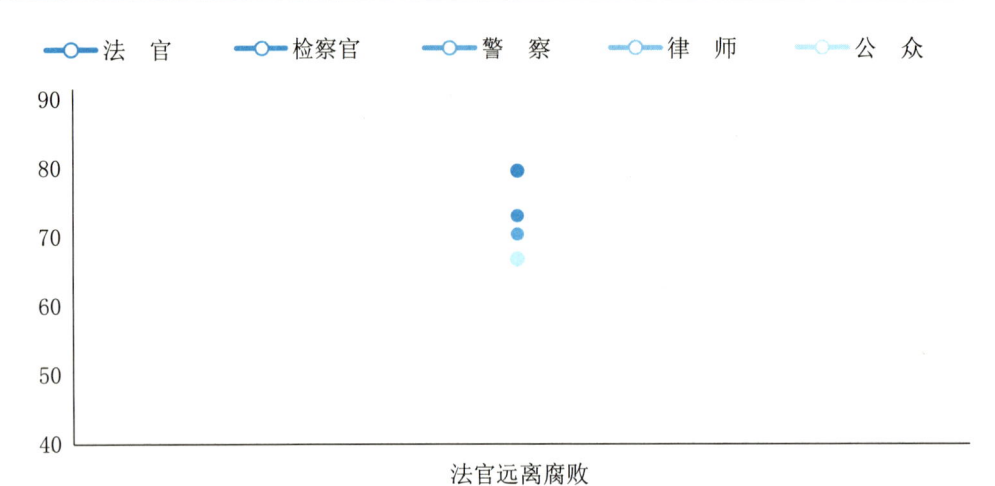

图 3-8 对指向法官/法院的"司法腐败遏制"下二级指标评分对比

指标8：法律职业化

在"法律职业化"一级指标下，指向法官/法院的二级指标共有2个，分别为"法律职业人员获得职业培训"和"法律职业人员享有职业保障"。

以法官对某个二级指标的评分均值作为该指标得分。在2个二级指标中，"法律职业人员获得职业培训"指标得分（65.3分）高于"法律职业人员享有职业保障"指标得分（58.3分）。法官对指向法官/法院的"法律职业化"一级指标的评分均值为61.8分。

表 3-10 对指向法官/法院的"法律职业化"下二级指标评分

二级指标	法 官	检察官	警 察	律 师	公 众	均 值
法律职业人员获得职业培训	65.3	/	/	/	/	65.3
法律职业人员享有职业保障	58.3	/	/	/	/	58.3
法律职业化	61.8	/	/	/	/	61.8

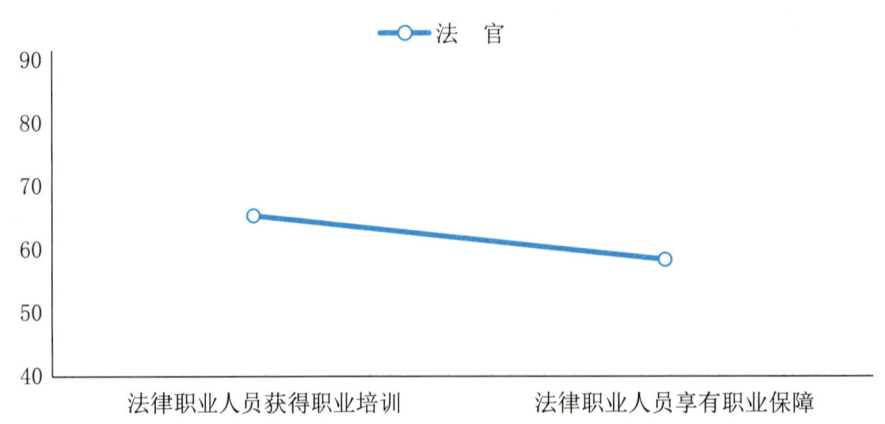

图 3-9 对指向法官/法院的"法律职业化"下二级指标评分对比

指标9：司法公开

在"司法公开"一级指标下，指向法官/法院的二级指标共有2个，分别为"司法过程依法公开"和"裁判结果依法公开"。

以五类群体对某个二级指标的评分均值作为该指标得分。在2个二级指标中，"裁判结果依法公开"指标得分（74.5分）略高于"司法过程依法公开"指标得分（74.1分）。

以某类群体对2个二级指标的评分均值作为该群体对法官/法院"司法公开"指标的评价。在五类群体中，法官对"司法公开"指标评分（91.0分）最高，公众评分（71.8分）最低。五类群体对指向法官/法院的"司法公开"一级指标的评分均值为74.3分。

表3-11 对指向法官/法院的"司法公开"下二级指标评分

二级指标	法 官	检察官	警 察	律 师	公 众	均 值
司法过程依法公开	91.3	85.8	78.7	77.9	71.2	74.1
裁判结果依法公开	90.7	84.6	78.7	73.9	72.4	74.5
司法公开	91.0	85.2	78.7	75.9	71.8	74.3

横向对比五类群体对"司法公开"下二级指标的评分。五类群体中，法官对"司法过程依法公开"和"裁判结果依法公开"指标评分均为各群体中最高，公众对这两个指标的评分均为各群体中最低。

纵向对比各群体内的指标评分。法律职业群体对"司法过程依法公开"指标的评分均高于对"裁判结果依法公开"指标的评分。[1] 公众则反之。

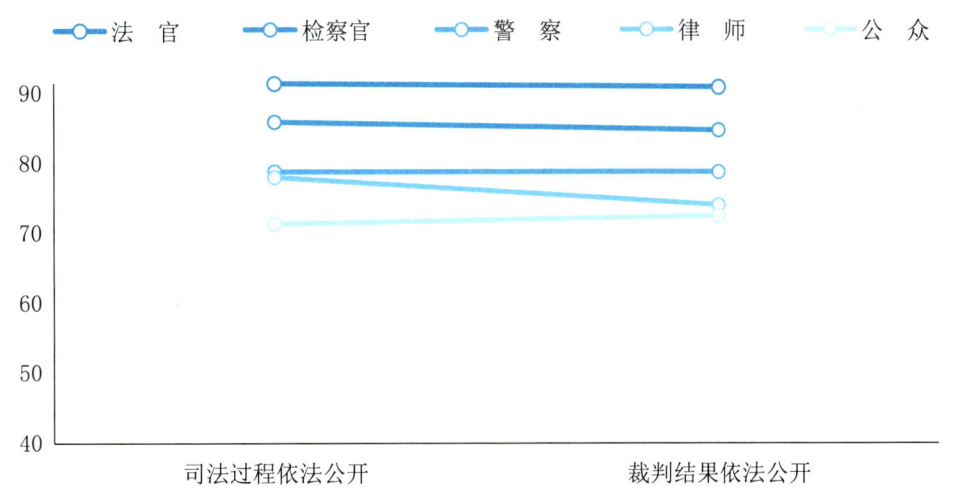

图3-10 对指向法官/法院的"司法公开"下二级指标评分对比

二、对检察官/检察院的评价

本年度司法文明指标体系中，指向检察官/检察院的一级指标共有6个，分别为"司法权力""当事人诉讼权利""刑事司法程序""证据制度""司法腐败遏制""法律职业化"。

以五类群体对某个一级指标的评分均值作为该指标得分。在6个一级指标中，"司法权力"指标得分（72.2分）最高，"法律职业化"指标得分（66.4分）最低。

---

[1] 警察对"司法过程依法公开"的评分为78.737，对"裁判结果依法公开"的评分为78.676。

以某类群体对6个一级指标的评分均值作为该群体对检察官/检察院的总评价。在五类群体中，法官对检察官/检察院总评价（77.3分）最高，公众总评价（67.6分）最低。五类群体对检察官/检察院的总评分均值为69.7分。

表3-12 对指向检察官/检察院的一级指标评分

一级指标	法官	检察官	警察	律师	公众	均值
司法权力	76.4	78.5	71.8	68.7	74.5	72.2
当事人诉讼权利	76.2	78.6	71.8	63.5	65.9	67.2
刑事司法程序	74.2	77.8	74.5	66.5	/	72.0
证据制度	81.4	83.6	74.4	72.7	62.1	71.0
司法腐败遏制	78.5	78.4	71.7	67.9	68.0	69.3
法律职业化	/	66.4	/	/	/	66.4
总评价	77.3	77.2	72.8	67.9	67.6	69.7

横向对比五类群体的一级指标评分。检察官在"司法权力""当事人诉讼权利""刑事司法程序""证据制度"指标上评分为各群体中最高，法官在"司法腐败遏制"指标上评分为各群体中最高；律师在"司法权力""当事人诉讼权利""刑事司法程序""司法腐败遏制"指标上评分为各群体中最低，公众在"证据制度"指标上评分为各群体中最低。

纵向对比各群体内的指标评分。法官、检察官、律师评分最高的指标均为"证据制度"，警察评分最高的指标为"刑事司法程序"，公众评分最高的指标为"司法权力"；法官评分最低的指标为"刑事司法程序"，检察官评分最低的指标为"法律职业化"，警察评分最低的指标为"司法腐败遏制"，律师评分最低的指标为"当事人诉讼权利"，公众评分最低的指标为"证据制度"。

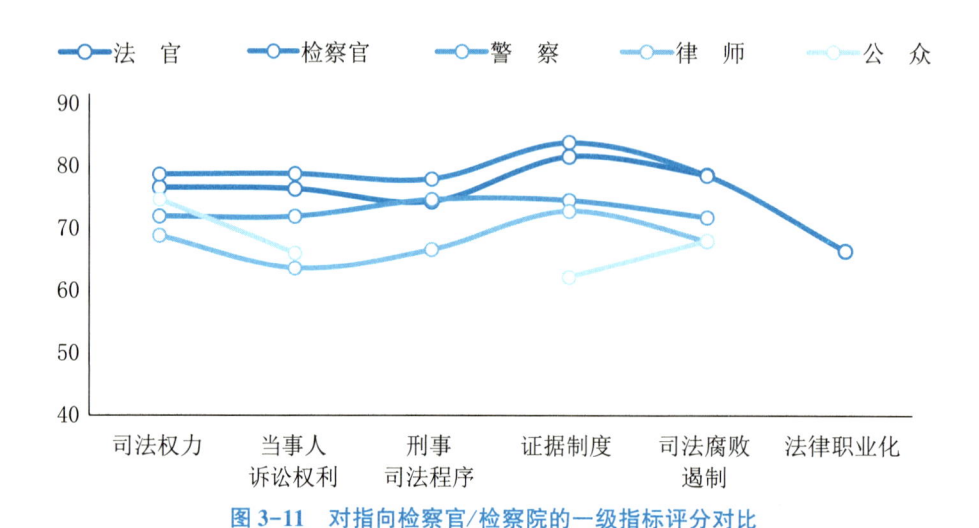

图3-11 对指向检察官/检察院的一级指标评分对比

指标1：司法权力

在"司法权力"一级指标下，指向检察官/检察院的二级指标共有4个，分别为"司法权力依法行使""司法权力独立行使""司法权力公正行使""司法权力主体受到信任与认同"。

以五类群体对某个二级指标的评分均值作为该指标得分。在4个二级指标中，"司法权力公正行使"指标得分（80.0分）最高，"司法权力独立行使"指标得分（66.2分）最低。

以某类群体对 4 个二级指标的评分均值作为该群体对检察官/检察院"司法权力"指标的评价。在五类群体中,检察官对"司法权力"指标评分(78.5 分)最高,律师评分(68.7 分)最低。五类群体对指向检察官/检察院的"司法权力"一级指标的评分均值为 72.2 分。

表 3-13 对指向检察官/检察院的"司法权力"下二级指标评分

二级指标	法 官	检察官	警 察	律 师	公 众	均 值
司法权力依法行使	69.0	76.3	65.9	62.2	/	67.1
司法权力独立行使	69.8	68.1	68.0	62.3	/	66.2
司法权力公正行使	85.7	86.3	76.4	75.9	/	80.0
司法权力主体受到信任与认同	81.1	83.2	77.1	74.5	74.5	75.4
司法权力	76.4	78.5	71.8	68.7	74.5	72.2

横向对比五类群体对"司法权力"下二级指标的评分。五类群体中,检察官对"司法权力依法行使""司法权力公正行使""司法权力主体受到信任与认同"3 个指标的评分均为各群体中最高,法官对"司法权力独立行使"指标的评分为各群体中最高;律师对"司法权力依法行使""司法权力独立行使""司法权力公正行使"3 个指标的评分均为各群体中最低,公众对"司法权力主体受到信任与认同"指标的评分为各群体中最低。[1]

纵向对比法律职业群体内的指标评分。法官、检察官、律师评分最高的指标均为"司法权力公正行使",警察评分最高的指标为"司法权力主体受到信任与认同";法官、警察、律师评分最低的指标均为"司法权力依法行使",检察官评分最低的指标为"司法权力独立行使"。

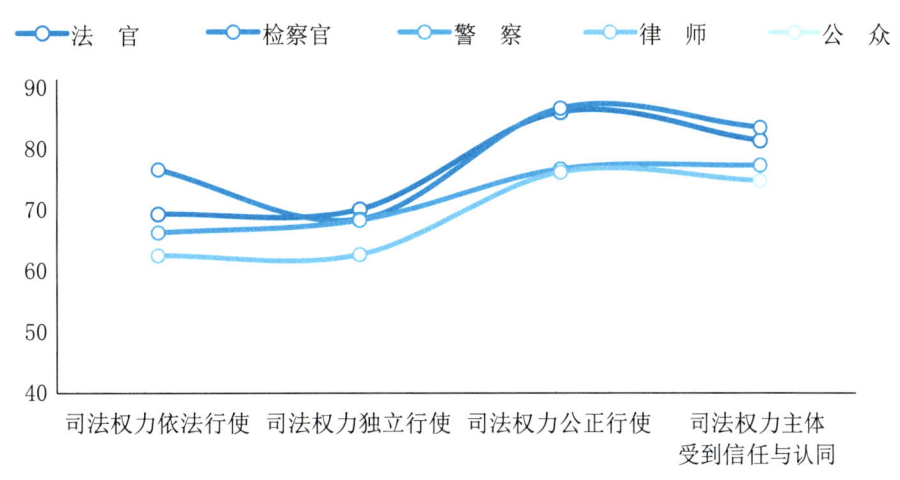

图 3-12 对指向检察官/检察院的"司法权力"下二级指标评分对比

指标 2:当事人诉讼权利

在"当事人诉讼权利"一级指标下,指向检察官/检察院的二级指标只有 1 个,即"当事人享有获得辩护、代理的权利"。在五类群体中,检察官对"当事人诉讼权利"指标评分(78.6 分)最高,律师评分(63.5 分)最低。五类群体对指向检察官/检察院的"当事人诉讼权利"一级指标的评分均值为 67.2 分。

---

[1] 律师对"司法权力主体受到信任与认同"指标评分为 74.528,公众的评分为 74.506。

表 3-14 对指向检察官/检察院的"当事人诉讼权利"下二级指标评分

二级指标	法官	检察官	警察	律师	公众	均值
当事人享有获得辩护、代理的权利	76.2	78.6	71.8	63.5	65.9	67.2
当事人诉讼权利	76.2	78.6	71.8	63.5	65.9	67.2

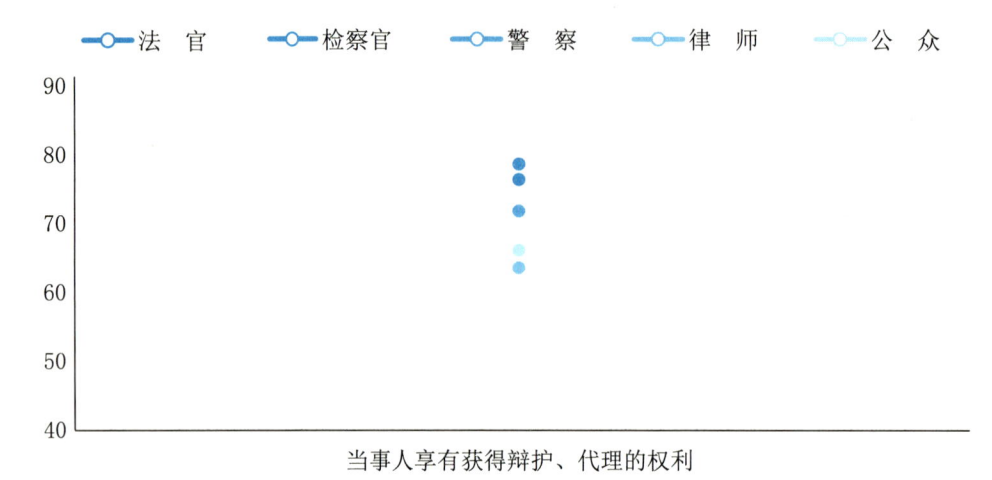

图 3-13 对指向检察官/检察院的"当事人诉讼权利"下二级指标评分对比

指标 4：刑事司法程序

在"刑事司法程序"一级指标下，指向检察官/检察院的二级指标共有 2 个，分别为"侦查措施及时合法"和"审查起诉公正"。

以四类群体对某个二级指标的评分均值作为该指标得分。在 2 个二级指标中，"侦查措施及时合法"指标得分（75.4 分）高于"审查起诉公正"指标得分（68.5 分）。

以某类群体对 2 个二级指标的评分均值作为该群体对检察官/检察院"刑事司法程序"指标的评价。在四类群体中，检察官对"刑事司法程序"指标评分（77.8 分）最高，律师评分（66.5 分）最低。四类群体对指向检察官/检察院的"刑事司法程序"一级指标的评分均值为 72.0 分。

表 3-15 对指向检察官/检察院的"刑事司法程序"下二级指标评分

二级指标	法官	检察官	警察	律师	公众	均值
侦查措施及时合法	78.2	78.5	80.7	69.6	/	75.4
审查起诉公正	70.1	77.1	68.4	63.5	/	68.5
刑事司法程序	74.2	77.8	74.5	66.5	/	72.0

横向对比法律职业群体对"刑事司法程序"下二级指标的评分。四类群体中，警察在"侦查措施及时合法"指标上评分为各群体中最高，检察官在"审查起诉公正"指标上评分为各群体中最高；律师对这 2 个指标评分均为各群体中最低。

纵向对比法律职业群体内的指标评分。法律职业群体对"侦查措施及时合法"指标的评分均高于"审查起诉公正"指标。

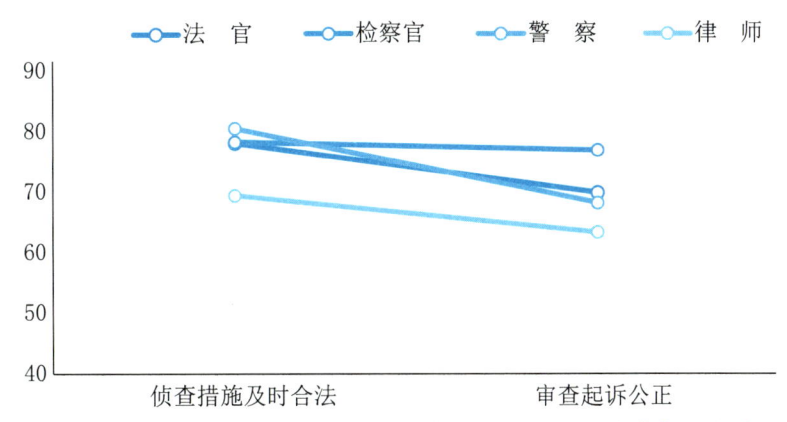

图 3-14 对指向检察官/检察院的"刑事司法程序"下二级指标评分对比

指标6：证据制度

在"证据制度"一级指标下，指向检察官/检察院的二级指标共有2个，分别为"证据裁判原则得到贯彻"和"证据依法得到采纳与排除"。

以五类群体对某个二级指标的评分均值作为该指标得分。在2个二级指标中，"证据依法得到采纳与排除"指标得分（75.8分）高于"证据裁判原则得到贯彻"指标得分（66.2分）。

以某类群体对2个二级指标的评分均值作为该群体对检察官/检察院"证据制度"指标的评价。在五类群体中，检察官对"证据制度"指标评分（83.6分）最高，公众评分（62.1分）最低。五类群体对指向检察官/检察院的"证据制度"一级指标的评分均值为71.0分。

表 3-16 对指向检察官/检察院的"证据制度"下二级指标评分

二级指标	法官	检察官	警察	律师	公众	均值
证据裁判原则得到贯彻	82.9	81.2	74.0	76.4	62.1	66.2
证据依法得到采纳与排除	79.9	85.9	74.8	69.0	/	75.8
证据制度	81.4	83.6	74.4	72.7	62.1	71.0

横向对比五类群体对"证据制度"下二级指标的评分。五类群体中，法官对"证据裁判原则得到贯彻"指标评分为各群体中最高，检察官对"证据依法得到采纳与排除"指标评分为各群体中最高；公众对"证据裁判原则得到贯彻"指标评分为各群体中最低，律师对"证据依法得到采纳与排除"指标评分为各群体中最低。

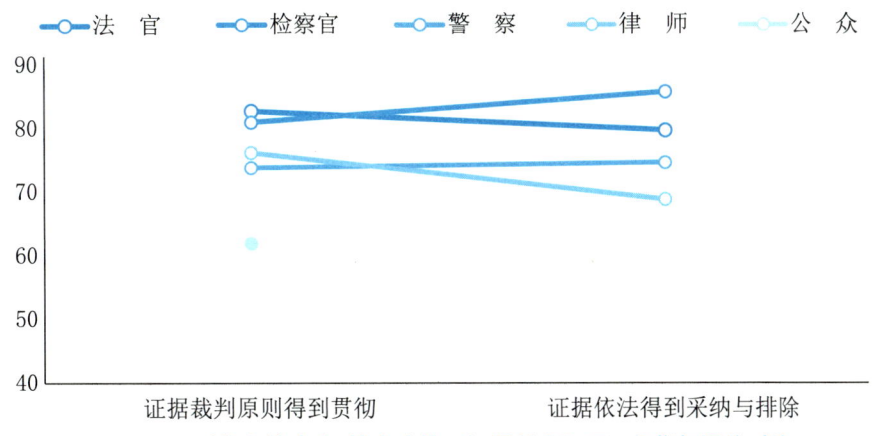

图 3-15 对指向检察官/检察院的"证据制度"下二级指标评分对比

纵向对比法律职业群体内的指标评分。法官、律师对"证据裁判原则得到贯彻"指标的评分均高于"证据依法得到采纳与排除"指标。检察官、警察则反之。

指标7：司法腐败遏制

在"司法腐败遏制"一级指标下，指向检察官/检察院的二级指标只有1个，即"检察官远离腐败"。在五类群体中，法官对"司法腐败遏制"指标评分（78.5分）最高，律师评分（67.9分）最低。五类群体对指向检察官/检察院的"司法腐败遏制"一级指标的评分均值为69.3分。

表 3-17 对指向检察官/检察院的"司法腐败遏制"下二级指标评分

二级指标	法 官	检察官	警 察	律 师	公 众	均 值
检察官远离腐败	78.5	78.4	71.7	67.9	68.0	69.3
司法腐败遏制	78.5	78.4	71.7	67.9	68.0	69.3

图 3-16 对指向检察官/检察院的"司法腐败遏制"下二级指标评分对比

指标8：法律职业化

在"法律职业化"一级指标下，指向检察官/检察院的二级指标共有2个，分别为"法律职业人员获得职业培训"和"法律职业人员享有职业保障"。

以检察官对某个二级指标的评分均值作为该指标得分。在2个二级指标中，"法律职业人员获得职业培训"指标得分（71.6分）高于"法律职业人员享有职业保障"指标得分（61.3分）。检察官对指向检察官/检察院的"法律职业化"一级指标的评分均值为66.4分。

表 3-18 对指向检察官/检察院的"法律职业化"下二级指标评分

二级指标	法 官	检察官	警 察	律 师	公 众	均 值
法律职业人员获得职业培训	/	71.6	/	/	/	71.6
法律职业人员享有职业保障	/	61.3	/	/	/	61.3
法律职业化	/	66.4	/	/	/	66.4

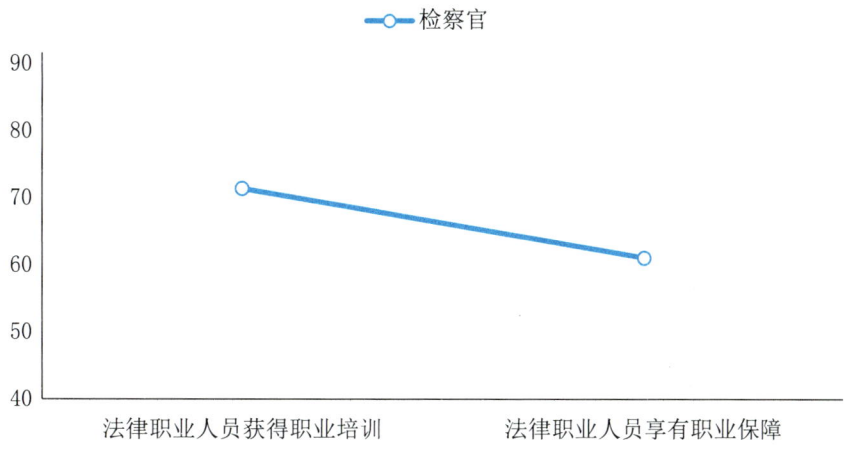

图 3-17 对指向检察官/检察院的"法律职业化"下二级指标评分对比

三、对警察/公安机关的评价

本年度司法文明指标体系中，指向警察/公安机关的一级指标共有 6 个，分别为"司法权力""当事人诉讼权利""刑事司法程序""证据制度""司法腐败遏制""法律职业化"。

以五类群体对某个一级指标的评分均值作为该指标得分。在 6 个一级指标中，"司法权力"指标得分（75.8 分）最高，"法律职业化"指标得分（62.9 分）最低。

以某类群体对 6 个一级指标的评分均值作为该群体对警察/公安机关的总评价。在五类群体中，法官对警察/公安机关总评价（78.7 分）最高，公众总评价（67.5 分）最低。五类群体对警察/公安机关的总评分均值为 68.8 分。

表 3-19 对指向警察/公安机关的一级指标评分

一级指标	法　官	检察官	警　察	律　师	公　众	均　值
司法权力	80.8	79.6	80.2	71.1	73.4	75.8
当事人诉讼权利	77.0	77.7	72.9	67.0	65.9	69.3
刑事司法程序	78.7	79.2	81.6	70.3	70.7	72.1
证据制度	82.9	81.2	74.0	76.4	62.1	66.2
司法腐败遏制	74.2	69.9	75.9	64.0	65.4	66.5
法律职业化	/	/	62.9	/	/	62.9
总评价	78.7	77.5	74.6	69.7	67.5	68.8

横向对比五类群体的一级指标评分。五类群体中法官和警察评分较高，法官有 2 个指标（"司法权力""证据制度"）评分为各群体中最高，警察有 2 个指标（"刑事司法程序""司法腐败遏制"）评分为各群体中最高；而律师评分较低，有 3 个指标（"司法权力""刑事司法程序""司法腐败遏制"）评分为各群体中最低。

纵向对比各群体内的指标评分。法官、检察官评分最高的指标均为"证据制度"，评分最低的指标均为"司法腐败遏制"；警察评分最高的指标为"刑事司法程序"，评分最低的指标为"法律职业化"；律师评分最高的指标为"证据制度"，评分最低的指标为"司法腐败遏制"；公众评分最高的指标为"司法权力"，评分最低的指标为"证据制度"。

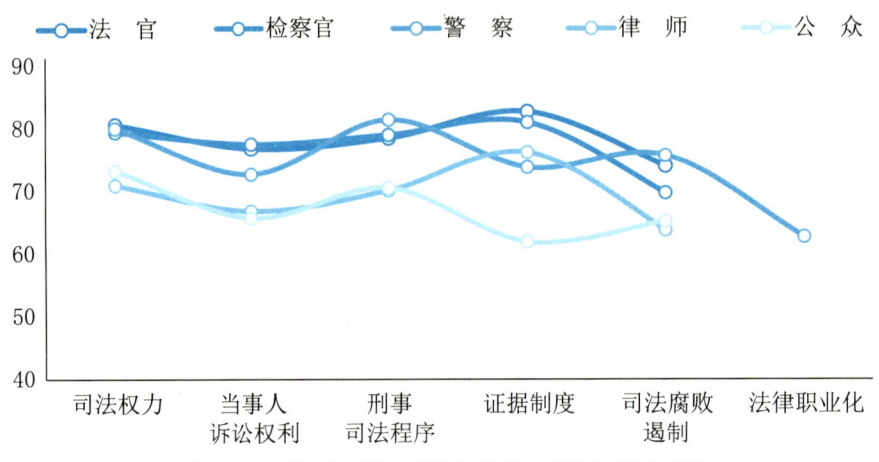

图 3-18 对指向警察/公安机关的一级指标评分对比

指标1：司法权力

在"司法权力"一级指标下，指向警察/公安机关的二级指标共有2个，分别为"司法权力公正行使"和"司法权力主体受到信任与认同"。

以五类群体对某个二级指标的评分均值作为该指标得分。在2个二级指标中，"司法权力公正行使"指标得分（77.7分）高于"司法权力主体受到信任与认同"指标得分（73.9分）。

以某类群体对2个二级指标的评分均值作为该群体对警察/公安机关"司法权力"指标的评价。在五类群体中，法官对"司法权力"指标评分（80.8分）最高，律师评分（71.1分）最低。五类群体对指向警察/公安机关的"司法权力"一级指标的评分均值为75.8分。

表 3-20 对指向警察/公安机关的"司法权力"下二级指标评分

一级指标	法 官	检察官	警 察	律 师	公 众	均 值
司法权力公正行使	82.9	81.3	77.5	73.3	/	77.7
司法权力主体受到信任与认同	78.8	77.8	82.8	68.9	73.4	73.9
司法权力	80.8	79.6	80.2	71.1	73.4	75.8

横向对比五类群体对"司法权力"下二级指标的评分。五类群体中，法官对"司法权力公正行使"指标评分为各群体中最高，警察对"司法权力主体受到信任与认同"指标评分为各群体中最高；律师对2个二级指标的评分均为各群体中最低。

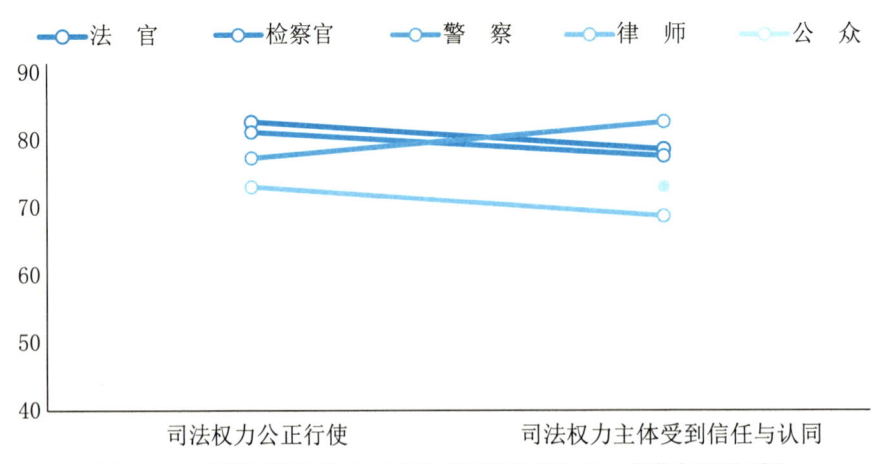

图 3-19 对指向警察/公安机关的"司法权力"下二级指标评分对比

纵向对比职业群体内的指标评分。法官、检察官、律师对"司法权力公正行使"指标的评分均高于对"司法权力主体受到信任与认同"指标的评分。警察则反之。

指标2：当事人诉讼权利

在"当事人诉讼权利"一级指标下，指向警察/公安机关的二级指标共有2个，分别为"当事人享有不被强迫自证其罪的权利"和"当事人享有获得辩护、代理的权利"。

以五类群体对某个二级指标的评分均值作为该指标得分。在2个二级指标中，"当事人享有不被强迫自证其罪的权利"指标得分（70.6分）高于"当事人享有获得辩护、代理的权利"指标得分（68.0分）。

以某类群体对2个二级指标的评分均值作为该群体对警察/公安机关"当事人诉讼权利"指标的评价。在五类群体中，检察官对"当事人诉讼权利"指标评分（77.7分）最高，公众评分（65.9分）最低。五类群体对指向警察/公安机关的"当事人诉讼权利"一级指标的评分均值为69.3分。

表3-21 对指向警察/公安机关的"当事人诉讼权利"下二级指标评分

二级指标	法官	检察官	警察	律师	公众	均值
当事人享有不被强迫自证其罪的权利	74.4	74.5	72.2	65.8	/	70.6
当事人享有获得辩护、代理的权利	79.6	80.9	73.5	68.2	65.9	68.0
当事人诉讼权利	77.0	77.7	72.9	67.0	65.9	69.3

横向对比五类群体对"当事人诉讼权利"下二级指标的评分。五类群体中，检察官对"当事人享有不被强迫自证其罪的权利""当事人享有获得辩护、代理的权利"指标评分均为各群体中最高；律师对"当事人享有不被强迫自证其罪的权利"指标评分为各群体中最低，公众对"当事人享有获得辩护、代理的权利"指标评分为各群体中最低。

纵向对比职业群体内的指标评分。法官、检察官、警察、律师对"当事人享有获得辩护、代理的权利"指标的评分均高于对"当事人享有不被强迫自证其罪的权利"指标的评分。

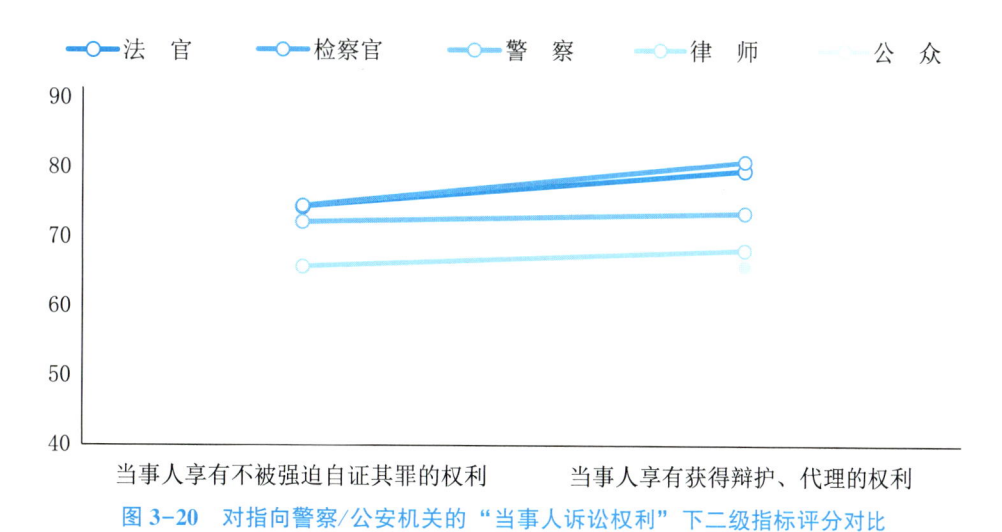

图3-20 对指向警察/公安机关的"当事人诉讼权利"下二级指标评分对比

指标4：刑事司法程序

在"刑事司法程序"一级指标下，指向警察/公安机关的二级指标只有1个，即"侦查措施及时合法"。在五类群体中，警察对"刑事司法程序"指标评分（81.6分）最高，律师评分（70.3分）最低。

五类群体对指向警察/公安机关的"刑事司法程序"一级指标的评分均值为72.1分。

表3-22 对指向警察/公安机关的"刑事司法程序"下二级指标评分

二级指标	法官	检察官	警察	律师	公众	均值
侦查措施及时合法	78.7	79.2	81.6	70.3	70.7	72.1
刑事司法程序	78.7	79.2	81.6	70.3	70.7	72.1

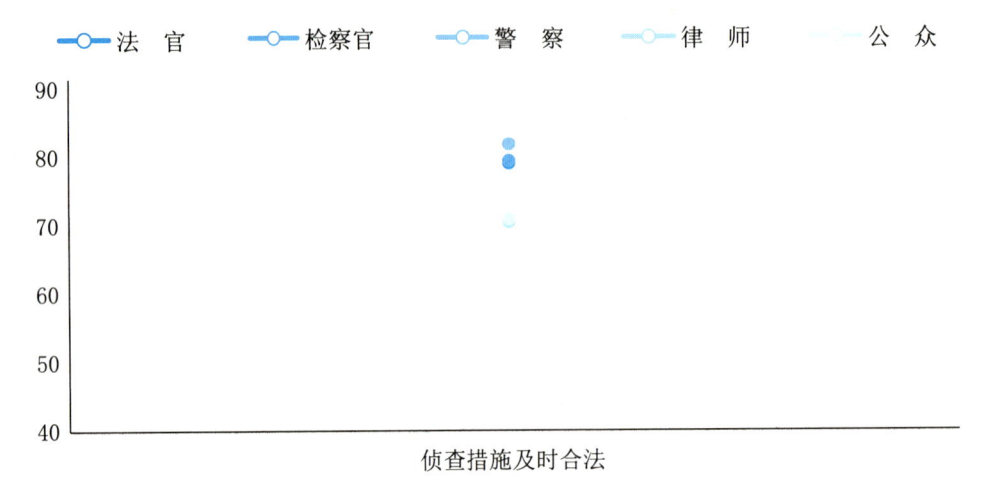

图3-21 对指向警察/公安机关的"刑事司法程序"下二级指标评分对比

指标6：证据制度

在"证据制度"一级指标下，指向警察/公安机关的二级指标只有1个，即"证据裁判原则得到贯彻"。在五类群体中，法官对"证据制度"指标评分（82.9分）最高，公众评分（62.1分）最低。五类群体对指向警察/公安机关的"证据制度"一级指标的评分均值为66.2分。

表3-23 对指向警察/公安机关的"证据制度"下二级指标评分

二级指标	法官	检察官	警察	律师	公众	均值
证据裁判原则得到贯彻	82.9	81.2	74.0	76.4	62.1	66.2
证据制度	82.9	81.2	74.0	76.4	62.1	66.2

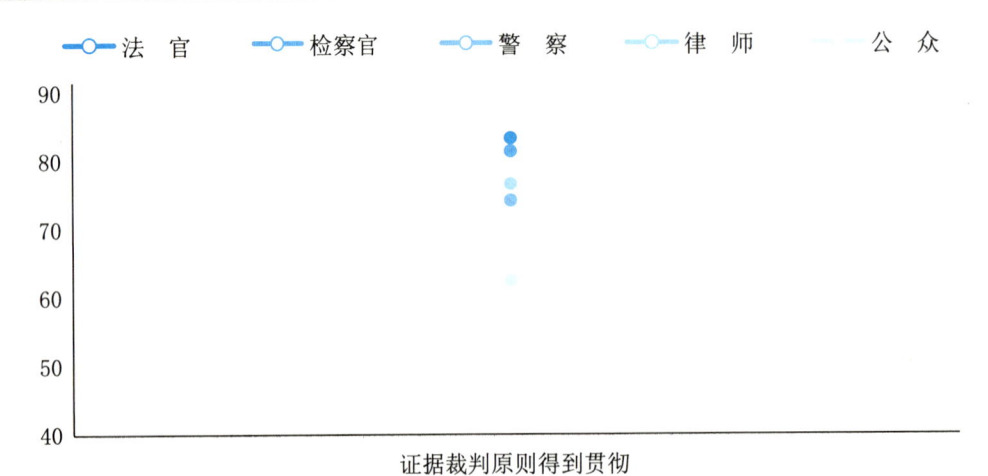

图3-22 对指向警察/公安机关的"证据制度"下二级指标评分对比

指标7:司法腐败遏制

在"司法腐败遏制"一级指标下,指向警察/公安机关的二级指标只有1个,即"警察远离腐败"。在五类群体中,警察对"司法腐败遏制"指标评分(75.9分)最高,律师评分(64.0分)最低。五类群体对指向警察/公安机关的"司法腐败遏制"一级指标的评分均值为66.5分。

表3-24 对指向警察/公安机关的"司法腐败遏制"下二级指标评分

二级指标	法官	检察官	警察	律师	公众	均值
警察远离腐败	74.2	69.9	75.9	64.0	65.4	66.5
司法腐败遏制	74.2	69.9	75.9	64.0	65.4	66.5

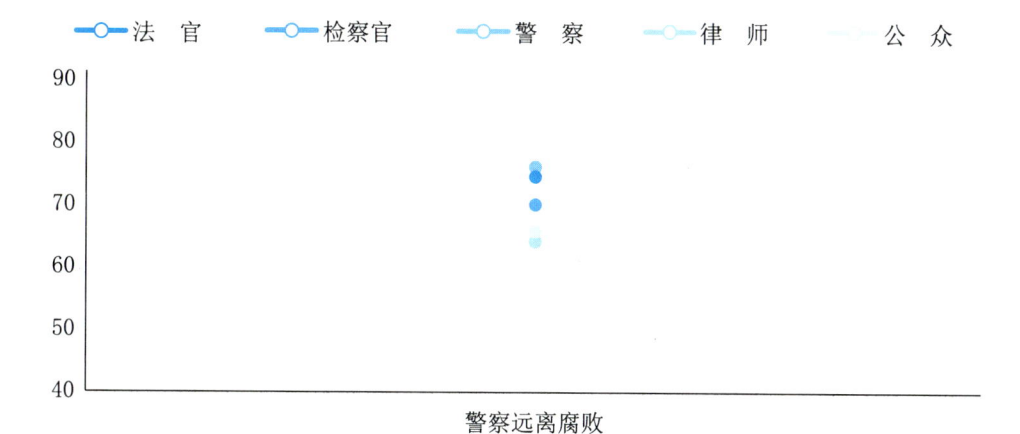

图3-23 对指向警察/公安机关的"司法腐败遏制"下二级指标评分对比

指标8:法律职业化

在"法律职业化"指标下,指向警察/公安机关的二级指标共有2个,分别为"法律职业人员获得职业培训"和"法律职业人员享有职业保障"。

以警察对某个二级指标的评分均值作为该指标得分。在2个二级指标中,"法律职业人员获得职业培训"指标得分(64.9分)高于"法律职业人员享有职业保障"指标得分(61.0分)。警察对指向警察/公安机关的"法律职业化"一级指标的评分均值为62.9分。

表3-25 对指向警察/公安机关的"法律职业化"下二级指标评分

一级指标	法官	检察官	警察	律师	公众	均值
法律职业人员获得职业培训	/	/	64.9	/	/	64.9
法律职业人员享有职业保障	/	/	61.0	/	/	61.0
法律职业化	/	/	62.9	/	/	62.9

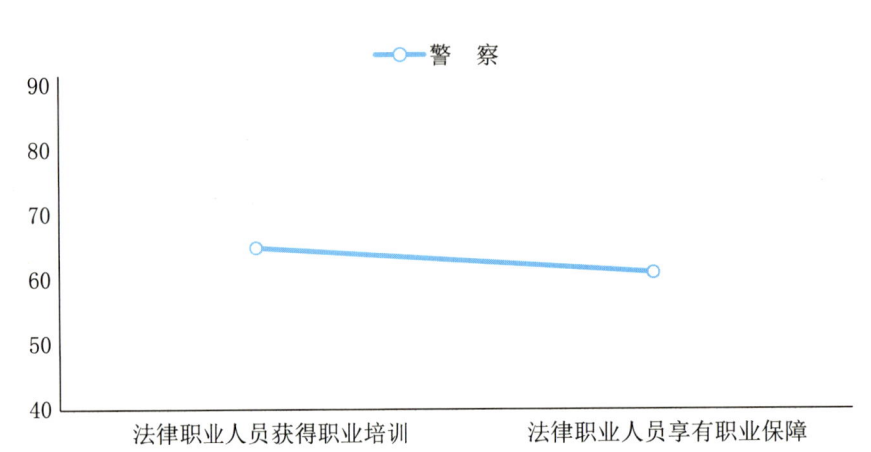

图 3-24 对指向警察/公安机关的"法律职业化"下二级指标评分对比

四、对律师的评价

本年度司法文明指标体系中，指向律师的一级指标共有 2 个，分别为"当事人诉讼权利"和"法律职业化"。

以五类群体对某个一级指标的评分均值作为该指标得分。在 2 个一级指标中，"法律职业化"指标得分（69.4 分）高于"当事人诉讼权利"指标得分（67.3 分）。

以某类群体对 2 个一级指标的评分均值作为该群体对律师的总评价。在五类群体中，法官对律师总评价（68.1 分）最高，警察总评价（66.0 分）最低。五类群体对律师的总评分均值为 68.4 分。

表 3-26 对指向律师的一级指标评分

一级指标	法 官	检察官	警 察	律 师	公 众	均 值
当事人诉讼权利	75.2	75.6	70.3	67.4	65.9	67.3
法律职业化	61.1	60.5	61.7	66.5	67.5	69.4
总评价	68.1	68.0	66.0	66.9	66.7	68.4

横向对比五类群体的一级指标评分。对"当事人诉讼权利"指标评分最高的是检察官，评分最低的是公众；对"法律职业化"指标评分最高的是公众，评分最低的是检察官。

纵向对比各群体内的指标评分。法官、检察官、警察、律师对"当事人诉讼权利"指标的评分均高于对"法律职业化"指标的评分。公众则反之。

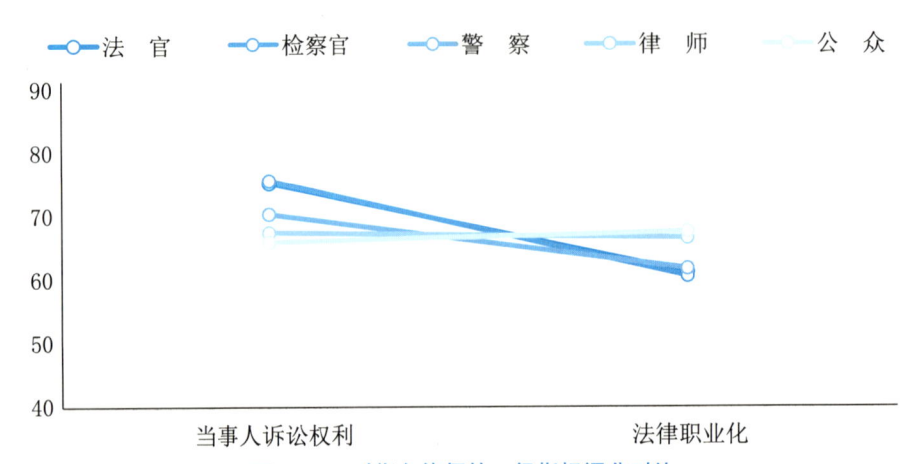

图 3-25 对指向律师的一级指标评分对比

指标2：当事人诉讼权利

在"当事人诉讼权利"一级指标下，指向律师的二级指标只有1个，即"当事人享有获得辩护、代理的权利"。在五类群体中，检察官对"当事人诉讼权利"指标评分（75.6分）最高，公众评分（65.9分）最低。五类群体对指向律师的"当事人诉讼权利"一级指标的评分均值为67.3分。

表3-27 对指向律师的"当事人诉讼权利"下二级指标评分

二级指标	法 官	检察官	警 察	律 师	公 众	均 值
当事人享有获得辩护、代理的权利	75.2	75.6	70.3	67.4	65.9	67.3
当事人诉讼权利	75.2	75.6	70.3	67.4	65.9	67.3

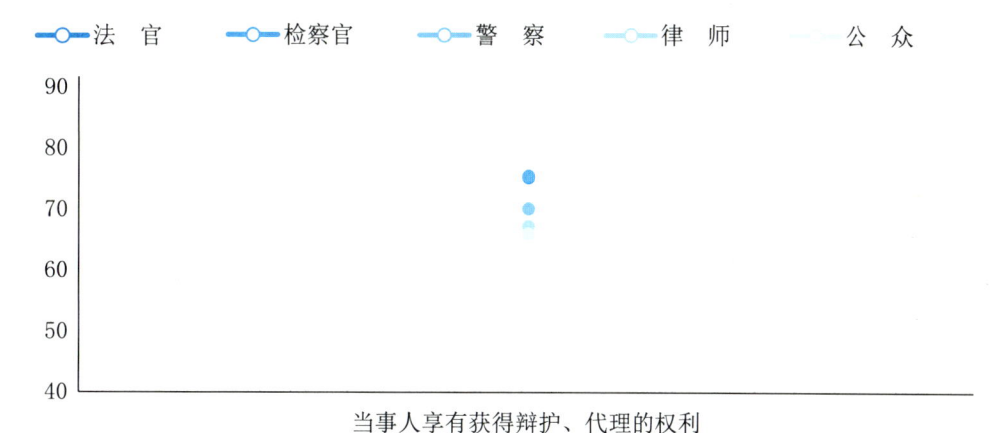

图3-26 对指向律师的"当事人诉讼权利"下二级指标评分对比

指标8：法律职业化

在"法律职业化"一级指标下，指向律师的二级指标共有3个，分别为"法律职业人员获得职业培训""法律职业人员遵守职业伦理规范""法律职业人员享有职业保障"。

以五类群体对某个二级指标的评分均值作为该指标得分。在3个二级指标中，"法律职业人员获得职业培训"指标得分（76.7分）最高，"法律职业人员遵守职业伦理规范"指标得分（65.4分）最低。五类群体对指向律师的"法律职业化"一级指标的评分均值为69.4分。

表3-28 对指向律师的"法律职业化"下二级指标评分

二级指标	法 官	检察官	警 察	律 师	公 众	均 值
法律职业人员获得职业培训	/	/	/	76.7	/	76.7
法律职业人员遵守职业伦理规范	61.1	60.5	61.7	56.6	67.5	65.4
法律职业人员享有职业保障	/	/	/	66.1	/	66.1
法律职业化	61.1	60.5	61.7	66.5	67.5	69.4

五类群体对律师"法律职业人员遵守职业伦理规范"的评价中，公众的评分最高（67.5分），其次是警察（61.7分），律师的评分最低（56.6分）。五类群体的评分均值为65.4分。

"法律职业人员获得职业培训""法律职业人员享有职业保障"两个指标仅有律师群体的自评得分，分别为76.7分和66.1分。

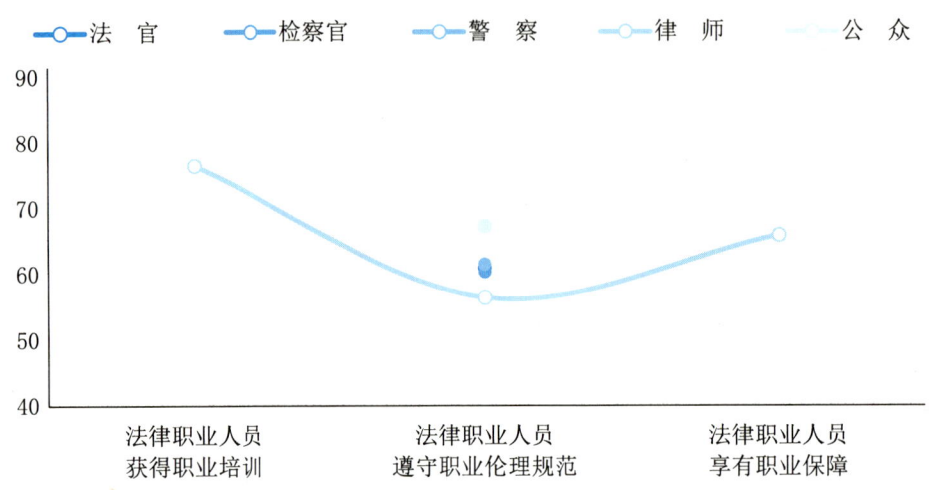

图 3-27 对指向律师的"法律职业化"下二级指标评分对比

第四章 受访群体背景变量分析

受访者的不同背景，如性别、年龄、职业等，对司法文明指标的得分会产生一定的影响。本章将通过对司法文明指标在不同背景变量下的得分进行检验，分析背景变量对于司法文明指标得分的影响。

一、法律职业群体背景变量分析

本部分将对职业卷的一级指标和二级指标在不同背景变量（包括职业，法官、检察官入额情况，性别，年龄，从业年限，学历，专业，政治面貌，区域）下的得分进行检验，分析不同背景的法律职业群体对同一指标的评价是否存在显著差异。

表4-1 职业卷背景变量分类

背景变量	变量类别
职　　业	法官、检察官、警察、律师
法官、检察官入额情况	已入额法官、未入额法官、已入额检察官、未入额检察官
性　　别	男、女
年　　龄	25岁及以下、26~35岁、36~45岁、46~55岁、56岁及以上
从业年限	3年以下、3~10年、11~20年、20年以上
学　　历	高中及以下、专科、本科、研究生/硕士、研究生/博士
专　　业	法学专业、其他专业
政治面貌	中共党员、民主党派、无党派、共青团员、群众
区　　域	东部、中部、西部、东北

本报告的区域参考国家统计局对我国四大经济区域的划分标准，具体划分如下：

东部：北京、天津、河北、上海、江苏、浙江、福建、山东、广东、海南。
中部：山西、安徽、江西、河南、湖北、湖南。
西部：内蒙古、广西、重庆、四川、贵州、云南、西藏、陕西、甘肃、青海、宁夏、新疆。
东北：辽宁、吉林、黑龙江。

背景变量1：职业

将司法文明指数评分与职业背景变量进行交叉分析。数据显示，法官评分（78.7分）最高，检察官（76.7分）次之，警察（72.5分）第三，律师（68.5分）最低。四类群体的评分均值为73.0分，[1]警察、律师群体评分低于均值。经检验，各群体间评分在0.05的显著性水平上均存在差异。

---

[1] "均值"为加权平均值，权重为各群体的样本量占比，下同。

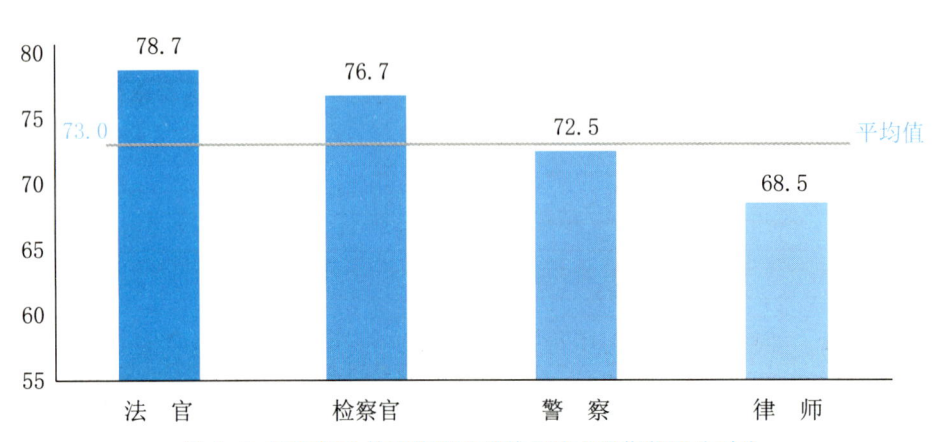

图4-1 不同职业的法律职业群体司法文明指数评分对比

将一级指标评分与职业背景变量进行交叉分析。数据显示，9个一级指标中，[1]法官群体和检察官群体在8个一级指标上的评分均较高，但法官在"法律职业化"指标上的评分是最低的；警察群体在9个一级指标上的评分均较低；律师群体在8个一级指标上的评分是最低的，但"法律职业化"指标评分却是最高的。

经检验，法官、检察官、警察群体在除了"法律职业化"以外的8个一级指标上的评分高于律师群体，在0.05的显著性水平上存在差异；律师群体在"法律职业化"指标上的评分则显著高于法官、检察官、警察群体。

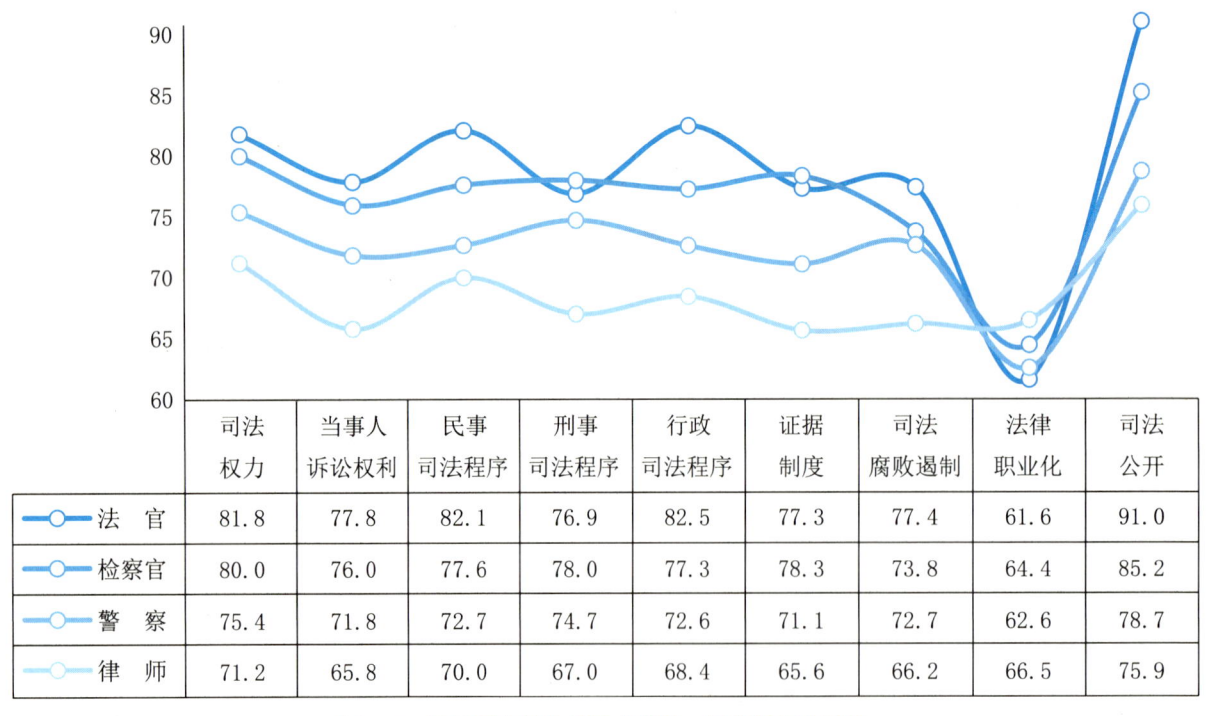

	司法权力	当事人诉讼权利	民事司法程序	刑事司法程序	行政司法程序	证据制度	司法腐败遏制	法律职业化	司法公开
法官	81.8	77.8	82.1	76.9	82.5	77.3	77.4	61.6	91.0
检察官	80.0	76.0	77.6	78.0	77.3	78.3	73.8	64.4	85.2
警察	75.4	71.8	72.7	74.7	72.6	71.1	72.7	62.6	78.7
律师	71.2	65.8	70.0	67.0	68.4	65.6	66.2	66.5	75.9

图4-2 不同职业的法律职业群体一级指标评分对比

将二级指标评分与职业背景变量进行交叉分析。数据显示，28个二级指标中，法官群体评分较高，律师群体评分较低。在18个指标上，法官群体的评分在各法律职业群体中是最高的；在25个指标上，律师群体的评分在各法律职业群体中是最低的。

---

[1] 因"司法文化"指标在职业卷中没有设置对应题目，故职业卷仅包括9个一级指标，下同。

表 4-2　不同职业的法律职业群体二级指标评分对比

指标名		法官	检察官	警察	律师	均值
指标1：司法权力	1.1 司法权力依法行使	78.6	80.0	71.4	69.4	73.7
	1.2 司法权力独立行使	71.2	68.3	68.0	62.2	66.5
	1.3 司法权力公正行使	85.5	84.1	76.7	75.1	79.3
	1.4 司法权力主体受到信任与认同	81.2	80.5	79.2	72.4	77.2
	1.5 司法裁判受到信任与认同	92.6	87.1	81.7	77.0	83.1
指标2：当事人诉讼权利	2.1 当事人享有不被强迫自证其罪的权利	74.4	74.5	72.2	65.8	70.6
	2.2 当事人享有获得辩护、代理的权利	79.6	80.9	73.5	68.2	74.1
	2.3 当事人享有证据性权利	76.5	73.8	71.0	65.7	70.6
	2.4 当事人享有获得救济的权利	80.9	74.7	70.6	63.3	70.6
指标3：民事司法程序	3.1 民事审判符合公正要求	87.7	81.9	74.3	75.3	78.9
	3.2 民事诉讼中的调解自愿、合法	79.0	74.8	73.3	65.7	71.7
	3.3 民事诉讼裁判得到有效执行	79.6	76.0	70.4	69.0	72.8
指标4：刑事司法程序	4.1 侦查措施及时合法	78.7	79.2	81.6	70.3	76.1
	4.2 审查起诉公正	70.1	77.1	68.4	63.5	68.5
	4.3 刑事审判公正及时	81.9	77.7	74.1	67.2	73.7
指标5：行政司法程序	5.1 行政审判符合公正要求	84.9	78.8	73.7	68.6	75.0
	5.2 行政诉讼裁判得到有效执行	80.1	75.8	71.5	68.3	72.8
指标6：证据制度	6.1 证据裁判原则得到贯彻	77.0	76.9	70.9	68.4	72.3
	6.2 证据依法得到采纳与排除	77.1	80.5	71.6	65.4	72.0
	6.3 证明过程得到合理规范	77.8	77.5	70.8	63.1	70.5
指标7：司法腐败遏制	7.1 警察远离腐败	74.2	69.9	75.9	64.0	69.7
	7.2 检察官远离腐败	78.5	78.4	71.7	67.9	73.0
	7.3 法官远离腐败	79.6	73.0	70.4	66.6	71.4
指标8：法律职业化	8.1 法律职业人员获得职业培训	65.3	71.6	64.9	76.7	70.9
	8.2 法律职业人员遵守职业伦理规范	61.1	60.5	61.7	56.5	59.4
	8.3 法律职业人员享有职业保障	58.3	61.3	61.0	66.1	62.5
指标9：司法公开	9.1 司法过程依法公开	91.3	85.8	78.7	77.9	82.4
	9.2 裁判结果依法公开	90.7	84.6	78.7	73.9	80.4

背景变量2：法官、检察官入额情况

问卷调查数据显示，共有1 260名法官、1 212名检察官对于是否进入员额问题做了回答，其中入额法官810名，未入额法官450名；入额检察官661名，未入额检察官551名。

将司法文明指数评分与法官、检察官入额情况背景变量进行交叉分析。数据显示，已入额法官的评分最高，为79.1分，其次是未入额法官（77.6分），再次是已入额检察官（77.2分），未入额检察官的评分（76.2分）最低。经检验，已入额法官群体的评分在0.05的显著性水平上高于未入额法官群体的评分。

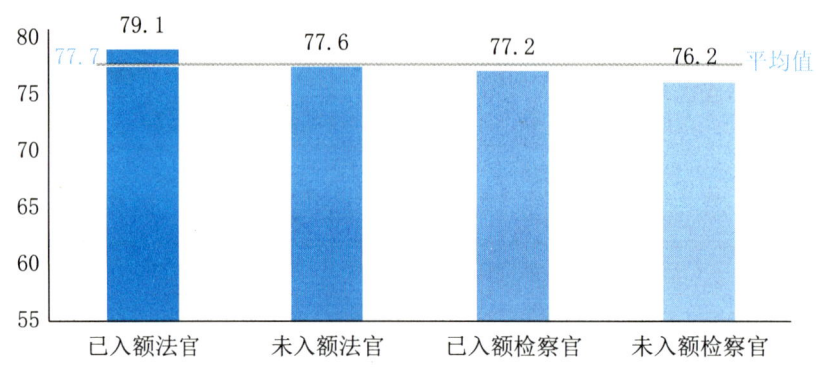

图 4-3 不同入额情况的法官、检察官司法文明指数评分对比

将一级指标评分与法官、检察官入额情况背景变量进行交叉分析。数据显示，9个一级指标中，已入额法官群体评分较高，在6个指标上评分为最高；已入额检察官在3个指标上评分为最高。

在法官和检察官中，已入额群体在大部分一级指标上的评分高于未入额群体，且在0.05的显著性水平上存在差异。

	司法权力	当事人诉讼权利	民事司法程序	刑事司法程序	行政司法程序	证据制度	司法腐败遏制	法律职业化	司法公开
已入额法官	82.2	78.1	82.7	77.1	83.1	77.5	78.2	61.3	92.1
未入额法官	80.6	77.2	80.6	76.1	80.9	76.8	75.6	61.9	88.9
已入额检察官	80.6	76.4	77.7	78.8	77.0	80.1	73.6	64.5	86.4
未入额检察官	79.4	75.5	77.5	77.2	77.7	76.3	74.1	64.4	83.9

图 4-4 不同入额情况的法官、检察官一级指标评分对比

将二级指标评分与法官、检察官入额情况背景变量进行交叉分析。数据显示，28个二级指标中，已入额法官群体评分较高，未入额检察官群体评分较低。已入额法官群体在17个指标上的评分为各群体中最高，未入额检察官群体在11个指标上的评分为各群体中最低。

表 4-3 不同入额情况的法官、检察官二级指标评分对比

	指标名	法官		检察官		均值
		已入额	未入额	已入额	未入额	
指标1：司法权力	1.1 司法权力依法行使	78.5	78.6	80.5	79.6	79.3
	1.2 司法权力独立行使	71.4	70.4	67.3	69.5	69.8
	1.3 司法权力公正行使	86.2	83.9	85.8	82.2	84.8
	1.4 司法权力主体受到信任与认同	81.6	79.9	81.3	79.5	80.8
	1.5 司法裁判受到信任与认同	93.6	90.4	88.1	86.0	89.9

续表

指标名		法官		检察官		均值
		已入额	未入额	已入额	未入额	
指标2：当事人诉讼权利	2.1 当事人享有不被强迫自证其罪的权利	74.7	73.6	75.2	73.8	74.4
	2.2 当事人享有获得辩护、代理的权利	80.2	78.7	82.7	78.9	80.2
	2.3 当事人享有证据性权利	76.6	76.2	72.8	74.9	75.2
	2.4 当事人享有获得救济的权利	81.0	80.3	75.0	74.4	77.9
指标3：民事司法程序	3.1 民事审判符合公正要求	88.3	86.4	81.5	82.4	84.9
	3.2 民事诉讼中的调解自愿、合法	80.2	76.4	75.5	74.1	76.9
	3.3 民事诉讼裁判得到有效执行	79.7	78.9	76.1	76.0	77.8
指标4：刑事司法程序	4.1 侦查措施及时合法	78.7	78.2	80.1	78.3	78.9
	4.2 审查起诉公正	70.3	69.7	78.1	76.2	73.5
	4.3 刑事审判公正及时	82.4	80.4	78.3	77.0	79.8
指标5：行政司法程序	5.1 行政审判符合公正要求	85.7	83.0	78.4	79.3	81.9
	5.2 行政诉讼裁判得到有效执行	80.6	78.8	75.7	76.0	78.0
指标6：证据制度	6.1 证据裁判原则得到贯彻	77.3	76.3	79.3	74.2	77.0
	6.2 证据依法得到采纳与排除	77.2	76.6	82.2	78.5	78.8
	6.3 证明过程得到合理规范	77.9	77.5	78.7	76.3	77.7
指标7：司法腐败遏制	7.1 警察远离腐败	74.7	72.6	69.1	70.8	72.1
	7.2 检察官远离腐败	79.3	76.7	78.9	78.1	78.5
	7.3 法官远离腐败	80.4	77.6	72.9	73.4	76.4
指标8：法律职业化	8.1 法律职业人员获得职业培训	64.9	66.0	72.5	70.6	68.4
	8.2 法律职业人员遵守职业伦理规范	61.1	60.7	59.1	61.9	60.8
	8.3 法律职业人员享有职业保障	57.7	59.2	61.7	60.7	59.8
指标9：司法公开	9.1 司法过程依法公开	92.5	88.8	87.4	84.1	88.6
	9.2 裁判结果依法公开	91.6	89.0	85.5	83.6	87.7

背景变量3：性别

将司法文明指数评分与性别背景变量进行交叉分析。数据显示，女性评分高于男性。经检验，不同性别群体间评分在0.05的显著性水平上存在差异。不同性别群体评分均值为73.0分。

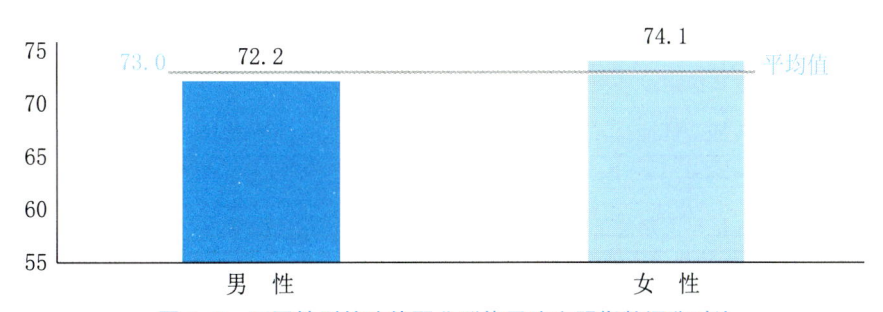

图4-5 不同性别的法律职业群体司法文明指数评分对比

将一级指标评分与性别背景变量进行交叉分析。数据显示，9个一级指标中，女性群体评分均高于男性群体。经检验，不同性别群体间对于9个一级指标的评分在0.05的显著性水平上均存在差异。

	司法权力	当事人诉讼权利	民事司法程序	刑事司法程序	行政司法程序	证据制度	司法腐败遏制	法律职业化	司法公开
男 性	75.1	70.6	73.6	72.3	73.1	70.9	70.1	64.0	80.4
女 性	77.1	72.8	75.8	73.5	75.0	72.7	73.0	64.6	82.8

图 4-6　不同性别的法律职业群体一级指标评分对比

将二级指标评分与性别背景变量进行交叉分析。数据显示，女性群体在28个二级指标上的评分均高于男性群体。

表 4-4　不同性别的法律职业群体二级指标评分对比

	指标名	男 性	女 性	均 值
指标1：司法权力	1.1 司法权力依法行使	72.8	75.1	73.7
	1.2 司法权力独立行使	65.2	68.1	66.5
	1.3 司法权力公正行使	78.5	80.5	79.3
	1.4 司法权力主体受到信任与认同	76.8	77.7	77.2
	1.5 司法裁判受到信任与认同	82.4	84.2	83.1
指标2：当事人诉讼权利	2.1 当事人享有不被强迫自证其罪的权利	69.6	72.0	70.6
	2.2 当事人享有获得辩护、代理的权利	73.6	75.0	74.1
	2.3 当事人享有证据性权利	69.4	72.3	70.6
	2.4 当事人享有获得救济的权利	69.7	72.0	70.6
指标3：民事司法程序	3.1 民事审判符合公正要求	77.7	80.6	78.9
	3.2 民事诉讼中的调解自愿、合法	70.9	72.9	71.7
	3.3 民事诉讼裁判得到有效执行	72.1	73.8	72.8
指标4：刑事司法程序	4.1 侦查措施及时合法	76.0	76.3	76.1
	4.2 审查起诉公正	67.9	69.5	68.5
	4.3 刑事审判公正及时	72.9	74.9	73.7

续表

指标名		男　性	女　性	均　值
指标5：行政司法程序	5.1 行政审判符合公正要求	73.9	76.5	75.0
	5.2 行政诉讼裁判得到有效执行	72.4	73.4	72.8
指标6：证据制度	6.1 证据裁判原则得到贯彻	71.8	73.1	72.3
	6.2 证据依法得到采纳与排除	71.2	73.2	72.0
	6.3 证明过程得到合理规范	69.7	71.7	70.5
指标7：司法腐败遏制	7.1 警察远离腐败	68.8	70.9	69.7
	7.2 检察官远离腐败	71.6	74.8	73.0
	7.3 法官远离腐败	69.9	73.2	71.4
指标8：法律职业化	8.1 法律职业人员获得职业培训	70.5	71.4	70.9
	8.2 法律职业人员遵守职业伦理规范	59.0	59.8	59.4
	8.3 法律职业人员享有职业保障	62.4	62.6	62.5
指标9：司法公开	9.1 司法过程依法公开	81.4	83.8	82.4
	9.2 裁判结果依法公开	79.4	81.9	80.4

背景变量4：年龄

将司法文明指数评分与年龄背景变量进行交叉分析。数据显示，在五个年龄段的法律职业群体中，36~45岁的法律职业群体评分最高。36~45岁的法律职业群体评分高于26~35岁的法律职业群体评分，在0.05的显著性水平上存在差异。五类群体的评分均值为73.0分。

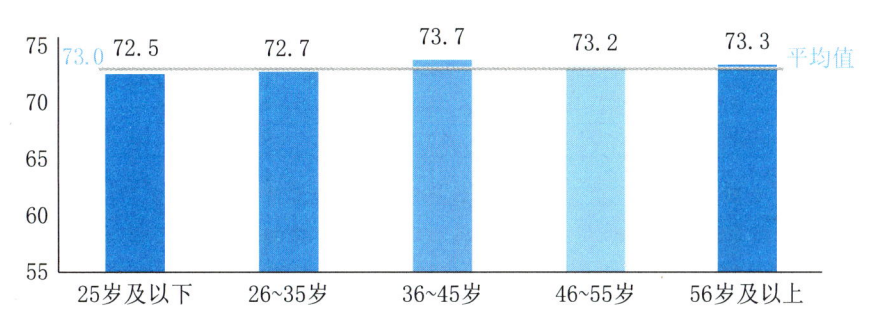

图4-7　不同年龄的法律职业群体司法文明指数评分对比

将一级指标评分与年龄背景变量进行交叉分析。数据显示，36~45岁的法律职业群体在7个一级指标上的评分为最高分，其他年龄段的法律职业群体间评分的差距较小。经检验，36~45岁的法律职业群体在"司法权力""当事人诉讼权利""刑事司法程序""证据制度""司法公开"5个一级指标上的评分高于26~35岁的法律职业群体，在"刑事司法程序""证据制度""司法公开"3个一级指标上的评分高于25岁及以下的法律职业群体，且在0.05的显著性水平上存在差异。

	司法权力	当事人诉讼权利	民事司法程序	刑事司法程序	行政司法程序	证据制度	司法腐败遏制	法律职业化	司法公开
25岁及以下	76.0	71.3	74.4	71.2	73.1	69.7	72.4	64.4	79.8
26~35岁	75.5	71.1	74.2	72.3	73.6	71.2	71.0	64.6	80.7
36~45岁	76.6	72.3	75.2	74.0	74.6	73.1	71.2	63.8	82.7
46~55岁	76.3	71.6	74.3	73.2	73.8	72.3	71.5	63.2	82.4
56岁及以上	76.0	71.3	73.2	72.5	73.3	72.5	73.8	64.9	82.2

图 4-8　不同年龄的法律职业群体一级指标评分对比

将二级指标评分与年龄背景变量进行交叉分析。数据显示，28个二级指标中，36~45岁和56岁及以上的法律职业群体评分较高，25岁及以下和26~35岁的法律职业群体评分较低。36~45岁的法律职业群体在14个指标上的评分为各群体中最高，56岁及以上的法律职业群体在10个指标上的评分为各群体中最高；25岁及以下的法律职业群体在11个指标上的评分为各群体中最低，26~35岁的法律职业群体在6个指标上的评分为各群体中最低。

表 4-5　不同年龄的法律职业群体二级指标评分对比

	指标名	25岁及以下	26~35岁	36~45岁	46~55岁	56岁及以上	均值
指标1：司法权力	1.1 司法权力依法行使	74.0	73.5	74.7	73.5	72.6	73.7
	1.2 司法权力独立行使	69.1	66.2	65.7	65.9	69.6	66.5
	1.3 司法权力公正行使	78.2	78.7	80.8	80.2	75.4	79.3
	1.4 司法权力主体受到信任与认同	76.7	76.6	77.9	77.9	78.8	77.2
	1.5 司法裁判受到信任与认同	82.2	82.6	84.2	83.9	83.7	83.1
指标2：当事人诉讼权利	2.1 当事人享有不被强迫自证其罪的权利	70.3	70.2	71.1	71.3	68.3	70.6
	2.2 当事人享有获得辩护、代理的权利	71.8	73.7	75.2	75.5	77.1	74.1
	2.3 当事人享有证据性权利	72.5	70.5	71.1	68.8	69.5	70.6
	2.4 当事人享有获得救济的权利	70.8	70.0	71.6	70.6	70.3	70.6
指标3：民事司法程序	3.1 民事审判符合公正要求	78.5	79.2	79.6	78.1	72.3	78.9
	3.2 民事诉讼中的调解自愿、合法	71.5	71.0	72.6	72.6	71.9	71.7
	3.3 民事诉讼裁判得到有效执行	73.2	72.3	73.4	72.3	75.5	72.8

续表

指标名		25岁及以下	26~35岁	36~45岁	46~55岁	56岁及以上	均　值
指标4：刑事司法程序	4.1 侦查措施及时合法	75.2	75.5	77.2	76.5	75.9	76.1
	4.2 审查起诉公正	66.2	68.2	69.9	68.6	68.2	68.5
	4.3 刑事审判公正及时	72.2	73.2	74.7	74.5	73.3	73.7
指标5：行政司法程序	5.1 行政审判符合公正要求	73.8	74.7	76.0	75.3	72.1	75.0
	5.2 行政诉讼裁判得到有效执行	72.5	72.5	73.3	72.3	74.2	72.8
指标6：证据制度	6.1 证据裁判原则得到贯彻	69.8	72.0	74.2	72.8	72.8	72.3
	6.2 证据依法得到采纳与排除	71.0	71.6	73.2	72.6	72.8	72.0
	6.3 证明过程得到合理规范	68.4	70.0	71.8	71.4	71.9	70.5
指标7：司法腐败遏制	7.1 警察远离腐败	70.5	69.2	69.7	70.3	71.8	69.7
	7.2 检察官远离腐败	73.6	72.6	72.9	73.2	75.9	73.0
	7.3 法官远离腐败	73.1	71.2	70.9	70.9	73.8	71.4
指标8：法律职业化	8.1 法律职业人员获得职业培训	67.3	72.1	71.5	68.6	69.4	70.9
	8.2 法律职业人员遵守职业伦理规范	60.2	59.1	58.9	59.8	61.2	59.4
	8.3 法律职业人员享有职业保障	65.7	62.7	61.2	61.1	64.0	62.5
指标9：司法公开	9.1 司法过程依法公开	80.5	81.8	83.7	83.1	83.0	82.4
	9.2 裁判结果依法公开	79.0	79.6	81.8	81.7	81.3	80.4

背景变量5：从业年限

将司法文明指数评分与从业年限背景变量进行交叉分析。数据显示，从业年限为20年以上的法律职业群体对司法文明指数评分最高，从业年限为3年以下的法律职业群体评分最低。经检验，在0.05的显著性水平上，从业年限为3年以下、3~10年的法律职业群体评分显著低于从业年限为11~20年、20年以上的法律职业群体。四类群体的评分均值为73.0分。

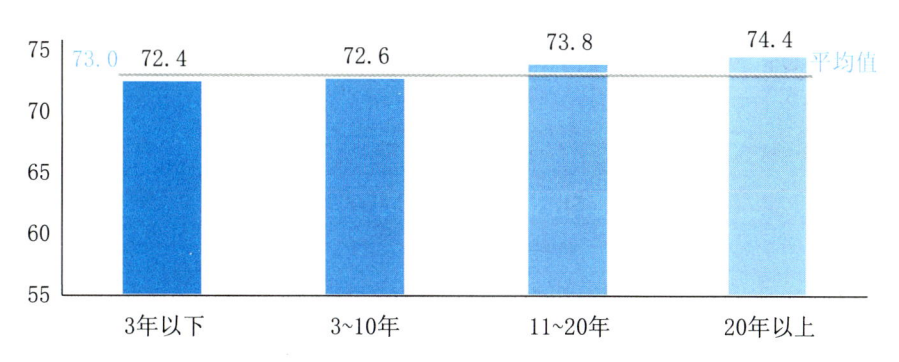

图4-9　不同从业年限的法律职业群体司法文明指数评分对比

将一级指标评分与从业年限背景变量进行交叉分析。数据显示，从业年限为20年以上的法律职业群体在除了"民事司法程序""行政司法程序""法律职业化"以外的6个一级指标上的评分为最高分。经检验，从业年限为20年以上、11~20年的法律职业群体在"当事人诉讼权利""刑事司法程序""证据制度""司法公开"指标上的评分显著高于从业年限为3年以下、3~10年的法律职业群体；而从业年限为 3 年以下、3~10 年的法律职业群体在"法律职业化"指标上的评分显著高于从业年限为 20 年以上、11~20 年的法律职业群体。

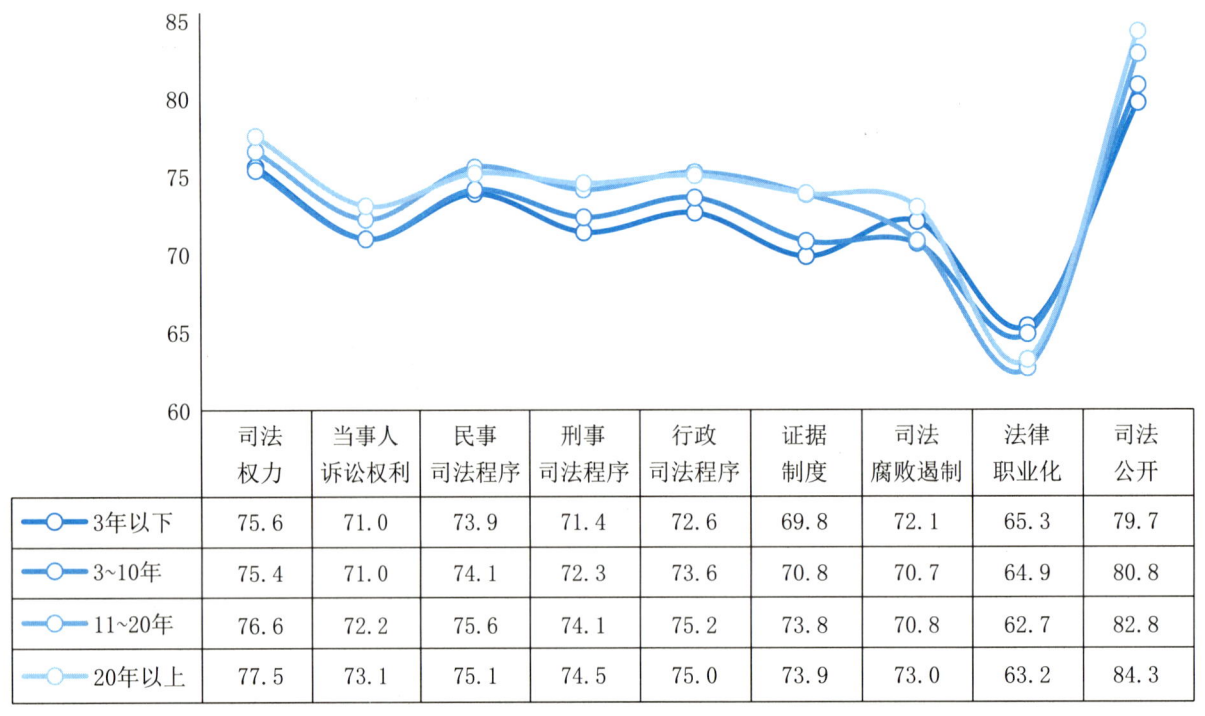

	司法权力	当事人诉讼权利	民事司法程序	刑事司法程序	行政司法程序	证据制度	司法腐败遏制	法律职业化	司法公开
3年以下	75.6	71.0	73.9	71.4	72.6	69.8	72.1	65.3	79.7
3~10年	75.4	71.0	74.1	72.3	73.6	70.8	70.7	64.9	80.8
11~20年	76.6	72.2	75.6	74.1	75.2	73.8	70.8	62.7	82.8
20年以上	77.5	73.1	75.1	74.5	75.0	73.9	73.0	63.2	84.3

图 4-10 不同从业年限的法律职业群体一级指标评分对比

将二级指标评分与从业年限背景变量进行交叉分析。数据显示，28 个二级指标中，从业年限为 20 年以上的法律职业群体评分较高，从业年限为 3 年以下的法律职业群体评分较低。从业年限为 20 年以上的法律职业群体在 16 个指标上的评分为各群体中最高，从业年限为 3 年以下的法律职业群体在 16 个指标上的评分为各群体中最低。

表 4-6 不同从业年限的法律职业群体二级指标评分对比

	指标名	3年以下	3~10年	11~20年	20年以上	均值
指标1：司法权力	1.1 司法权力依法行使	73.0	73.4	75.0	74.4	73.7
	1.2 司法权力独立行使	68.4	65.8	65.1	67.2	66.5
	1.3 司法权力公正行使	78.1	78.5	81.1	81.0	79.3
	1.4 司法权力主体受到信任与认同	76.8	76.6	77.4	79.7	77.2
	1.5 司法裁判受到信任与认同	81.7	82.6	84.4	85.4	83.1
指标2：当事人诉讼权利	2.1 当事人享有不被强迫自证其罪的权利	70.3	70.5	70.6	71.7	70.6
	2.2 当事人享有获得辩护、代理的权利	71.6	74.1	75.4	76.9	74.1
	2.3 当事人享有证据性权利	71.7	69.6	71.1	70.7	70.6
	2.4 当事人享有获得救济的权利	70.2	69.6	71.8	73.0	70.6
指标3：民事司法程序	3.1 民事审判符合公正要求	77.8	78.9	80.7	77.9	78.9
	3.2 民事诉讼中的调解自愿、合法	71.5	71.1	72.2	73.7	71.7
	3.3 民事诉讼裁判得到有效执行	72.4	72.3	73.7	73.8	72.8

续表

指标名		3年以下	3~10年	11~20年	20年以上	均 值
指标4：刑事司法程序	4.1 侦查措施及时合法	74.8	75.8	76.8	78.4	76.1
	4.2 审查起诉公正	66.9	68.0	70.5	69.6	68.5
	4.3 刑事审判公正及时	72.5	73.1	75.0	75.5	73.7
指标5：行政司法程序	5.1 行政审判符合公正要求	73.6	74.5	76.8	75.9	75.0
	5.2 行政诉讼裁判得到有效执行	71.6	72.7	73.6	74.0	72.8
指标6：证据制度	6.1 证据裁判原则得到贯彻	69.6	71.9	75.2	73.6	72.3
	6.2 证据依法得到采纳与排除	70.9	71.1	73.8	74.3	72.0
	6.3 证明过程得到合理规范	69.0	69.4	72.4	73.6	70.5
指标7：司法腐败遏制	7.1 警察远离腐败	70.6	68.7	69.3	72.0	69.7
	7.2 检察官远离腐败	73.3	72.4	72.6	74.8	73.0
	7.3 法官远离腐败	72.3	70.9	70.5	72.2	71.4
指标8：法律职业化	8.1 法律职业人员获得职业培训	69.3	73.5	69.8	68.0	70.9
	8.2 法律职业人员遵守职业伦理规范	61.0	58.7	58.2	60.3	59.4
	8.3 法律职业人员享有职业保障	65.7	62.4	60.0	61.2	62.5
指标9：司法公开	9.1 司法过程依法公开	80.4	82.0	83.9	84.7	82.4
	9.2 裁判结果依法公开	79.0	79.6	81.8	83.8	80.4

背景变量6：学历

将司法文明指数评分与学历背景变量进行交叉分析。数据显示，不同学历的法律职业群体中，学历为研究生/硕士、本科的法律职业群体的评分较高，学历为研究生/博士的法律职业群体的评分较低。不同学历群体的评分均值为73.0分。

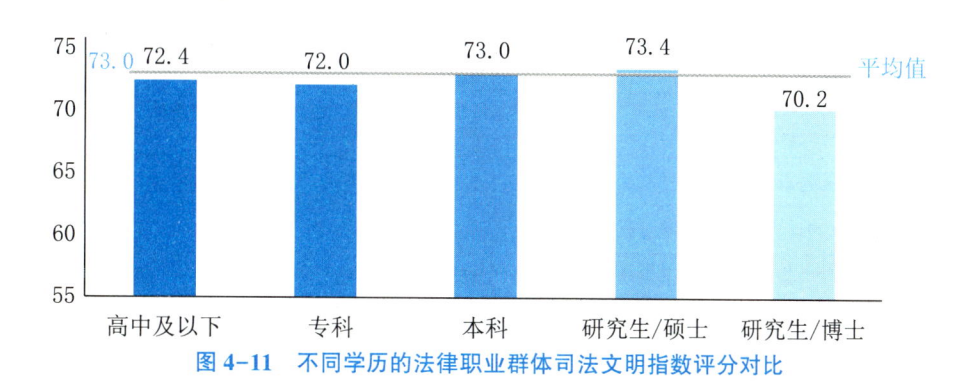

图4-11 不同学历的法律职业群体司法文明指数评分对比

（高中及以下 72.4；专科 72.0；本科 73.0；研究生/硕士 73.4；研究生/博士 70.2；平均值 73.0）

将一级指标评分与学历背景变量进行交叉分析。数据显示，学历为研究生/硕士和本科的法律职业群体在7个一级指标上的评分均较高；学历为研究生/博士的法律职业群体在7个一级指标上的评分最低。

经检验，学历为研究生/硕士的法律职业群体在"民事司法程序""证据制度"指标上的评分显著高于学历为专科、本科的法律职业群体，在"当事人诉讼权利"指标上的评分显著高于学历为研究生/博士的法律职业群体，在"行政司法程序"指标上的评分显著高于学历为本科的法律职业群体。

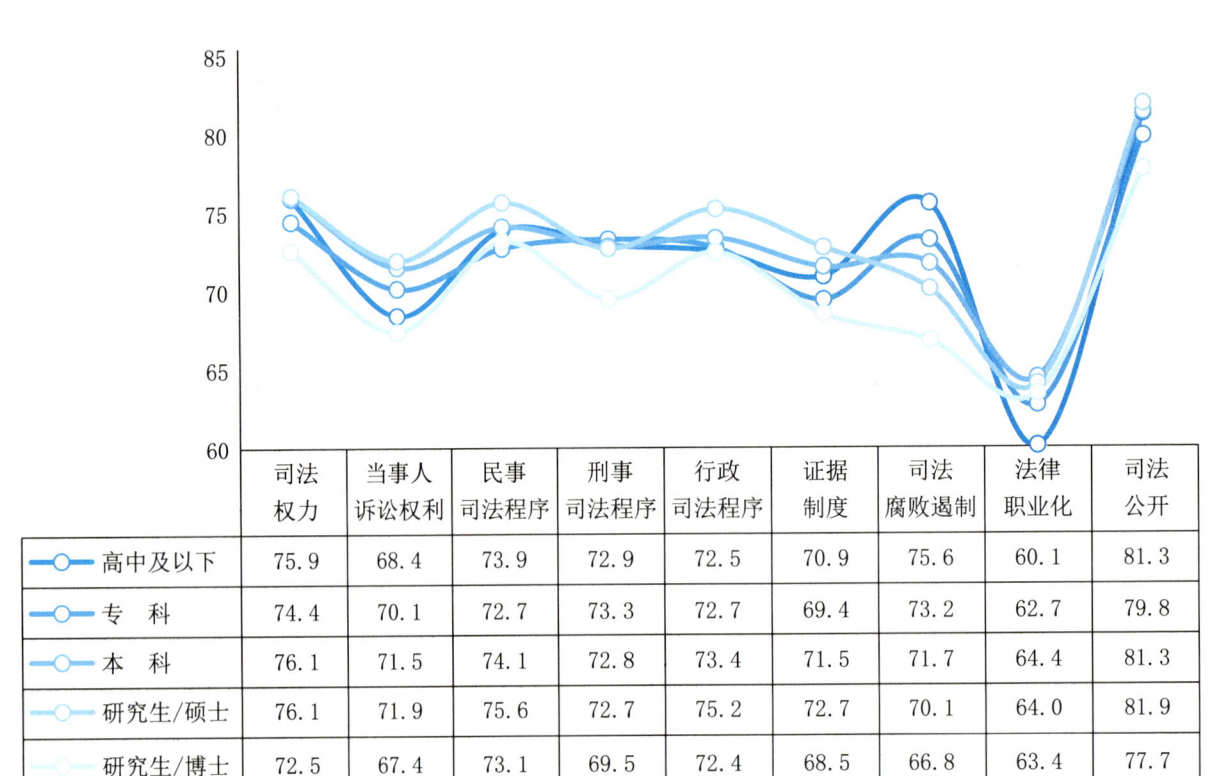

		司法权力	当事人诉讼权利	民事司法程序	刑事司法程序	行政司法程序	证据制度	司法腐败遏制	法律职业化	司法公开
高中及以下		75.9	68.4	73.9	72.9	72.5	70.9	75.6	60.1	81.3
专科		74.4	70.1	72.7	73.3	72.7	69.4	73.2	62.7	79.8
本科		76.1	71.5	74.1	72.8	73.4	71.5	71.7	64.4	81.3
研究生/硕士		76.1	71.9	75.6	72.7	75.2	72.7	70.1	64.0	81.9
研究生/博士		72.5	67.4	73.1	69.5	72.4	68.5	66.8	63.4	77.7

图4-12 不同学历的法律职业群体一级指标评分对比

将二级指标评分与学历背景变量进行交叉分析。数据显示，28个二级指标中，学历为研究生/硕士、高中及以下的法律职业群体评分较高，学历为研究生/博士的法律职业群体评分较低。学历为研究生/硕士的法律职业群体在14个指标上的评分为各群体中最高，学历为高中及以下的法律职业群体在8个指标上的评分为各群体中最高，学历为研究生/博士的法律职业群体在19个指标上的评分为各群体中最低。

表4-7 不同学历的法律职业群体二级指标评分对比

	指标名	高中及以下	专科	本科	研究生/硕士	研究生/博士	均值
指标1：司法权力	1.1 司法权力依法行使	70.0	68.9	73.6	75.2	72.0	73.7
	1.2 司法权力独立行使	69.2	68.9	67.0	64.5	60.4	66.5
	1.3 司法权力公正行使	78.6	74.1	79.2	80.7	79.6	79.3
	1.4 司法权力主体受到信任与认同	80.8	78.0	77.5	76.4	72.1	77.2
	1.5 司法裁判受到信任与认同	80.8	82.3	83.0	83.8	78.6	83.1
指标2：当事人诉讼权利	2.1 当事人享有不被强迫自证其罪的权利	63.3	70.5	70.8	70.4	67.7	70.6
	2.2 当事人享有获得辩护、代理的权利	72.5	73.2	74.1	74.8	70.9	74.1
	2.3 当事人享有证据性权利	70.8	67.7	70.8	70.7	65.7	70.6
	2.4 当事人享有获得救济的权利	66.9	69.0	70.3	71.7	65.1	70.6
指标3：民事司法程序	3.1 民事审判符合公正要求	75.0	75.6	78.0	81.7	78.6	78.9
	3.2 民事诉讼中的调解自愿、合法	75.8	73.7	71.6	71.6	68.9	71.7
	3.3 民事诉讼裁判得到有效执行	70.8	69.0	72.6	73.7	72.0	72.8

续表

指标名		高中及以下	专科	本科	研究生/硕士	研究生/博士	均值
指标4：刑事司法程序	4.1 侦查措施及时合法	77.5	79.7	76.4	74.7	71.4	76.1
	4.2 审查起诉公正	67.9	65.3	68.5	69.4	66.4	68.5
	4.3 刑事审判公正及时	73.3	74.8	73.5	73.9	70.6	73.7
指标5：行政司法程序	5.1 行政审判符合公正要求	72.5	74.9	74.3	76.6	72.2	75.0
	5.2 行政诉讼裁判得到有效执行	72.5	70.2	72.5	73.8	72.9	72.8
指标6：证据制度	6.1 证据裁判原则得到贯彻	71.3	68.4	72.1	74.3	70.9	72.3
	6.2 证据依法得到采纳与排除	70.8	69.4	72.1	72.8	67.9	72.0
	6.3 证明过程得到合理规范	70.6	70.5	70.4	71.1	66.8	70.5
指标7：司法腐败遏制	7.1 警察远离腐败	74.2	74.8	70.5	67.1	63.3	69.7
	7.2 检察官远离腐败	75.8	72.8	73.2	72.6	69.3	73.0
	7.3 法官远离腐败	76.7	72.1	71.6	70.7	67.9	71.4
指标8：法律职业化	8.1 法律职业人员获得职业培训	55.8	63.2	70.7	73.2	75.7	70.9
	8.2 法律职业人员遵守职业伦理规范	63.6	62.4	59.9	57.4	55.0	59.4
	8.3 法律职业人员享有职业保障	60.8	62.4	62.7	61.5	59.7	62.5
指标9：司法公开	9.1 司法过程依法公开	80.0	80.0	82.3	82.9	79.1	82.4
	9.2 裁判结果依法公开	82.5	79.6	80.4	80.8	76.3	80.4

背景变量7：专业

将司法文明指数评分与专业背景变量进行交叉分析。数据显示，法学专业背景的法律职业群体的评分高于其他专业背景的法律职业群体。经检验，两类群体的评分在0.05的显著性水平上存在差异。不同专业背景群体的评分均值为73.0分。

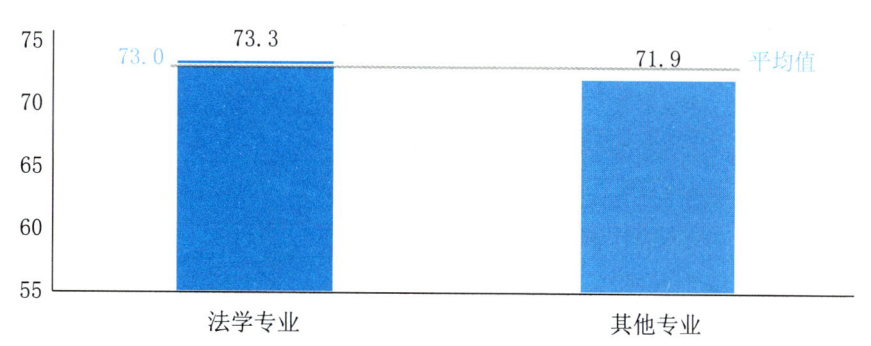

图4-13 不同专业的法律职业群体司法文明指数评分对比

将一级指标评分与专业背景变量进行交叉分析。数据显示，法学专业背景的法律职业群体在除"司法腐败遏制"以外的8个一级指标上的评分均高于其他专业背景的法律职业群体。

经检验，法学专业背景的法律职业群体在"司法权力""当事人诉讼权利""民事司法程序""行政司法程序""证据制度""司法公开"6个一级指标上的评分显著高于其他专业背景的法律职业群体。

	司法权力	当事人诉讼权利	民事司法程序	刑事司法程序	行政司法程序	证据制度	司法腐败遏制	法律职业化	司法公开
法学专业	76.3	71.7	74.9	72.8	74.4	72.2	71.2	64.2	82.2
其他专业	74.7	70.7	73.1	72.8	71.9	70.0	71.6	64.0	78.4

图 4-14 不同专业的法律职业群体一级指标评分对比

将二级指标评分与专业背景变量进行交叉分析。数据显示，28 个二级指标中，法学专业群体评分较高，其他专业群体评分较低。法学专业群体在 23 个指标上的评分高于其他专业群体，其他专业群体只在 5 个指标上的评分高于法学专业群体。

表 4-8 不同专业的法律职业群体二级指标评分对比

	指标名	法学专业	其他专业	均值
指标1：司法权力	1.1 司法权力依法行使	74.5	71.9	72.6
	1.2 司法权力独立行使	66.2	66.8	62.6
	1.3 司法权力公正行使	80.0	76.9	79.5
	1.4 司法权力主体受到信任与认同	77.2	76.8	76.2
	1.5 司法裁判受到信任与认同	83.7	81.2	81.9
指标2：当事人诉讼权利	2.1 当事人享有不被强迫自证其罪的权利	70.7	70.3	68.9
	2.2 当事人享有获得辩护、代理的权利	74.5	73.4	71.5
	2.3 当事人享有证据性权利	70.7	70.3	69.1
	2.4 当事人享有获得救济的权利	71.1	68.7	69.3
指标3：民事司法程序	3.1 民事审判符合公正要求	79.7	76.7	78.3
	3.2 民事诉讼中的调解自愿、合法	71.7	71.7	70.5
	3.3 民事诉讼裁判得到有效执行	73.2	71.0	72.7
指标4：刑事司法程序	4.1 侦查措施及时合法	75.7	77.6	73.6
	4.2 审查起诉公正	69.0	67.5	67.2
	4.3 刑事审判公正及时	73.9	73.2	72.7
指标5：行政司法程序	5.1 行政审判符合公正要求	75.5	73.4	74.2
	5.2 行政诉讼裁判得到有效执行	73.3	70.4	71.9

续表

	指标名	法学专业	其他专业	均　值
指标6：证据制度	6.1 证据裁判原则得到贯彻	73.3	69.8	72.0
	6.2 证据依法得到采纳与排除	72.6	70.6	70.9
	6.3 证明过程得到合理规范	70.8	69.6	68.4
指标7：司法腐败遏制	7.1 警察远离腐败	69.1	71.6	66.8
	7.2 检察官远离腐败	73.1	72.2	70.1
	7.3 法官远离腐败	71.4	70.9	68.4
指标8：法律职业化	8.1 法律职业人员获得职业培训	71.7	68.7	71.4
	8.2 法律职业人员遵守职业伦理规范	58.7	60.9	66.9
	8.3 法律职业人员享有职业保障	62.2	62.4	61.5
指标9：司法公开	9.1 司法过程依法公开	83.3	79.1	82.9
	9.2 裁判结果依法公开	81.2	77.6	80.0

背景变量8：政治面貌

将司法文明指数评分与政治面貌背景变量进行交叉分析。数据显示，中共党员和共青团员群体评分较高，民主党派、无党派群体和群众评分较低。经检验，中共党员和共青团员群体评分高于民主党派、无党派群体和群众，在0.05的显著性水平上均存在差异。五类群体的评分均值为73.0分，民主党派、无党派群体和群众评分低于均值。

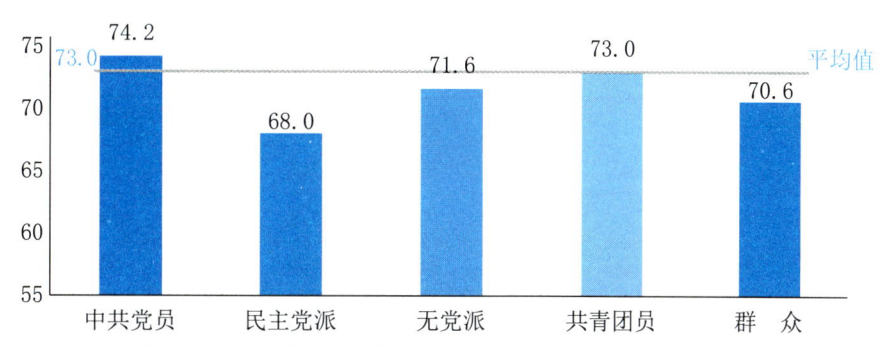

图4-15 不同政治面貌的法律职业群体司法文明指数评分对比

将一级指标评分与政治面貌背景变量进行交叉分析。数据显示，中共党员、共青团员群体在除"法律职业化"以外的8个指标上评分均较高。在"法律职业化"指标上，五类群体的评分差距较小。

经检验，中共党员、共青团员群体在"司法权力""当事人诉讼权利""民事司法程序""刑事司法程序""证据制度""司法腐败遏制"6个一级指标上的评分高于民主党派群体和群众，且在0.05的显著性水平上存在差异。

	司法权力	当事人诉讼权利	民事司法程序	刑事司法程序	行政司法程序	证据制度	司法腐败遏制	法律职业化	司法公开
中共党员	77.1	72.9	75.6	74.5	75.5	73.5	72.0	63.6	83.0
民主党派	70.6	65.1	70.7	66.8	69.7	64.0	65.3	64.0	76.1
无党派	74.4	70.2	72.4	69.0	73.0	70.3	71.4	65.5	78.3
共青团员	76.3	71.7	74.5	71.7	73.0	70.3	73.5	65.3	80.4
群众	73.4	68.5	72.2	69.5	70.7	68.1	69.2	65.4	78.5

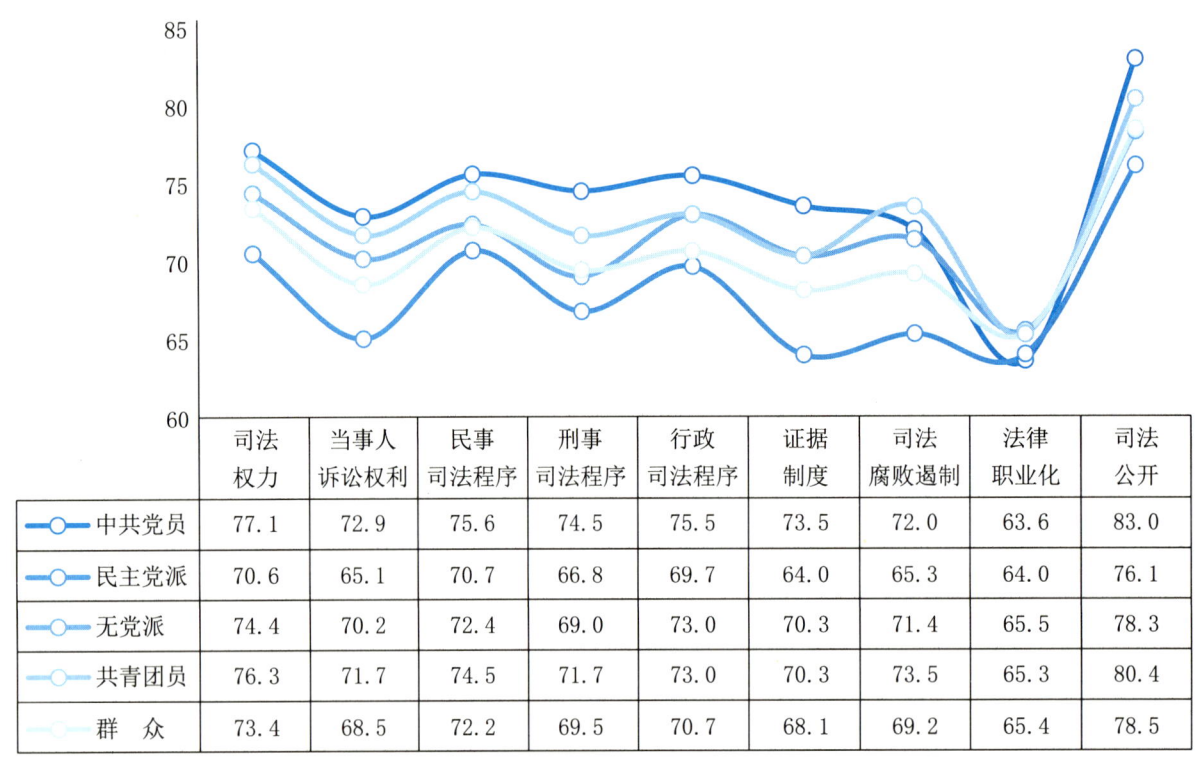

图 4-16 不同政治面貌的法律职业群体一级指标评分对比

将二级指标评分与政治面貌背景变量进行交叉分析。数据显示，28个二级指标中，中共党员群体评分较高，民主党派群体评分较低。中共党员群体在19个指标上的评分为各群体中最高，民主党派群体在26个指标上的评分为各群体中最低。

表 4-9 不同政治面貌的法律职业群体二级指标评分对比

	指标名	中共党员	民主党派	无党派	共青团员	群众	均值
指标1：司法权力	1.1 司法权力依法行使	75.0	67.1	73.2	73.9	71.3	73.7
	1.2 司法权力独立行使	66.6	62.1	65.9	68.9	65.3	66.5
	1.3 司法权力公正行使	81.0	74.0	75.5	77.6	76.3	79.3
	1.4 司法权力主体受到信任与认同	78.4	71.6	74.3	78.1	74.5	77.2
	1.5 司法裁判受到信任与认同	84.8	78.0	83.2	82.9	79.8	83.1
指标2：当事人诉讼权利	2.1 当事人享有不被强迫自证其罪的权利	72.0	65.0	66.0	71.0	67.5	70.6
	2.2 当事人享有获得辩护、代理的权利	75.7	69.5	73.3	72.0	71.5	74.1
	2.3 当事人享有证据性权利	71.5	61.5	73.2	73.0	68.4	70.6
	2.4 当事人享有获得救济的权利	72.5	64.2	68.3	70.9	66.7	70.6
指标3：民事司法程序	3.1 民事审判符合公正要求	80.1	75.5	76.8	77.5	76.9	78.9
	3.2 民事诉讼中的调解自愿、合法	73.2	66.3	69.6	72.3	68.5	71.7
	3.3 民事诉讼裁判得到有效执行	73.5	70.3	71.0	73.6	71.1	72.8

续表

指标名		中共党员	民主党派	无党派	共青团员	群 众	均 值
指标4：刑事司法程序	4.1 侦查措施及时合法	77.7	70.5	72.1	75.6	72.8	76.1
	4.2 审查起诉公正	70.3	61.9	66.0	67.0	65.4	68.5
	4.3 刑事审判公正及时	75.6	67.9	69.0	72.4	70.1	73.7
指标5：行政司法程序	5.1 行政审判符合公正要求	77.2	69.5	74.4	73.4	70.7	75.0
	5.2 行政诉讼裁判得到有效执行	73.9	69.8	71.6	72.6	70.6	72.8
指标6：证据制度	6.1 证据裁判原则得到贯彻	74.0	65.3	72.2	70.7	69.3	72.3
	6.2 证据依法得到采纳与排除	74.1	62.6	70.6	71.2	68.3	72.0
	6.3 证明过程得到合理规范	72.5	64.0	68.2	69.2	66.8	70.5
指标7：司法腐败遏制	7.1 警察远离腐败	70.6	62.7	70.4	71.6	67.2	69.7
	7.2 检察官远离腐败	73.7	67.2	72.6	75.2	70.8	73.0
	7.3 法官远离腐败	71.8	66.1	71.2	73.7	69.6	71.4
指标8：法律职业化	8.1 法律职业人员获得职业培训	70.2	73.2	76.0	68.8	73.2	70.9
	8.2 法律职业人员遵守职业伦理规范	59.4	55.8	58.3	60.8	58.9	59.4
	8.3 法律职业人员享有职业保障	61.3	63.0	62.3	66.2	64.1	62.5
指标9：司法公开	9.1 司法过程依法公开	83.6	78.1	79.6	81.1	80.3	82.4
	9.2 裁判结果依法公开	82.3	74.2	77.4	79.7	76.7	80.4

背景变量9：区域

将司法文明指数评分与区域背景变量进行交叉分析。数据显示，东北、东部、西部群体评分较高，中部群体评分较低。经检验，东北、东部、西部群体评分高于中部群体，在0.05的显著性水平上存在差异。各群体的评分均值为73.0分。

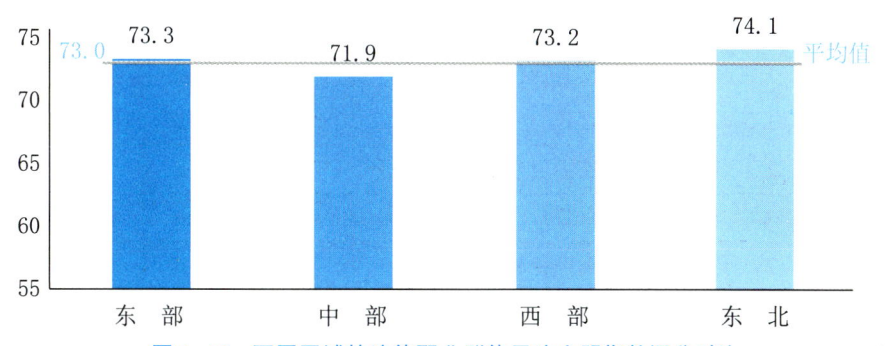

图4-17 不同区域的法律职业群体司法文明指数评分对比

将一级指标评分与区域背景变量进行交叉分析。数据显示，9个一级指标中，东北群体评分较高，中部群体评分较低。经检验，东北群体在"民事司法程序""行政司法程序""法律职业化"3个一级指标上的评分高于其他三个群体，且在0.05的显著性水平上存在差异。

	司法权力	当事人诉讼权利	民事司法程序	刑事司法程序	行政司法程序	证据制度	司法腐败遏制	法律职业化	司法公开
东 部	76.3	71.7	74.8	73.5	74.6	72.2	71.2	64.3	81.1
中 部	74.5	70.9	73.9	71.8	72.5	69.8	69.8	64.1	79.8
西 部	76.3	71.5	74.0	72.8	73.2	72.3	71.9	63.8	82.6
东 北	76.9	72.3	76.9	72.4	77.6	71.1	72.6	66.1	81.2

图 4-18 不同区域的法律职业群体一级指标评分对比

将二级指标评分与区域背景变量进行交叉分析。数据显示，28 个二级指标中，东北群体评分较高，中部群体评分较低。东北群体在 16 个指标上的评分为各群体中最高，中部群体在 20 个指标上的评分为各群体中最低。

表 4-10 不同区域的法律职业群体二级指标评分对比

	指标名	东 部	中 部	西 部	东 北	均 值
指标 1：司法权力	1.1 司法权力依法行使	74.3	72.0	74.4	73.5	73.7
	1.2 司法权力独立行使	66.2	65.2	66.5	69.4	66.5
	1.3 司法权力公正行使	79.3	78.5	79.6	79.9	79.3
	1.4 司法权力主体受到信任与认同	78.2	75.7	76.8	78.4	77.2
	1.5 司法裁判受到信任与认同	83.4	81.0	84.1	83.3	83.1
指标 2：当事人诉讼权利	2.1 当事人享有不被强迫自证其罪的权利	71.0	71.2	70.1	70.0	70.6
	2.2 当事人享有获得辩护、代理的权利	74.3	74.6	74.2	72.2	74.1
	2.3 当事人享有证据性权利	70.5	69.0	71.0	72.6	70.6
	2.4 当事人享有获得救济的权利	70.8	68.8	70.6	74.4	70.6
指标 3：民事司法程序	3.1 民事审判符合公正要求	80.2	77.5	78.3	79.9	78.9
	3.2 民事诉讼中的调解自愿、合法	71.5	72.2	71.4	73.3	71.7
	3.3 民事诉讼裁判得到有效执行	72.7	72.0	72.2	77.3	72.8
指标 4：刑事司法程序	4.1 侦查措施及时合法	76.8	76.8	75.5	75.1	76.1
	4.2 审查起诉公正	69.6	65.9	69.3	67.0	68.5
	4.3 刑事审判公正及时	74.1	72.7	73.6	75.1	73.7

续表

指标名		东部	中部	西部	东北	均值
指标5：行政司法程序	5.1 行政审判符合公正要求	76.2	72.7	74.5	77.6	75.0
	5.2 行政诉讼裁判得到有效执行	72.9	72.2	71.9	77.6	72.8
指标6：证据制度	6.1 证据裁判原则得到贯彻	73.0	70.2	73.4	70.3	72.3
	6.2 证据依法得到采纳与排除	72.7	70.0	72.7	71.6	72.0
	6.3 证明过程得到合理规范	70.8	69.1	70.9	71.3	70.5
指标7：司法腐败遏制	7.1 警察远离腐败	69.4	68.4	70.1	71.7	69.7
	7.2 检察官远离腐败	72.9	71.3	73.6	73.8	73.0
	7.3 法官远离腐败	71.2	69.6	72.0	72.4	71.4
指标8：法律职业化	8.1 法律职业人员获得职业培训	72.1	71.1	70.1	69.6	70.9
	8.2 法律职业人员遵守职业伦理规范	58.2	59.0	59.7	62.5	59.4
	8.3 法律职业人员享有职业保障	62.6	62.0	61.7	66.2	62.5
指标9：司法公开	9.1 司法过程依法公开	81.7	81.3	83.8	81.4	82.4
	9.2 裁判结果依法公开	80.5	78.2	81.5	80.9	80.4

二、公众群体背景变量分析

本部分将对公众卷的一级指标和二级指标在不同背景变量（包括性别、年龄、学历、职业、政治面貌、参与诉讼情况、区域）下的得分进行检验，分析不同背景的公众对同一指标的评价是否存在显著差异。

表4-11　公众卷背景变量分类

背景变量	变量类别
性　　别	男、女
年　　龄	25岁及以下、26~35岁、36~45岁、46~55岁、56岁及以上
学　　历	初中及以下、高中/中专、本科/专科、研究生
职　　业	党政机关人员，事业单位（含学校、研究机构）人员，企业、服务业人员，进城务工人员，农民（含林牧渔业生产者），自由职业者，离退休人员，学生，无业，其他
政治面貌	中共党员、民主党派、无党派、共青团员、群众
参与诉讼情况	参与过诉讼、未参与过诉讼
区　　域	东部、中部、西部、东北

其中区域的划分标准同职业卷。

背景变量1：性别

将司法文明指数评分与性别背景变量进行交叉分析。数据显示，女性和男性的评分基本持平，在0.05的显著性水平上不存在差异。两类群体的评分均值为68.2分。

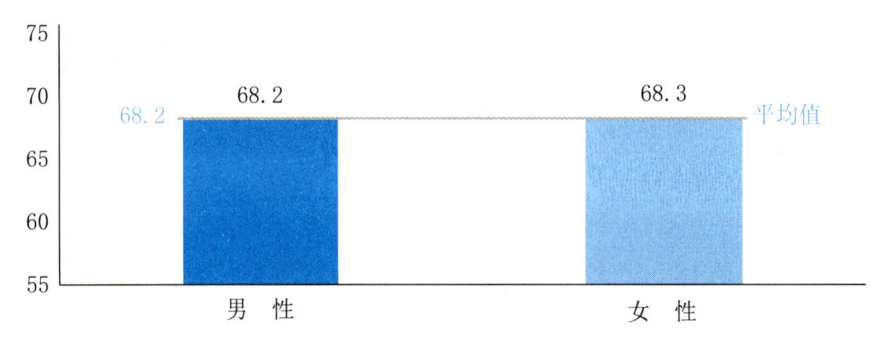

图 4-19 不同性别的公众司法文明指数评分对比

将一级指标评分与性别背景变量进行交叉分析。数据显示，不同性别群体对 10 个一级指标的评分相近。在"司法腐败遏制"和"法律职业化"2 个指标上分差稍大，女性群体比男性群体评分均高 1.7 分。

经检验，女性群体在"证据制度""司法腐败遏制""法律职业化"3 个一级指标上的评分高于男性群体，男性群体在"当事人诉讼权利""司法公开""司法文化"3 个一级指标上的评分高于女性群体，均在 0.05 的显著性水平上存在差异。

	司法权力	当事人诉讼权利	民事司法程序	刑事司法程序	行政司法程序	证据制度	司法腐败遏制	法律职业化	司法公开	司法文化
男性	75.7	66.6	69.3	67.6	68.1	61.7	65.9	66.7	72.3	67.9
女性	75.7	65.2	69.3	67.8	67.9	62.5	67.6	68.4	71.3	67.5

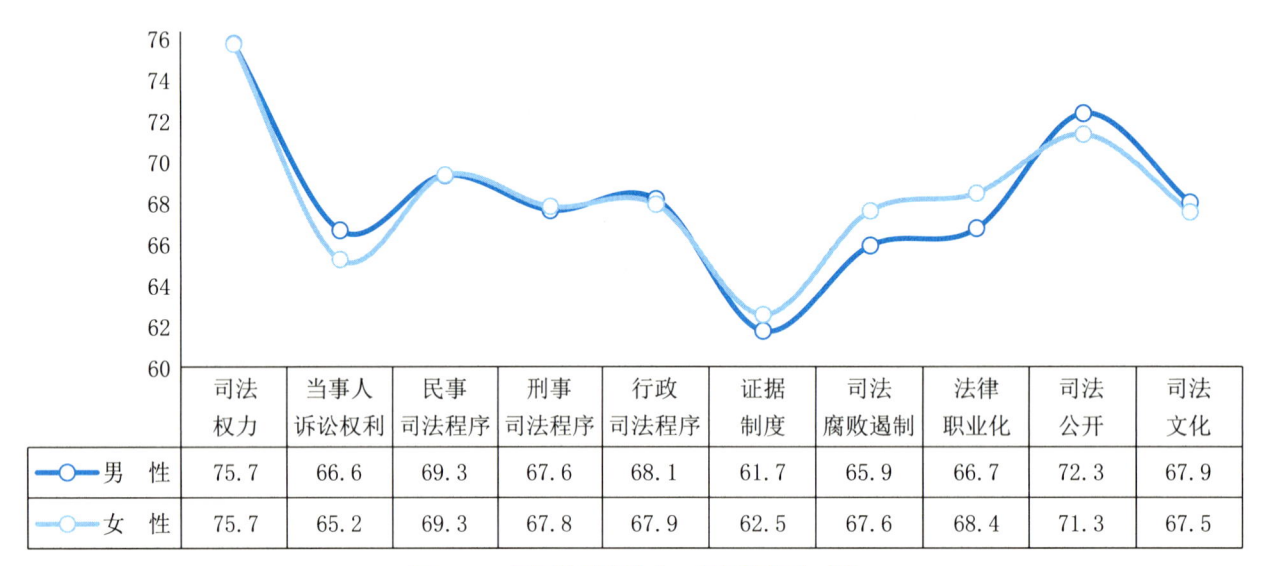

图 4-20 不同性别的公众一级指标评分对比

将二级指标评分与性别背景变量进行交叉分析。数据显示，20 个二级指标中，男性群体和女性群体各在 10 个指标上评分较高。

表 4-12 不同性别的公众二级指标评分对比

指标名		男性	女性	均值
指标 1：司法权力	1.4 司法权力主体受到信任与认同	74.0	74.2	74.1
	1.5 司法裁判受到信任与认同	77.4	77.2	77.3
指标 2：当事人诉讼权利	2.2 当事人享有获得辩护、代理的权利	66.6	65.2	65.9
指标 3：民事司法程序	3.1 民事审判符合公正要求	65.9	65.8	65.8
	3.2 民事诉讼中的调解自愿、合法	68.5	69.4	69.0
	3.3 民事诉讼裁判得到有效执行	73.4	72.7	73.1

续表

指标名		男性	女性	均值
指标4：刑事司法程序	4.1 侦查措施及时合法	70.7	70.8	70.7
	4.3 刑事审判公正及时	64.5	64.8	64.6
指标5：行政司法程序	5.2 行政诉讼裁判得到有效执行	68.1	67.9	68.0
指标6：证据制度	6.1 证据裁判原则得到贯彻	61.7	62.5	62.1
指标7：司法腐败遏制	7.1 警察远离腐败	64.4	66.3	65.4
	7.2 检察官远离腐败	67.3	68.8	68.0
	7.3 法官远离腐败	66.0	67.6	66.8
指标8：法律职业化	8.2 法律职业人员遵守职业伦理规范	66.7	68.4	67.5
指标9：司法公开	9.1 司法过程依法公开	71.8	70.6	71.2
	9.2 裁判结果依法公开	72.8	72.0	72.4
指标10：司法文化	10.1 公众参与司法的意识及程度	73.7	73.7	73.7
	10.2 公众诉诸司法的意识及程度	70.1	69.7	69.9
	10.3 公众接受司法裁判的意识及程度	66.0	64.8	65.4
	10.4 公众接受现代刑罚理念的意识及程度	62.0	61.8	61.9

背景变量2：年龄

将司法文明指数评分与年龄背景变量进行交叉分析。数据显示，不同年龄段的公众评分相近，25岁及以下的公众评分最高，56岁及以上的公众评分最低。五个年龄段的公众评分均值为68.2分。

经检验，25岁及以下的公众评分与其他年龄段的公众评分在0.05的显著性水平上均存在差异，26~35岁、36~45岁的公众评分与46~55岁、56岁及以上的公众评分在0.05的显著性水平上也存在差异，46~55岁的公众评分与56岁及以上的公众评分在0.05的显著性水平上也存在差异。

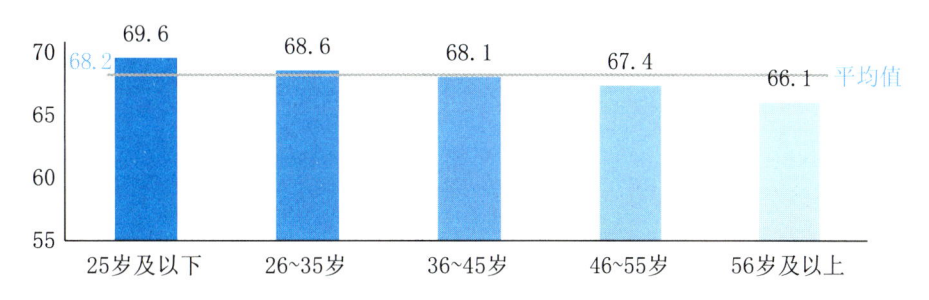

图4-21 不同年龄的公众司法文明指数评分对比

（25岁及以下：69.6；26~35岁：68.6；36~45岁：68.1；46~55岁：67.4；56岁及以上：66.1；平均值：68.2）

将一级指标评分与年龄背景变量进行交叉分析。数据显示，不同年龄段的公众对10个一级指标评分相近，25岁及以下的公众在除"刑事司法程序"以外的9个指标上评分最高。五个年龄段的公众在"行政司法程序"指标上评分差距较大，25岁及以下的公众评分最高，56岁及以上的公众评分最低，分差为6.9分。

经检验，25岁及以下的公众在"司法权力""民事司法程序""行政司法程序""司法腐败遏制""法律职业化""司法公开"6个一级指标上的评分高于其他群体，且在0.05的显著性水平上存在差异；56岁及以上的公众在"当事人诉讼权利""行政司法程序""司法公开""司法文化"4个指标上的评分则显著低于其他群体。

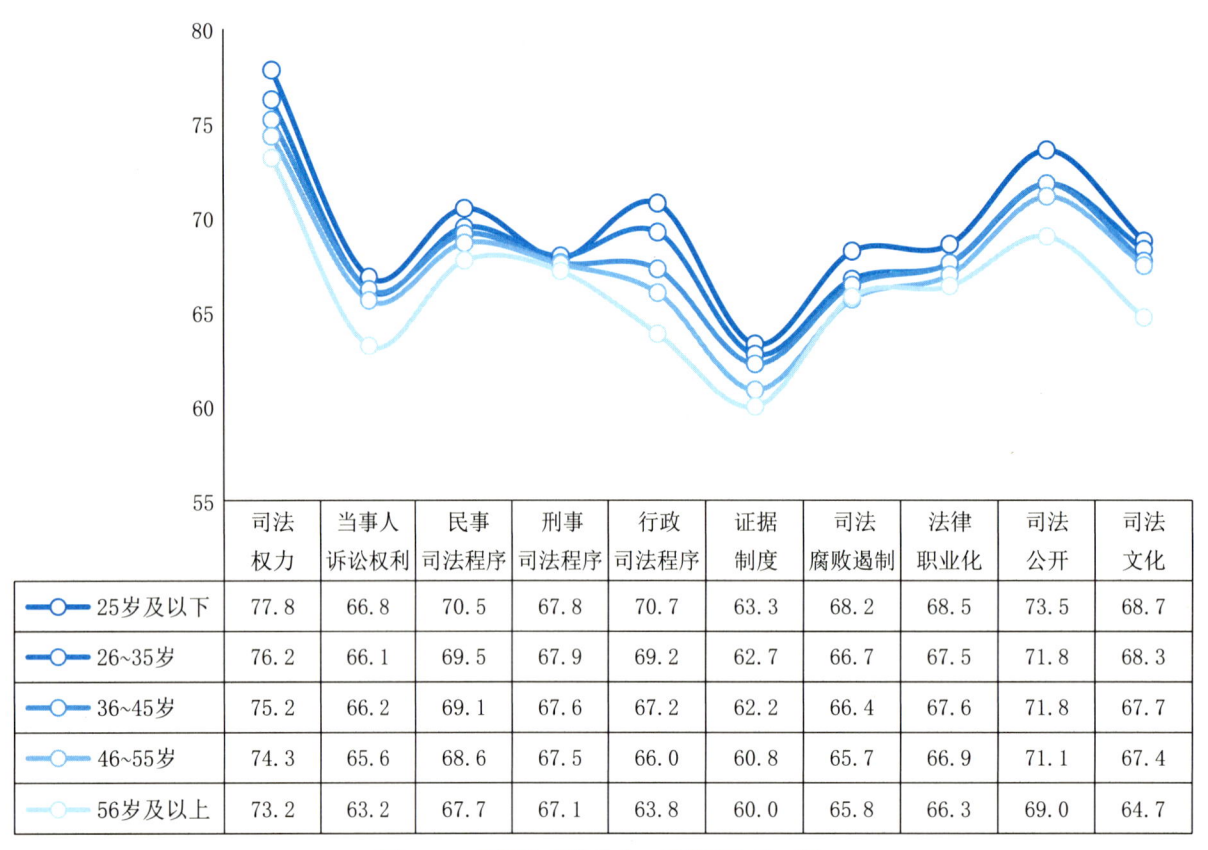

	司法权力	当事人诉讼权利	民事司法程序	刑事司法程序	行政司法程序	证据制度	司法腐败遏制	法律职业化	司法公开	司法文化
25岁及以下	77.8	66.8	70.5	67.8	70.7	63.3	68.2	68.5	73.5	68.7
26~35岁	76.2	66.1	69.5	67.9	69.2	62.7	66.7	67.5	71.8	68.3
36~45岁	75.2	66.2	69.1	67.6	67.2	62.2	66.4	67.6	71.8	67.7
46~55岁	74.3	65.6	68.6	67.5	66.0	60.8	65.7	66.9	71.1	67.4
56岁及以上	73.2	63.2	67.7	67.1	63.8	60.0	65.8	66.3	69.0	64.7

图 4-22　不同年龄的公众一级指标评分对比

将二级指标评分与年龄背景变量进行交叉分析。数据显示，20个二级指标中，25岁及以下的公众评分较高，56岁及以上的公众评分较低。25岁及以下的公众在17个指标上的评分为各群体中最高，56岁及以上的公众在17个指标上的评分为各群体中最低。

表 4-13　不同年龄的公众二级指标评分对比

指标名		25岁及以下	26~35岁	36~45岁	46~55岁	56岁及以上	均值
指标1：司法权力	1.4 司法权力主体受到信任与认同	76.3	74.5	73.5	72.5	72.1	74.1
	1.5 司法裁判受到信任与认同	79.3	77.9	76.9	76.1	74.2	77.3
指标2：当事人诉讼权利	2.2 当事人享有获得辩护、代理的权利	66.8	66.1	66.2	65.6	63.2	65.9
指标3：民事司法程序	3.1 民事审判符合公正要求	67.8	66.0	66.0	64.6	62.9	65.8
	3.2 民事诉讼中的调解自愿、合法	68.7	69.1	69.1	68.8	69.4	69.0
	3.3 民事诉讼裁判得到有效执行	75.0	73.3	72.2	72.5	70.9	73.1
指标4：刑事司法程序	4.1 侦查措施及时合法	71.6	70.8	70.4	70.5	69.4	70.7
	4.3 刑事审判公正及时	64.1	65.0	64.8	64.5	64.8	64.6
指标5：行政司法程序	5.2 行政诉讼裁判得到有效执行	70.7	69.2	67.2	66.0	63.8	68.0

续表

指标名		25岁及以下	26~35岁	36~45岁	46~55岁	56岁及以上	均 值
指标6：证据制度	6.1 证据裁判原则得到贯彻	63.3	62.7	62.2	60.8	60.0	62.1
指标7：司法腐败遏制	7.1 警察远离腐败	66.3	65.3	65.3	64.6	65.2	65.4
	7.2 检察官远离腐败	69.5	67.9	67.8	67.0	66.9	68.0
	7.3 法官远离腐败	68.7	67.1	66.3	65.4	65.3	66.8
指标8：法律职业化	8.2 法律职业人员遵守职业伦理规范	68.5	67.5	67.6	66.9	66.3	67.5
指标9：司法公开	9.1 司法过程依法公开	72.9	71.4	71.1	70.6	68.4	71.2
	9.2 裁判结果依法公开	74.2	72.2	72.5	71.7	69.6	72.4
指标10：司法文化	10.1 公众参与司法的意识及程度	76.3	73.9	73.4	73.3	67.9	73.7
	10.2 公众诉诸司法的意识及程度	68.9	70.9	70.5	70.9	66.9	69.9
	10.3 公众接受司法裁判的意识及程度	67.0	66.3	64.9	64.0	63.1	65.4
	10.4 公众接受现代刑罚理念的意识及程度	62.6	62.0	61.9	61.5	60.8	61.9

背景变量3：学历

将司法文明指数评分与学历背景变量进行交叉分析。数据显示，学历为初中及以下的公众评分最低，学历为研究生的公众评分最高。不同学历群体的评分均值为68.2分，学历为初中及以下、高中/中专的公众评分低于均值。

经检验，各群体间评分在0.05的显著性水平上均存在差异。

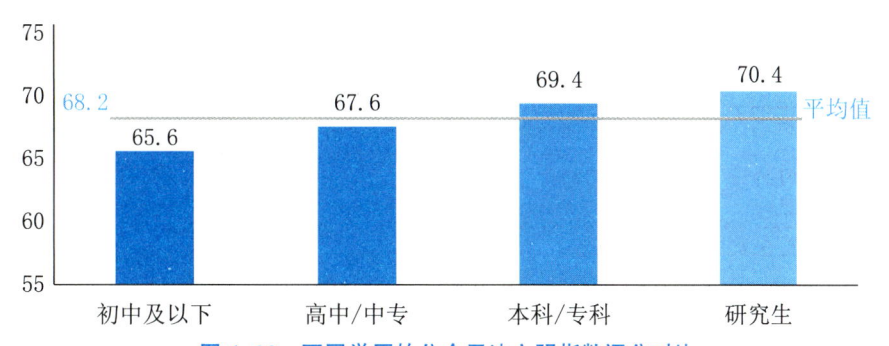

图4-23 不同学历的公众司法文明指数评分对比

将一级指标评分与学历背景变量进行交叉分析。数据显示，学历为研究生的公众在除"司法腐败遏制"以外的9个一级指标上的评分均为最高；学历为初中及以下、高中/中专的公众评分均较低。

经检验，学历为研究生的公众在"当事人诉讼权利""司法公开""司法文化"3个一级指标上的评分在0.05的显著性水平上高于其他三个群体；学历为研究生、本科/专科、高中/中专的公众在除"司法腐败遏制""法律职业化"以外的8个指标上的评分显著高于学历为初中及以下的公众，学历为本科/专科的公众在这8个指标上的评分显著高于学历为高中/中专的公众。

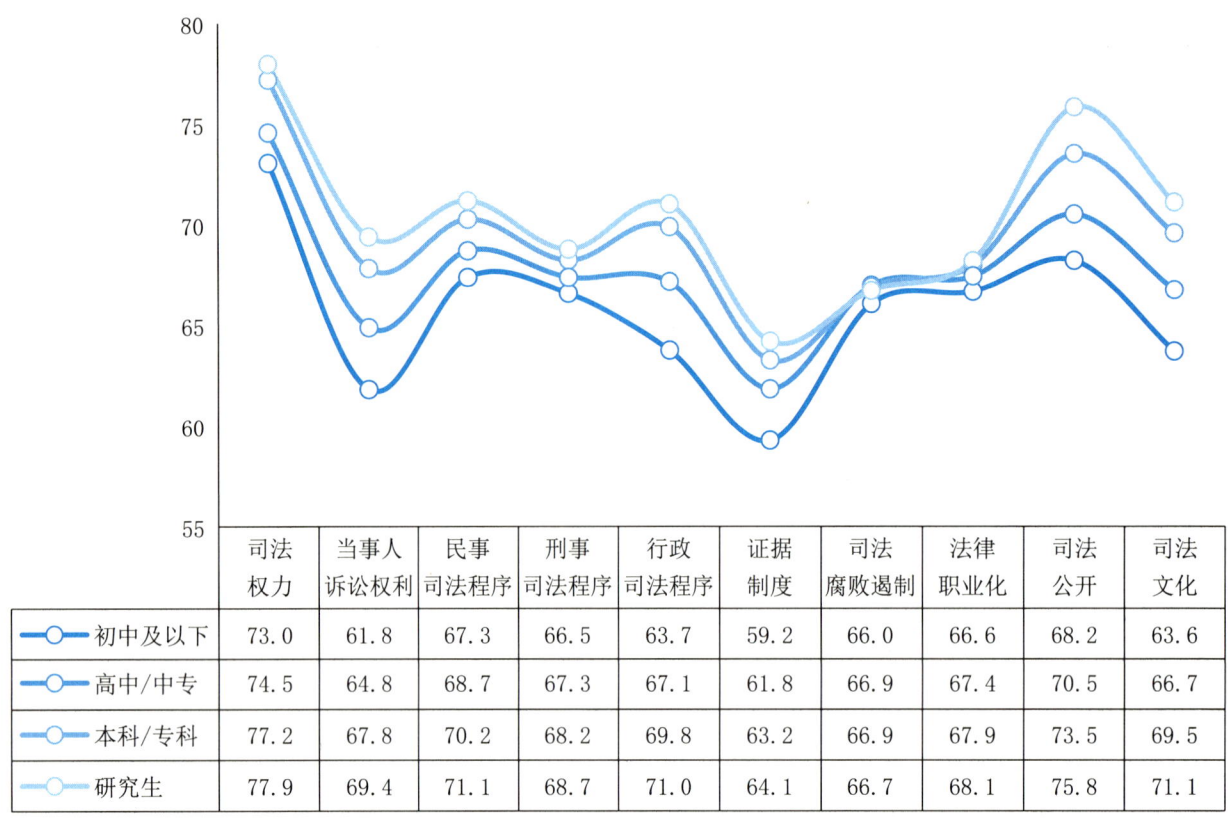

	司法权力	当事人诉讼权利	民事司法程序	刑事司法程序	行政司法程序	证据制度	司法腐败遏制	法律职业化	司法公开	司法文化
初中及以下	73.0	61.8	67.3	66.5	63.7	59.2	66.0	66.6	68.2	63.6
高中/中专	74.5	64.8	68.7	67.3	67.1	61.8	66.9	67.4	70.5	66.7
本科/专科	77.2	67.8	70.2	68.2	69.8	63.2	66.9	67.9	73.5	69.5
研究生	77.9	69.4	71.1	68.7	71.0	64.1	66.7	68.1	75.8	71.1

图 4-24 不同学历的公众一级指标评分对比

将二级指标评分与学历背景变量进行交叉分析。数据显示，20 个二级指标中，学历为研究生的公众评分较高，学历为初中及以下的公众评分较低。学历为研究生的公众在 18 个指标上的评分为各群体中最高，学历为初中及以下的公众在 19 个指标上的评分为各群体中最低。

表 4-14 不同学历的公众二级指标评分对比

	指标名	初中及以下	高中/中专	本科/专科	研究生	均 值
指标1：司法权力	1.4 司法权力主体受到信任与认同	71.8	73.1	75.3	75.9	74.1
	1.5 司法裁判受到信任与认同	74.2	75.9	79.0	80.0	77.3
指标2：当事人诉讼权利	2.2 当事人享有获得辩护、代理的权利	61.8	64.8	67.8	69.4	65.9
指标3：民事司法程序	3.1 民事审判符合公正要求	62.9	64.8	67.3	68.8	65.8
	3.2 民事诉讼中的调解自愿、合法	68.4	69.0	69.1	69.7	69.0
	3.3 民事诉讼裁判得到有效执行	70.7	72.2	74.3	75.0	73.1
指标4：刑事司法程序	4.1 侦查措施及时合法	69.0	69.9	71.7	71.9	70.7
	4.3 刑事审判公正及时	64.0	64.8	64.7	65.5	64.6
指标5：行政司法程序	5.2 行政诉讼裁判得到有效执行	63.7	67.1	69.8	71.0	68.0
指标6：证据制度	6.1 证据裁判原则得到贯彻	59.2	61.8	63.2	64.1	62.1
指标7：司法腐败遏制	7.1 警察远离腐败	65.6	65.7	65.2	64.6	65.4
	7.2 检察官远离腐败	66.9	68.2	68.3	68.3	68.0
	7.3 法官远离腐败	65.5	67.0	67.1	67.2	66.8

续表

指标名		初中及以下	高中/中专	本科/专科	研究生	均值
指标8：法律职业化	8.2 法律职业人员遵守职业伦理规范	66.6	67.4	67.9	68.1	67.5
指标9：司法公开	9.1 司法过程依法公开	67.6	70.1	72.8	75.4	71.2
	9.2 裁判结果依法公开	68.8	70.9	74.2	76.2	72.4
指标10：司法文化	10.1 公众参与司法的意识及程度	66.4	71.8	77.0	79.0	73.7
	10.2 公众诉诸司法的意识及程度	66.8	69.2	71.4	71.7	69.9
	10.3 公众接受司法裁判的意识及程度	61.2	64.4	67.2	68.9	65.4
	10.4 公众接受现代刑罚理念的意识及程度	60.1	61.4	62.6	64.6	61.9

背景变量4：职业

将司法文明指数评分与职业背景变量进行交叉分析。数据显示，党政机关人员、事业单位人员和学生的评分较高，进城务工人员、无业人员和农民的评分较低。十类群体的评分均值为68.2分。

经检验，党政机关人员的评分显著高于其他所有群体，事业单位人员的评分显著高于除党政机关人员和学生以外的其他群体，学生的评分显著高于除党政机关人员和事业单位人员以外的其他群体。

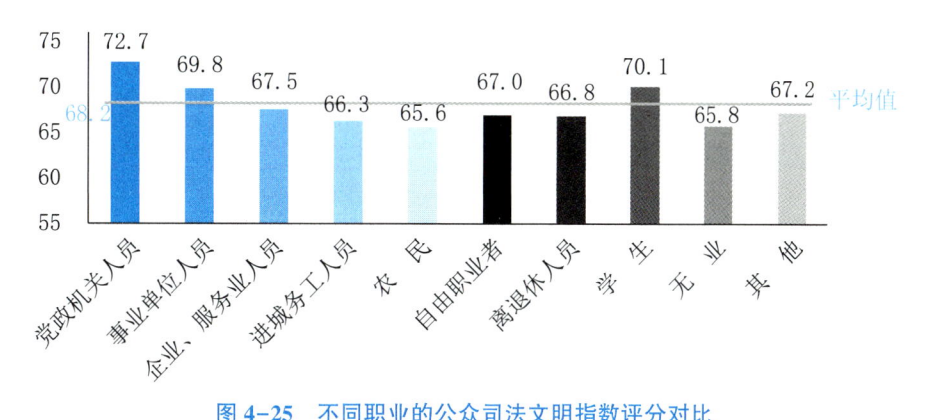

图4-25 不同职业的公众司法文明指数评分对比

将一级指标评分与职业背景变量进行交叉分析。数据显示，10个一级指标中，党政机关人员、事业单位人员和学生的评分较高；农民和无业人员的评分较低。

经检验，党政机关人员在除"司法腐败遏制""法律职业化"以外的8个一级指标上的评分均高于事业单位人员，企业、服务业人员，进城务工人员，农民，自由职业者，离退休人员，学生，无业人员等群体，且在0.05的显著性水平上存在差异；事业单位人员、学生在所有指标上的评分均高于进城务工人员，且存在显著差异。

	司法权力	当事人诉讼权利	民事司法程序	刑事司法程序	行政司法程序	证据制度	司法腐败遏制	法律职业化	司法公开	司法文化
党政机关人员	80.2	72.5	73.3	71.5	73.8	68.3	69.8	68.4	77.8	72.0
事业单位人员	77.4	67.4	70.7	69.0	69.9	64.1	67.9	68.3	74.0	69.6
企业、服务业人员	74.9	66.1	68.4	67.0	67.0	60.7	65.0	67.1	71.0	68.1
进城务工人员	73.5	62.6	68.0	66.1	66.0	60.9	65.6	66.5	69.1	64.5
农 民	72.2	61.4	67.4	67.0	63.8	60.0	66.0	66.4	68.6	63.0
自由职业者	74.2	64.1	68.1	66.6	66.4	60.9	65.9	66.9	70.0	66.5
离退休人员	73.9	64.4	68.2	67.8	64.6	60.5	66.5	66.7	69.9	66.0
学 生	78.3	67.8	70.9	68.0	71.2	63.5	68.3	69.0	74.4	69.4
无 业	72.9	62.6	67.3	66.6	65.1	59.0	66.2	67.4	66.6	63.9
其 他	74.5	64.4	68.6	66.8	64.7	61.4	67.6	67.3	69.5	67.2

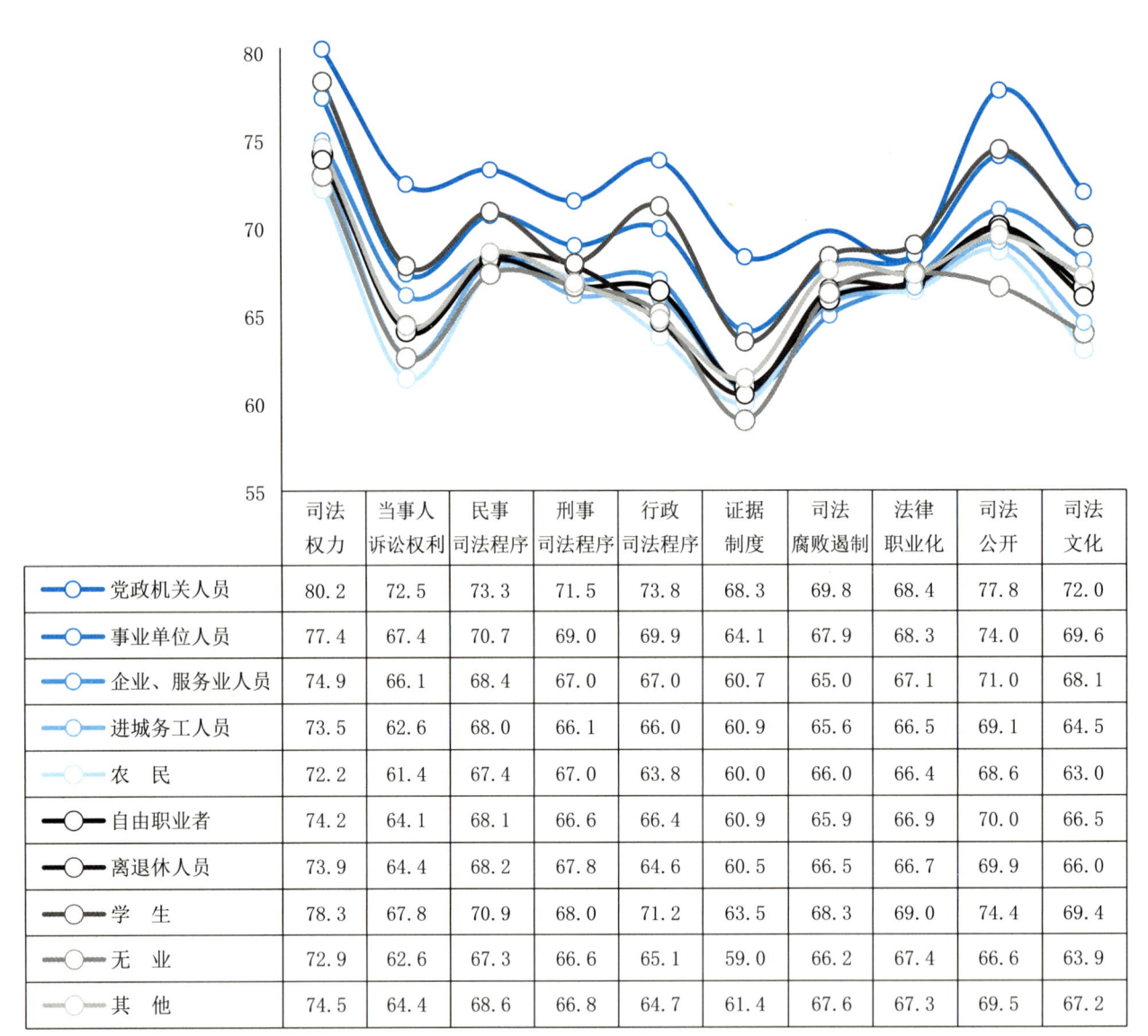

图 4-26 不同职业的公众一级指标评分对比

将二级指标评分与职业背景变量进行交叉分析。数据显示，20 个二级指标中，党政机关人员评分较高，农民评分较低。党政机关人员在 18 个指标上的评分为各群体中最高，农民在 12 个指标上的评分为各群体中最低。

表 4-15 不同职业的公众二级指标评分对比（1）

指标名		党政机关人员	事业单位人员	企业、服务业人员	进城务工人员	农民	均值
指标1：司法权力	1.4 司法权力主体受到信任与认同	78.3	75.7	73.0	71.8	71.0	74.1
	1.5 司法裁判受到信任与认同	82.0	79.1	76.9	75.3	73.3	77.3
指标2：当事人诉讼权利	2.2 当事人享有获得辩护、代理的权利	72.5	67.4	66.1	62.6	61.4	65.9
指标3：民事司法程序	3.1 民事审判符合公正要求	70.1	67.6	64.8	64.1	62.8	65.8
	3.2 民事诉讼中的调解自愿、合法	72.7	69.8	68.1	68.3	69.1	69.0
	3.3 民事诉讼裁判得到有效执行	77.1	74.7	72.3	71.6	70.2	73.1

续表

指标名		党政机关人员	事业单位人员	企业、服务业人员	进城务工人员	农 民	均 值
指标4：刑事司法程序	4.1 侦查措施及时合法	74.6	71.8	70.1	68.9	68.7	70.7
	4.3 刑事审判公正及时	68.3	66.1	63.9	63.3	65.4	64.6
指标5：行政司法程序	5.2 行政诉讼裁判得到有效执行	73.8	69.9	67.0	66.0	63.8	68.0
指标6：证据制度	6.1 证据裁判原则得到贯彻	68.3	64.1	60.7	60.9	60.0	62.1
指标7：司法腐败遏制	7.1 警察远离腐败	68.4	66.9	63.4	64.5	66.1	65.4
	7.2 检察官远离腐败	71.4	69.1	66.4	66.9	66.6	68.0
	7.3 法官远离腐败	69.6	67.8	65.2	65.5	65.2	66.8
指标8：法律职业化	8.2 法律职业人员遵守职业伦理规范	68.4	68.3	67.1	66.5	66.4	67.5
指标9：司法公开	9.1 司法过程依法公开	77.4	73.8	70.3	68.7	68.2	71.2
	9.2 裁判结果依法公开	78.2	74.3	71.6	69.6	69.1	72.4
指标10：司法文化	10.1 公众参与司法的意识及程度	81.9	77.2	73.6	67.3	65.4	73.7
	10.2 公众诉诸司法的意识及程度	72.5	71.7	71.7	67.1	65.2	69.9
	10.3 公众接受司法裁判的意识及程度	70.2	67.3	64.9	62.5	61.2	65.4
	10.4 公众接受现代刑罚理念的意识及程度	63.3	62.4	62.1	61.0	60.2	61.9

表4-15 不同职业的公众二级指标评分对比（2）

指标名		自由职业者	离退休人员	学 生	无 业	其 他	均 值
指标1：司法权力	1.4 司法权力主体受到信任与认同	72.8	72.7	76.9	71.3	73.1	74.1
	1.5 司法裁判受到信任与认同	75.6	75.0	79.8	74.6	76.0	77.3
指标2：当事人诉讼权利	2.2 当事人享有获得辩护、代理的权利	64.1	64.4	67.8	62.6	64.4	65.9
指标3：民事司法程序	3.1 民事审判符合公正要求	64.5	63.5	68.4	63.8	64.7	65.8
	3.2 民事诉讼中的调解自愿、合法	68.3	69.7	68.9	66.9	69.8	69.0
	3.3 民事诉讼裁判得到有效执行	71.4	71.4	75.4	71.5	71.3	73.1
指标4：刑事司法程序	4.1 侦查措施及时合法	69.6	70.0	71.8	69.7	71.1	70.7
	4.3 刑事审判公正及时	63.7	65.5	64.1	63.5	62.5	64.6
指标5：行政司法程序	5.2 行政诉讼裁判得到有效执行	66.4	64.6	71.2	65.1	64.7	68.0
指标6：证据制度	6.1 证据裁判原则得到贯彻	60.9	60.5	63.3	59.0	61.4	62.1
指标7：司法腐败遏制	7.1 警察远离腐败	64.6	65.6	66.1	65.7	65.5	65.4
	7.2 检察官远离腐败	67.1	67.8	69.9	66.7	69.8	68.0
	7.3 法官远离腐败	66.0	66.1	69.0	66.1	68.1	66.8

续表

指标名		自由职业者	离退休人员	学生	无业	其他	均值
指标8：法律职业化	8.2 法律职业人员遵守职业伦理规范	66.9	66.7	69.0	67.4	67.3	67.5
指标9：司法公开	9.1 司法过程依法公开	69.3	69.4	73.6	66.2	68.6	71.2
	9.2 裁判结果依法公开	70.7	70.4	75.2	67.0	70.4	72.4
指标10：司法文化	10.1 公众参与司法的意识及程度	71.6	70.3	77.5	66.5	73.9	73.7
	10.2 公众诉诸司法的意识及程度	69.8	68.4	69.1	66.7	71.4	69.9
	10.3 公众接受司法裁判的意识及程度	63.8	64.0	67.7	61.9	64.6	65.4
	10.4 公众接受现代刑罚理念的意识及程度	60.9	61.2	63.3	60.5	59.0	61.9

背景变量5：政治面貌

将司法文明指数评分与政治面貌背景变量进行交叉分析。数据显示，中共党员和共青团员群体的评分较高，无党派群体的评分最低。五类群体的评分均值为68.2分。

经检验，中共党员与其他群体间评分在0.05的显著性水平上均存在差异；共青团员群体评分显著高于无党派群体和群众。

政治面貌	中共党员	民主党派	无党派	共青团员	群众
评分	70.7	67.5	65.4	69.4	67.0

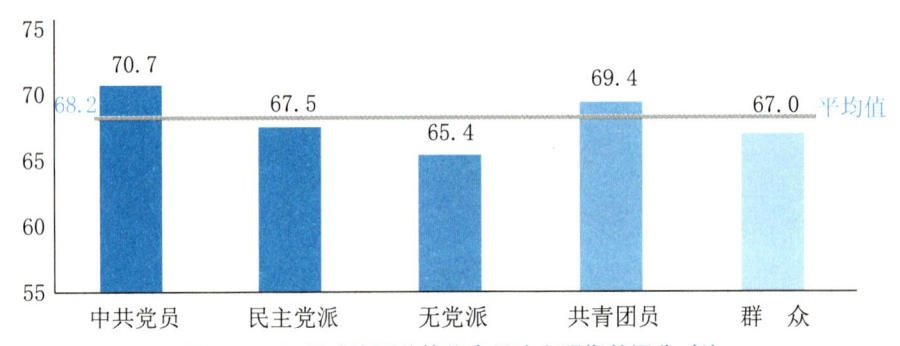

平均值：68.2

图4-27 不同政治面貌的公众司法文明指数评分对比

将一级指标评分与政治面貌背景变量进行交叉分析。数据显示，中共党员群体在除"法律职业化"以外的9个一级指标上的评分均为最高分，而无党派群体的评分较低。

经检验，中共党员群体对"司法权力""民事司法程序""刑事司法程序""司法腐败遏制""法律职业化"5个一级指标的评分均在0.05的显著性水平上高于民主党派、无党派群体和群众，对"当事人诉讼权利""民事司法程序""刑事司法程序""证据制度""司法公开""司法文化"6个一级指标的评分显著高于无党派、共青团员群体和群众。

	司法权力	当事人诉讼权利	民事司法程序	刑事司法程序	行政司法程序	证据制度	司法腐败遏制	法律职业化	司法公开	司法文化
中共党员	78.1	69.7	71.3	69.2	70.8	64.8	68.1	68.0	75.6	71.1
民主党派	74.9	66.9	68.3	65.5	68.2	61.6	62.0	64.5	73.5	69.4
无党派	71.3	63.7	67.3	65.2	66.5	60.0	62.5	63.8	66.4	66.8
共青团员	77.8	66.3	70.3	67.6	70.1	62.9	67.7	68.7	73.4	68.8
群众	74.1	64.3	68.2	67.2	66.1	60.8	66.0	67.1	69.8	66.0

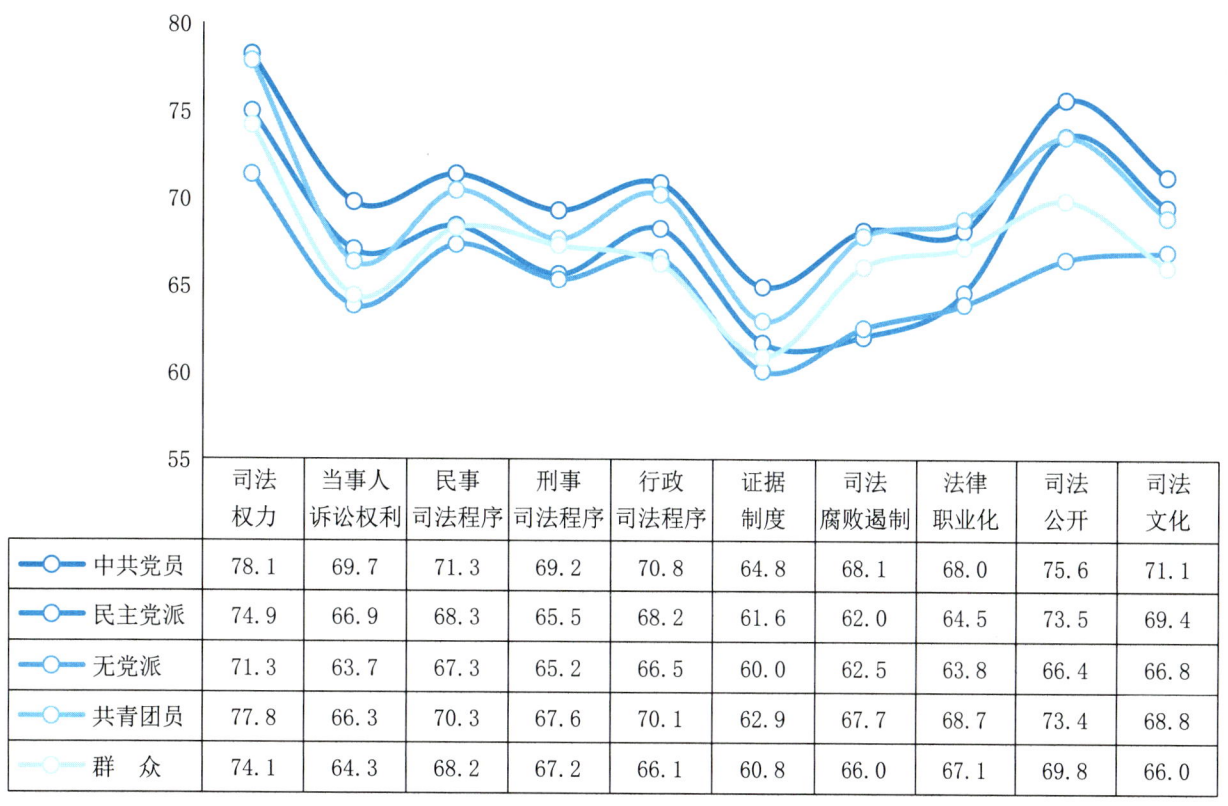

图 4-28 不同政治面貌的公众一级指标评分对比

将二级指标评分与政治面貌背景变量进行交叉分析。数据显示，20 个二级指标中，中共党员群体评分较高，无党派群体评分较低。中共党员群体在 17 个指标上的评分为各群体中最高，无党派群体在 13 个指标上的评分为各群体中最低。

表 4-16 不同政治面貌的公众二级指标评分对比

	指标名	中共党员	民主党派	无党派	共青团员	群众	均值
指标1：司法权力	1.4 司法权力主体受到信任与认同	76.4	72.6	69.5	76.1	72.6	74.1
	1.5 司法裁判受到信任与认同	79.9	77.1	73.1	79.4	75.6	77.3
指标2：当事人诉讼权利	2.2 当事人享有获得辩护、代理的权利	69.7	66.9	63.7	66.3	64.3	65.9
指标3：民事司法程序	3.1 民事审判符合公正要求	68.5	64.0	63.0	67.2	64.4	65.8
	3.2 民事诉讼中的调解自愿、合法	70.3	67.0	67.3	69.0	68.5	69.0
	3.3 民事诉讼裁判得到有效执行	75.0	73.9	71.6	74.9	71.7	73.1
指标4：刑事司法程序	4.1 侦查措施及时合法	72.6	68.1	68.0	71.4	69.8	70.7
	4.3 刑事审判公正及时	65.8	63.0	62.4	63.7	64.6	64.6
指标5：行政司法程序	5.2 行政诉讼裁判得到有效执行	70.8	68.2	66.5	70.1	66.1	68.0
指标6：证据制度	6.1 证据裁判原则得到贯彻	64.8	61.6	60.0	62.9	60.8	62.1

续表

指标名		中共党员	民主党派	无党派	共青团员	群众	均值
指标7：司法腐败遏制	7.1 警察远离腐败	66.5	60.5	61.8	65.7	65.0	65.4
	7.2 检察官远离腐败	69.5	65.0	64.3	69.1	67.2	68.0
	7.3 法官远离腐败	68.2	60.7	61.9	68.4	65.9	66.8
指标8：法律职业化	8.2 法律职业人员遵守职业伦理规范	68.0	64.5	63.8	68.7	67.1	67.5
指标9：司法公开	9.1 司法过程依法公开	75.2	73.8	66.2	72.7	69.2	71.2
	9.2 裁判结果依法公开	76.0	73.2	66.5	74.2	70.4	72.4
指标10：司法文化	10.1 公众参与司法的意识及程度	80.5	76.1	72.8	77.1	69.7	73.7
	10.2 公众诉诸司法的意识及程度	72.1	70.3	69.6	69.3	69.3	69.9
	10.3 公众接受司法裁判的意识及程度	69.0	66.7	63.2	66.8	63.4	65.4
	10.4 公众接受现代刑罚理念的意识及程度	63.0	64.4	61.7	62.0	61.4	61.9

背景变量6：参与诉讼情况

将司法文明指数评分与参与诉讼情况背景变量进行交叉分析。数据显示，曾参与过诉讼活动的公众评分略低于未参与过诉讼活动的公众。经检验，两类群体的评分不存在显著差异。两类群体的评分均值为68.2分。

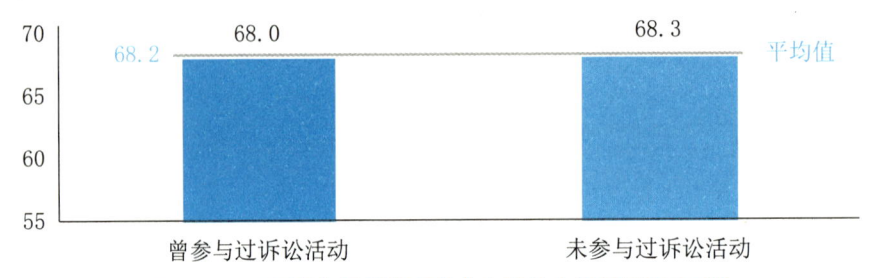

图4-29 不同参与诉讼情况的公众司法文明指数评分对比

将一级指标评分与参与诉讼情况背景变量进行交叉分析。数据显示，不同参与诉讼情况的公众对10个一级指标的评分相近。在"当事人诉讼权利"和"司法公开"2个指标上，曾参与过诉讼活动的公众比未参与过诉讼活动的公众评分分别高2.9分和2.2分。在"司法腐败遏制"指标上，曾参与过诉讼活动的公众比未参与过诉讼活动的公众评分低3.6分。

经检验，未参与过诉讼活动的公众在"司法权力""刑事司法程序""证据制度""司法腐败遏制""法律职业化"5个一级指标上的评分高于曾参与过诉讼活动的公众，且在0.05的显著性水平上存在差异。

	司法权力	当事人诉讼权利	民事司法程序	刑事司法程序	行政司法程序	证据制度	司法腐败遏制	法律职业化	司法公开	司法文化
曾参与过诉讼活动	74.9	68.2	69.3	66.7	67.7	60.8	63.8	65.9	73.5	69.6
未参与过诉讼活动	75.9	65.3	69.3	67.9	68.0	62.4	67.4	68.0	71.3	67.3

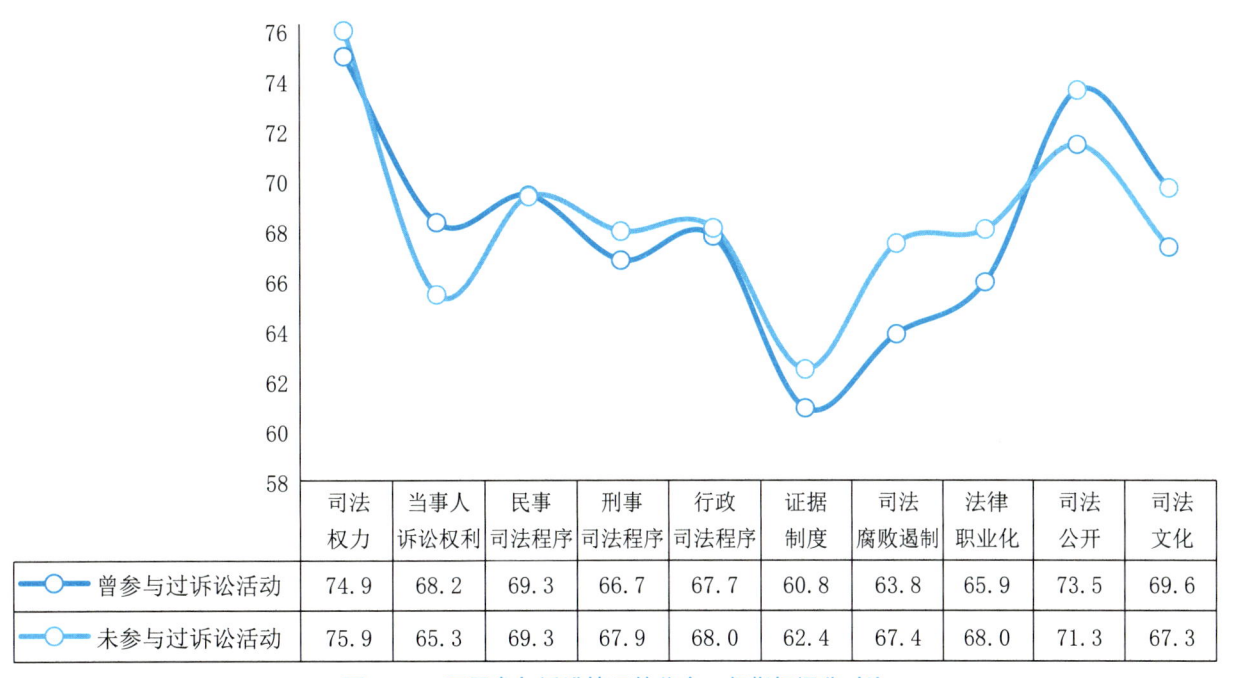

图 4-30　不同参与诉讼情况的公众一级指标评分对比

将二级指标评分与参与诉讼情况背景变量进行交叉分析。数据显示，20个二级指标中，曾参与过诉讼活动的公众和未参与过诉讼活动的公众评分差距较小。曾参与过诉讼活动的公众在9个指标上的评分较高，未参与过诉讼活动的公众在11个指标上的评分较高。

表 4-17　不同参与诉讼情况的公众二级指标评分对比

指标名		曾参与过诉讼活动	未参与过诉讼活动	均　值
指标1：司法权力	1.4 司法权力主体受到信任与认同	73.1	74.3	74.1
	1.5 司法裁判受到信任与认同	76.7	77.5	77.3
指标2：当事人诉讼权利	2.2 当事人享有获得辩护、代理的权利	68.2	65.3	65.9
指标3：民事司法程序	3.1 民事审判符合公正要求	66.7	65.6	65.8
	3.2 民事诉讼中的调解自愿、合法	67.7	69.3	69.0
	3.3 民事诉讼裁判得到有效执行	73.6	72.9	73.1
指标4：刑事司法程序	4.1 侦查措施及时合法	69.9	70.9	70.7
	4.3 刑事审判公正及时	63.6	64.9	64.6
指标5：行政司法程序	5.2 行政诉讼裁判得到有效执行	67.7	68.0	68.0
指标6：证据制度	6.1 证据裁判原则得到贯彻	60.8	62.4	62.1
指标7：司法腐败遏制	7.1 警察远离腐败	62.1	66.2	65.4
	7.2 检察官远离腐败	65.7	68.6	68.0
	7.3 法官远离腐败	63.7	67.5	66.8
指标8：法律职业化	8.2 法律职业人员遵守职业伦理规范	65.9	68.0	67.5
指标9：司法公开	9.1 司法过程依法公开	73.2	70.7	71.2
	9.2 裁判结果依法公开	73.9	72.0	72.4

续表

指标名		曾参与过诉讼活动	未参与过诉讼活动	均　值
指标10：司法文化	10.1 公众参与司法的意识及程度	77.0	72.8	73.7
	10.2 公众诉诸司法的意识及程度	71.7	69.5	69.9
	10.3 公众接受司法裁判的意识及程度	66.2	65.2	65.4
	10.4 公众接受现代刑罚理念的意识及程度	63.6	61.5	61.9

背景变量7：区域

将司法文明指数评分与区域背景变量进行交叉分析。数据显示，东部群体评分最高，东北群体评分最低，各群体的评分均值为68.2分。经检验，东部、西部群体的评分在0.05的显著性水平上高于中部、东北群体。

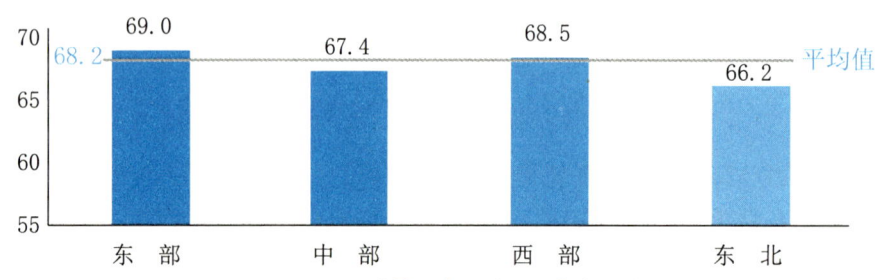

图4-31　不同区域的公众司法文明指数评分对比

将一级指标评分与区域背景变量进行交叉分析。数据显示，四类区域群体在10个一级指标上的评分相近，东部群体在7个指标上评分最高，西部群体在3个指标上评分最高。在"司法腐败遏制"指标上，西部群体评分最高，东部群体其次，中部较低，东北最低，不同区域群体分差最大，达4.9分。

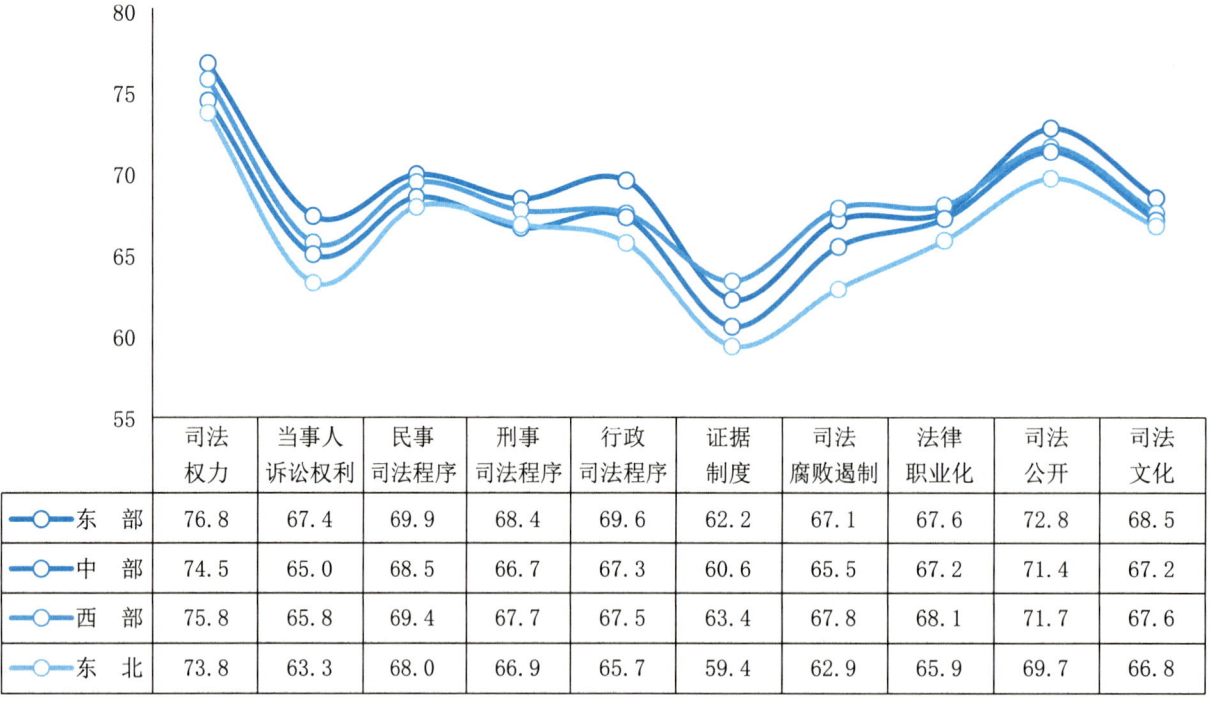

	司法权力	当事人诉讼权利	民事司法程序	刑事司法程序	行政司法程序	证据制度	司法腐败遏制	法律职业化	司法公开	司法文化
东　部	76.8	67.4	69.9	68.4	69.6	62.2	67.1	67.6	72.8	68.5
中　部	74.5	65.0	68.5	66.7	67.3	60.6	65.5	67.2	71.4	67.2
西　部	75.8	65.8	69.4	67.7	67.5	63.4	67.8	68.1	71.7	67.6
东　北	73.8	63.3	68.0	66.9	65.7	59.4	62.9	65.9	69.7	66.8

图4-32　不同区域的公众一级指标评分对比

经检验，东部群体在"司法权力""当事人诉讼权利""刑事司法程序""行政司法程序""司法公开""司法文化"6个一级指标上的评分高于其他三类群体，且在0.05的显著性水平上存在差异；西部群体在"司法权力""民事司法程序""证据制度""司法腐败遏制""法律职业化"5个一级指标上的评分显著高于中部群体和东北群体。

将二级指标评分与区域背景变量进行交叉分析。数据显示，20个二级指标中，东部群体和西部群体评分较高，东北群体评分较低。东部群体在12个指标上的评分为各群体中最高，西部群体在7个指标上的评分为各群体中最高，东北群体在16个指标上的评分为各群体中最低。

表4-18 不同区域的公众二级指标评分对比

指标名		东部	中部	西部	东北	均值
指标1：司法权力	1.4 司法权力主体受到信任与认同	75.1	72.9	74.3	72.4	74.1
	1.5 司法裁判受到信任与认同	78.5	76.2	77.4	75.1	77.3
指标2：当事人诉讼权利	2.2 当事人享有获得辩护、代理的权利	67.4	65.0	65.8	63.3	65.9
指标3：民事司法程序	3.1 民事审判符合公正要求	67.0	64.8	65.7	64.6	65.8
	3.2 民事诉讼中的调解自愿、合法	69.1	68.3	69.7	66.9	69.0
	3.3 民事诉讼裁判得到有效执行	73.7	72.5	73.0	72.5	73.1
指标4：刑事司法程序	4.1 侦查措施及时合法	71.6	69.7	70.6	69.9	70.7
	4.3 刑事审判公正及时	65.3	63.6	64.8	63.8	64.6
指标5：行政司法程序	5.2 行政诉讼裁判得到有效执行	69.6	67.3	67.5	65.7	68.0
指标6：证据制度	6.1 证据裁判原则得到贯彻	62.2	60.6	63.4	59.4	62.1
指标7：司法腐败遏制	7.1 警察远离腐败	65.5	64.2	66.8	61.6	65.4
	7.2 检察官远离腐败	68.5	67.0	69.0	64.3	68.0
	7.3 法官远离腐败	67.4	65.3	67.9	62.9	66.8
指标8：法律职业化	8.2 法律职业人员遵守职业伦理规范	67.6	67.2	68.1	65.9	67.5
指标9：司法公开	9.1 司法过程依法公开	72.3	70.8	71.2	68.8	71.2
	9.2 裁判结果依法公开	73.4	72.0	72.2	70.7	72.4
指标10：司法文化	10.1 公众参与司法的意识及程度	73.9	72.7	74.3	71.9	73.7
	10.2 公众诉诸司法的意识及程度	71.9	68.9	69.6	66.4	69.9
	10.3 公众接受司法裁判的意识及程度	65.7	65.0	64.9	67.0	65.4
	10.4 公众接受现代刑罚理念的意识及程度	62.4	62.1	61.4	61.8	61.9

第五章 司法文明指标相关分析

本章通过对指标之间的相关性进行检验，以便发现指标之间的关系，为司法文明指数研究提供参考依据。我们用统计学中较为常用的Pearson相关系数度量指标间的线性相关程度，相关系数的值为两个变量X、Y协方差除以两个变量标准差的乘积，数学公式如下：

$$r(X, Y) = \frac{Cov(X, Y)}{\sqrt{Var[X]Var[Y]}}$$

其中，Cov（X，Y）为X与Y的协方差，Var［X］为X的方差，Var［Y］为Y的方差。

若两个指标间的Pearson相关系数r的绝对值大于一定值，且通过显著性检验（本章中所有相关系数r的P值均小于0.01的显著性水平），即可认为两者间存在线性相关关系。相关系数r的取值范围为-1到1，r>0为正相关，r<0为负相关。｜r｜越接近于1，说明相关性越强；越接近于0，说明相关性越弱。两个指标间的相关系数r的绝对值体现的相关程度如下：

表5-1 相关系数r的取值范围及指代意义[1]

r绝对值（｜r｜）	相关程度
[0.0, 0.2]	极弱相关或无相关
(0.2, 0.4]	弱相关
(0.4, 0.6]	中等程度相关
(0.6, 0.8]	强相关
(0.8, 1.0]	极强相关

本章先进行一级指标间相关分析，然后进行一级指标下的二级指标间、一级指标下的二级指标与本一级指标间相关分析。

若一级指标间相关系数大于0.6（职业卷）或0.4（公众卷，因公众卷各一级指标间相关系数均小于0.6，故相关分析界限设定为0.4），则继续进行一级指标下的二级指标与有关一级指标间相关分析、一级指标下的二级指标与有关一级指标下的二级指标间相关分析。

若二级指标间相关系数大于0.6（职业卷）或0.4（公众卷），则继续进行具体题目间相关分析。

分析逻辑图如下：

---

［1］ 中括号表示包含边界值，小括号表示不包含边界值。

图 5-1 本章分析逻辑图

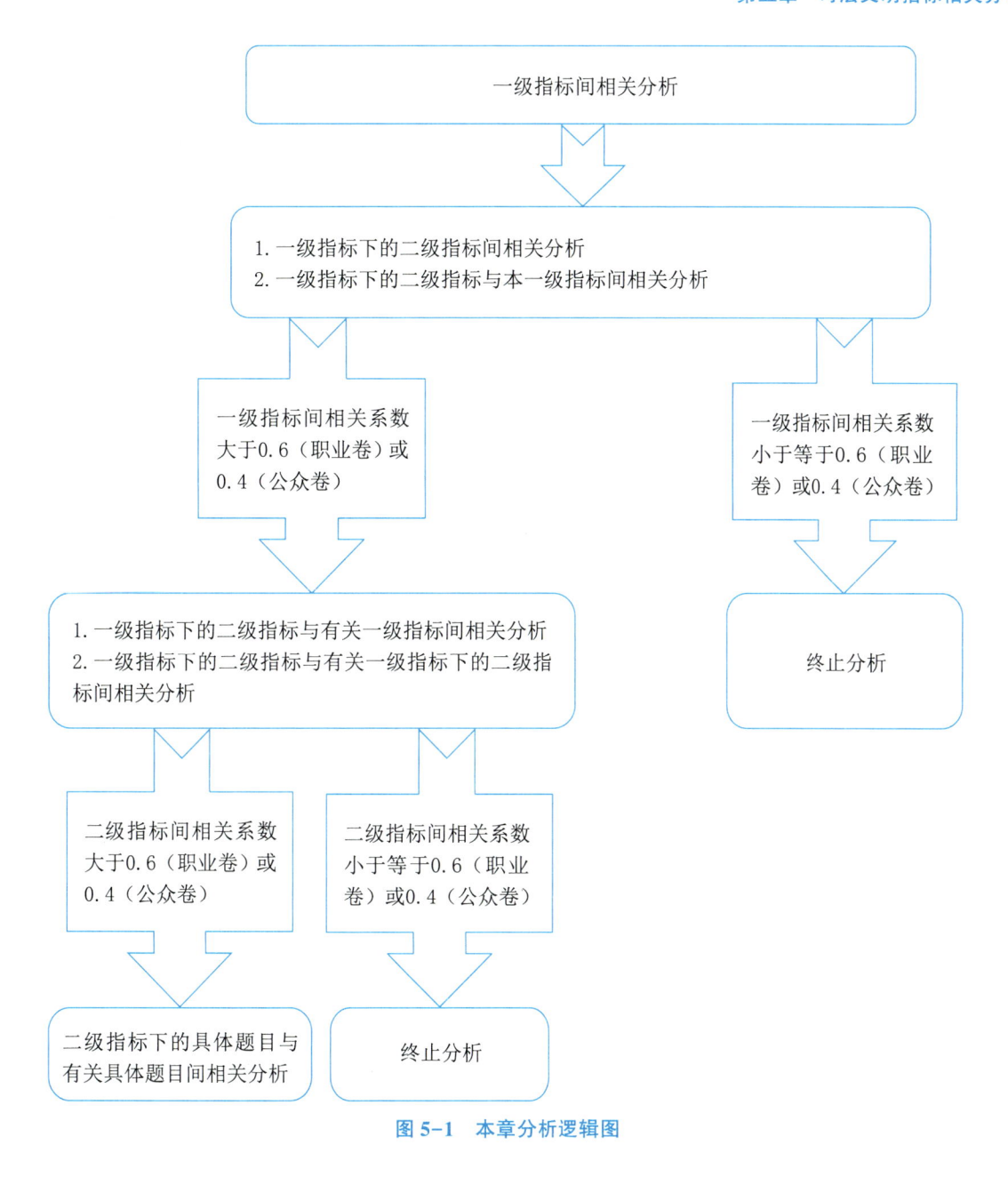

一、职业卷各指标间的相关分析

本部分对职业卷涉及的 9 个一级指标进行相关分析。因指标 10 "司法文化" 在职业卷中未设置对应题目，故职业卷仅包括 9 个一级指标。

分析结果显示，"司法权力" 与除 "法律职业化" 指标外其他 7 个指标的相关系数均在 0.6 以上，存在强相关关系；"当事人诉讼权利" 与 "民事司法程序" "刑事司法程序" "证据制度" "司法公开" 指标存在强相关关系；"民事司法程序" 与 "刑事司法程序" "行政司法程序" "证据制度" 指标存在强相关关系；"刑事司法程序" 与 "行政司法程序" "证据制度" 指标存在强相关关系；"行政司法程序" 与 "证据制度" 指标存在强相关关系；"证据制度" 与 "司法公开" 指标存在强相关关系。

"当事人诉讼权利" 与 "行政司法程序" "司法腐败遏制" 指标之间的相关系数在 0.4~0.6 之间，具有中等程度相关性；"民事司法程序" 与 "司法腐败遏制" "司法公开" 指标具有中等程度相关性；"刑事司法程序" 与 "司法腐败遏制" "司法公开" 指标具有中等程度相关性；"行政司法程序" 与 "司法公开"指标具有中等程度相关性;"证据制度"与"司法腐败遏制"指标具有中等程度相关性。

表5-2 职业卷一级指标间相关系数

一级指标	司法权力	当事人诉讼权利	民事司法程序	刑事司法程序	行政司法程序	证据制度	司法腐败遏制	法律职业化	司法公开
司法权力	1								
当事人诉讼权利	0.751	1							
民事司法程序	0.734	0.656	1						
刑事司法程序	0.763	0.747	0.703	1					
行政司法程序	0.693	0.598	0.770	0.649	1				
证据制度	0.721	0.737	0.608	0.712	0.605	1			
司法腐败遏制	0.644	0.554	0.487	0.567	0.387	0.422	1		
法律职业化	0.260	0.197	0.178	0.181	0.130	0.108	0.352	1	
司法公开	0.712	0.605	0.572	0.556	0.537	0.619	0.390	0.106	1

指标1:司法权力

对"司法权力"下的5个二级指标进行相关分析。分析结果显示,"司法权力主体受到信任与认同"与"司法裁判受到信任与认同"指标间的相关系数为0.647,呈现强相关性。

"司法权力依法行使"与"司法权力公正行使""司法权力主体受到信任与认同""司法裁判受到信任与认同"指标间的相关系数在0.4~0.6之间,具有中等程度相关性;"司法权力独立行使"与"司法权力主体受到信任与认同"指标具有中等程度相关性;"司法权力公正行使"与"司法裁判受到信任与认同"指标具有中等程度相关性。

表5-3 "司法权力"下的二级指标间相关系数

二级指标	司法权力依法行使	司法权力独立行使	司法权力公正行使	司法权力主体受到信任与认同	司法裁判受到信任与认同
司法权力依法行使	1				
司法权力独立行使	0.299	1			
司法权力公正行使	0.544	0.200	1		
司法权力主体受到信任与认同	0.469	0.482	0.381	1	
司法裁判受到信任与认同	0.551	0.392	0.467	0.647	1

将"司法权力"下的二级指标与"司法权力"指标进行相关性检验,相关系数均在0.6以上,呈现出强相关性。其中"司法裁判受到信任与认同"与"司法权力"指标的相关系数为0.809,呈现出极强的相关性,表示"司法权力"下的二级指标与"司法权力"指标的一致性较好。

"司法权力"与"当事人诉讼权利""民事司法程序""刑事司法程序""行政司法程序""证据制度""司法腐败遏制""司法公开"7个一级指标存在强相关关系,故用"司法权力"下的二级指标与这些指标进行相关性检验,结果显示也具有一定的相关性。其中,"司法权力依法行使"与"当事人诉讼权利""民事司法程序""刑事司法程序""行政司法程序""证据制度"存在强相关关系;与"司法公开"具有中等程度相关性。"司法权力独立行使"与"刑事司法程序""司法腐败遏制"存在强相关关系；与"当事人诉讼权利""民事司法程序"具有中等程度相关性。"司法权力公正行使"与"当事人诉讼权利""民事司法程序""刑事司法程序""行政司法程序""证据制度""司法公开"具有中等程度相关性。"司法权力主体受到信任与认同"与"司法公开"存在强相关关系；与"当事人诉讼权利""民事司法程序""刑事司法程序""行政司法程序""证据制度""司法腐败遏制"具有中等程度相关性。"司法裁判受到信任与认同"与"当事人诉讼权利""民事司法程序""证据制度""司法公开"存在强相关关系；与"刑事司法程序""行政司法程序""司法腐败遏制"具有中等程度相关性。

表5-4 "司法权力"下的二级指标与有关一级指标间相关系数[1]

二级指标	司法权力	当事人诉讼权利	民事司法程序	刑事司法程序	行政司法程序	证据制度	司法腐败遏制	司法公开
司法权力依法行使	0.749	0.613	0.603	0.646	0.613	0.676	0.349	0.544
司法权力独立行使	0.667	0.526	0.453	0.652	0.361	0.370	0.766	0.348
司法权力公正行使	0.701	0.451	0.552	0.517	0.563	0.489	0.265	0.428
司法权力主体受到信任与认同	0.794	0.588	0.514	0.505	0.496	0.554	0.502	0.608
司法裁判受到信任与认同	0.809	0.625	0.615	0.585	0.564	0.632	0.453	0.764

将"司法权力"下的二级指标与有关一级指标下的二级指标进行相关性检验。结果显示：

"司法权力依法行使"与"刑事司法程序"指标下的"审查起诉公正"以及"证据制度"指标下的"证据依法得到采纳与排除"存在强相关关系；与"当事人诉讼权利"指标下的"当事人享有获得辩护、代理的权利""当事人享有证据性权利""当事人享有获得救济的权利"相关系数在0.4~0.6之间，具有中等程度相关性；与"民事司法程序"指标下的"民事审判符合公正要求""民事诉讼裁判得到有效执行"具有中等程度相关性；与"刑事司法程序"指标下的"刑事审判公正及时"具有中等程度相关性；与"行政司法程序""司法公开"指标下的所有二级指标具有中等程度相关性；与"证据制度"指标下的"证据裁判原则得到贯彻""证明过程得到合理规范"具有中等程度相关性。

"司法权力独立行使"与"司法腐败遏制"指标下的所有二级指标存在强相关关系；与"当事人诉讼权利"指标下的"当事人享有不被强迫自证其罪的权利""当事人享有获得辩护、代理的权利"相关系数在0.4~0.6之间，具有中等程度相关性；与"民事司法程序"指标下的"民事诉讼中的调解自愿、合法"具有中等程度相关性；与"刑事司法程序"指标下的"侦查措施及时合法""刑事审判公正及时"具有中等程度相关性；与"证据制度"指标下的"证明过程得到合理规范"具有中等程度相关性。

"司法权力公正行使"与"民事司法程序"指标下的"民事审判符合公正要求"相关系数在0.4~0.6之间，具有中等程度相关性；与"刑事司法程序"指标下的"刑事审判公正及时"具有中等程度相关性；与"行政司法程序"指标下的"行政审判符合公正要求"具有中等程度相关性；与"证据制度"指标下的"证据依法得到采纳与排除"具有中等程度相关性；与"司法公开"指标下的"裁判结果依法公开"具有中等程度相关性。

"司法权力主体受到信任与认同"与"司法公开"指标下的"裁判结果依法公开"存在强相关关系；与"当事人诉讼权利"指标下的"当事人享有获得辩护、代理的权利""当事人享有证据性权利""当事人享有获得救济的权利"相关系数在0.4~0.6之间，具有中等程度相关性；与"民事司法程序"指标下的"民事诉讼裁判得到有效执行"具有中等程度相关性；与"刑事司法程序"指标下的"侦查措施及时合法""刑事审判公正及时"具有中等程度相关性；与"行政司法程序""司法腐败遏制"指

---

[1] 本表仅选取和"司法权力"强相关（｜r｜>0.6）的一级指标，与"司法权力"下的二级指标进行相关分析，下同。

标下的所有二级指标具有中等程度相关性；与"证据制度"指标下的"证据依法得到采纳与排除""证明过程得到合理规范"具有中等程度相关性；与"司法公开"指标下的"司法过程依法公开"具有中等程度相关性。

"司法裁判受到信任与认同"与"司法公开"指标下的所有二级指标存在强相关关系；与"当事人诉讼权利"指标下的"当事人享有获得辩护、代理的权利""当事人享有证据性权利""当事人享有获得救济的权利"相关系数在 0.4~0.6 之间，具有中等程度相关性；与"民事司法程序"指标下的"民事审判符合公正要求""民事诉讼裁判得到有效执行"具有中等程度相关性；与"刑事司法程序""行政司法程序""证据制度"指标下的所有二级指标具有中等程度相关性；与"司法腐败遏制"指标下的"检察官远离腐败""法官远离腐败"具有中等程度相关性。

表 5-5 "司法权力"下的二级指标与有关二级指标间相关系数

指标名		司法权力依法行使	司法权力独立行使	司法权力公正行使	司法权力主体受到信任与认同	司法裁判受到信任与认同
当事人诉讼权利	当事人享有不被强迫自证其罪的权利	0.269	0.443	0.195	0.360	0.313
	当事人享有获得辩护、代理的权利	0.447	0.436	0.366	0.415	0.473
	当事人享有证据性权利	0.511	0.302	0.342	0.413	0.450
	当事人享有获得救济的权利	0.531	0.343	0.399	0.496	0.561
民事司法程序	民事审判符合公正要求	0.510	0.181	0.553	0.297	0.444
	民事诉讼中的调解自愿、合法	0.297	0.499	0.245	0.393	0.394
	民事诉讼裁判得到有效执行	0.488	0.313	0.375	0.429	0.491
刑事司法程序	侦查措施及时合法	0.342	0.567	0.291	0.482	0.414
	审查起诉公正	0.630	0.182	0.374	0.385	0.405
	刑事审判公正及时	0.549	0.471	0.518	0.504	0.552
行政司法程序	行政审判符合公正要求	0.541	0.310	0.549	0.408	0.472
	行政诉讼裁判得到有效执行	0.492	0.303	0.394	0.435	0.484
证据制度	证据裁判原则得到贯彻	0.494	0.136	0.345	0.353	0.447
	证据依法得到采纳与排除	0.663	0.332	0.477	0.507	0.562
	证明过程得到合理规范	0.528	0.463	0.397	0.525	0.567
司法腐败遏制	警察远离腐败	0.297	0.719	0.224	0.471	0.388
	检察官远离腐败	0.355	0.721	0.269	0.487	0.442
	法官远离腐败	0.340	0.731	0.260	0.468	0.456
司法公开	司法过程依法公开	0.478	0.282	0.384	0.525	0.678
	裁判结果依法公开	0.557	0.381	0.430	0.633	0.777

对"司法权力"二级指标下的具体题目进行分析，检验二级指标下具体题目与其他强相关指标下具体题目之间的相关性。

将"司法权力依法行使"指标下具体题目与"审查起诉公正""证据依法得到采纳与排除"指标下具体题目进行相关性检验。ZY12（在您所在地区，法院依法行使审判权的可能性有多大？）与 ZY14、

ZY13 的相关系数分别为 0.466 和 0.549，具有中等程度相关性。ZY22（在您所在地区，对于被批准逮捕后不再具有社会危险性的犯罪嫌疑人，检察机关依法予以变更或者解除逮捕措施的可能性有多大？）与 ZY14、ZY24、ZY13、ZY29 的相关系数分别为 0.532、0.510、0.456、0.466，具有中等程度相关性。

将"司法权力独立行使"指标下具体题目（ZY8：在您所在地区，法官办案受到本院领导干涉的可能性有多大？ZY9.1：在您所在地区，法院办案受到党政机关干涉的可能性有多大？ZY9.2：在您所在地区，检察院办案受到党政机关干涉的可能性有多大？）与"警察远离腐败""检察官远离腐败""法官远离腐败"指标下具体题目进行相关性检验，相关系数均在 0.6 以上，说明指标下具体题目间均存在强相关关系。

将"司法权力主体受到信任与认同"指标下具体题目与"裁判结果依法公开"指标下具体题目进行相关性检验。ZY31.1（您对自己所在地区法官队伍的总体满意程度如何？）、ZY31.2（您对自己所在地区检察官队伍的总体满意程度如何？）和 ZY31.3（您对自己所在地区警察队伍的总体满意程度如何？）均与 ZY32.2、ZY32.3 具有中等程度相关性。

将"司法裁判受到信任与认同"指标下具体题目（ZY33.1：在您所在地区，法院审判过程公正的可能性有多大？ZY33.2：在您所在地区，法院判决结果公正的可能性有多大？）与"司法过程依法公开""裁判结果依法公开"指标下具体题目进行相关性检验，相关系数均在 0.6 以上，说明指标下具体题目间均存在强相关关系。

表 5-6　"司法权力"下的具体题目与有关具体题目间相关系数[1]

刑事司法程序		司法权力依法行使	
		ZY12	ZY22
审查起诉公正	ZY14 在您所在地区，对于公安机关移送审查起诉的案件，检察机关经过审查后认为犯罪情节轻微，依照刑法规定不需要判处刑罚或者可以免除刑罚的，其作出不起诉决定的可能性有多大？	0.466	0.532
	ZY24 在您所在地区，对于公安机关移送审查起诉的案件，检察机关经过审查后认为证据不足，直接作出不起诉决定的可能性有多大？	0.277	0.510
证据制度		司法权力依法行使	
		ZY12	ZY22
证据依法得到采纳与排除	ZY13 在您所在地区，在审查起诉时如果发现有利于犯罪嫌疑人的证据，检察院及时调取该证据的可能性有多大？	0.549	0.456
	ZY29 辩护律师向法庭申请排除非法口供，并履行了初步证明责任，而公诉人未证明取证合法的，法官排除该证据的可能性有多大？	0.390	0.466

司法腐败遏制		司法权力独立行使		
		ZY8	ZY9.1	ZY9.2
警察远离腐败	ZY6.3 在您所在地区，警察办"关系案"的可能性有多大？	0.642	0.622	0.620
	ZY7.3 在您所在地区，警察收受贿赂的可能性有多大？	0.678	0.675	0.661
检察官远离腐败	ZY6.2 在您所在地区，检察官办"关系案"的可能性有多大？	0.648	0.629	0.635
	ZY7.2 在您所在地区，检察官收受贿赂的可能性有多大？	0.679	0.663	0.662
法官远离腐败	ZY6.1 在您所在地区，法官办"关系案"的可能性有多大？	0.680	0.643	0.624
	ZY7.1 在您所在地区，法官收受贿赂的可能性有多大？	0.706	0.669	0.655

[1]　本表仅选取上表中强相关（|r|>0.6）的二级指标，进行具体题目间的相关分析，下同。

续表

司法公开		司法权力主体受到信任与认同		
		ZY31.1	ZY31.2	ZY31.3
裁判结果依法公开	ZY32.2 在您所在地区，法院依法及时公开判决书的可能性有多大？	0.571	0.530	0.481
	ZY32.3 在您所在地区，法院判决书对证据采纳与排除的理由予以充分说明的可能性有多大？	0.598	0.548	0.561

司法公开		司法裁判受到信任与认同	
		ZY33.1	ZY33.2
司法过程依法公开	ZY32.1 在您所在地区，法院允许公众旁听审判的可能性有多大？	0.674	0.648
裁判结果依法公开	ZY32.2 在您所在地区，法院依法及时公开判决书的可能性有多大？	0.717	0.704
	ZY32.3 在您所在地区，法院判决书对证据采纳与排除的理由予以充分说明的可能性有多大？	0.717	0.725

指标2：当事人诉讼权利

对"当事人诉讼权利"下的4个二级指标进行相关分析。分析结果显示，"当事人享有证据性权利"与"当事人享有获得救济的权利"指标具有中等程度相关性。

表5-7 "当事人诉讼权利"下的二级指标间相关系数

二级指标	当事人享有不被强迫自证其罪的权利	当事人享有获得辩护、代理的权利	当事人享有证据性权利	当事人享有获得救济的权利
当事人享有不被强迫自证其罪的权利	1			
当事人享有获得辩护、代理的权利	0.391	1		
当事人享有证据性权利	0.230	0.364	1	
当事人享有获得救济的权利	0.256	0.396	0.482	1

将"当事人诉讼权利"下的二级指标与"当事人诉讼权利"指标进行相关性检验，相关系数均在0.6以上，呈现出强相关性，表示"当事人诉讼权利"下的二级指标与"当事人诉讼权利"指标的一致性较好。

"当事人诉讼权利"与"司法权力""民事司法程序""刑事司法程序""证据制度""司法公开"5个一级指标存在强相关关系，故用"当事人诉讼权利"下的二级指标与这些指标进行相关性检验，结果显示也具有一定的相关性。其中，"当事人享有不被强迫自证其罪的权利"与"司法权力""刑事司法程序"具有中等程度相关性。"当事人享有获得辩护、代理的权利""当事人享有证据性权利"与以上5个一级指标均具有中等程度相关性。"当事人享有获得救济的权利"与"司法权力""证据制度"存在强相关关系；与"民事司法程序""刑事司法程序""司法公开"具有中等程度相关性。

表5-8 "当事人诉讼权利"下的二级指标与有关一级指标间相关系数

二级指标	当事人诉讼权利	司法权力	民事司法程序	刑事司法程序	证据制度	司法公开
当事人享有不被强迫自证其罪的权利	0.657	0.431	0.372	0.529	0.346	0.291
当事人享有获得辩护、代理的权利	0.712	0.576	0.501	0.597	0.590	0.449

续表

二级指标	当事人诉讼权利	司法权力	民事司法程序	刑事司法程序	证据制度	司法公开
当事人享有证据性权利	0.737	0.535	0.460	0.482	0.546	0.455
当事人享有获得救济的权利	0.760	0.619	0.552	0.547	0.643	0.540

将"当事人诉讼权利"下的二级指标与有关一级指标下的二级指标进行相关性检验。结果显示：

"当事人享有不被强迫自证其罪的权利"与"刑事司法程序"指标下的"侦查措施及时合法"存在强相关关系；与"司法权力"指标下的"司法权力独立行使"相关系数在0.4~0.6之间，具有中等程度相关性；与"民事司法程序"指标下的"民事诉讼中的调解自愿、合法"具有中等程度相关性；与"刑事司法程序"指标下的"刑事审判公正及时"具有中等程度相关性。

"当事人享有获得辩护、代理的权利"与"证据制度"指标下的"证明过程得到合理规范"存在强相关关系；与"司法权力"指标下除"司法权力公正行使"外的所有二级指标相关系数在0.4~0.6之间，具有中等程度相关性；与"民事司法程序"指标下的"民事诉讼中的调解自愿、合法"具有中等程度相关性；与"刑事司法程序"指标下的"侦查措施及时合法""刑事审判公正及时"具有中等程度相关性；与"证据制度"指标下的"证据依法得到采纳与排除"具有中等程度相关性；与"司法公开"指标下的所有二级指标具有中等程度相关性。

"当事人享有证据性权利"与"司法权力"指标下的"司法权力依法行使""司法权力主体受到信任与认同""司法裁判受到信任与认同"相关系数在0.4~0.6之间，具有中等程度相关性；与"民事司法程序"指标下的"民事诉讼裁判得到有效执行"具有中等程度相关性；与"刑事司法程序"指标下的"审查起诉公正"具有中等程度相关性；与"证据制度"指标下的"证据依法得到采纳与排除""证明过程得到合理规范"具有中等程度相关性；与"司法公开"指标下的"裁判结果依法公开"具有中等程度相关性。

"当事人享有获得救济的权利"与"司法权力"指标下的"司法权力依法行使""司法权力主体受到信任与认同""司法裁判受到信任与认同"相关系数在0.4~0.6之间，具有中等程度相关性；与"民事司法程序"指标下的"民事诉讼裁判得到有效执行"具有中等程度相关性；与"刑事司法程序"指标下的"审查起诉公正""刑事审判公正及时"具有中等程度相关性；与"证据制度""司法公开"指标下的所有二级指标具有中等程度相关性。

表5-9 "当事人诉讼权利"下的二级指标与有关二级指标间相关系数

指标名		当事人享有不被强迫自证其罪的权利	当事人享有获得辩护、代理的权利	当事人享有证据性权利	当事人享有获得救济的权利
司法权力	司法权力依法行使	0.269	0.447	0.511	0.531
	司法权力独立行使	0.443	0.436	0.302	0.343
	司法权力公正行使	0.195	0.366	0.342	0.399
	司法权力主体受到信任与认同	0.360	0.415	0.413	0.496
	司法裁判受到信任与认同	0.313	0.473	0.450	0.561
民事司法程序	民事审判符合公正要求	0.132	0.318	0.293	0.376
	民事诉讼中的调解自愿、合法	0.464	0.442	0.264	0.309
	民事诉讼裁判得到有效执行	0.221	0.322	0.443	0.513

续表

	指标名	当事人享有不被强迫自证其罪的权利	当事人享有获得辩护、代理的权利	当事人享有证据性权利	当事人享有获得救济的权利
刑事司法程序	侦查措施及时合法	0.616	0.528	0.279	0.338
	审查起诉公正	0.225	0.367	0.444	0.457
	刑事审判公正及时	0.405	0.506	0.400	0.483
证据制度	证据裁判原则得到贯彻	0.171	0.325	0.337	0.457
	证据依法得到采纳与排除	0.314	0.479	0.544	0.593
	证明过程得到合理规范	0.382	0.677	0.480	0.554
司法公开	司法过程依法公开	0.239	0.402	0.389	0.463
	裁判结果依法公开	0.315	0.452	0.478	0.567

对"当事人诉讼权利"二级指标下的具体题目进行分析，检验二级指标下具体题目与其他强相关指标下具体题目之间的相关性。

将"当事人享有不被强迫自证其罪的权利"指标下具体题目与"侦查措施及时合法"指标下具体题目进行相关性检验，相关系数均在0.4~0.6之间，具有中等程度相关性。ZY17（在您所在地区的侦查讯问中，警察要求犯罪嫌疑人自证其罪的可能性有多大？）与ZY15、ZY16、ZY23的相关系数分别为0.556、0.559、0.490。

将"当事人享有获得辩护、代理的权利"指标下具体题目与"证明过程得到合理规范"指标下具体题目进行相关性检验，部分题目相关系数在0.6以上，题目间存在强相关关系。其中，ZY18（在您所在地区，律师行使辩护权得到保障的可能性有多大？）与ZY30.1、ZY30.2的相关系数分别为0.435、0.479，具有中等程度相关性。ZY4.3（在您所在地区，律师执业时被追究"律师伪证罪"的可能性有多大？）与ZY4.2的相关系数为0.608，存在强相关关系；与ZY4.1的相关系数为0.479，具有中等程度相关性。ZY4.4（在您所在地区，律师办案过程中被公检法人员羞辱的可能性有多大？）与ZY4.2的相关系数为0.654，存在强相关关系；与ZY4.1的相关系数为0.554，具有中等程度相关性。

表5-10 "当事人诉讼权利"下的具体题目与有关具体题目间相关系数

刑事司法程序		当事人享有不被强迫自证其罪的权利		
		ZY17		
侦查措施及时合法	ZY15 在您所在地区，警察对犯罪嫌疑人刑讯逼供的可能性有多大？	0.556		
	ZY16 在您所在地区，犯罪嫌疑人被超期羁押的可能性有多大？	0.559		
	ZY23 在您所在地区，侦查机关滥用权力进行非法监听的可能性有多大？	0.490		
证据制度		当事人享有获得辩护、代理的权利		
		ZY18	ZY4.3	ZY4.4
证明过程得到合理规范	ZY30.1 在您所在地区，庭审经过侦查人员出庭作证才作出判决的可能性有多大？	0.435	-0.133	-0.244
	ZY30.2 在您所在地区，庭审经过证人证言在法庭上得到质证才作出判决的可能性有多大？	0.479	-0.158	-0.283
	ZY4.1 在您所在地区，律师调查取证权行使受到限制的可能性有多大？	-0.309	0.479	0.554
	ZY4.2 在您所在地区，庭审中的律师质证权行使受到限制的可能性有多大？	-0.367	0.608	0.654

指标 3：民事司法程序

对"民事司法程序"下的 3 个二级指标进行相关分析。分析结果显示，3 个二级指标之间相关系数较低，均未超过 0.4，呈现弱相关。

表 5-11 "民事司法程序"下的二级指标间相关系数

二级指标	民事审判符合公正要求	民事诉讼中的调解自愿、合法	民事诉讼裁判得到有效执行
民事审判符合公正要求	1		
民事诉讼中的调解自愿、合法	0.205	1	
民事诉讼裁判得到有效执行	0.347	0.265	1

将"民事司法程序"下的二级指标与"民事司法程序"指标进行相关性检验，相关系数均在 0.6 以上，呈现出强相关性，表示"民事司法程序"下的二级指标与"民事司法程序"指标的一致性较好。

"民事司法程序"与"司法权力""当事人诉讼权利""刑事司法程序""行政司法程序""证据制度"5 个一级指标存在强相关关系，故用"民事司法程序"下的二级指标与这些指标进行相关性检验，结果显示也具有一定的相关性。其中，"民事审判符合公正要求"与"行政司法程序"存在强相关关系；与"司法权力""刑事司法程序""证据制度"的相关系数在 0.4~0.6 之间，具有中等程度相关性。"民事诉讼中的调解自愿、合法"与"司法权力""当事人诉讼权利""刑事司法程序"具有中等程度相关性。"民事诉讼裁判得到有效执行"与"行政司法程序"存在强相关关系；与"司法权力""当事人诉讼权利""刑事司法程序""证据制度"具有中等程度相关性。

表 5-12 "民事司法程序"下的二级指标与有关一级指标间相关系数

二级指标	民事司法程序	司法权力	当事人诉讼权利	刑事司法程序	行政司法程序	证据制度
民事审判符合公正要求	0.747	0.528	0.388	0.515	0.711	0.453
民事诉讼中的调解自愿、合法	0.674	0.499	0.508	0.565	0.328	0.376
民事诉讼裁判得到有效执行	0.731	0.557	0.529	0.432	0.607	0.481

将"民事司法程序"下的二级指标与有关一级指标下的二级指标进行相关性检验。结果显示：

"民事审判符合公正要求"与"刑事司法程序"指标下的"刑事审判公正及时"以及"行政司法程序"指标下的"行政审判符合公正要求"存在强相关关系；与"司法权力"指标下的"司法权力依法行使""司法权力公正行使""司法裁判受到信任与认同"相关系数在 0.4~0.6 之间，具有中等程度相关性；与"证据制度"指标下的"证据依法得到采纳与排除"具有中等程度相关性。

"民事诉讼中的调解自愿、合法"与"刑事司法程序"指标下的"侦查措施及时合法"的相关系数为 0.604，存在强相关关系；与"司法权力"指标下的"司法权力独立行使"相关系数在 0.4~0.6 之间，具有中等程度相关性；与"当事人诉讼权利"指标下的"当事人享有不被强迫自证其罪的权利""当事人享有获得辩护、代理的权利"具有中等程度相关性；与"刑事司法程序"指标下的"刑事审判公正及时"具有中等程度相关性；与"证据制度"指标下的"证明过程得到合理规范"具有中等程度相关性。

"民事诉讼裁判得到有效执行"与"行政司法程序"指标下的"行政诉讼裁判得到有效执行"的相关系数为 0.675，存在强相关关系；与"司法权力"指标下的"司法权力依法行使""司法权力主体受到信任与认同""司法裁判受到信任与认同"相关系数在0.4~0.6之间,具有中等程度相关性;与"当事人诉讼权利"指标下的"当事人享有证据性权利""当事人享有获得救济的权利"具有中等程度相关性;与"刑事司法程序"指标下的"刑事审判公正及时"具有中等程度相关性;与"证据制度"指标下的"证据依法得到采纳与排除""证明过程得到合理规范"具有中等程度相关性。

表5-13 "民事司法程序"下的二级指标与有关二级指标间相关系数

指标名		民事审判符合公正要求	民事诉讼中的调解自愿、合法	民事诉讼裁判得到有效执行
司法权力	司法权力依法行使	0.510	0.297	0.488
	司法权力独立行使	0.181	0.499	0.313
	司法权力公正行使	0.553	0.245	0.375
	司法权力主体受到信任与认同	0.297	0.393	0.429
	司法裁判受到信任与认同	0.444	0.394	0.491
当事人诉讼权利	当事人享有不被强迫自证其罪的权利	0.132	0.464	0.221
	当事人享有获得辩护、代理的权利	0.318	0.442	0.322
	当事人享有证据性权利	0.293	0.264	0.443
	当事人享有获得救济的权利	0.376	0.309	0.513
刑事司法程序	侦查措施及时合法	0.209	0.604	0.272
	审查起诉公正	0.325	0.227	0.334
	刑事审判公正及时	0.673	0.499	0.405
行政司法程序	行政审判符合公正要求	0.800	0.281	0.375
	行政诉讼裁判得到有效执行	0.369	0.275	0.675
证据制度	证据裁判原则得到贯彻	0.337	0.159	0.310
	证据依法得到采纳与排除	0.433	0.339	0.459
	证明过程得到合理规范	0.357	0.447	0.431

对"民事司法程序"二级指标下的具体题目进行分析,检验二级指标下具体题目与其他强相关指标下具体题目之间的相关性。

将"民事审判符合公正要求"指标下具体题目与"刑事审判公正及时""行政审判符合公正要求"指标下具体题目进行相关性检验。ZY11.1(在您所在地区,法院对民事诉讼中贫富不同的当事人"不偏不倚"的可能性有多大?)与ZY11.2、ZY11.3的相关系数分别为0.844、0.800,存在强相关关系。

将"民事诉讼中的调解自愿、合法"指标下具体题目与"侦查措施及时合法"指标下具体题目进行相关性检验。ZY20(在您所在地区的民事诉讼中,法官强迫或变相强迫当事人接受调解的可能性有多大?)与ZY15、ZY16、ZY23的相关系数在0.4~0.6之间,具有中等程度相关性。

将"民事诉讼裁判得到有效执行"指标下具体题目与"行政诉讼裁判得到有效执行"指标下具体题目进行相关性检验,ZY21.1(在您所在地区,民事案件生效判决得到有效执行的可能性有多大?)与ZY21.2的相关系数为0.675,存在强相关关系。

表 5-14 "民事司法程序"下的具体题目与有关具体题目间相关系数

刑事司法程序		民事审判符合公正要求
		ZY11.1
刑事审判公正及时	ZY25 在您所在地区,刑事案件审判久拖不决的可能性有多大?	-0.174
	ZY11.2 在您所在地区,法院对刑事诉讼控辩双方"不偏不倚"的可能性有多大?	0.844
行政司法程序		民事审判符合公正要求
		ZY11.1
行政审判符合公正要求	ZY11.3 在您所在地区,法院对行政诉讼原告与被告"不偏不倚"的可能性有多大?	0.800
刑事司法程序		民事诉讼中的调解自愿、合法
		ZY20
侦查措施及时合法	ZY15 在您所在地区,警察对犯罪嫌疑人刑讯逼供的可能性有多大?	0.516
	ZY16 在您所在地区,犯罪嫌疑人被超期羁押的可能性有多大?	0.523
	ZY23 在您所在地区,侦查机关滥用权力进行非法监听的可能性有多大?	0.535
行政司法程序		民事诉讼裁判得到有效执行
		ZY21.1
行政诉讼裁判得到有效执行	ZY21.2 在您所在地区,行政诉讼中行政机关败诉的生效判决得到有效执行的可能性有多大?	0.675

指标 4:刑事司法程序

对"刑事司法程序"下的 3 个二级指标进行相关分析。分析结果显示,"刑事审判公正及时"与"侦查措施及时合法""审查起诉公正"具有中等程度相关性。

表 5-15 "刑事司法程序"下的二级指标间相关系数

二级指标	侦查措施及时合法	审查起诉公正	刑事审判公正及时
侦查措施及时合法	1		
审查起诉公正	0.282	1	
刑事审判公正及时	0.551	0.407	1

将"刑事司法程序"下的二级指标与"刑事司法程序"指标进行相关性检验,"刑事司法程序"与"刑事审判公正及时"的相关系数为 0.833,呈现出极强的相关性;与"侦查措施及时合法""审查起诉公正"呈现出强相关性,表示"刑事司法程序"下的二级指标与"刑事司法程序"指标的一致性较好。

"刑事司法程序"与"司法权力""当事人诉讼权利""民事司法程序""行政司法程序""证据制度"5 个一级指标存在强相关关系,故用"刑事司法程序"下的二级指标与这些指标进行相关性检验,结果显示也具有一定的相关性。其中,"侦查措施及时合法"与"当事人诉讼权利"的相关系数为 0.605,存在强相关关系;与"司法权力""民事司法程序""证据制度"的相关系数在 0.4~0.6 之间,具有中等程度相关性。"审查起诉公正"与"证据制度"的相关系数为 0.630,存在强相关关系;与"司法权力""当事人诉讼权利""民事司法程序""行政司法程序"具有中等程度相关性。"刑事审判公正及时"与"司法权力""当事人诉讼权利""民事司法程序""行政司法程序"均存在强相关关系;与

"证据制度"具有中等程度相关性。

表5-16 "刑事司法程序"下的二级指标与有关一级指标间相关系数

二级指标	刑事司法程序	司法权力	当事人诉讼权利	民事司法程序	行政司法程序	证据制度
侦查措施及时合法	0.778	0.573	0.605	0.498	0.366	0.450
审查起诉公正	0.730	0.516	0.523	0.411	0.439	0.630
刑事审判公正及时	0.833	0.698	0.621	0.741	0.714	0.581

将"刑事司法程序"下的二级指标与有关一级指标下的二级指标进行相关性检验。结果显示：

"侦查措施及时合法"与"当事人诉讼权利"指标下的"当事人享有不被强迫自证其罪的权利"的相关系数为0.616，与"民事司法程序"指标下的"民事诉讼中的调解自愿、合法"的相关系数为0.604，均存在强相关关系；与"司法权力"指标下的"司法权力独立行使""司法权力主体受到信任与认同""司法裁判受到信任与认同"相关系数在0.4~0.6之间，具有中等程度相关性；与"当事人诉讼权利"指标下的"当事人享有获得辩护、代理的权利"具有中等程度相关性；与"证据制度"指标下的"证明过程得到合理规范"具有中等程度相关性。

"审查起诉公正"与"司法权力"指标下的"司法权力依法行使"以及"证据制度"指标下的"证据依法得到采纳与排除"存在强相关关系；与"司法权力"指标下的"司法裁判受到信任与认同"相关系数在0.4~0.6之间，具有中等程度相关性；与"当事人诉讼权利"指标下的"当事人享有证据性权利""当事人享有获得救济的权利"具有中等程度相关性；与"证据制度"指标下的"证据裁判原则得到贯彻""证明过程得到合理规范"具有中等程度相关性。

"刑事审判公正及时"与"民事司法程序"指标下的"民事审判符合公正要求"以及"行政司法程序"指标下的"行政审判符合公正要求"存在强相关关系；与"司法权力"指标下的所有二级指标相关系数均在0.4~0.6之间，具有中等程度相关性；与"当事人诉讼权利"指标下除"当事人享有证据性权利"外的所有二级指标具有中等程度相关性；与"民事司法程序"指标下的"民事诉讼中的调解自愿、合法""民事诉讼裁判得到有效执行"具有中等程度相关性；与"行政司法程序"指标下的"行政诉讼裁判得到有效执行"具有中等程度相关性；与"证据制度"指标下的"证据依法得到采纳与排除""证明过程得到合理规范"具有中等程度相关性。

表5-17 "刑事司法程序"下的二级指标与有关二级指标间相关系数

	指标名	侦查措施及时合法	审查起诉公正	刑事审判公正及时
司法权力	司法权力依法行使	0.342	0.630	0.549
	司法权力独立行使	0.567	0.182	0.471
	司法权力公正行使	0.291	0.374	0.518
	司法权力主体受到信任与认同	0.482	0.385	0.504
	司法裁判受到信任与认同	0.414	0.405	0.552
当事人诉讼权利	当事人享有不被强迫自证其罪的权利	0.616	0.225	0.405
	当事人享有获得辩护、代理的权利	0.528	0.367	0.506
	当事人享有证据性权利	0.279	0.444	0.400
	当事人享有获得救济的权利	0.338	0.457	0.483

续表

指标名		侦查措施及时合法	审查起诉公正	刑事审判公正及时
民事司法程序	民事审判符合公正要求	0.209	0.325	0.673
	民事诉讼中的调解自愿、合法	0.604	0.227	0.499
	民事诉讼裁判得到有效执行	0.272	0.334	0.405
行政司法程序	行政审判符合公正要求	0.318	0.380	0.757
	行政诉讼裁判得到有效执行	0.301	0.361	0.426
证据制度	证据裁判原则得到贯彻	0.231	0.477	0.351
	证据依法得到采纳与排除	0.399	0.648	0.551
	证明过程得到合理规范	0.499	0.442	0.551

对"刑事司法程序"二级指标下的具体题目进行分析，检验二级指标下具体题目与其他强相关指标下具体题目之间的相关性。

将"侦查措施及时合法"指标下具体题目与"当事人享有不被强迫自证其罪的权利""民事诉讼中的调解自愿、合法"指标下具体题目进行相关性检验。ZY15（在您所在地区，警察对犯罪嫌疑人刑讯逼供的可能性有多大?），ZY16（在您所在地区，犯罪嫌疑人被超期羁押的可能性有多大?），ZY23（在您所在地区，侦查机关滥用权力进行非法监听的可能性有多大?）与ZY17、ZY20的相关系数均在0.4~0.6之间，具有中等程度相关性。

将"审查起诉公正"指标下具体题目与"司法权力依法行使""证据依法得到采纳与排除"指标下具体题目进行相关性检验。ZY14（在您所在地区，对于公安机关移送审查起诉的案件，检察机关经过审查后认为犯罪情节轻微，依照刑法规定不需要判处刑罚或者可以免除刑罚的，其作出不起诉决定的可能性有多大?）与ZY13的相关系数为0.652，存在强相关关系，与ZY12、ZY22、ZY29具有中等程度相关性。ZY24（在您所在地区，对于公安机关移送审查起诉的案件，检察机关经过审查后认为证据不足，直接作出不起诉决定的可能性有多大?）与ZY22、ZY29的相关系数分别为0.510、0.422，具有中等程度相关性。

将"刑事审判公正及时"指标下具体题目与"民事审判符合公正要求""行政审判符合公正要求"指标下具体题目进行相关性检验。ZY11.2（在您所在地区，法院对刑事诉讼控辩双方"不偏不倚"的可能性有多大?）与ZY11.1的相关系数为0.844，存在极强相关关系；与ZY11.3的相关系数为0.871，存在极强相关关系。

表5-18 "刑事司法程序"下的具体题目与有关具体题目间相关系数

当事人诉讼权利		侦查措施及时合法		
		ZY15	ZY16	ZY23
当事人享有不被强迫自证其罪的权利	ZY17 在您所在地区的侦查讯问中，警察要求犯罪嫌疑人自证其罪的可能性有多大?	0.556	0.559	0.490

民事司法程序		侦查措施及时合法		
		ZY15	ZY16	ZY23
民事诉讼中的调解自愿、合法	ZY20 在您所在地区的民事诉讼中，法官强迫或变相强迫当事人接受调解的可能性有多大?	0.516	0.523	0.535

司法权力		审查起诉公正	
		ZY14	ZY24
司法权力依法行使	ZY12 在您所在地区，法院依法行使审判权的可能性有多大？	0.466	0.277
	ZY22 在您所在地区，对于被批准逮捕后不再具有社会危险性的犯罪嫌疑人，检察机关依法予以变更或者解除逮捕措施的可能性有多大？	0.532	0.510
证据制度		审查起诉公正	
		ZY14	ZY24
证据依法得到采纳与排除	ZY13 在您所在地区，在审查起诉时如果发现有利于犯罪嫌疑人的证据，检察院及时调取该证据的可能性有多大？	0.652	0.373
	ZY29 辩护律师向法庭申请排除非法口供，并履行了初步证明责任，而公诉人未证明取证合法的，法官排除该证据的可能性有多大？	0.470	0.422
民事司法程序		刑事审判公正及时	
		ZY25	ZY11.2
民事审判符合公正要求	ZY11.1 在您所在地区，法院对民事诉讼中贫富不同的当事人"不偏不倚"的可能性有多大？	-0.174	0.844
行政司法程序		刑事审判公正及时	
		ZY25	ZY11.2
行政审判符合公正要求	ZY11.3 在您所在地区，法院对行政诉讼原告与被告"不偏不倚"的可能性有多大？	-0.285	0.871

指标5：行政司法程序

对"行政司法程序"下的2个二级指标进行相关分析。分析结果显示，2个二级指标之间相关系数为0.421，具有中等程度相关性。

表5-19　"行政司法程序"下的二级指标间相关系数

二级指标	行政审判符合公正要求	行政诉讼裁判得到有效执行
行政审判符合公正要求	1	
行政诉讼裁判得到有效执行	0.421	1

将"行政司法程序"下的二级指标与"行政司法程序"指标进行相关性检验，相关系数均在0.8以上，呈现出极强的相关性，表示"行政司法程序"下的二级指标与"行政司法程序"指标的一致性较好。"行政司法程序"与"司法权力""民事司法程序""刑事司法程序""证据制度"4个一级指标存在强相关关系，故用"行政司法程序"下的二级指标与这些指标进行相关性检验，结果显示也具有一定的相关性。其中，"行政审判符合公正要求"与"司法权力""民事司法程序""刑事司法程序"的相关系数分别为0.610、0.693、0.620，存在强相关关系；与"证据制度"的相关系数为0.515，具有中等程度相关性。"行政诉讼裁判得到有效执行"与"民事司法程序"的相关系数为0.603，存在强相关关系；与"司法权力""刑事司法程序""证据制度"具有中等程度相关性。

表5-20　"行政司法程序"下的二级指标与有关一级指标间相关系数

二级指标	行政司法程序	司法权力	民事司法程序	刑事司法程序	证据制度
行政审判符合公正要求	0.868	0.610	0.693	0.620	0.515
行政诉讼裁判得到有效执行	0.818	0.560	0.603	0.465	0.507

将"行政司法程序"下的二级指标与有关一级指标下的二级指标进行相关性检验。结果显示：

"行政审判符合公正要求"与"民事司法程序"指标下的"民事审判符合公正要求"的相关系数为0.800，与"刑事司法程序"指标下的"刑事审判公正及时"的相关系数为0.757，均存在强相关关系；与"司法权力"指标下的"司法权力依法行使""司法权力公正行使""司法权力主体受到信任与认同""司法裁判受到信任与认同"相关系数在0.4~0.6之间，具有中等程度相关性；与"证据制度"指标下的"证据依法得到采纳与排除""证明过程得到合理规范"具有中等程度相关性。

"行政诉讼裁判得到有效执行"与"民事司法程序"指标下的"民事诉讼裁判得到有效执行"的相关系数为0.675，存在强相关关系；与"司法权力"指标下的"司法权力依法行使""司法权力主体受到信任与认同""司法裁判受到信任与认同"相关系数在0.4~0.6之间，具有中等程度相关性；与"刑事司法程序"指标下的"刑事审判公正及时"具有中等程度相关性；与"证据制度"指标下的"证据依法得到采纳与排除""证明过程得到合理规范"具有中等程度相关性。

表5-21 "行政司法程序"下的二级指标与有关二级指标间相关系数

指标名		行政审判符合公正要求	行政诉讼裁判得到有效执行
司法权力	司法权力依法行使	0.541	0.492
	司法权力独立行使	0.310	0.303
	司法权力公正行使	0.549	0.394
	司法权力主体受到信任与认同	0.408	0.435
	司法裁判受到信任与认同	0.472	0.484
民事司法程序	民事审判符合公正要求	0.800	0.369
	民事诉讼中的调解自愿、合法	0.281	0.275
	民事诉讼裁判得到有效执行	0.375	0.675
刑事司法程序	侦查措施及时合法	0.318	0.301
	审查起诉公正	0.380	0.361
	刑事审判公正及时	0.757	0.426
证据制度	证据裁判原则得到贯彻	0.352	0.341
	证据依法得到采纳与排除	0.500	0.477
	证明过程得到合理规范	0.432	0.448

对"行政司法程序"二级指标下的具体题目进行分析，检验二级指标下具体题目与其他强相关指标下具体题目之间的相关性。

将"行政审判符合公正要求"指标下具体题目与"民事审判符合公正要求""刑事审判公正及时"指标下具体题目进行相关性检验。ZY11.3（在您所在地区，法院对行政诉讼原告与被告"不偏不倚"的可能性有多大？）与ZY11.1、ZY11.2的相关系数分别为0.800、0.871，均存在极强相关关系。

将"行政诉讼裁判得到有效执行"指标下具体题目与"民事诉讼裁判得到有效执行"指标下具体题目进行相关性检验。ZY21.2（在您所在地区，行政诉讼中行政机关败诉的生效判决得到有效执行的可能性有多大？）与ZY21.1的相关系数为0.675，存在强相关关系。

表 5-22 "行政司法程序"下的具体题目与有关具体题目间相关系数

民事司法程序		行政审判符合公正要求
		ZY11.3
民事审判符合公正要求	ZY11.1 在您所在地区,法院对民事诉讼中贫富不同的当事人"不偏不倚"的可能性有多大?	0.800
刑事司法程序		行政审判符合公正要求
		ZY11.3
刑事审判公正及时	ZY25 在您所在地区,刑事案件审判久拖不决的可能性有多大?	-0.285
	ZY11.2 在您所在地区,法院对刑事诉讼控辩双方"不偏不倚"的可能性有多大?	0.871
民事司法程序		行政诉讼裁判得到有效执行
		ZY21.2
民事诉讼裁判得到有效执行	ZY21.1 在您所在地区,民事案件生效判决得到有效执行的可能性有多大?	0.675

指标6:证据制度

对"证据制度"下的3个二级指标进行相关分析。分析结果显示,3个二级指标之间相关系数均在0.4~0.6之间,具有中等程度相关性。"证据裁判原则得到贯彻"与"证据依法得到采纳与排除""证明过程得到合理规范"指标间的相关系数分别为0.573、0.433;"证据依法得到采纳与排除"与"证明过程得到合理规范"指标间的相关系数为0.599。

表 5-23 "证据制度"下的二级指标间相关系数

二级指标	证据裁判原则得到贯彻	证据依法得到采纳与排除	证明过程得到合理规范
证据裁判原则得到贯彻	1		
证据依法得到采纳与排除	0.573	1	
证明过程得到合理规范	0.433	0.599	1

将"证据制度"下的二级指标与"证据制度"指标进行相关性检验,相关系数均在0.8以上,呈现出极强的相关性,表示"证据制度"下的二级指标与"证据制度"指标的一致性较好。

"证据制度"与"司法权力""当事人诉讼权利""民事司法程序""刑事司法程序""行政司法程序""司法公开"6个一级指标存在强相关关系,故用"证据制度"下的二级指标与这些指标进行相关性检验,结果显示也具有一定的相关性。其中,"证据裁判原则得到贯彻"与"司法权力""当事人诉讼权利""刑事司法程序""行政司法程序""司法公开"具有中等程度相关性。"证据依法得到采纳与排除"与"司法权力""当事人诉讼权利""刑事司法程序"存在强相关关系;与"民事司法程序""行政司法程序""司法公开"具有中等程度相关性。"证明过程得到合理规范"与"司法权力""当事人诉讼权利""刑事司法程序"存在强相关关系;与"民事司法程序""行政司法程序""司法公开"具有中等程度相关性。

表 5-24 "证据制度"下的二级指标与有关一级指标间相关系数

二级指标	证据制度	司法权力	当事人诉讼权利	民事司法程序	刑事司法程序	行政司法程序	司法公开
证据裁判原则得到贯彻	0.811	0.464	0.451	0.377	0.455	0.411	0.444

续表

二级指标	证据制度	司法权力	当事人诉讼权利	民事司法程序	刑事司法程序	行政司法程序	司法公开
证据依法得到采纳与排除	0.874	0.673	0.675	0.572	0.685	0.579	0.548
证明过程得到合理规范	0.807	0.664	0.718	0.570	0.637	0.520	0.553

将"证据制度"下的二级指标与有关一级指标下的二级指标进行相关性检验。结果显示：

"证据裁判原则得到贯彻"与"司法权力"指标下的"司法权力依法行使""司法裁判受到信任与认同"具有中等程度相关性；与"当事人诉讼权利"指标下的"当事人享有获得救济的权利"具有中等程度相关性；与"刑事司法程序"指标下的"审查起诉公正"具有中等程度相关性；与"司法公开"指标下的"裁判结果依法公开"具有中等程度相关性。

"证据依法得到采纳与排除"与"司法权力"指标下的"司法权力依法行使"以及"刑事司法程序"指标下的"审查起诉公正"存在强相关关系；与"司法权力"指标下的"司法权力公正行使""司法权力主体受到信任与认同""司法裁判受到信任与认同"具有中等程度相关性；与"当事人诉讼权利"指标下的"当事人享有获得辩护、代理的权利""当事人享有证据性权利""当事人享有获得救济的权利"具有中等程度相关性；与"民事司法程序"指标下的"民事审判符合公正要求""民事诉讼裁判得到有效执行"具有中等程度相关性；与"刑事司法程序"指标下的"刑事审判公正及时"具有中等程度相关性；与"行政司法程序""司法公开"指标下的所有二级指标具有中等程度相关性。

"证明过程得到合理规范"与"当事人诉讼权利"指标下的"当事人享有获得辩护、代理的权利"存在强相关关系；与"司法权力"指标下除"司法权力公正行使"外的所有二级指标具有中等程度相关性；与"当事人诉讼权利"指标下的"当事人享有证据性权利""当事人享有获得救济的权利"具有中等程度相关性；与"民事司法程序"指标下的"民事诉讼中的调解自愿、合法""民事诉讼裁判得到有效执行"具有中等程度相关性；与"刑事司法程序""行政司法程序""司法公开"指标下的所有二级指标具有中等程度相关性。

表5-25 "证据制度"下的二级指标与有关二级指标间相关系数

指标名		证据裁判原则得到贯彻	证据依法得到采纳与排除	证明过程得到合理规范
司法权力	司法权力依法行使	0.494	0.663	0.528
	司法权力独立行使	0.136	0.332	0.463
	司法权力公正行使	0.345	0.477	0.397
	司法权力主体受到信任与认同	0.353	0.507	0.525
	司法裁判受到信任与认同	0.447	0.562	0.567
当事人诉讼权利	当事人享有不被强迫自证其罪的权利	0.171	0.314	0.382
	当事人享有获得辩护、代理的权利	0.325	0.479	0.677
	当事人享有证据性权利	0.337	0.544	0.480
	当事人享有获得救济的权利	0.457	0.593	0.554
民事司法程序	民事审判符合公正要求	0.337	0.433	0.357
	民事诉讼中的调解自愿、合法	0.159	0.339	0.447
	民事诉讼裁判得到有效执行	0.310	0.459	0.431

续表

指标名		证据裁判原则得到贯彻	证据依法得到采纳与排除	证明过程得到合理规范
刑事司法程序	侦查措施及时合法	0.231	0.399	0.499
	审查起诉公正	0.477	0.648	0.442
	刑事审判公正及时	0.351	0.551	0.551
行政司法程序	行政审判符合公正要求	0.352	0.500	0.432
	行政诉讼裁判得到有效执行	0.341	0.477	0.448
司法公开	司法过程依法公开	0.395	0.474	0.473
	裁判结果依法公开	0.450	0.571	0.580

对"证据制度"二级指标下的具体题目进行分析，检验二级指标下具体题目与其他强相关指标下具体题目之间的相关性。

将"证据依法得到采纳与排除"指标下具体题目与"司法权力依法行使""审查起诉公正"指标下具体题目进行相关性检验。ZY13（在您所在地区，在审查起诉时如果发现有利于犯罪嫌疑人的证据，检察院及时调取该证据的可能性有多大？）与ZY14存在强相关关系；与ZY12、ZY22具有中等程度相关性。ZY29（辩护律师向法庭申请排除非法口供，并履行了初步证明责任，而公诉人未证明取证合法的，法官排除该证据的可能性有多大？）与ZY22、ZY14、ZY24具有中等程度相关性。

将"证明过程得到合理规范"指标下具体题目与"当事人享有获得辩护、代理的权利"指标下具体题目进行相关性检验。ZY30.1（在您所在地区，庭审经过侦查人员出庭作证才作出判决的可能性有多大？）与ZY18具有中等程度相关性；ZY30.2（在您所在地区，庭审经过证人证言在法庭上得到质证才作出判决的可能性有多大？）与ZY18具有中等程度相关性；ZY4.1（在您所在地区，律师调查取证权行使受到限制的可能性有多大？）与ZY4.3、ZY4.4具有中等程度相关性；ZY4.2（在您所在地区，庭审中的律师质证权行使受到限制的可能性有多大？）与ZY4.3、ZY4.4存在强相关关系。

表5-26 "证据制度"下的具体题目与有关具体题目间相关系数

司法权力		证据依法得到采纳与排除	
		ZY13	ZY29
司法权力依法行使	ZY12 在您所在地区，法院依法行使审判权的可能性有多大？	0.549	0.390
	ZY22 在您所在地区，对于被批准逮捕后不再具有社会危险性的犯罪嫌疑人，检察机关依法予以变更或者解除逮捕措施的可能性有多大？	0.456	0.466

刑事司法程序		证据依法得到采纳与排除	
		ZY13	ZY29
审查起诉公正	ZY14 在您所在地区，对于公安机关移送审查起诉的案件，检察机关经过审查后认为犯罪情节轻微，依照刑法规定不需要判处刑罚或者可以免除刑罚的，其作出不起诉决定的可能性有多大？	0.652	0.470
	ZY24 在您所在地区，对于公安机关移送审查起诉的案件，检察机关经过审查后认为证据不足，直接作出不起诉决定的可能性有多大？	0.373	0.422

续表

当事人诉讼权利		证明过程得到合理规范			
		ZY30.1	ZY30.2	ZY4.1	ZY4.2
当事人享有获得辩护、代理的权利	ZY18 在您所在地区，律师行使辩护权得到保障的可能性有多大？	0.435	0.479	−0.309	−0.367
	ZY4.3 在您所在地区，律师执业时被追究"律师伪证罪"的可能性有多大？	−0.133	−0.158	0.479	0.608
	ZY4.4 在您所在地区，律师办案过程中被公检法人员羞辱的可能性有多大？	−0.244	−0.283	0.554	0.654

指标7：司法腐败遏制

对"司法腐败遏制"下的3个二级指标进行相关分析。分析结果显示，3个二级指标之间相关系数较高，均超过0.8，呈现极强的相关性。

表5-27 "司法腐败遏制"下的二级指标间相关系数

二级指标	警察远离腐败	检察官远离腐败	法官远离腐败
警察远离腐败	1		
检察官远离腐败	0.801	1	
法官远离腐败	0.822	0.902	1

将"司法腐败遏制"下的二级指标与"司法腐败遏制"指标进行相关性检验，相关系数均在0.8以上，呈现出极强的相关性，表示"司法腐败遏制"下的二级指标与"司法腐败遏制"指标的一致性较好。

"司法腐败遏制"与"司法权力"这一一级指标存在强相关关系，故用"司法腐败遏制"下的二级指标与该指标进行相关性检验，结果显示相关系数均大于0.4。其中，"警察远离腐败"与"司法权力"的相关系数为0.581，具有中等程度相关性。"检察官远离腐败"与"司法权力"的相关系数为0.626，存在强相关关系。"法官远离腐败"与"司法权力"的相关系数为0.621，存在强相关关系。

表5-28 "司法腐败遏制"下的二级指标与有关一级指标间相关系数

二级指标	司法腐败遏制	司法权力
警察远离腐败	0.928	0.581
检察官远离腐败	0.950	0.626
法官远离腐败	0.959	0.621

将"司法腐败遏制"下的二级指标与有关一级指标下的二级指标进行相关性检验。结果显示：

"警察远离腐败"与"司法权力"指标下的"司法权力独立行使"存在强相关关系；与"司法权力"指标下的"司法权力主体受到信任与认同"具有中等程度相关性。

"检察官远离腐败"与"司法权力"指标下的"司法权力独立行使"存在强相关关系；与"司法权力"指标下的"司法权力主体受到信任与认同""司法裁判受到信任与认同"具有中等程度相关性。

"法官远离腐败"与"司法权力"指标下的"司法权力独立行使"存在强相关关系；与"司法权力"指标下的"司法权力主体受到信任与认同""司法裁判受到信任与认同"具有中等程度相关性。

表 5-29 "司法腐败遏制"下的二级指标与有关二级指标间相关系数

指标名		警察远离腐败	检察官远离腐败	法官远离腐败
司法权力	司法权力依法行使	0.297	0.355	0.340
	司法权力独立行使	0.719	0.721	0.731
	司法权力公正行使	0.224	0.269	0.260
	司法权力主体受到信任与认同	0.471	0.487	0.468
	司法裁判受到信任与认同	0.388	0.442	0.456

对"司法腐败遏制"二级指标下的具体题目进行分析，检验二级指标下具体题目与其他强相关指标下具体题目之间的相关性。结果显示："警察/检察官/法官远离腐败"指标下的6个题目（ZY6.1/ZY6.2/ZY6.3：在您所在地区，法官/检察官/警察办"关系案"的可能性有多大？ZY7.1/ZY7.2/ZY7.3：在您所在地区，法官/检察官/警察收受贿赂的可能性有多大？）均与"司法权力独立行使"指标下的ZY8、ZY9.1、ZY9.2存在强相关关系。

表 5-30 "司法腐败遏制"下的具体题目与有关具体题目间相关系数

司法权力		警察远离腐败		检察官远离腐败		法官远离腐败	
		ZY6.3	ZY7.3	ZY6.2	ZY7.2	ZY6.1	ZY7.1
司法权力独立行使	ZY8 在您所在地区，法官办案受到本院领导干涉的可能性有多大？	0.642	0.678	0.648	0.679	0.680	0.706
	ZY9.1 在您所在地区，法院办案受到党政机关干涉的可能性有多大？	0.622	0.675	0.629	0.663	0.643	0.669
	ZY9.2 在您所在地区，检察院办案受到党政机关干涉的可能性有多大？	0.620	0.661	0.635	0.662	0.624	0.655

指标8：法律职业化

对"法律职业化"下的3个二级指标进行相关分析。分析结果显示，3个二级指标之间相关系数较低，均未超过0.4，呈现弱相关或无相关。

表 5-31 "法律职业化"下的二级指标间相关系数

二级指标	法律职业人员获得职业培训	法律职业人员遵守职业伦理规范	法律职业人员享有职业保障
法律职业人员获得职业培训	1		
法律职业人员遵守职业伦理规范	-0.025	1	
法律职业人员享有职业保障	0.177	0.255	1

将"法律职业化"下的二级指标与"法律职业化"指标进行相关性检验，"法律职业化"与"法律职业人员获得职业培训"的相关系数为0.795，与"法律职业人员享有职业保障"的相关系数为0.611，均存在强相关关系；与"法律职业人员遵守职业伦理规范"具有中等程度相关性。表示"法律职业人员获得职业培训""法律职业人员享有职业保障"指标与"法律职业化"指标的一致性较好；"法律职业人员遵守职业伦理规范"与"法律职业化"指标的一致性尚可。

由于"法律职业化"与其他一级指标的相关系数均小于0.6，未呈现强相关性，故不进行"法律职业化"下的二级指标与其他一级指标，以及与其他指标下的具体题目的相关性检验。

表 5-32　"法律职业化"下的二级指标与有关一级指标间相关系数

二级指标	法律职业化
法律职业人员获得职业培训	0.795
法律职业人员遵守职业伦理规范	0.469
法律职业人员享有职业保障	0.611

指标 9：司法公开

对"司法公开"下的 2 个二级指标进行相关分析。分析结果显示，2 个二级指标之间相关系数为 0.811，呈现极强的相关性。

表 5-33　"司法公开"下的二级指标间相关系数

二级指标	司法过程依法公开	裁判结果依法公开
司法过程依法公开	1	
裁判结果依法公开	0.811	1

将"司法公开"下的二级指标与"司法公开"指标进行相关性检验，相关系数均在 0.8 以上，呈现出极强的相关性，表示"司法公开"下的二级指标与"司法公开"指标的一致性较好。

"司法公开"与"司法权力""当事人诉讼权利""证据制度"3 个一级指标存在强相关关系，故用"司法公开"下的二级指标与这 3 个指标进行相关性检验，结果显示也具有一定的相关性。其中，"司法过程依法公开"与"司法权力"的相关系数为 0.620，存在强相关关系；与"当事人诉讼权利""证据制度"具有中等程度相关性。"裁判结果依法公开"与"司法权力""当事人诉讼权利""证据制度"均存在强相关关系。

表 5-34　"司法公开"下的二级指标与有关一级指标间相关系数

二级指标	司法公开	司法权力	当事人诉讼权利	证据制度
司法过程依法公开	0.953	0.620	0.519	0.537
裁判结果依法公开	0.951	0.736	0.633	0.641

将"司法公开"下的二级指标与有关一级指标下的二级指标进行相关性检验。结果显示：

"司法过程依法公开"与"司法权力"指标下的"司法裁判受到信任与认同"存在强相关关系；与"司法权力"指标下的"司法权力依法行使""司法权力主体受到信任与认同"具有中等程度相关性；与"当事人诉讼权利"指标下的"当事人享有获得辩护、代理的权利""当事人享有获得救济的权利"具有中等程度相关性；与"证据制度"指标下的"证据依法得到采纳与排除""证明过程得到合理规范"具有中等程度相关性。

"裁判结果依法公开"与"司法权力"指标下的"司法权力主体受到信任与认同""司法裁判受到信任与认同"存在强相关关系；与"司法权力"指标下的"司法权力依法行使""司法权力公正行使"具有中等程度相关性；与"当事人诉讼权利"指标下除"当事人享有不被强迫自证其罪的权利"外的所有二级指标具有中等程度相关性；与"证据制度"指标下的所有二级指标具有中等程度相关性。

表 5-35 "司法公开"下的二级指标与有关二级指标间相关系数

	指标名	司法过程依法公开	裁判结果依法公开
司法权力	司法权力依法行使	0.478	0.557
	司法权力独立行使	0.282	0.381
	司法权力公正行使	0.384	0.430
	司法权力主体受到信任与认同	0.525	0.633
	司法裁判受到信任与认同	0.678	0.777
当事人诉讼权利	当事人享有不被强迫自证其罪的权利	0.239	0.315
	当事人享有获得辩护、代理的权利	0.402	0.452
	当事人享有证据性权利	0.389	0.478
	当事人享有获得救济的权利	0.463	0.567
证据制度	证据裁判原则得到贯彻	0.395	0.450
	证据依法得到采纳与排除	0.474	0.571
	证明过程得到合理规范	0.473	0.580

对"司法公开"二级指标下的具体题目进行分析，检验二级指标下具体题目与其他强相关指标下具体题目之间的相关性。

将"司法过程依法公开"指标下具体题目与"司法裁判受到信任与认同"指标下具体题目进行相关性检验。ZY32.1（在您所在地区，法院允许公众旁听审判的可能性有多大？）与ZY33.1、ZY33.2均存在强相关关系。

将"裁判结果依法公开"指标下具体题目与"司法权力主体受到信任与认同""司法裁判受到信任与认同"指标下具体题目进行相关性检验。ZY32.2（在您所在地区，法院依法及时公开判决书的可能性有多大？）与ZY33.1、ZY33.2存在强相关关系；与ZY31.1、ZY31.2、ZY31.3具有中等程度相关性。ZY32.3（在您所在地区，法院判决书对证据采纳与排除的理由予以充分说明的可能性有多大？）与ZY33.1、ZY33.2存在强相关关系；与ZY31.1、ZY31.2、ZY31.3具有中等程度相关性。

表 5-36 "司法公开"下的具体题目与有关具体题目间相关系数

	司法权力	司法过程依法公开	
		ZY32.1	
司法裁判受到信任与认同	ZY33.1 在您所在地区，法院审判过程公正的可能性有多大？	0.674	
	ZY33.2 在您所在地区，法院判决结果公正的可能性有多大？	0.648	
	司法权力	裁判结果依法公开	
		ZY32.2	ZY32.3
司法权力主体受到信任与认同	ZY31.1 您对自己所在地区法官队伍的总体满意程度如何？	0.571	0.598
	ZY31.2 您对自己所在地区检察官队伍的总体满意程度如何？	0.530	0.548
	ZY31.3 您对自己所在地区警察队伍的总体满意程度如何？	0.481	0.561
司法裁判受到信任与认同	ZY33.1 在您所在地区，法院审判过程公正的可能性有多大？	0.717	0.717
	ZY33.2 在您所在地区，法院判决结果公正的可能性有多大？	0.704	0.725

二、公众卷各指标间的相关分析

本部分对公众卷涉及的 10 个一级指标进行相关分析。分析结果显示，10 个一级指标之间的相关系数均小于 0.6，公众卷的一级指标之间不存在强相关关系。指标间的相关系数在 0.4~0.6 之间，具有中等程度相关性的一级指标有："司法权力"与"民事司法程序""刑事司法程序""行政司法程序""司法腐败遏制""法律职业化""司法公开""司法文化"；"民事司法程序"与"刑事司法程序""行政司法程序""证据制度""法律职业化""司法公开"；"刑事司法程序"与"证据制度""司法腐败遏制""法律职业化"；"证据制度"与"司法腐败遏制""法律职业化"；"司法腐败遏制"与"法律职业化"。

表 5-37　公众卷一级指标间相关系数

一级指标	司法权力	当事人诉讼权利	民事司法程序	刑事司法程序	行政司法程序	证据制度	司法腐败遏制	法律职业化	司法公开	司法文化
司法权力	1									
当事人诉讼权利	0.389	1								
民事司法程序	0.555	0.383	1							
刑事司法程序	0.461	0.295	0.532	1						
行政司法程序	0.430	0.305	0.477	0.283	1					
证据制度	0.376	0.256	0.419	0.485	0.243	1				
司法腐败遏制	0.421	0.196	0.380	0.458	0.221	0.447	1			
法律职业化	0.466	0.240	0.431	0.459	0.241	0.409	0.563	1		
司法公开	0.569	0.359	0.417	0.317	0.350	0.217	0.216	0.272	1	
司法文化	0.425	0.346	0.374	0.239	0.281	0.182	0.166	0.233	0.377	1

指标 1：司法权力

对"司法权力"下的 2 个二级指标进行相关分析。分析结果显示，2 个二级指标之间相关系数为 0.534，具有中等程度相关性。

表 5-38　"司法权力"下的二级指标间相关系数

二级指标	司法权力主体受到信任与认同	司法裁判受到信任与认同
司法权力主体受到信任与认同	1	
司法裁判受到信任与认同	0.534	1

将"司法权力"下的二级指标与"司法权力"指标进行相关性检验，相关系数均在 0.8 以上，呈现出极强的相关性，表示"司法权力"下的二级指标与"司法权力"指标的一致性较好。

"司法权力"与"民事司法程序""刑事司法程序""行政司法程序""司法腐败遏制""法律职业化""司法公开""司法文化"7 个一级指标具有中等程度相关性，故用"司法权力"下的二级指标与这些指标进行相关性检验，结果显示也具有一定的相关性。其中，"司法权力主体受到信任与认同"与"民事司法程序""刑事司法程序""司法腐败遏制""法律职业化""司法公开"具有中等程度相关性；"司法裁判受到信任与认同"与"民事司法程序""司法公开"具有中等程度相关性。

表 5-39 "司法权力"下的二级指标与有关一级指标间相关系数

二级指标	司法权力	民事司法程序	刑事司法程序	行政司法程序	司法腐败遏制	法律职业化	司法公开	司法文化
司法权力主体受到信任与认同	0.869	0.456	0.415	0.353	0.406	0.423	0.448	0.350
司法裁判受到信任与认同	0.882	0.515	0.393	0.399	0.334	0.396	0.547	0.394

将"司法权力"下的二级指标与有关一级指标下的二级指标进行相关性检验。结果显示:

"司法权力主体受到信任与认同"与"刑事司法程序"指标下的"侦查措施及时合法"具有中等程度相关性;与"法律职业化"指标下的"法律职业人员遵守职业伦理规范"具有中等程度相关性;与"司法公开"指标下的所有二级指标具有中等程度相关性。

"司法裁判受到信任与认同"与"民事司法程序"指标下的"民事诉讼裁判得到有效执行"具有中等程度相关性;与"刑事司法程序"指标下的"侦查措施及时合法"具有中等程度相关性;与"司法公开"指标下的所有二级指标具有中等程度相关性。

表 5-40 "司法权力"下的二级指标与有关二级指标间相关系数

指标名		司法权力主体受到信任与认同	司法裁判受到信任与认同
民事司法程序	民事审判符合公正要求	0.298	0.354
	民事诉讼中的调解自愿、合法	0.280	0.278
	民事诉讼裁判得到有效执行	0.368	0.432
刑事司法程序	侦查措施及时合法	0.437	0.435
	刑事审判公正及时	0.282	0.250
行政司法程序	行政诉讼裁判得到有效执行	0.353	0.399
司法腐败遏制	警察远离腐败	0.382	0.300
	检察官远离腐败	0.379	0.317
	法官远离腐败	0.378	0.321
法律职业化	法律职业人员遵守职业伦理规范	0.423	0.396
司法公开	司法过程依法公开	0.407	0.497
	裁判结果依法公开	0.435	0.533
司法文化	公众参与司法的意识及程度	0.244	0.232
	公众诉诸司法的意识及程度	0.244	0.306
	公众接受司法裁判的意识及程度	0.265	0.314
	公众接受现代刑罚理念的意识及程度	0.010	0.011

对"司法权力"二级指标下的具体题目进行分析,检验二级指标下具体题目与其他中等程度相关指标下具体题目之间的相关性。

将"司法权力主体受到信任与认同"指标下具体题目与"侦查措施及时合法""法律职业人员遵守职业伦理规范""司法过程依法公开""裁判结果依法公开"指标下具体题目进行相关性检验。GZ4.1(您对自己所在地区法官队伍的总体满意程度如何?)与GZ5.2具有中等程度相关性;GZ4.2(您对自己所在地区检察官队伍的总体满意程度如何?)与GZ5.2具有中等程度相关性。

将"司法裁判受到信任与认同"指标下具体题目与"民事诉讼裁判得到有效执行""侦查措施及时

合法""司法过程依法公开""裁判结果依法公开"指标下具体题目进行相关性检验。GZ6.1（在您所在地区，法院审判过程公正的可能性有多大？）与 GZ16.1、GZ17、GZ5.1、GZ5.2 具有中等程度相关性；GZ6.2（在您所在地区，法院判决结果公正的可能性有多大？）与 GZ16.1、GZ17、GZ5.1、GZ5.2 具有中等程度相关性。

表 5-41 "司法权力"下的具体题目与有关具体题目间相关系数

刑事司法程序		司法权力主体受到信任与认同		
		GZ4.1	GZ4.2	GZ4.3
侦查措施及时合法	GZ12 在您所在地区，警察对犯罪嫌疑人刑讯逼供的可能性有多大？	−0.265	−0.273	−0.293
	GZ17 在您所在地区，刑事案件立案后，公安机关及时侦查的可能性有多大？	0.353	0.352	0.361
法律职业化		司法权力主体受到信任与认同		
		GZ4.1	GZ4.2	GZ4.3
法律职业人员遵守职业伦理规范	GZ3.1 在您所在地区，律师虚假承诺的可能性有多大？	−0.291	−0.306	−0.302
	GZ3.2 在您所在地区，律师与法官有不正当利益往来的可能性有多大？	−0.345	−0.344	−0.337
	GZ3.3 在您所在地区，律师尽职尽责为委托人服务的可能性有多大？	0.166	0.157	0.130
司法公开		司法权力主体受到信任与认同		
		GZ4.1	GZ4.2	GZ4.3
司法过程依法公开	GZ5.1 在您所在地区，法院允许公众旁听审判的可能性有多大？	0.394	0.383	0.350
裁判结果依法公开	GZ5.2 在您所在地区，法院依法及时公开判决书的可能性有多大？	0.414	0.412	0.378
民事司法程序		司法裁判受到信任与认同		
		GZ6.1	GZ6.2	
民事诉讼裁判得到有效执行	GZ16.1 在您所在地区，民事案件生效判决得到有效执行的可能性有多大？	0.420	0.408	
刑事司法程序		司法裁判受到信任与认同		
		GZ6.1	GZ6.2	
侦查措施及时合法	GZ12 在您所在地区，警察对犯罪嫌疑人刑讯逼供的可能性有多大？	−0.245	−0.253	
	GZ17 在您所在地区，刑事案件立案后，公安机关及时侦查的可能性有多大？	0.408	0.410	
司法公开		司法裁判受到信任与认同		
		GZ6.1	GZ6.2	
司法过程依法公开	GZ5.1 在您所在地区，法院允许公众旁听审判的可能性有多大？	0.491	0.461	
裁判结果依法公开	GZ5.2 在您所在地区，法院依法及时公开判决书的可能性有多大？	0.513	0.508	

指标 2：当事人诉讼权利

"当事人诉讼权利"下仅有"当事人享有获得辩护、代理的权利"一个二级指标，故不进行"当事人诉讼权利"下的二级指标间的相关分析。

由于"当事人诉讼权利"与其他一级指标的相关系数均小于0.4，未呈现中等程度及以上相关性，故不进行"当事人诉讼权利"下的二级指标与其他一级指标、二级指标，以及与其他指标下的具体题目的相关性检验。

指标3：民事司法程序

对"民事司法程序"下的3个二级指标进行相关分析。分析结果显示，3个二级指标之间相关系数较低，均未超过0.4，呈现弱相关或无相关。

表5-42　"民事司法程序"下的二级指标间相关系数

二级指标	民事审判符合公正要求	民事诉讼中的调解自愿、合法	民事诉讼裁判得到有效执行
民事审判符合公正要求	1		
民事诉讼中的调解自愿、合法	0.149	1	
民事诉讼裁判得到有效执行	0.284	0.179	1

将"民事司法程序"下的二级指标与"民事司法程序"指标进行相关性检验，相关系数均在0.6以上，呈现出强相关性，表示"民事司法程序"下的二级指标与"民事司法程序"指标的一致性较好。

"民事司法程序"与"司法权力""刑事司法程序""行政司法程序""证据制度""法律职业化""司法公开"6个一级指标具有中等程度相关性，故用"民事司法程序"下的二级指标与这些指标进行相关性检验，结果显示也具有一定的相关性。其中，"民事诉讼中的调解自愿、合法"与"刑事司法程序""证据制度"具有中等程度相关性；"民事诉讼裁判得到有效执行"与"司法权力""行政司法程序"具有中等程度相关性。

表5-43　"民事司法程序"下的二级指标与有关一级指标间相关系数

二级指标	民事司法程序	司法权力	刑事司法程序	行政司法程序	证据制度	法律职业化	司法公开
民事审判符合公正要求	0.734	0.373	0.234	0.275	0.226	0.241	0.284
民事诉讼中的调解自愿、合法	0.627	0.319	0.564	0.177	0.436	0.396	0.207
民事诉讼裁判得到有效执行	0.693	0.457	0.320	0.545	0.210	0.260	0.374

将"民事司法程序"下的二级指标与有关一级指标下的二级指标进行相关性检验。结果显示：

"民事诉讼中的调解自愿、合法"与"刑事司法程序"指标下的"侦查措施及时合法""刑事审判公正及时"以及"证据制度"指标下的"证据裁判原则得到贯彻"具有中等程度相关性。

"民事诉讼裁判得到有效执行"与"司法权力"指标下的"司法裁判受到信任与认同"以及"行政司法程序"指标下的"行政诉讼裁判得到有效执行"具有中等程度相关性。

表5-44　"民事司法程序"下的二级指标与有关二级指标间相关系数

指标名		民事审判符合公正要求	民事诉讼中的调解自愿、合法	民事诉讼裁判得到有效执行
司法权力	司法权力主体受到信任与认同	0.298	0.280	0.368
	司法裁判受到信任与认同	0.354	0.278	0.432

续表

指标名		民事审判符合公正要求	民事诉讼中的调解自愿、合法	民事诉讼裁判得到有效执行
刑事司法程序	侦查措施及时合法	0.256	0.445	0.385
	刑事审判公正及时	0.151	0.503	0.178
行政司法程序	行政诉讼裁判得到有效执行	0.275	0.177	0.545
证据制度	证据裁判原则得到贯彻	0.226	0.436	0.210
法律职业化	法律职业人员遵守职业伦理规范	0.241	0.396	0.260
司法公开	司法过程依法公开	0.254	0.179	0.344
	裁判结果依法公开	0.280	0.210	0.359

对"民事司法程序"二级指标下的具体题目进行分析，检验二级指标下具体题目与其他中等程度相关指标下具体题目之间的相关性。

将"民事诉讼中的调解自愿、合法"指标下具体题目与"侦查措施及时合法""刑事审判公正及时""证据裁判原则得到贯彻"指标下具体题目进行相关性检验。GZ15（在您所在地区的民事诉讼中，法官强迫或变相强迫当事人接受调解的可能性有多大？）与GZ12、GZ14、GZ18具有中等程度相关性。

将"民事诉讼裁判得到有效执行"指标下具体题目与"司法裁判受到信任与认同""行政诉讼裁判得到有效执行"指标下具体题目进行相关性检验。GZ16.1（在您所在地区，民事案件生效判决得到有效执行的可能性有多大？）与GZ6.1、GZ6.2、GZ16.2具有中等程度相关性。

表5-45 "民事司法程序"下的具体题目与有关具体题目间相关系数

刑事司法程序			民事诉讼中的调解自愿、合法
			GZ15
侦查措施及时合法	GZ12	在您所在地区，警察对犯罪嫌疑人刑讯逼供的可能性有多大？	0.455
	GZ17	在您所在地区，刑事案件立案后，公安机关及时侦查的可能性有多大？	-0.236
刑事审判公正及时	GZ14	在您所在地区，刑事案件审判久拖不决的可能性有多大？	0.503

证据制度			民事诉讼中的调解自愿、合法
			GZ15
证据裁判原则得到贯彻	GZ18	在您所在地区，您觉得"打官司就是打关系"的可能性有多大？	0.436

司法权力			民事诉讼裁判得到有效执行
			GZ16.1
司法裁判受到信任与认同	GZ6.1	在您所在地区，法院审判过程公正的可能性有多大？	0.420
	GZ6.2	在您所在地区，法院判决结果公正的可能性有多大？	0.408

行政司法程序			民事诉讼裁判得到有效执行
			GZ16.1
行政诉讼裁判得到有效执行	GZ16.2	在您所在地区，行政诉讼中行政机关败诉的生效判决得到有效执行的可能性有多大？	0.545

指标 4：刑事司法程序

对"刑事司法程序"下的 2 个二级指标进行相关分析。分析结果显示，2 个二级指标之间相关系数为 0.422，具有中等程度相关性。

表 5-46 "刑事司法程序"下的二级指标间相关系数

二级指标	侦查措施及时合法	刑事审判公正及时
侦查措施及时合法	1	
刑事审判公正及时	0.422	1

将"刑事司法程序"下的二级指标与"刑事司法程序"指标进行相关性检验，相关系数均在 0.8 以上，呈现出极强的相关性，表示"刑事司法程序"下的二级指标与"刑事司法程序"指标的一致性较好。

"刑事司法程序"与"司法权力""民事司法程序""证据制度""司法腐败遏制""法律职业化"5 个一级指标具有中等程度相关性，故用"刑事司法程序"下的二级指标与这些指标进行相关性检验，结果显示也具有一定的相关性。其中，"侦查措施及时合法"与"司法权力""民事司法程序""证据制度""司法腐败遏制""法律职业化"具有中等程度相关性；"刑事审判公正及时"与"证据制度"具有中等程度相关性。

表 5-47 "刑事司法程序"下的二级指标与有关一级指标间相关系数

二级指标	刑事司法程序	司法权力	民事司法程序	证据制度	司法腐败遏制	法律职业化
侦查措施及时合法	0.804	0.498	0.518	0.403	0.413	0.432
刑事审判公正及时	0.878	0.304	0.395	0.415	0.367	0.353

将"刑事司法程序"下的二级指标与有关一级指标下的二级指标进行相关性检验。结果显示：

"侦查措施及时合法"与"司法权力"指标下的"司法权力主体受到信任与认同""司法裁判受到信任与认同"具有中等程度相关性；与"民事司法程序"指标下的"民事诉讼中的调解自愿、合法"具有中等程度相关性；与"证据制度"指标下的"证据裁判原则得到贯彻"具有中等程度相关性；与"法律职业化"指标下的"法律职业人员遵守职业伦理规范"具有中等程度相关性。

"刑事审判公正及时"与"民事司法程序"指标下的"民事诉讼中的调解自愿、合法"具有中等程度相关性；与"证据制度"指标下的"证据裁判原则得到贯彻"具有中等程度相关性。

表 5-48 "刑事司法程序"下的二级指标与有关二级指标间相关系数

	指标名	侦查措施及时合法	刑事审判公正及时
司法权力	司法权力主体受到信任与认同	0.437	0.282
	司法裁判受到信任与认同	0.435	0.250
民事司法程序	民事审判符合公正要求	0.256	0.151
	民事诉讼中的调解自愿、合法	0.445	0.503
	民事诉讼裁判得到有效执行	0.385	0.178
证据制度	证据裁判原则得到贯彻	0.403	0.415

续表

指标名		侦查措施及时合法	刑事审判公正及时
司法腐败遏制	警察远离腐败	0.379	0.340
	检察官远离腐败	0.388	0.348
	法官远离腐败	0.391	0.341
法律职业化	法律职业人员遵守职业伦理规范	0.432	0.353

对"刑事司法程序"二级指标下的具体题目进行分析，检验二级指标下具体题目与其他中等程度相关指标下具体题目之间的相关性。

将"侦查措施及时合法"指标下具体题目与"司法权力主体受到信任与认同""司法裁判受到信任与认同""民事诉讼中的调解自愿、合法""证据裁判原则得到贯彻""法律职业人员遵守职业伦理规范"指标下具体题目进行相关性检验。GZ12（在您所在地区，警察对犯罪嫌疑人刑讯逼供的可能性有多大？）与GZ15具有中等程度相关性；GZ17（在您所在地区，刑事案件立案后，公安机关及时侦查的可能性有多大？）与GZ6.1、GZ6.2具有中等程度相关性。

将"刑事审判公正及时"指标下具体题目与"民事诉讼中的调解自愿、合法""证据裁判原则得到贯彻"指标下具体题目进行相关性检验。GZ14（在您所在地区，刑事案件审判久拖不决的可能性有多大？）与GZ15、GZ18具有中等程度相关性。

表5-49 "刑事司法程序"下的具体题目与有关具体题目间相关系数

	司法权力	侦查措施及时合法	
		GZ12	GZ17
司法权力主体受到信任与认同	GZ4.1 您对自己所在地区法官队伍的总体满意程度如何？	−0.265	0.353
	GZ4.2 您对自己所在地区检察官队伍的总体满意程度如何？	−0.273	0.352
	GZ4.3 您对自己所在地区警察队伍的总体满意程度如何？	−0.293	0.361
司法裁判受到信任与认同	GZ6.1 在您所在地区，法院审判过程公正的可能性有多大？	−0.245	0.408
	GZ6.2 在您所在地区，法院判决结果公正的可能性有多大？	−0.253	0.410
	民事司法程序	侦查措施及时合法	
		GZ12	GZ17
民事诉讼中的调解自愿、合法	GZ15 在您所在地区的民事诉讼中，法官强迫或变相强迫当事人接受调解的可能性有多大？	0.455	−0.236
	证据制度	侦查措施及时合法	
		GZ12	GZ17
证据裁判原则得到贯彻	GZ18 在您所在地区，您觉得"打官司就是打关系"的可能性有多大？	0.392	−0.237
	法律职业化	侦查措施及时合法	
		GZ12	GZ17
法律职业人员遵守职业伦理规范	GZ3.1 在您所在地区，律师虚假承诺的可能性有多大？	0.336	−0.222
	GZ3.2 在您所在地区，律师与法官有不正当利益往来的可能性有多大？	0.375	−0.245
	GZ3.3 在您所在地区，律师尽职尽责为委托人服务的可能性有多大？	−0.051	0.151

续表

民事司法程序		刑事审判公正及时
		GZ14
民事诉讼中的调解自愿、合法	GZ15 在您所在地区的民事诉讼中，法官强迫或变相强迫当事人接受调解的可能性有多大？	0.503

证据制度		刑事审判公正及时
		GZ14
证据裁判原则得到贯彻	GZ18 在您所在地区，您觉得"打官司就是打关系"的可能性有多大？	0.415

指标 5：行政司法程序

"行政司法程序"下仅有"行政诉讼裁判得到有效执行"一个二级指标，故不进行"行政司法程序"下的二级指标间的相关分析。

"行政司法程序"与"司法权力""民事司法程序"指标具有中等程度相关性，故用"行政司法程序"下的二级指标与这2个指标进行相关性检验，结果显示，"行政诉讼裁判得到有效执行"与"司法权力""民事司法程序"均具有中等程度相关性。

表 5-50　"行政司法程序"下的二级指标与有关一级指标间相关系数

二级指标	司法权力	民事司法程序
行政诉讼裁判得到有效执行	0.430	0.477

将"行政司法程序"下的二级指标与有关一级指标下的二级指标进行相关性检验。结果显示："行政诉讼裁判得到有效执行"与"民事司法程序"指标下的"民事诉讼裁判得到有效执行"的相关系数为0.545，具有中等程度相关性。

表 5-51　"行政司法程序"下的二级指标与有关二级指标间相关系数

指标名		行政诉讼裁判得到有效执行
司法权力	司法权力主体受到信任与认同	0.353
	司法裁判受到信任与认同	0.399
民事司法程序	民事审判符合公正要求	0.275
	民事诉讼中的调解自愿、合法	0.177
	民事诉讼裁判得到有效执行	0.545

对"行政司法程序"二级指标下的具体题目进行分析，检验二级指标下具体题目与其他中等程度相关指标下具体题目之间的相关性。

将"行政诉讼裁判得到有效执行"指标下具体题目与"民事诉讼裁判得到有效执行"指标下具体题目进行相关性检验。GZ16.2（在您所在地区，行政诉讼中行政机关败诉的生效判决得到有效执行的可能性有多大？）与GZ16.1具有中等程度相关性。

表 5-52 "行政司法程序"下的具体题目与有关具体题目间相关系数

民事司法程序		行政诉讼裁判得到有效执行
		GZ16.2
民事诉讼裁判得到有效执行	GZ16.1 在您所在地区，民事案件生效判决得到有效执行的可能性有多大？	0.545

指标 6：证据制度

"证据制度"下仅有"证据裁判原则得到贯彻"一个二级指标，故不进行"证据制度"下的二级指标间的相关分析。

"证据制度"与"民事司法程序""刑事司法程序""司法腐败遏制""法律职业化"4 个一级指标具有中等程度相关性，故用"证据制度"下的二级指标与这 4 个指标进行相关性检验，结果显示相关系数分别为 0.419、0.485、0.447、0.409，具有中等程度相关性。

表 5-53 "证据制度"下的二级指标与有关一级指标间相关系数

二级指标	民事司法程序	刑事司法程序	司法腐败遏制	法律职业化
证据裁判原则得到贯彻	0.419	0.485	0.447	0.409

将"证据制度"下的二级指标与有关一级指标下的二级指标进行相关性检验。结果显示："证据裁判原则得到贯彻"与"民事司法程序"指标下的"民事诉讼中的调解自愿、合法"具有中等程度相关性；与"刑事司法程序"指标下的"侦查措施及时合法""刑事审判公正及时"具有中等程度相关性；与"司法腐败遏制"指标下的所有二级指标具有中等程度相关性；与"法律职业化"指标下的"法律职业人员遵守职业伦理规范"具有中等程度相关性。

表 5-54 "证据制度"下的二级指标与有关二级指标间相关系数

指标名		证据裁判原则得到贯彻
刑事司法程序	民事审判符合公正要求	0.226
	民事诉讼中的调解自愿、合法	0.436
	民事诉讼裁判得到有效执行	0.210
刑事司法程序	侦查措施及时合法	0.403
	刑事审判公正及时	0.415
司法腐败遏制	警察远离腐败	0.406
	检察官远离腐败	0.419
	法官远离腐败	0.427
法律职业化	法律职业人员遵守职业伦理规范	0.409

对"证据制度"二级指标下的具体题目进行分析，检验二级指标下具体题目与其他中等程度相关指标下具体题目之间的相关性。

将"证据裁判原则得到贯彻"指标下具体题目与"民事诉讼中的调解自愿、合法""侦查措施及时合法""刑事审判公正及时""警察远离腐败""检察官远离腐败""法官远离腐败""法律职业人员遵守职业伦理规范"指标下具体题目进行相关性检验。GZ18（在您所在地区，您觉得"打官司就是打关系"的可能性有多大？）与 GZ15、GZ14、GZ2.3、GZ2.2、GZ2.1、GZ3.2 具有中等程度相关性。

表 5-55 "证据制度"下的具体题目与有关具体题目间相关系数

民事司法程序		证据裁判原则得到贯彻
		GZ18
民事诉讼中的调解自愿、合法	GZ15 在您所在地区民事诉讼中，法官强迫或变相强迫当事人接受调解的可能性有多大？	0.436
刑事司法程序		证据裁判原则得到贯彻
		GZ18
侦查措施及时合法	GZ12 在您所在地区，警察对犯罪嫌疑人刑讯逼供的可能性有多大？	0.392
	GZ17 在您所在地区，刑事案件立案后，公安机关及时侦查的可能性有多大？	-0.237
刑事审判公正及时	GZ14 在您所在地区，刑事案件审判久拖不决的可能性有多大？	0.415
司法腐败遏制		证据裁判原则得到贯彻
		GZ18
警察远离腐败	GZ2.3 在您所在地区，下列人员收受贿赂的可能性有多大？——警察	0.406
检察官远离腐败	GZ2.2 在您所在地区，下列人员收受贿赂的可能性有多大？——检察官	0.419
法官远离腐败	GZ2.1 在您所在地区，下列人员收受贿赂的可能性有多大？——法官	0.427
法律职业化		证据裁判原则得到贯彻
		GZ18
法律职业人员遵守职业伦理规范	GZ3.1 在您所在地区，律师虚假承诺的可能性有多大？	0.371
	GZ3.2 在您所在地区，律师与法官有不正当利益往来的可能性有多大？	0.436
	GZ3.3 在您所在地区，律师尽职尽责为委托人服务的可能性有多大？	-0.040

指标 7：司法腐败遏制

对"司法腐败遏制"下的 3 个二级指标进行相关分析。分析结果显示，3 个二级指标之间相关系数较高，均超过 0.6，呈现强相关性或极强的相关性。

表 5-56 "司法腐败遏制"下的二级指标间相关系数

二级指标	警察远离腐败	检察官远离腐败	法官远离腐败
警察远离腐败	1		
检察官远离腐败	0.778	1	
法官远离腐败	0.762	0.877	1

将"司法腐败遏制"下的二级指标与"司法腐败遏制"指标进行相关性检验，相关系数均在 0.8 以上，呈现出极强的相关性，表示"司法腐败遏制"下的二级指标与"司法腐败遏制"指标的一致性较好。

"司法腐败遏制"与"司法权力""刑事司法程序""证据制度""法律职业化"4 个一级指标具有中等程度相关性，故用"司法腐败遏制"下的二级指标与这些指标进行相关性检验，结果显示也具有一定的相关性。其中，"警察远离腐败""检察官远离腐败""法官远离腐败"均与"刑事司法程序""证据制度""法律职业化"具有中等程度相关性。

表 5-57 "司法腐败遏制"下的二级指标与有关一级指标间相关系数

二级指标	司法腐败遏制	司法权力	刑事司法程序	证据制度	法律职业化
警察远离腐败	0.911	0.388	0.422	0.406	0.498
检察官远离腐败	0.947	0.396	0.433	0.419	0.535
法官远离腐败	0.942	0.398	0.429	0.427	0.547

将"司法腐败遏制"下的二级指标与有关一级指标下的二级指标进行相关性检验。结果显示:"警察远离腐败""检察官远离腐败""法官远离腐败"均与"证据制度"指标下的"证据裁判原则得到贯彻"和"法律职业化"指标下的"法律职业人员遵守职业伦理规范"具有中等程度相关性。

表 5-58 "司法腐败遏制"下的二级指标与有关二级指标间相关系数

指标名		警察远离腐败	检察官远离腐败	法官远离腐败
司法权力	司法权力主体受到信任与认同	0.382	0.379	0.378
	司法裁判受到信任与认同	0.300	0.317	0.321
刑事司法程序	侦查措施及时合法	0.379	0.388	0.391
	刑事审判公正及时	0.340	0.348	0.341
证据制度	证据裁判原则得到贯彻	0.406	0.419	0.427
法律职业化	法律职业人员遵守职业伦理规范	0.498	0.535	0.547

对"司法腐败遏制"二级指标下的具体题目进行分析,检验二级指标下具体题目与其他中等程度相关指标下具体题目之间的相关性。

将"警察远离腐败""检察官远离腐败""法官远离腐败"3 个指标下具体题目与"证据裁判原则得到贯彻""法律职业人员遵守职业伦理规范"指标下具体题目进行相关性检验。GZ2.3(在您所在地区,警察收受贿赂的可能性有多大?)与 GZ18、GZ3.1、GZ3.2 具有中等程度相关性。GZ2.2(在您所在地区,检察官收受贿赂的可能性有多大?)与 GZ18、GZ3.1 具有中等程度相关性,与 GZ3.2 存在强相关关系。GZ2.1(在您所在地区,法官收受贿赂的可能性有多大?)与 GZ18、GZ3.1 具有中等程度相关性,与 GZ3.2 存在强相关关系。

表 5-59 "司法腐败遏制"下的具体题目与有关具体题目间相关系数

法律职业化		警察远离腐败	检察官远离腐败	法官远离腐败
		GZ2.3	GZ2.2	GZ2.1
证据裁判原则得到贯彻	GZ18 在您所在地区,您觉得"打官司就是打关系"的可能性有多大?	0.406	0.419	0.427
法律职业人员遵守职业伦理规范	GZ3.1 在您所在地区,律师虚假承诺的可能性有多大?	0.535	0.547	0.556
	GZ3.2 在您所在地区,律师与法官有不正当利益往来的可能性有多大?	0.593	0.626	0.635
	GZ3.3 在您所在地区,律师尽职尽责为委托人服务的可能性有多大?	0.084	0.058	0.050

指标 8：法律职业化

"法律职业化"下仅有"法律职业人员遵守职业伦理规范"一个二级指标，故不进行"法律职业化"下的二级指标间的相关分析。

"法律职业化"与"司法权力""民事司法程序""刑事司法程序""证据制度""司法腐败遏制"5个一级指标具有中等程度相关性，故用"法律职业化"下的二级指标与这些指标进行相关性检验，结果显示相关系数分别为 0.466、0.431、0.459、0.409、0.563，均具有中等程度相关性。

表 5-60 "法律职业化"下的二级指标与有关一级指标间相关系数

二级指标	司法权力	民事司法程序	刑事司法程序	证据制度	司法腐败遏制
法律职业人员遵守职业伦理规范	0.466	0.431	0.459	0.409	0.563

将"法律职业化"下的二级指标与有关一级指标下的二级指标进行相关性检验。结果显示："法律职业人员遵守职业伦理规范"与"司法权力"指标下的"司法权力主体受到信任与认同"具有中等程度相关性；与"刑事司法程序"指标下的"侦查措施及时合法"具有中等程度相关性；与"证据制度"指标下的"证据裁判原则得到贯彻"具有中等程度相关性；与"司法腐败遏制"指标下的所有二级指标具有中等程度相关性。

表 5-61 "法律职业化"下的二级指标与有关二级指标间相关系数

	指标名	法律职业人员遵守职业伦理规范
司法权力	司法权力主体受到信任与认同	0.423
	司法裁判受到信任与认同	0.396
民事司法程序	民事审判符合公正要求	0.241
	民事诉讼中的调解自愿、合法	0.396
	民事诉讼裁判得到有效执行	0.260
刑事司法程序	侦查措施及时合法	0.432
	刑事审判公正及时	0.353
证据制度	证据裁判原则得到贯彻	0.409
司法腐败遏制	警察远离腐败	0.498
	检察官远离腐败	0.535
	法官远离腐败	0.547

对"法律职业化"二级指标下的具体题目进行分析，检验二级指标下具体题目与其他中等程度相关指标下具体题目之间的相关性。

将"法律职业人员遵守职业伦理规范"指标下具体题目与"司法权力主体受到信任与认同""侦查措施及时合法""证据裁判原则得到贯彻""警察远离腐败""检察官远离腐败""法官远离腐败"指标下具体题目进行相关性检验。GZ3.1（在您所在地区，律师虚假承诺的可能性有多大？）与 GZ2.3、GZ2.2、GZ2.1 具有中等程度相关性；GZ3.2（在您所在地区，律师与法官有不正当利益往来的可能性有多大？）与 GZ18、GZ2.3 具有中等程度相关性，与 GZ2.2、GZ2.1 存在强相关关系。

表 5-62 "法律职业化"下的具体题目与有关具体题目间相关系数

司法权力			法律职业人员遵守职业伦理规范		
			GZ3.1	GZ3.2	GZ3.3
司法权力主体受到信任与认同	GZ4.1 您对自己所在地区法官队伍的总体满意程度如何？	-0.291	-0.345	0.166
	GZ4.2 您对自己所在地区检察官队伍的总体满意程度如何？	-0.306	-0.344	0.157
	GZ4.3 您对自己所在地区警察队伍的总体满意程度如何？	-0.302	-0.337	0.130
刑事司法程序			法律职业人员遵守职业伦理规范		
			GZ3.1	GZ3.2	GZ3.3
侦查措施及时合法	GZ12 在您所在地区，警察对犯罪嫌疑人刑讯逼供的可能性有多大？	0.336	0.375	-0.051
	GZ17 在您所在地区，刑事案件立案后，公安机关及时侦查的可能性有多大？	-0.222	-0.245	0.151
证据制度			法律职业人员遵守职业伦理规范		
			GZ3.1	GZ3.2	GZ3.3
证据裁判原则得到贯彻	GZ18 在您所在地区，您觉得"打官司就是打关系"的可能性有多大？	0.371	0.436	-0.040
司法腐败遏制			法律职业人员遵守职业伦理规范		
			GZ3.1	GZ3.2	GZ3.3
警察远离腐败	GZ2.3 在您所在地区，警察收受贿赂的可能性有多大？	0.535	0.593	0.084
检察官远离腐败	GZ2.2 在您所在地区，检察官收受贿赂的可能性有多大？	0.547	0.626	0.058
法官远离腐败	GZ2.1 在您所在地区，法官收受贿赂的可能性有多大？	0.556	0.635	0.050

指标 9：司法公开

对"司法公开"下的 2 个二级指标进行相关分析。分析结果显示，2 个二级指标之间相关系数为 0.767，呈现强相关性。

表 5-63 "司法公开"下的二级指标间相关系数

二级指标	司法过程依法公开	裁判结果依法公开
司法过程依法公开	1	
裁判结果依法公开	0.767	1

将"司法公开"下的二级指标与"司法公开"指标进行相关性检验，相关系数均在 0.8 以上，呈现出极强的相关性，表示"司法公开"下的二级指标与"司法公开"指标的一致性较好。

"司法公开"与"司法权力""民事司法程序"这 2 个一级指标具有中等程度相关性，故用"司法公开"下的二级指标与这 2 个指标进行相关性检验，结果显示，"司法过程依法公开"与"司法权力"具有中等程度相关性；"裁判结果依法公开"与"司法权力""民事司法程序"具有中等程度相关性。

表 5-64 "司法公开"下的二级指标与有关一级指标间相关系数

二级指标	司法公开	司法权力	民事司法程序
司法过程依法公开	0.940	0.517	0.375
裁判结果依法公开	0.940	0.554	0.410

将"司法公开"下的二级指标与有关一级指标下的二级指标进行相关性检验。结果显示:"司法过程依法公开"与"司法权力"指标下的"司法权力主体受到信任与认同""司法裁判受到信任与认同"具有中等程度相关性;"裁判结果依法公开"与"司法权力"指标下的"司法权力主体受到信任与认同""司法裁判受到信任与认同"具有中等程度相关性。

表 5-65 "司法公开"下的二级指标与有关二级指标间相关系数

	指标名	司法过程依法公开	裁判结果依法公开
司法权力	司法权力主体受到信任与认同	0.407	0.435
	司法裁判受到信任与认同	0.497	0.533
民事司法程序	民事审判符合公正要求	0.254	0.280
	民事诉讼中的调解自愿、合法	0.179	0.210
	民事诉讼裁判得到有效执行	0.344	0.359

对"司法公开"二级指标下的具体题目进行分析,检验二级指标下具体题目与其他中等程度相关指标下具体题目之间的相关性。

将"司法过程依法公开"指标下具体题目与"司法权力主体受到信任与认同""司法裁判受到信任与认同"指标下具体题目进行相关性检验。GZ5.1(在您所在地区,法院允许公众旁听审判的可能性有多大?)与 GZ6.1、GZ6.2 具有中等程度相关性。

将"裁判结果依法公开"指标下具体题目与"司法权力主体受到信任与认同""司法裁判受到信任与认同"指标下具体题目进行相关性检验。GZ5.2(在您所在地区,法院依法及时公开判决书的可能性有多大?)与 GZ4.1、GZ4.2、GZ6.1、GZ6.2 具有中等程度相关性。

表 5-66 "司法公开"下的具体题目与有关具体题目间相关系数

司法权力		司法过程依法公开	裁判结果依法公开
		GZ5.1	GZ5.2
司法权力主体受到信任与认同	GZ4.1 您对自己所在地区法官队伍的总体满意程度如何?	0.394	0.414
	GZ4.2 您对自己所在地区检察官队伍的总体满意程度如何?	0.383	0.412
	GZ4.3 您对自己所在地区警察队伍的总体满意程度如何?	0.350	0.378
司法裁判受到信任与认同	GZ6.1 在您所在地区,法院审判过程公正的可能性有多大?	0.491	0.513
	GZ6.2 在您所在地区,法院判决结果公正的可能性有多大?	0.461	0.508

指标 10:司法文化

对"司法文化"下的 4 个二级指标进行相关分析。分析结果显示,4 个二级指标之间相关系数较低,均未超过 0.4,呈现弱相关或无相关。

表 5-67 "司法文化"下的二级指标间相关系数

二级指标	公众参与司法的意识及程度	公众诉诸司法的意识及程度	公众接受司法裁判的意识及程度	公众接受现代刑罚理念的意识及程度
公众参与司法的意识及程度	1			
公众诉诸司法的意识及程度	0.200	1		
公众接受司法裁判的意识及程度	0.180	0.220	1	
公众接受现代刑罚理念的意识及程度	0.010	0.010	0.032	1

将"司法文化"下的二级指标与"司法文化"指标进行相关性检验。"公众参与司法的意识及程度""公众诉诸司法的意识及程度""公众接受司法裁判的意识及程度"指标与"司法文化"指标间的相关系数均在0.6以上，呈现强相关性。"公众接受现代刑罚理念的意识及程度"指标与"司法文化"指标间的相关系数为0.325，呈现弱相关性。表示"公众参与司法的意识及程度""公众诉诸司法的意识及程度""公众接受司法裁判的意识及程度"指标与"司法文化"指标的一致性较好，但"公众接受现代刑罚理念的意识及程度"指标与"司法文化"指标的一致性不佳。

"司法文化"与"司法权力"这一一级指标具有中等程度相关性，故用"司法文化"下的二级指标与该指标进行相关性检验，结果显示均为弱相关或无相关。故不进行相关指标下二级指标以及具体题目间的相关性检验。

表 5-68 "司法文化"下的二级指标与有关一级指标间相关系数

二级指标	司法文化	司法权力
公众参与司法的意识及程度	0.659	0.271
公众诉诸司法的意识及程度	0.638	0.315
公众接受司法裁判的意识及程度	0.657	0.331
公众接受现代刑罚理念的意识及程度	0.325	0.012

第六章　对司法主体满意度相关分析

本章将对司法主体满意度题目与各个题目得分进行相关分析，了解司法过程中的哪些因素可能与对司法主体满意度存在相关性。

一、职业卷对各司法主体满意度相关分析

（一）对法官满意度

职业卷中对法官满意度题目为 Q31.1（您对自己所在地区法官队伍的总体满意程度如何?），将该题与问卷中对法官/法院评价的题目进行相关分析。

分析结果显示，对法官满意度题目与 Q33.1（在您所在地区，法院审判过程公正的可能性有多大?）和 Q33.2（在您所在地区，法院判决结果公正的可能性有多大?）的相关系数均在 0.6 以上，且 P 值均小于 0.01 的显著性水平，说明存在强相关关系。

对法官满意度题目与 Q12、Q8、Q9.1、Q26.1、Q26.2、Q26.3、Q21.1、Q25、Q21.2、Q30.1、Q30.2、Q6.1、Q7.1、Q32.1、Q32.2、Q32.3 的相关系数（绝对值）均在 0.4~0.6 之间，且 P 值均小于 0.01 的显著性水平，呈现中等程度相关性。

表 6-1　法律职业群体对法官满意度和各个题目间相关系数及各题目得分表

Q31.1 您对自己所在地区法官队伍的总体满意程度如何?		
相关分析题目	相关系数	题目得分
Q12 在您所在地区，法院依法行使审判权的可能性有多大?	0.421	80.4
Q8 在您所在地区，法官办案受到本院领导干涉的可能性有多大?	−0.429	67.6
Q9.1 在您所在地区，法院办案受到党政机关干涉的可能性有多大?	−0.446	65.6
Q10.1 在您所在地区，法院公正办案的可能性有多大?	0.352	80.2
Q33.1 在您所在地区，法院审判过程公正的可能性有多大?	0.633	83.6
Q33.2 在您所在地区，法院判决结果公正的可能性有多大?	0.626	82.7
Q19 在您所在地区的刑事审判中，如果被告人要求证人出庭作证，法官传唤该证人出庭作证的可能性有多大?	0.393	70.6
Q26.1 在您所在地区，对确有错误的民事案件生效判决，法院启动再审程序予以纠正的可能性有多大?	0.444	71.3
Q26.2 在您所在地区，对确有错误的刑事案件生效判决，法院启动再审程序予以纠正的可能性有多大?	0.489	71.1
Q26.3 在您所在地区，对确有错误的行政案件生效判决，法院启动再审程序予以纠正的可能性有多大?	0.480	69.5
Q11.1 在您所在地区，法院对民事诉讼中贫富不同的当事人"不偏不倚"的可能性有多大?	0.311	78.9
Q20 在您所在地区的民事诉讼中，法官强迫或变相强迫当事人接受调解的可能性有多大?	−0.388	71.7

续表

Q31.1 您对自己所在地区法官队伍的总体满意程度如何?		
相关分析题目	相关系数	题目得分
Q21.1 在您所在地区，民事案件生效判决得到有效执行的可能性有多大?	0.422	72.8
Q25 在您所在地区，刑事案件审判久拖不决的可能性有多大?	−0.400	70.4
Q11.2 在您所在地区，法院对刑事诉讼控辩双方"不偏不倚"的可能性有多大?	0.365	77.0
Q11.3 在您所在地区，法院对行政诉讼原告与被告"不偏不倚"的可能性有多大?	0.389	75.0
Q21.2 在您所在地区，行政诉讼中行政机关败诉的生效判决得到有效执行的可能性有多大?	0.421	72.8
Q28 在您所在地区，认定被告人有罪的证据不足，法院"宁可错放，也不错判"的可能性有多大?	0.264	66.4
Q27 在您所在地区，您觉得"打官司就是打证据"的可能性有多大?	0.319	78.1
Q29 辩护律师向法庭申请排除非法口供，并履行了初步证明责任，而公诉人未证明取证合法的，法官排除该证据的可能性有多大?	0.378	68.3
Q30.1 在您所在地区，庭审经过侦查人员出庭作证才作出判决的可能性有多大?	0.427	73.9
Q30.2 在您所在地区，庭审经过证人证言在法庭上得到质证才作出判决的可能性有多大?	0.484	76.5
Q4.2 在您所在地区，庭审中的律师质证权行使受到限制的可能性有多大?	−0.305	71.0
Q6.1 在您所在地区，法官办"关系案"的可能性有多大?	−0.445	70.7
Q7.1 在您所在地区，法官收受贿赂的可能性有多大?	−0.447	72.0
Q32.1 在您所在地区，法院允许公众旁听审判的可能性有多大?	0.532	82.4
Q32.2 在您所在地区，法院依法及时公开判决书的可能性有多大?	0.571	82.2
Q32.3 在您所在地区，法院判决书对证据采纳与排除的理由予以充分说明的可能性有多大?	0.598	78.7

将相关系数和各题目得分绘制成散点图进行分析。从图中可知，对法官满意度题目得分与Q33.1（在您所在地区，法院审判过程公正的可能性有多大?）, Q33.2（在您所在地区，法院判决结果公正的可能性有多大?）, Q32.2（在您所在地区，法院依法及时公开判决书的可能性有多大?）三题得分的相关系数较大，且该三题得分较高。

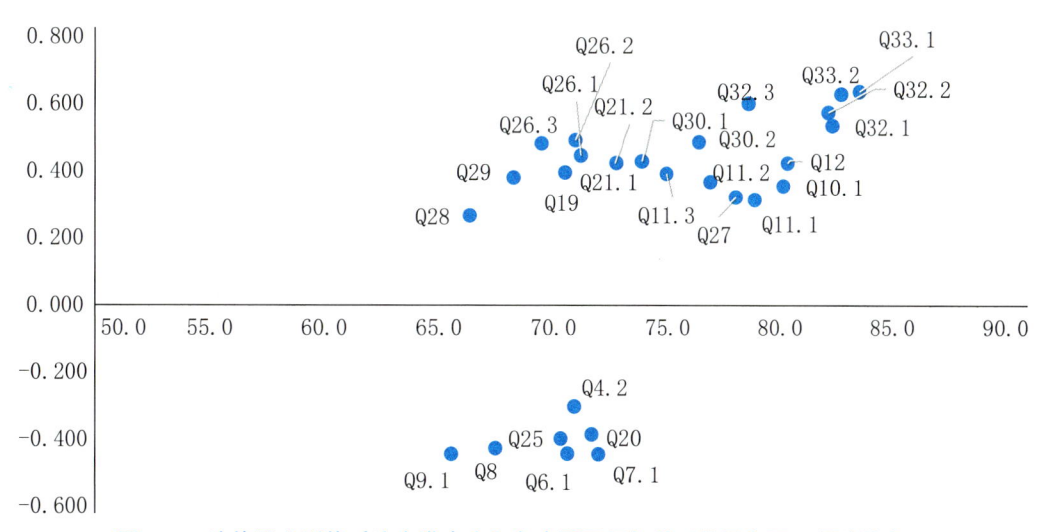

图6-1 法律职业群体对法官满意度和各个题目间相关系数及各题目得分散点图

接下来将对法官满意度题目Q31.1分别与Q33.1、Q33.2、Q32.2进行交叉分析。

Q31.1（您对自己所在地区法官队伍的总体满意程度如何？）与Q33.1（在您所在地区，法院审判过程公正的可能性有多大？）的交叉分析数据表明，受访者对法官满意度与对法院审判过程公正可能性认知之间存在一定的关联。

表6-2 对法官满意度和对法院审判过程公正可能性认知之间的交叉分析表[1]

			Q33.1 在您所在地区，法院审判过程公正的可能性有多大？					总 计
			非常不可能	不太可能	有可能	很可能	非常可能	
Q31.1您对自己所在地区法官队伍的总体满意程度如何？	非常不满意	计数	15	10	20	5	4	54
		占比	27.8%	18.5%	37.0%	9.3%	7.4%	100.0%
	不太满意	计数	3	38	105	80	20	246
		占比	1.2%	15.4%	42.7%	32.5%	8.1%	100.0%
	一 般	计数	3	19	716	524	124	1 386
		占比	0.2%	1.4%	51.7%	37.8%	8.9%	100.0%
	比较满意	计数	0	2	260	1 817	1 063	3 142
		占比	0.0%	0.1%	8.3%	57.8%	33.8%	100.0%
	非常满意	计数	0	6	20	132	1 237	1 395
		占比	0.0%	0.4%	1.4%	9.5%	88.7%	100.0%
总 计		计数	21	75	1 121	2 558	2 448	6 223
		占比	0.3%	1.2%	18.0%	41.1%	39.3%	100.0%

若将选项"非常可能""很可能"和"有可能"合并为"可能"，将选项"不太可能"和"非常不可能"合并为"不可能"，则得数据如下：

对法官满意度为"非常不满意"的受访者中，认为法院审判过程可能公正的比例为53.7%；对法官满意度为"不太满意"的受访者中，认为法院审判过程可能公正的比例为83.3%；对法官满意度为"一般"的受访者中，认为法院审判过程可能公正的比例为98.4%；对法官满意度为"比较满意"的受访者中，认为法院审判过程可能公正的比例为99.9%；对法官满意度为"非常满意"的受访者中，认为法院审判过程可能公正的比例为99.6%。

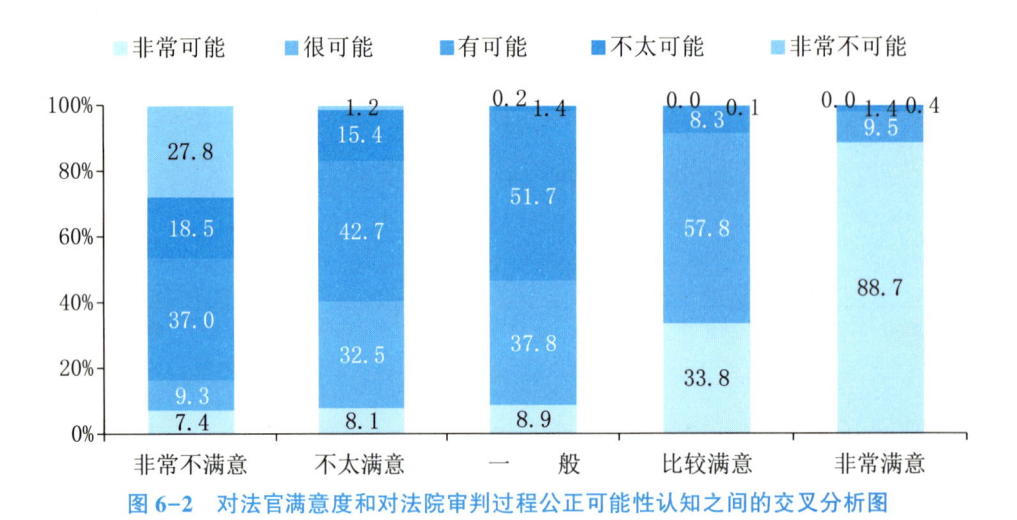

图6-2 对法官满意度和对法院审判过程公正可能性认知之间的交叉分析图

---

[1] 表中的"占比"为各种可能性选项在满意度中的占比。由于存在漏答或拒答情况，故题目的总计样本量可能与问卷样本量不一致。下同。

Q31.1（您对自己所在地区法官队伍的总体满意程度如何？）与Q33.2（在您所在地区，法院判决结果公正的可能性有多大？）的交叉分析数据表明，受访者对法官满意度与对法院判决结果公正可能性认知之间存在一定的关联。

表6-3 对法官满意度和对法院判决结果公正可能性认知之间的交叉分析表

			Q33.2 在您所在地区，法院判决结果公正的可能性有多大？					总 计
			非常不可能	不太可能	有可能	很可能	非常可能	
Q31.1 您对自己所在地区法官队伍的总体满意程度如何？	非常不满意	计数	17	6	22	4	4	53
		占比	32.1%	11.3%	41.5%	7.5%	7.5%	100.0%
	不太满意	计数	2	39	114	36	54	245
		占比	0.8%	15.9%	46.5%	14.7%	22.0%	100.0%
	一 般	计数	4	18	789	473	102	1 386
		占比	0.3%	1.3%	56.9%	34.1%	7.4%	100.0%
	比较满意	计数	0	7	313	1 861	960	3 141
		占比	0.0%	0.2%	10.0%	59.2%	30.6%	100.0%
	非常满意	计数	0	6	13	156	1 220	1 395
		占比	0.0%	0.4%	0.9%	11.2%	87.5%	100.0%
总 计		计数	23	76	1 251	2 530	2 340	6 220
		占比	0.4%	1.2%	20.1%	40.7%	37.6%	100.0%

若将选项"非常可能""很可能"和"有可能"合并为"可能"，将选项"不太可能"和"非常不可能"合并为"不可能"，则得数据如下：

对法官满意度为"非常不满意"的受访者中，认为法院判决结果可能公正的比例为56.5%；对法官满意度为"不太满意"的受访者中，认为法院判决结果可能公正的比例为83.2%；对法官满意度为"一般"的受访者中，认为法院判决结果可能公正的比例为98.4%；对法官满意度为"比较满意"的受访者中，认为法院判决结果可能公正的比例为99.8%；对法官满意度为"非常满意"的受访者中，认为法院判决结果可能公正的比例为99.6%。

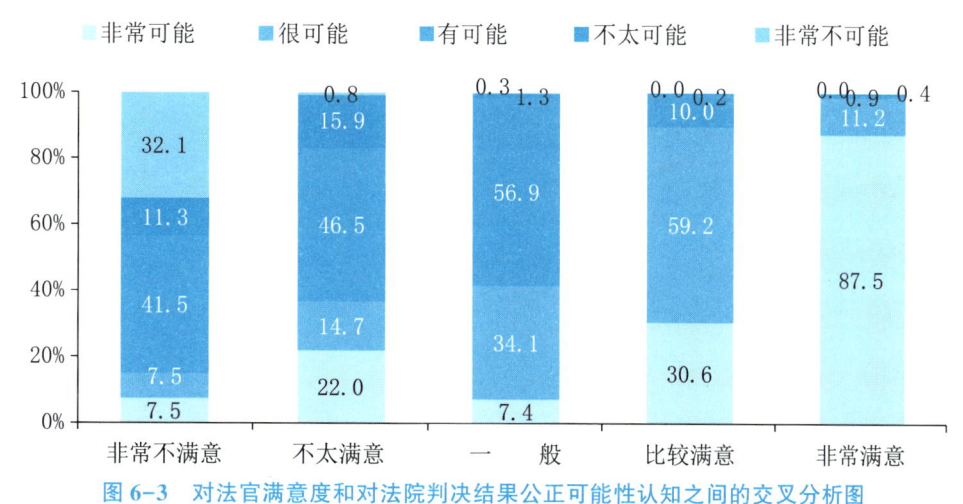

图6-3 对法官满意度和对法院判决结果公正可能性认知之间的交叉分析图

Q31.1（您对自己所在地区法官队伍的总体满意程度如何？）与Q32.2（在您所在地区，法院依法及时公开判决书的可能性有多大?)的交叉分析数据表明，受访者对法官满意度与对法院依法及时公开判决书可能性认知之间存在一定的关联。

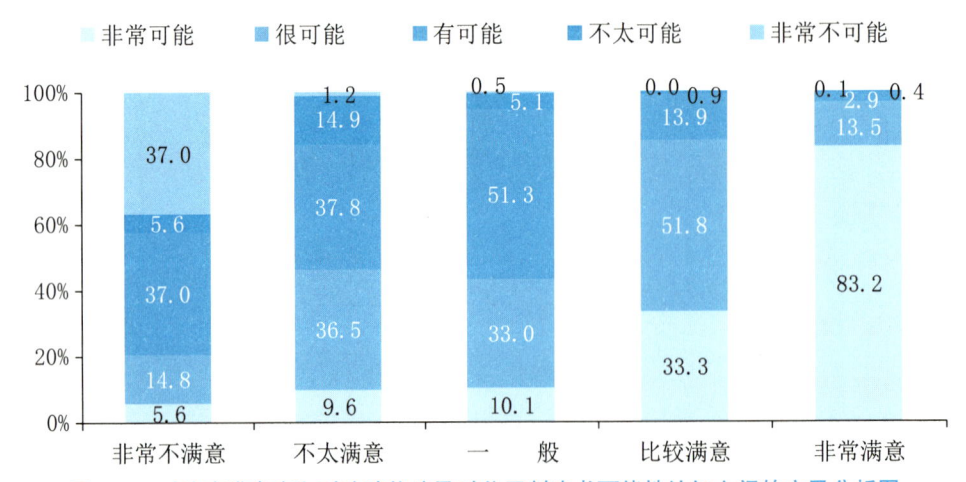

表 6-4 对法官满意度和对法院依法及时公开判决书可能性认知之间的交叉分析表

			Q32.2 在您所在地区，法院依法及时公开判决书的可能性有多大?					总 计
			非常不可能	不太可能	有可能	很可能	非常可能	
Q31.1 您对自己所在地区法官队伍的总体满意程度如何?	非常不满意	计数	20	3	20	8	3	54
		占比	37.0%	5.6%	37.0%	14.8%	5.6%	100.0%
	不太满意	计数	3	37	94	91	24	249
		占比	1.2%	14.9%	37.8%	36.5%	9.6%	100.0%
	一 般	计数	7	71	716	461	141	1 396
		占比	0.5%	5.1%	51.3%	33.0%	10.1%	100.0%
	比较满意	计数	1	27	440	1 635	1 052	3 155
		占比	0.0%	0.9%	13.9%	51.8%	33.3%	100.0%
	非常满意	计数	1	5	41	190	1 175	1 412
		占比	0.1%	0.4%	2.9%	13.5%	83.2%	100.0%
总 计		计数	32	143	1 311	2 385	2 395	6 266
		占比	0.5%	2.3%	20.9%	38.1%	38.2%	100.0%

若将选项"非常可能""很可能"和"有可能"合并为"可能"，将选项"不太可能"和"非常不可能"合并为"不可能"，则得数据如下：

对法官满意度为"非常不满意"的受访者中，认为法院可能依法及时公开判决书的比例为57.4%；对法官满意度为"不太满意"的受访者中，认为法院可能依法及时公开判决书的比例为83.9%；对法官满意度为"一般"的受访者中，认为法院可能依法及时公开判决书的比例为94.4%；对法官满意度为"比较满意"的受访者中，认为法院可能依法及时公开判决书的比例为99.0%；对法官满意度为"非常满意"的受访者中，认为法院可能依法及时公开判决书的比例为99.6%。

图 6-4 对法官满意度和对法院依法及时公开判决书可能性认知之间的交叉分析图

(二) 对检察官满意度

职业卷中对检察官满意度题目为 Q31.2 (您对自己所在地区检察官队伍的总体满意程度如何?),将该题与问卷中对检察官/检察院评价的题目进行相关分析。

分析结果显示,对检察官满意度题目与 Q9.2、Q13、Q6.2、Q7.2 的相关系数(绝对值)均在 0.4~0.6 之间,呈现中等程度相关性。

表 6-5 法律职业群体对检察官满意度和各个题目间相关系数及各题目得分表

Q31.2 您对自己所在地区检察官队伍的总体满意程度如何?		
相关分析题目	相关系数	题目得分
Q22 在您所在地区,对于被批准逮捕后不再具有社会危险性的犯罪嫌疑人,检察机关依法予以变更或者解除逮捕措施的可能性有多大?	0.331	67.1
Q9.2 在您所在地区,检察院办案受到党政机关干涉的可能性有多大?	-0.413	66.2
Q10.2 在您所在地区,检察院公正办案的可能性有多大?	0.364	80.0
Q14 在您所在地区,对于公安机关移送审查起诉的案件,检察机关经过审查后认为犯罪情节轻微,依照刑法规定不需要判处刑罚或者可以免除刑罚的,其作出不起诉决定的可能性有多大?	0.364	71.9
Q24 在您所在地区,对于公安机关移送审查起诉的案件,检察机关经过审查后认为证据不足,直接作出不起诉决定的可能性有多大?	0.254	65.1
Q13 在您所在地区,在审查起诉时如果发现有利于犯罪嫌疑人的证据,检察院及时调取该证据的可能性有多大?	0.451	75.7
Q6.2 在您所在地区,检察官办"关系案"的可能性有多大?	-0.436	72.5
Q7.2 在您所在地区,检察官收受贿赂的可能性有多大?	-0.475	73.5

将相关系数和各题目得分绘制成散点图进行分析。从图中可知,对检察官满意度题目得分与 Q13 (在您所在地区,在审查起诉时如果发现有利于犯罪嫌疑人的证据,检察院及时调取该证据的可能性有多大?) 和 Q10.2 (在您所在地区,检察院公正办案的可能性有多大?) 两题得分的相关系数较大,且该两题得分较高。

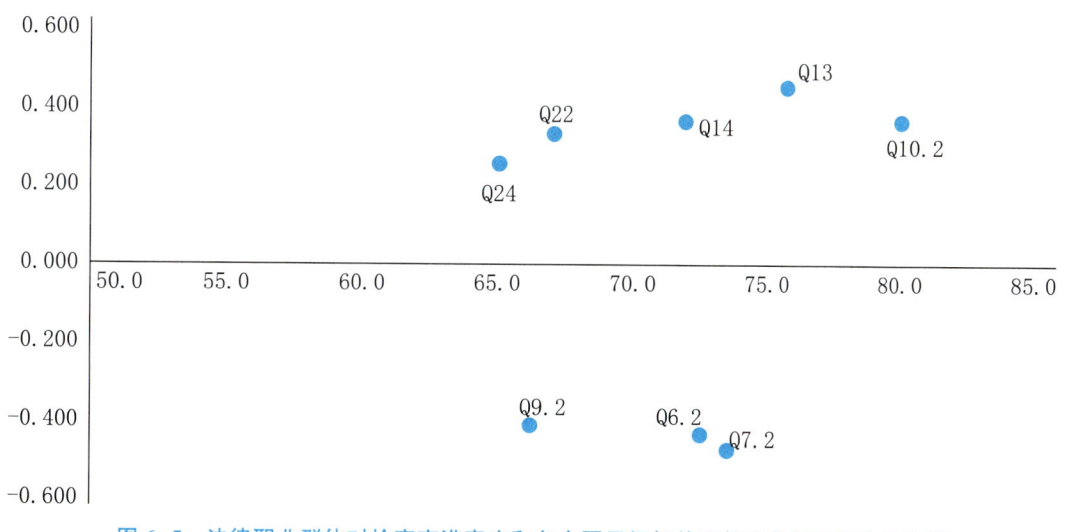

图 6-5 法律职业群体对检察官满意度和各个题目间相关系数及各题目得分散点图

接下来将对检察官满意度题目 Q31.2 分别与 Q13、Q10.2 进行交叉分析。

Q31.2（您对自己所在地区检察官队伍的总体满意程度如何？）与 Q13（在您所在地区，在审查起诉时如果发现有利于犯罪嫌疑人的证据，检察院及时调取该证据的可能性有多大？）的交叉分析数据表明，受访者对检察官满意度与对检察院及时调取证据可能性认知之间存在一定的关联。

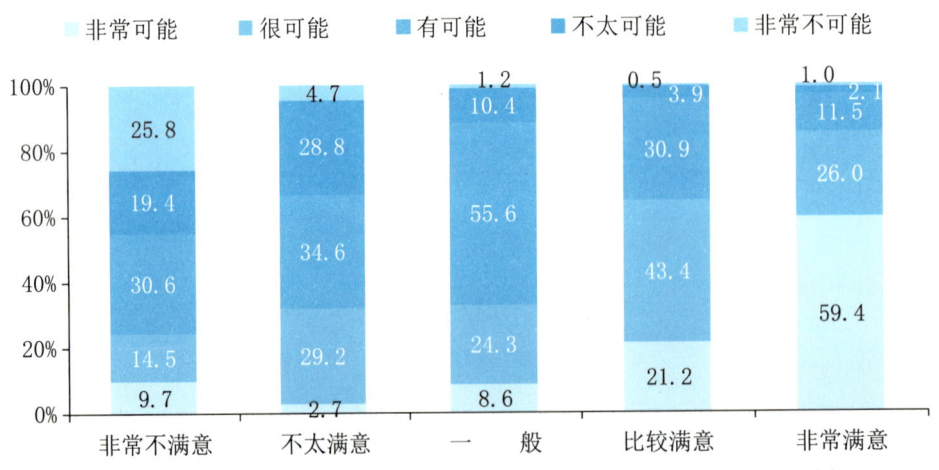

表 6-6　对检察官满意度和对检察院及时调取证据可能性认知之间的交叉分析表

			Q13 在您所在地区，在审查起诉时如果发现有利于犯罪嫌疑人的证据，检察院及时调取该证据的可能性有多大？					总　计
			非常不可能	不太可能	有可能	很可能	非常可能	
Q31.2 您对自己所在地区检察官队伍的总体满意程度如何？	非常不满意	计数	16	12	19	9	6	62
		占比	25.8%	19.4%	30.6%	14.5%	9.7%	100.0%
	不太满意	计数	12	74	89	75	7	257
		占比	4.7%	28.8%	34.6%	29.2%	2.7%	100.0%
	一般	计数	16	140	747	326	115	1 344
		占比	1.2%	10.4%	55.6%	24.3%	8.6%	100.0%
	比较满意	计数	16	124	973	1 366	666	3 145
		占比	0.5%	3.9%	30.9%	43.4%	21.2%	100.0%
	非常满意	计数	14	31	167	377	860	1 449
		占比	1.0%	2.1%	11.5%	26.0%	59.4%	100.0%
总　计		计数	74	381	1 995	2 153	1 654	6 257
		占比	1.2%	6.1%	31.9%	34.4%	26.4%	100.0%

若将选项"非常可能""很可能"和"有可能"合并为"可能"，将选项"不太可能"和"非常不可能"合并为"不可能"，则得数据如下：

对检察官满意度为"非常不满意"的受访者中，认为检察院可能及时调取证据的比例为 54.8%；对检察官满意度为"不太满意"的受访者中，认为检察院可能及时调取证据的比例为 66.5%；对检察官满意度为"一般"的受访者中，认为检察院可能及时调取证据的比例为 88.5%；对检察官满意度为"比较满意"的受访者中，认为检察院可能及时调取证据的比例为 95.5%；对检察官满意度为"非常满意"的受访者中，认为检察院可能及时调取证据的比例为 96.9%。

图 6-6　对检察官满意度和对检察院及时调取证据可能性认知之间的交叉分析图

Q31.2（您对自己所在地区检察官队伍的总体满意程度如何？）与 Q10.2（在您所在地区，检察院公正办案的可能性有多大？）的交叉分析数据表明，受访者对检察官满意度与对检察院公正办案可能性认知之间存在一定的关联。

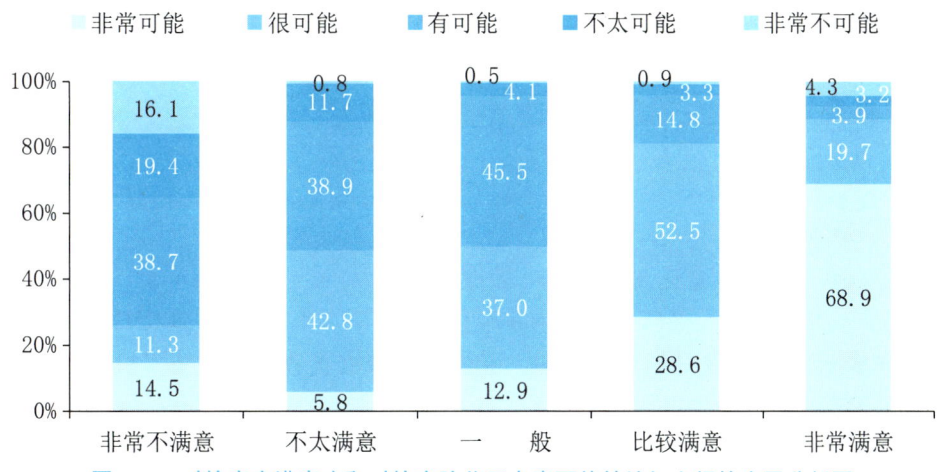

表 6-7 对检察官满意度和对检察院公正办案可能性认知之间的交叉分析表

			Q10.2 在您所在地区，检察院公正办案的可能性有多大？					总计
			非常不可能	不太可能	有可能	很可能	非常可能	
Q31.2 您对自己所在地区检察官队伍的总体满意程度如何？	非常不满意	计数	10	12	24	7	9	62
		占比	16.1%	19.4%	38.7%	11.3%	14.5%	100.0%
	不太满意	计数	2	30	100	110	15	257
		占比	0.8%	11.7%	38.9%	42.8%	5.8%	100.0%
	一般	计数	7	55	611	497	173	1 343
		占比	0.5%	4.1%	45.5%	37.0%	12.9%	100.0%
	比较满意	计数	28	102	465	1 647	896	3 138
		占比	0.9%	3.3%	14.8%	52.5%	28.6%	100.0%
	非常满意	计数	62	46	57	284	996	1 445
		占比	4.3%	3.2%	3.9%	19.7%	68.9%	100.0%
总计		计数	109	245	1 257	2 545	2 089	6 245
		占比	1.7%	3.9%	20.1%	40.8%	33.5%	100.0%

若将选项"非常可能""很可能"和"有可能"合并为"可能"，将选项"不太可能"和"非常不可能"合并为"不可能"，则得数据如下：

对检察官满意度为"非常不满意"的受访者中，认为检察院可能公正办案的比例为64.5%；对检察官满意度为"不太满意"的受访者中，认为检察院可能公正办案的比例为87.5%；对检察官满意度为"一般"的受访者中，认为检察院可能公正办案的比例为95.4%；对检察官满意度为"比较满意"的受访者中，认为检察院可能公正办案的比例为95.9%；对检察官满意度为"非常满意"的受访者中，认为检察院可能公正办案的比例为92.5%。

图 6-7 对检察官满意度和对检察院公正办案可能性认知之间的交叉分析图

(三) 对警察满意度

职业卷中对警察满意度题目为 Q31.3（您对自己所在地区警察队伍的总体满意程度如何？），将该题与问卷中对警察/公安机关评价的题目进行相关分析。

分析结果显示，对警察满意度题目与 Q15、Q16、Q23、Q6.3、Q7.3 的相关系数（绝对值）均在 0.4~0.6 之间，呈现中等程度相关性。

表 6-8　法律职业群体对警察满意度和各个题目间相关系数及各题目得分表

Q31.3 您对自己所在地区警察队伍的总体满意程度如何？		
相关分析题目	相关系数	题目得分
Q10.3 在您所在地区，公安机关公正办案的可能性有多大？	0.385	77.7
Q17 在您所在地区的侦查讯问中，警察要求犯罪嫌疑人自证其罪的可能性有多大？	−0.359	70.6
Q15 在您所在地区，警察对犯罪嫌疑人刑讯逼供的可能性有多大？	−0.428	76.3
Q16 在您所在地区，犯罪嫌疑人被超期羁押的可能性有多大？	−0.412	76.6
Q23 在您所在地区，侦查机关滥用权力进行非法监听的可能性有多大？	−0.401	75.4
Q6.3 在您所在地区，警察办"关系案"的可能性有多大？	−0.457	68.9
Q7.3 在您所在地区，警察收受贿赂的可能性有多大？	−0.491	70.5

将相关系数和各题目得分绘制成散点图进行分析。从图中可知，对警察满意度题目得分与 Q10.3（在您所在地区，公安机关公正办案的可能性有多大？）一题得分的相关系数较大，且该题得分较高。

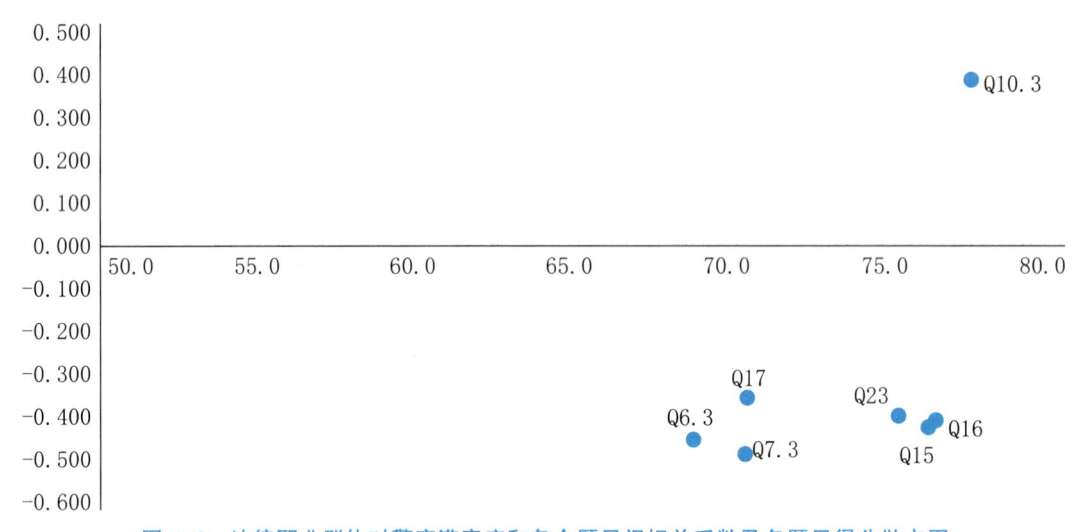

图 6-8　法律职业群体对警察满意度和各个题目间相关系数及各题目得分散点图

接下来将对警察满意度题目 Q31.3 与 Q10.3 进行交叉分析。

Q31.3（您对自己所在地区警察队伍的总体满意程度如何？）与 Q10.3（在您所在地区，公安机关公正办案的可能性有多大？）的交叉分析数据表明，受访者对警察满意度与对公安机关公正办案可能性认知之间存在一定的关联。

表 6-9 对警察满意度和对公安机关公正办案可能性认知之间的交叉分析表

			Q10.3 在您所在地区，公安机关公正办案的可能性有多大？					总 计
			非常不可能	不太可能	有可能	很可能	非常可能	
Q31.3 您对自己所在地区警察队伍的总体满意程度如何？	非常不满意	计数	19	32	36	17	11	115
		占比	16.5%	27.8%	31.3%	14.8%	9.6%	100.0%
	不太满意	计数	7	52	207	86	22	374
		占比	1.9%	13.9%	55.3%	23.0%	5.9%	100.0%
	一 般	计数	11	66	773	622	173	1 645
		占比	0.7%	4.0%	47.0%	37.8%	10.5%	100.0%
	比较满意	计数	22	94	462	1 400	779	2 757
		占比	0.8%	3.4%	16.8%	50.8%	28.3%	100.0%
	非常满意	计数	74	66	74	264	873	1 351
		占比	5.5%	4.9%	5.5%	19.5%	64.6%	100.0%
总 计		计数	133	310	1 552	2 389	1 858	6 242
		占比	2.1%	5.0%	24.9%	38.3%	29.8%	100.0%

若将选项"非常可能""很可能"和"有可能"合并为"可能"，将选项"不太可能"和"非常不可能"合并为"不可能"，则得数据如下：

对警察满意度为"非常不满意"的受访者中，认为公安机关可能公正办案的比例为55.7%；对警察满意度为"不太满意"的受访者中，认为公安机关可能公正办案的比例为84.2%；对警察满意度为"一般"的受访者中，认为公安机关可能公正办案的比例为95.3%；对警察满意度为"比较满意"的受访者中，认为公安机关可能公正办案的比例为95.9%；对警察满意度为"非常满意"的受访者中，认为公安机关可能公正办案的比例为89.6%。

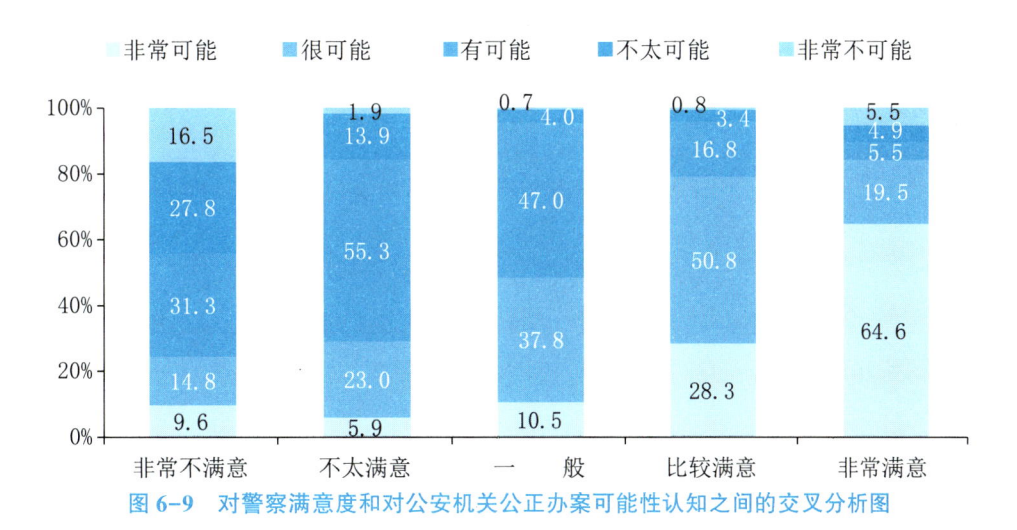

图 6-9 对警察满意度和对公安机关公正办案可能性认知之间的交叉分析图

二、公众卷对各司法主体满意度相关分析

（一）对法官满意度

公众卷中对法官满意度题目为 Q4.1（您对自己所在地区法官队伍的总体满意程度如何？），将该题

与问卷中对法官/法院评价的题目进行相关分析。

分析结果显示，对法官满意度题目与 Q6.1、Q6.2、Q5.2 的相关系数均在 0.4~0.6 之间，呈现中等程度相关性。

表 6-10　公众对法官满意度和各个题目间相关系数及各题目得分表

Q4.1 您对自己所在地区法官队伍的总体满意程度如何？		
相关分析题目	相关系数	题目得分
Q6.1 在您所在地区，法院审判过程公正的可能性有多大？	0.495	77.8
Q6.2 在您所在地区，法院判决结果公正的可能性有多大？	0.491	76.8
Q11 在您所在地区，贫富不同的当事人受到法院平等对待的可能性有多大？	0.282	65.8
Q15 在您所在地区的民事诉讼中，法官强迫或变相强迫当事人接受调解的可能性有多大？	-0.259	69.0
Q16.1 在您所在地区，民事案件生效判决得到有效执行的可能性有多大？	0.359	73.1
Q14 在您所在地区，刑事案件审判久拖不决的可能性有多大？	-0.254	64.6
Q16.2 在您所在地区，行政诉讼中行政机关败诉的生效判决得到有效执行的可能性有多大？	0.332	68.0
Q18 在您所在地区，您觉得"打官司就是打关系"的可能性有多大？	-0.312	62.1
Q2.1 在您所在地区，法官收受贿赂的可能性有多大？	-0.361	66.8
Q5.1 在您所在地区，法院允许公众旁听审判的可能性有多大？	0.394	71.2
Q5.2 在您所在地区，法院依法及时公开判决书的可能性有多大？	0.414	72.4

将相关系数和各题目得分绘制成散点图进行分析。从图中可知，对法官满意度题目得分与 Q6.1（在您所在地区，法院审判过程公正的可能性有多大？）和 Q6.2（在您所在地区，法院判决结果公正的可能性有多大？）两题得分的相关系数较大，且该两题得分较高。

图 6-10　公众对法官满意度和各个题目间相关系数及各题目得分散点图

接下来将对法官满意度题目 Q4.1 分别与 Q6.1、Q6.2 进行交叉分析。

Q4.1（您对自己所在地区法官队伍的总体满意程度如何？）与 Q6.1（在您所在地区，法院审判过程公正的可能性有多大？）的交叉分析数据表明，受访者对法官满意度与对法院审判过程公正可能性认知之间存在一定的关联。

表 6-11 对法官满意度和对法院审判过程公正可能性认知之间的交叉分析表

			Q6.1 在您所在地区，法院审判过程公正的可能性有多大？					总　计
			非常不可能	不太可能	有可能	很可能	非常可能	
Q4.1 您对自己所在地区法官队伍的总体满意程度如何？	非常不满意	计数	49	38	61	32	31	211
		占比	23.2%	18.0%	28.9%	15.2%	14.7%	100.0%
	不太满意	计数	17	125	247	139	48	576
		占比	3.0%	21.7%	42.9%	24.1%	8.3%	100.0%
	一　般	计数	36	320	2 881	2 326	513	6 076
		占比	0.6%	5.3%	47.4%	38.3%	8.4%	100.0%
	比较满意	计数	10	90	1 586	4 621	1 945	8 252
		占比	0.1%	1.1%	19.2%	56.0%	23.6%	100.0%
	非常满意	计数	10	24	185	649	1 998	2 866
		占比	0.3%	0.8%	6.5%	22.6%	69.7%	100.0%
总　　计		计数	122	597	4 960	7 767	4 535	17 981
		占比	0.7%	3.3%	27.6%	43.2%	25.2%	100.0%

若将选项"非常可能""很可能"和"有可能"合并为"可能"，将选项"不太可能"和"非常不可能"合并为"不可能"，则得数据如下：

对法官满意度为"非常不满意"的受访者中，认为法院审判过程可能公正的比例为 58.8%；对法官满意度为"不太满意"的受访者中，认为法院审判过程可能公正的比例为 75.3%；对法官满意度为"一般"的受访者中，认为法院审判过程可能公正的比例为 94.1%；对法官满意度为"比较满意"的受访者中，认为法院审判过程可能公正的比例为 98.8%；对法官满意度为"非常满意"的受访者中，认为法院审判过程可能公正的比例为 98.8%。

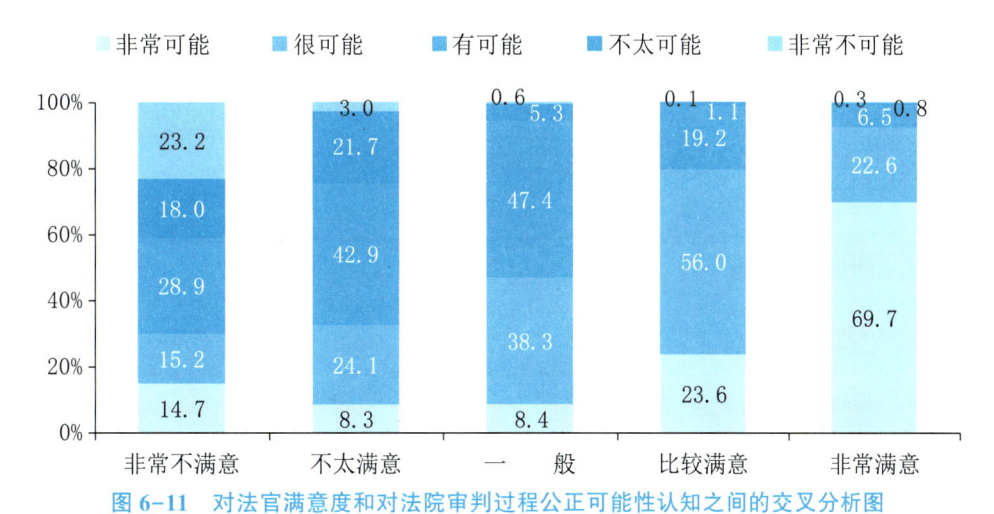

图 6-11 对法官满意度和对法院审判过程公正可能性认知之间的交叉分析图

Q4.1（您对自己所在地区法官队伍的总体满意程度如何？）与 Q6.2（在您所在地区，法院判决结果公正的可能性有多大？）的交叉分析数据表明，受访者对法官满意度与对法院判决结果公正可能性认知之间存在一定的关联。

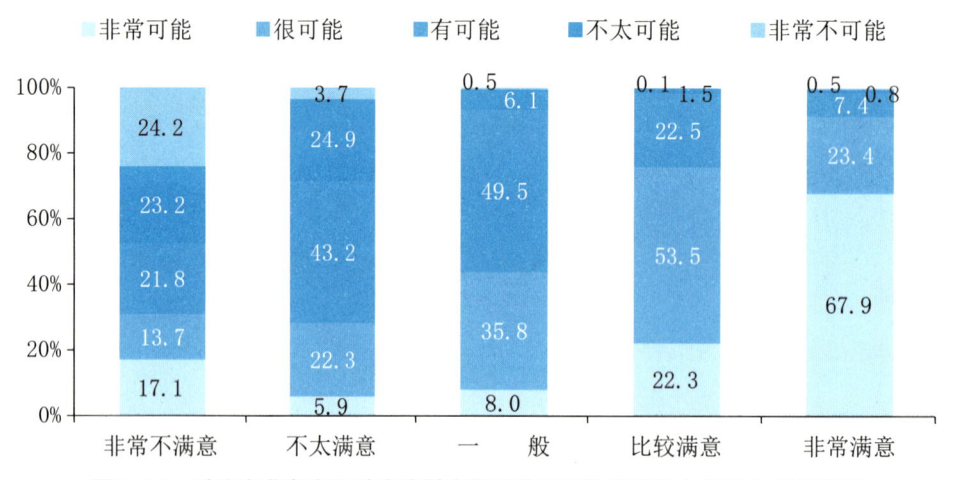

表 6-12　对法官满意度和对法院判决结果公正可能性认知之间的交叉分析表

			Q6.2 在您所在地区，法院判决结果公正的可能性有多大？					总　计
			非常不可能	不太可能	有可能	很可能	非常可能	
Q4.1 您对自己所在地区法官队伍的总体满意程度如何？	非常不满意	计数	51	49	46	29	36	211
		占比	24.2%	23.2%	21.8%	13.7%	17.1%	100.0%
	不太满意	计数	21	143	248	128	34	574
		占比	3.7%	24.9%	43.2%	22.3%	5.9%	100.0%
	一　般	计数	32	372	2 997	2 170	485	6 056
		占比	0.5%	6.1%	49.5%	35.8%	8.0%	100.0%
	比较满意	计数	11	122	1 855	4 405	1 835	8 228
		占比	0.1%	1.5%	22.5%	53.5%	22.3%	100.0%
	非常满意	计数	13	24	211	669	1 942	2 859
		占比	0.5%	0.8%	7.4%	23.4%	67.9%	100.0%
总　计		计数	128	710	5 357	7 401	4 332	17 928
		占比	0.7%	4.0%	29.9%	41.3%	24.2%	100.0%

若将选项"非常可能""很可能"和"有可能"合并为"可能"，将选项"不太可能"和"非常不可能"合并为"不可能"，则得数据如下：

对法官满意度为"非常不满意"的受访者中，认为法院判决结果可能公正的比例为52.6%；对法官满意度为"不太满意"的受访者中，认为法院判决结果可能公正的比例为71.4%；对法官满意度为"一般"的受访者中，认为法院判决结果可能公正的比例为93.3%；对法官满意度为"比较满意"的受访者中，认为法院判决结果可能公正的比例为98.3%；对法官满意度为"非常满意"的受访者中，认为法院判决结果可能公正的比例为98.7%。

图 6-12　对法官满意度和对法院判决结果公正可能性认知之间的交叉分析图

（二）对检察官满意度

公众卷中对检察官满意度题目为Q4.2（您对自己所在地区检察官队伍的总体满意程度如何？），将该题与问卷中对检察官/检察院评价的题目进行相关分析。

分析结果显示，对检察官满意度题目与 Q2.2 的相关系数为-0.373，呈现弱相关性。

表 6-13 公众对检察官满意度和各个题目间相关系数及各题目得分表

Q4.2 您对自己所在地区检察官队伍的总体满意程度如何?		
相关分析题目	相关系数	题目得分
Q2.2 在您所在地区，检察官收受贿赂的可能性有多大?	-0.373	68.0

接下来将对检察官满意度题目 Q4.2 与 Q2.2 进行交叉分析。

Q4.2（您对自己所在地区检察官队伍的总体满意程度如何?）与 Q2.2（在您所在地区，检察官收受贿赂的可能性有多大?）的交叉分析数据表明，受访者对检察官满意度与对检察官受贿可能性认知之间存在一定的关联。

表 6-14 对检察官满意度和对检察官受贿可能性认知之间的交叉分析表

			Q2.2 在您所在地区，检察官收受贿赂的可能性有多大?					总 计
			非常不可能	不太可能	有可能	很可能	非常可能	
Q4.2 您对自己所在地区检察官队伍的总体满意程度如何?	非常不满意	计数	49	29	22	23	72	195
		占比	25.1%	14.9%	11.3%	11.8%	36.9%	100.0%
	不太满意	计数	21	149	197	137	94	598
		占比	3.5%	24.9%	32.9%	22.9%	15.7%	100.0%
	一 般	计数	217	1 563	2 900	959	427	6 066
		占比	3.6%	25.8%	47.8%	15.8%	7.0%	100.0%
	比较满意	计数	600	3 831	2 744	750	191	8 116
		占比	7.4%	47.2%	33.8%	9.2%	2.4%	100.0%
	非常满意	计数	1 247	1 098	363	122	109	2 939
		占比	42.4%	37.4%	12.4%	4.2%	3.7%	100.0%
总 计		计数	2 134	6 670	6 226	1 991	893	17 914
		占比	11.9%	37.2%	34.8%	11.1%	5.0%	100.0%

若将选项"非常可能""很可能"和"有可能"合并为"可能"，将选项"不太可能"和"非常不可能"合并为"不可能"，则得数据如下：

对检察官满意度为"非常不满意"的受访者中，认为检察官可能受贿的比例为 60.0%；对检察官满意度为"不太满意"的受访者中，认为检察官可能受贿的比例为 71.5%；对检察官满意度为"一般"的受访者中，认为检察官可能受贿的比例为 70.6%；对检察官满意度为"比较满意"的受访者中，认为检察官可能受贿的比例为 45.4%；对检察官满意度为"非常满意"的受访者中，认为检察官可能受贿的比例为 20.3%。

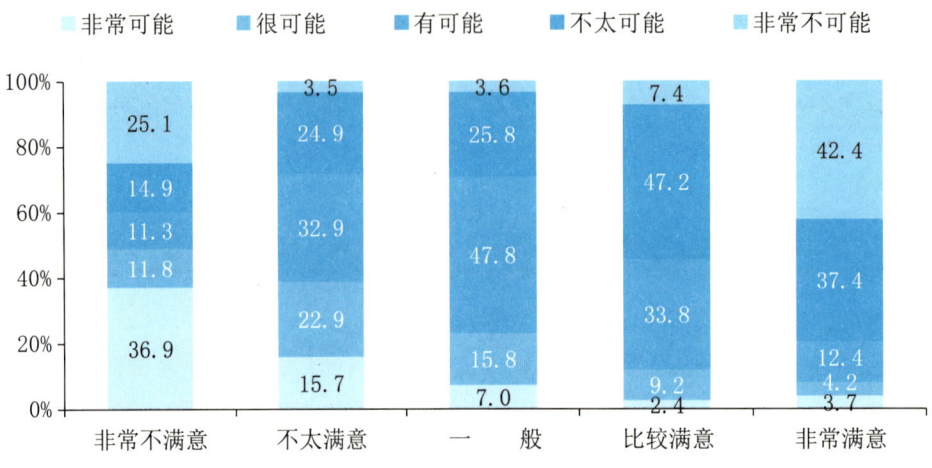

图 6-13 对检察官满意度和对检察官受贿可能性认知之间的交叉分析图

（三）对警察满意度

公众卷中对警察满意度题目为 Q4.3（您对自己所在地区警察队伍的总体满意程度如何？），将该题与问卷中对警察/公安机关评价的题目进行相关分析。

分析结果显示，对警察满意度题目与各题目的相关系数（绝对值）均小于 0.4，呈现弱相关性。

表 6-15　公众对警察满意度和各个题目间相关系数及各题目得分表

Q4.3您对自己所在地区警察队伍的总体满意程度如何？		
相关分析题目	相关系数	题目得分
Q12 在您所在地区，警察对犯罪嫌疑人刑讯逼供的可能性有多大？	−0.293	68.4
Q17 在您所在地区，刑事案件立案后，公安机关及时侦查的可能性有多大？	0.361	72.9
Q2.3 在您所在地区，警察收受贿赂的可能性有多大？	−0.395	65.4

将相关系数和各题目得分绘制成散点图进行分析。从图中可知，对警察满意度题目得分与 Q17（在您所在地区，刑事案件立案后，公安机关及时侦查的可能性有多大？）一题得分的相关系数较大，且该题得分较高。

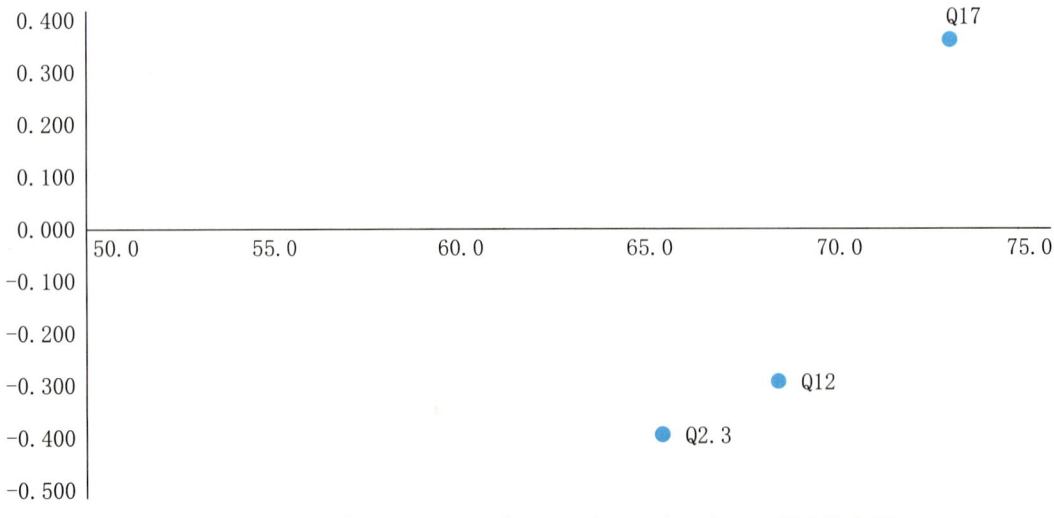

图 6-14　公众对警察满意度和各个题目间相关系数及各题目得分散点图

接下来将对警察满意度题目 Q4.3 与 Q17 进行交叉分析。

Q4.3（您对自己所在地区警察队伍的总体满意程度如何？）与 Q17（在您所在地区，刑事案件立案后，公安机关及时侦查的可能性有多大？）的交叉分析数据表明，受访者对警察满意度与对公安机关及时侦查可能性认知之间存在一定的关联。

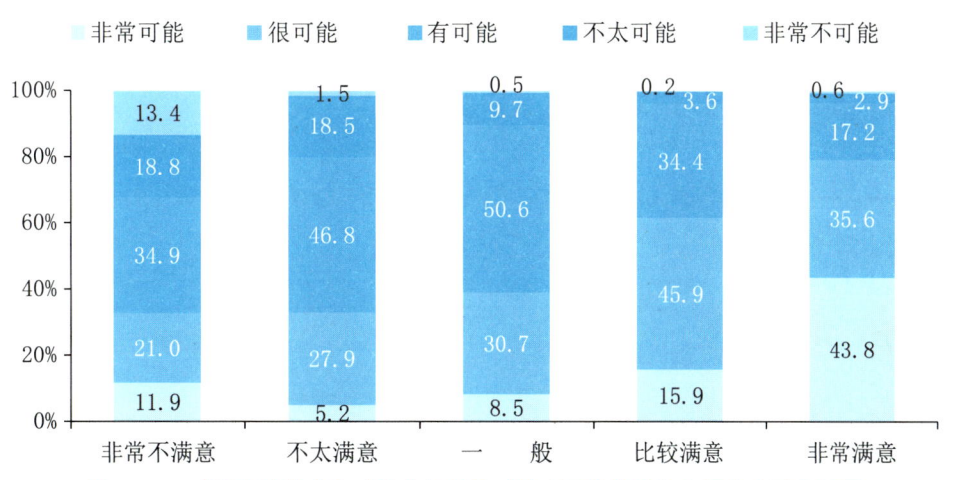

表 6-16　对警察满意度和对公安机关及时侦查可能性认知之间的交叉分析表

			Q17 在您所在地区，刑事案件立案后，公安机关及时侦查的可能性有多大？					总　计
			非常不可能	不太可能	有可能	很可能	非常可能	
Q4.3 您对自己所在地区警察队伍的总体满意程度如何？	非常不满意	计数	47	66	123	74	42	352
		占比	13.4%	18.8%	34.9%	21.0%	11.9%	100.0%
	不太满意	计数	17	209	528	315	59	1 128
		占比	1.5%	18.5%	46.8%	27.9%	5.2%	100.0%
	一　般	计数	31	562	2 944	1 784	494	5 815
		占比	0.5%	9.7%	50.6%	30.7%	8.5%	100.0%
	比较满意	计数	17	269	2 579	3 440	1 194	7 499
		占比	0.2%	3.6%	34.4%	45.9%	15.9%	100.0%
	非常满意	计数	19	91	544	1 128	1 386	3 168
		占比	0.6%	2.9%	17.2%	35.6%	43.8%	100.0%
总　　计		计数	131	1 197	6 718	6 741	3 175	17 962
		占比	0.7%	6.7%	37.4%	37.5%	17.7%	100.0%

若将选项"非常可能""很可能"和"有可能"合并为"可能"，将选项"不太可能"和"非常不可能"合并为"不可能"，则得数据如下：

对警察满意度为"非常不满意"的受访者中，认为公安机关可能及时侦查的比例为 67.8%；对警察满意度为"不太满意"的受访者中，认为公安机关可能及时侦查的比例为 79.9%；对警察满意度为"一般"的受访者中，认为公安机关可能及时侦查的比例为 89.8%；对警察满意度为"比较满意"的受访者中，认为公安机关可能及时侦查的比例为 96.2%；对警察满意度为"非常满意"的受访者中，认为公安机关可能及时侦查的比例为 96.6%。

图 6-15　对警察满意度和对公安机关及时侦查可能性认知之间的交叉分析图

(四）参与法庭审判意愿度

为了解公众作为陪审员参与法庭审判意愿度与各题目之间的关联，我们进行相关分析。公众卷中公众参与法庭审判意愿度题目为 Q1（如果有当人民陪审员的机会，您愿意参与法庭审判吗？），将该题与问卷中评价法院的题目进行相关分析。

分析结果显示，公众参与法庭审判意愿度题目与各题目的相关系数（绝对值）均小于0.3，呈现弱相关或无相关。

表 6-17 参与法庭审判意愿度和各个题目间相关系数及各题目得分表

Q1 如果有当人民陪审员的机会，您愿意参与法庭审判吗？		
相关分析题目	相关系数	题目得分
Q4.1 您对自己所在地区法官队伍的总体满意程度如何？	0.244	74.4
Q4.2 您对自己所在地区检察官队伍的总体满意程度如何？	0.240	74.5
Q4.3 您对自己所在地区警察队伍的总体满意程度如何？	0.196	73.3
Q6.1 在您所在地区，法院审判过程公正的可能性有多大？	0.225	77.8
Q6.2 在您所在地区，法院判决结果公正的可能性有多大？	0.220	76.8
Q11 在您所在地区，贫富不同的当事人受到法院平等对待的可能性有多大？	0.154	65.8
Q16.1 在您所在地区，民事案件生效判决得到有效执行的可能性有多大？	0.198	73.1
Q16.2 在您所在地区，行政诉讼中行政机关败诉的生效判决得到有效执行的可能性有多大？	0.163	68.0
Q18 在您所在地区，您觉得"打官司就是打关系"的可能性有多大？	-0.108	62.1
Q5.1 在您所在地区，法院允许公众旁听审判的可能性有多大？	0.208	71.2
Q5.2 在您所在地区，法院依法及时公开判决书的可能性有多大？	0.226	72.4
Q7 在您所在地区，当矛盾双方无法通过协商、调解等方式解决纠纷时，人们到法院起诉的可能性有多大？	0.200	69.9
Q8 假设审判程序没有问题，但判决结果对您不利，您尊重法院判决的可能性有多大？	0.180	65.4
Q10 与枪决相比，您对以注射方式执行死刑的态度是？	0.185	75.5

将相关系数和各题目得分绘制成散点图进行分析。从图中可知，公众参与法庭审判意愿度题目得分与 Q6.1（在您所在地区，法院审判过程公正的可能性有多大？）和 Q6.2（在您所在地区，法院判决结果公正的可能性有多大？）两题得分的相关系数较大，且该两题得分较高。

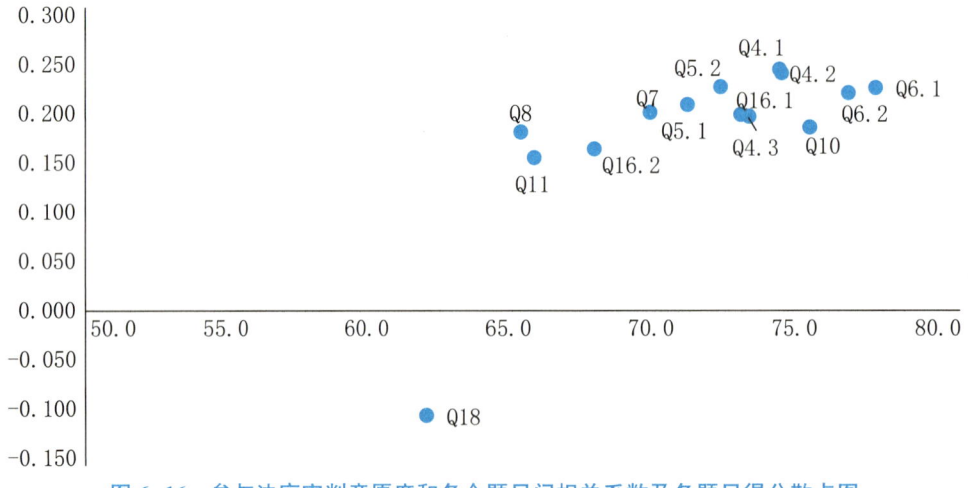

图 6-16 参与法庭审判意愿度和各个题目间相关系数及各题目得分散点图

接下来将公众参与法庭审判意愿度题目 Q1 分别与 Q6.1、Q6.2 进行交叉分析。

Q1（如果有当人民陪审员的机会，您愿意参与法庭审判吗？）与 Q6.1（在您所在地区，法院审判过程公正的可能性有多大？）的交叉分析数据表明，受访者对参与法庭审判意愿度与对法院审判过程公正可能性认知之间存在一定的关联。

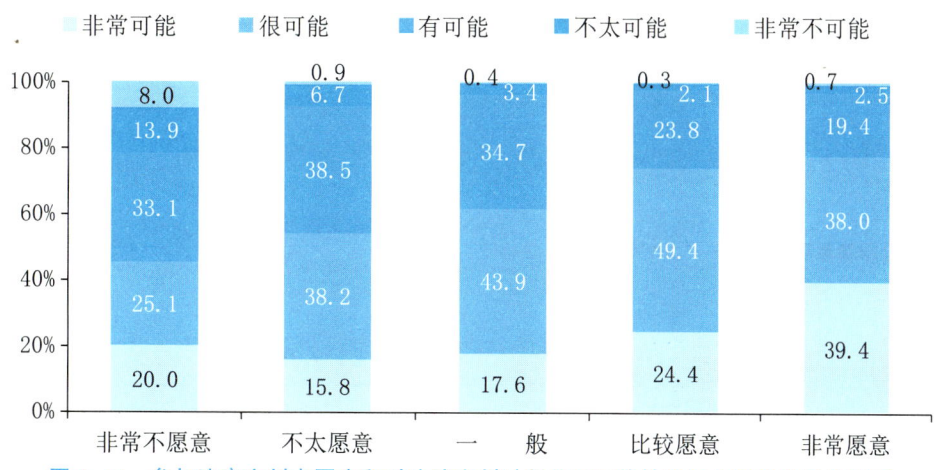

表 6-18 参与法庭审判意愿度和对法院审判过程公正可能性认知之间的交叉分析表

			Q6.1 在您所在地区，法院审判过程公正的可能性有多大？					总 计
			非常不可能	不太可能	有可能	很可能	非常可能	
Q1 如果有当人民陪审员的机会，您愿意参与法庭审判吗？	非常不愿意	计数	30	52	124	94	75	375
		占比	8.0%	13.9%	33.1%	25.1%	20.0%	100.0%
	不太愿意	计数	17	131	751	746	308	1 953
		占比	0.9%	6.7%	38.5%	38.2%	15.8%	100.0%
	一 般	计数	23	180	1 815	2 297	923	5 238
		占比	0.4%	3.4%	34.7%	43.9%	17.6%	100.0%
	比较愿意	计数	19	123	1 394	2 898	1 433	5 867
		占比	0.3%	2.1%	23.8%	49.4%	24.4%	100.0%
	非常愿意	计数	33	114	883	1 734	1 798	4 562
		占比	0.7%	2.5%	19.4%	38.0%	39.4%	100.0%
总 计		计数	122	600	4 967	7 769	4 537	17 995
		占比	0.7%	3.3%	27.6%	43.2%	25.2%	100.0%

若将选项"非常可能""很可能"和"有可能"合并为"可能"，将选项"不太可能"和"非常不可能"合并为"不可能"，则得数据如下：

参与法庭审判意愿度为"非常不愿意"的受访者中，认为法院审判过程可能公正的比例为 78.2%；参与法庭审判意愿度为"不太愿意"的受访者中，认为法院审判过程可能公正的比例为 92.5%；参与法庭审判意愿度为"一般"的受访者中，认为法院审判过程可能公正的比例为 96.2%；参与法庭审判意愿度为"比较愿意"的受访者中，认为法院审判过程可能公正的比例为 97.6%；参与法庭审判意愿度为"非常愿意"的受访者中，认为法院审判过程可能公正的比例为 96.8%。

图 6-17 参与法庭审判意愿度和对法院审判过程公正可能性认知之间的交叉分析图

Q1（如果有当人民陪审员的机会，您愿意参与法庭审判吗？）与Q6.2（在您所在地区，法院判决结果公正的可能性有多大？）的交叉分析数据表明，受访者对参与法庭审判意愿度与对法院判决结果公正可能性认知之间存在一定的关联。

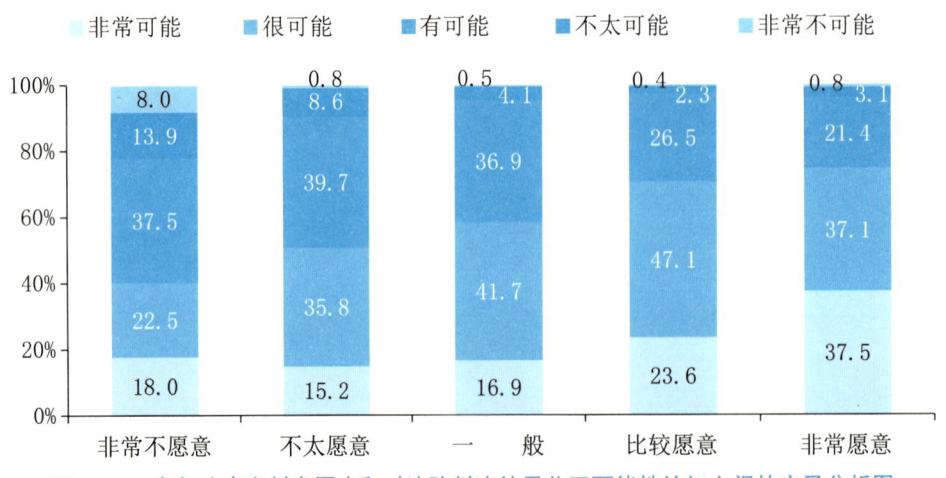

表 6-19 参与法庭审判意愿度和对法院判决结果公正可能性认知之间的交叉分析表

			Q6.2 在您所在地区，法院判决结果公正的可能性有多大？					总 计
			非常不可能	不太可能	有可能	很可能	非常可能	
Q1 如果有当人民陪审员的机会，您愿意参与法庭审判吗？	非常不愿意	计数	30	52	140	84	67	373
		占比	8.0%	13.9%	37.5%	22.5%	18.0%	100.0%
	不太愿意	计数	15	167	771	696	295	1 944
		占比	0.8%	8.6%	39.7%	35.8%	15.2%	100.0%
	一 般	计数	24	213	1 926	2 173	880	5 216
		占比	0.5%	4.1%	36.9%	41.7%	16.9%	100.0%
	比较愿意	计数	22	135	1 553	2 758	1 382	5 850
		占比	0.4%	2.3%	26.5%	47.1%	23.6%	100.0%
	非常愿意	计数	38	142	974	1 692	1 710	4 556
		占比	0.8%	3.1%	21.4%	37.1%	37.5%	100.0%
总 计		计数	129	709	5 364	7 403	4 334	17 939
		占比	0.7%	4.0%	29.9%	41.3%	24.2%	100.0%

若将选项"非常可能""很可能"和"有可能"合并为"可能"，将选项"不太可能"和"非常不可能"合并为"不可能"，则得数据如下：

参与法庭审判意愿度为"非常不愿意"的受访者中，认为法院判决结果可能公正的比例为78.0%；参与法庭审判意愿度为"不太愿意"的受访者中，认为法院判决结果可能公正的比例为90.7%；参与法庭审判意愿度为"一般"的受访者中，认为法院判决结果可能公正的比例为95.5%；参与法庭审判意愿度为"比较愿意"的受访者中，认为法院判决结果可能公正的比例为97.2%；参与法庭审判意愿度为"非常愿意"的受访者中，认为法院判决结果可能公正的比例为96.0%。

图 6-18 参与法庭审判意愿度和对法院判决结果公正可能性认知之间的交叉分析图

(五）遇到纠纷到法院起诉可能性

为了解公众遇到纠纷到法院起诉可能性与各题目之间的关联，我们进行相关分析。公众卷中公众遇到纠纷到法院起诉可能性题目为 Q7（在您所在地区，当矛盾双方无法通过协商、调解等方式解决纠纷时，人们到法院起诉的可能性有多大？），将该题与问卷中评价法院的题目进行相关分析。

分析结果显示，公众遇到纠纷到法院起诉可能性题目与各题目的相关系数（绝对值）均小于0.3，呈现弱相关或无相关。

表6-20　遇到纠纷到法院起诉可能性和各个题目间相关系数及各题目得分表

Q7 在您所在地区，当矛盾双方无法通过协商、调解等方式解决纠纷时，人们到法院起诉的可能性有多大？		
相关分析题目	相关系数	题目得分
Q4.1 您对自己所在地区法官队伍的总体满意程度如何？	0.230	74.4
Q4.2 您对自己所在地区检察官队伍的总体满意程度如何？	0.229	74.5
Q4.3 您对自己所在地区警察队伍的总体满意程度如何？	0.216	73.3
Q6.1 在您所在地区，法院审判过程公正的可能性有多大？	0.296	77.8
Q6.2 在您所在地区，法院判决结果公正的可能性有多大？	0.291	76.8
Q13 在您所在地区，被告人如果请不起律师，他/她得到免费法律援助的可能性有多大？	0.271	65.9
Q11 在您所在地区，贫富不同的当事人受到法院平等对待的可能性有多大？	0.199	65.8
Q16.1 在您所在地区，民事案件生效判决得到有效执行的可能性有多大？	0.242	73.1
Q16.2 在您所在地区，行政诉讼中行政机关败诉的生效判决得到有效执行的可能性有多大？	0.201	68.0
Q18 在您所在地区，您觉得"打官司就是打关系"的可能性有多大？	-0.119	62.1
Q5.1 在您所在地区，法院允许公众旁听审判的可能性有多大？	0.257	71.2
Q5.2 在您所在地区，法院依法及时公开判决书的可能性有多大？	0.269	72.4
Q8 假设审判程序没有问题，但判决结果对您不利，您尊重法院判决的可能性有多大？	0.220	65.4

将相关系数和各题目得分绘制成散点图进行分析。从图中可知，公众遇到纠纷到法院起诉可能性题目得分与Q6.1（在您所在地区，法院审判过程公正的可能性有多大？）和Q6.2（在您所在地区，法院判决结果公正的可能性有多大？）两题得分的相关系数较大，且该两题得分较高。

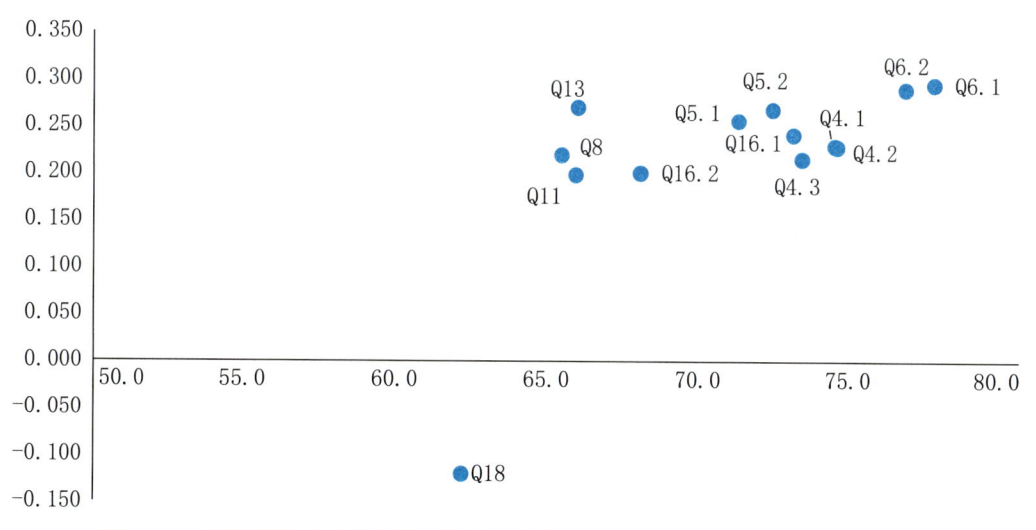

图6-19　遇到纠纷到法院起诉可能性和各个题目间相关系数及各题目得分散点图

接下来将公众遇到纠纷到法院起诉可能性题目 Q7 分别与 Q6.1、Q6.2 进行交叉分析。

Q7（在您所在地区，当矛盾双方无法通过协商、调解等方式解决纠纷时，人们到法院起诉的可能性有多大？）与 Q6.1（在您所在地区，法院审判过程公正的可能性有多大？）的交叉分析数据表明，受访者遇到纠纷到法院起诉可能性与对法院审判过程公正可能性认知之间存在一定的关联。

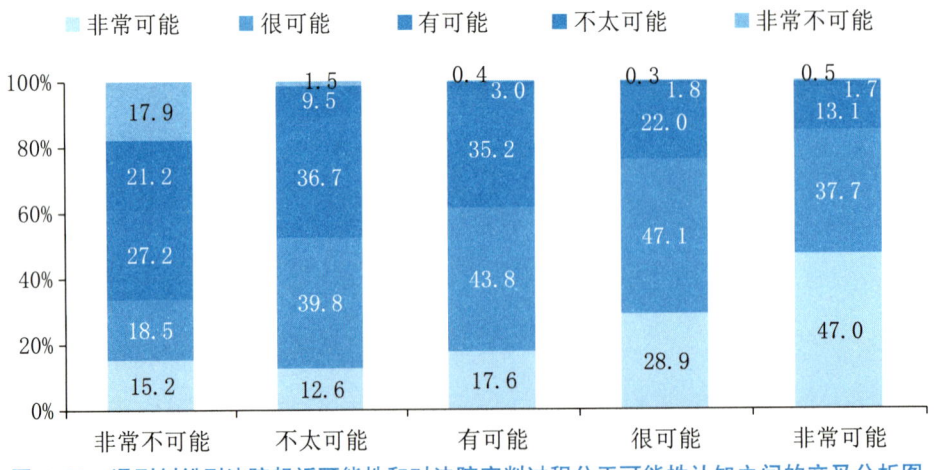

表 6-21　遇到纠纷到法院起诉可能性和对法院审判过程公正可能性认知之间的交叉分析表

			Q6.1 在您所在地区，法院审判过程公正的可能性有多大？					总　计
			非常不可能	不太可能	有可能	很可能	非常可能	
Q7 在您所在地区，当矛盾双方无法通过协商、调解等方式解决纠纷时，人们到法院起诉的可能性有多大？	非常不可能	计数	33	39	50	34	28	184
		占比	17.9%	21.2%	27.2%	18.5%	15.2%	100.0%
	不太可能	计数	31	202	782	849	269	2 133
		占比	1.5%	9.5%	36.7%	39.8%	12.6%	100.0%
	有可能	计数	27	209	2 486	3 090	1 243	7 055
		占比	0.4%	3.0%	35.2%	43.8%	17.6%	100.0%
	很可能	计数	16	103	1 278	2 739	1 681	5 817
		占比	0.3%	1.8%	22.0%	47.1%	28.9%	100.0%
	非常可能	计数	15	47	369	1 058	1 320	2 809
		占比	0.5%	1.7%	13.1%	37.7%	47.0%	100.0%
总　计		计数	122	600	4 965	7 770	4 541	17 998
		占比	0.7%	3.3%	27.6%	43.2%	25.2%	100.0%

若将选项"非常可能""很可能"和"有可能"合并为"可能"，将选项"不太可能"和"非常不可能"合并为"不可能"，则得数据如下：

遇到纠纷到法院起诉可能性为"非常不可能"的受访者中，认为法院审判过程可能公正的比例为 60.9%；遇到纠纷到法院起诉可能性为"不太可能"的受访者中，认为法院审判过程可能公正的比例为 89.1%；遇到纠纷到法院起诉可能性为"有可能"的受访者中，认为法院审判过程可能公正的比例为 96.6%；遇到纠纷到法院起诉可能性为"很可能"的受访者中，认为法院审判过程可能公正的比例为 98.0%；遇到纠纷到法院起诉可能性为"非常可能"的受访者中，认为法院审判过程可能公正的比例为 97.8%。

图 6-20　遇到纠纷到法院起诉可能性和对法院审判过程公正可能性认知之间的交叉分析图

Q7（在您所在地区，当矛盾双方无法通过协商、调解等方式解决纠纷时，人们到法院起诉的可能性有多大？）与Q6.2（在您所在地区，法院判决结果公正的可能性有多大？）的交叉分析数据表明，受访者遇到纠纷到法院起诉可能性与对法院判决结果公正可能性认知之间存在一定的关联。

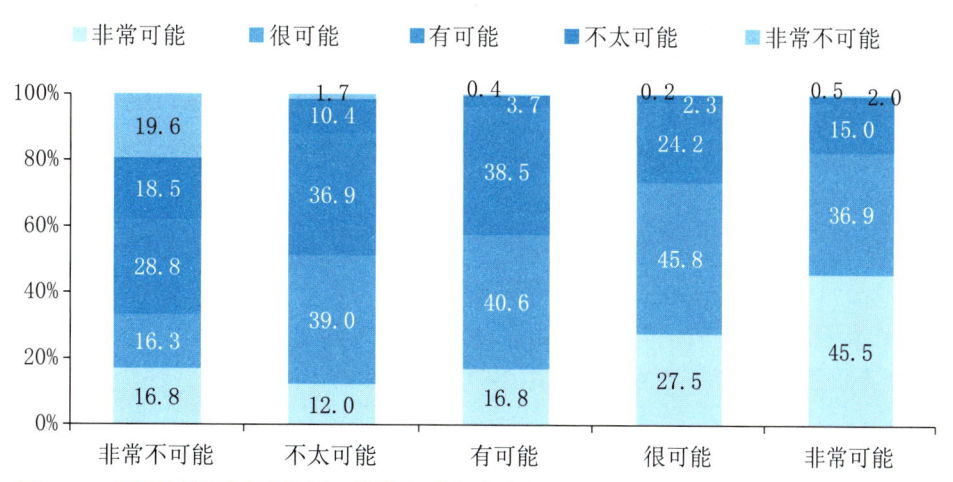

表6-22 遇到纠纷到法院起诉可能性和对法院判决结果公正可能性认知之间的交叉分析表

			Q6.2 在您所在地区，法院判决结果公正的可能性有多大？					总 计
			非常不可能	不太可能	有可能	很可能	非常可能	
Q7 在您所在地区，当矛盾双方无法通过协商、调解等方式解决纠纷时，人们到法院起诉的可能性有多大？	非常不可能	计数	36	34	53	30	31	184
		占比	19.6%	18.5%	28.8%	16.3%	16.8%	100.0%
	不太可能	计数	36	221	782	827	254	2 120
		占比	1.7%	10.4%	36.9%	39.0%	12.0%	100.0%
	有可能	计数	29	263	2 706	2 853	1 182	7 033
		占比	0.4%	3.7%	38.5%	40.6%	16.8%	100.0%
	很可能	计数	14	134	1 403	2 659	1 594	5 804
		占比	0.2%	2.3%	24.2%	45.8%	27.5%	100.0%
	非常可能	计数	14	57	421	1 034	1 276	2 802
		占比	0.5%	2.0%	15.0%	36.9%	45.5%	100.0%
总 计		计数	129	709	5 365	7 403	4 337	17 943
		占比	0.7%	4.0%	29.9%	41.3%	24.2%	100.0%

若将选项"非常可能""很可能"和"有可能"合并为"可能"，将选项"不太可能"和"非常不可能"合并为"不可能"，则得数据如下：

遇到纠纷到法院起诉可能性为"非常不可能"的受访者中，认为法院判决结果可能公正的比例为61.9%；遇到纠纷到法院起诉可能性为"不太可能"的受访者中，认为法院判决结果可能公正的比例为87.9%；遇到纠纷到法院起诉可能性为"有可能"的受访者中，认为法院判决结果可能公正的比例为95.9%；遇到纠纷到法院起诉可能性为"很可能"的受访者中，认为法院判决结果可能公正的比例为97.5%；遇到纠纷到法院起诉可能性为"非常可能"的受访者中，认为法院判决结果可能公正的比例为97.4%。

图6-21 遇到纠纷到法院起诉可能性和对法院判决结果公正可能性认知之间的交叉分析图

第七章 2014—2021年度数据动态分析

一、2014—2021年度数据总体变化情况

2014—2021年，司法文明指数的指标体系不断修订完善，部分指标的内容略有变化。尤其是部分二级指标的数量和内容变化较大，但一直保持着10个一级指标的基本格局，只是从2015年起，第八个和第九个一级指标互换了顺序。从2017年开始，司法文明指数的指标体系逐渐稳定，仅对部分二级指标个别内容做了微小调整，如将"司法公信力"调整至第一个一级指标"司法权力"下。

表7-1 2014—2021年司法文明指数一级指标变化情况

	2014年	2015年	2016年	2017—2021年
1	司法相关权力	司法权力	司法权力	司法权力
2	当事人的诉讼权利	当事人权利	当事人诉讼权利	当事人诉讼权利
3	民事司法程序	民事司法程序	民事司法程序	民事司法程序
4	刑事司法程序	刑事司法程序	刑事司法程序	刑事司法程序
5	行政司法程序	行政司法程序	行政司法程序	行政司法程序
6	证据制度	证据制度	证据制度	证据制度
7	职业伦理与腐败遏制	腐败遏制	司法腐败遏制	司法腐败遏制
8	司法公开与司法公信力	法律职业化	法律职业化	法律职业化
9	法律职业人员的职业化及其保障	司法公开与司法公信力	司法公开与司法公信力	司法公开
10	司法文化	司法文化	司法文化	司法文化

（一）总得分变化情况

2014—2021年，司法文明指数总得分整体呈波动上升趋势。2014年得分为65.4分，2015年下降为64.5分。之后连续两年上升，到2017年为70.0分，但2018年得分略有下降，在2019年又回升至70.0分，2020—2021年继续上升至71.1分。总体上看，八年间共提升了5.7分。

将单个一级指标进行纵向对比，[1]分析结果显示：

（1）"司法权力"指标得分的峰值是2020—2021年（75.2分），2014年得分最低（65.7分）；2020—2021年的得分（75.2分）相较2019年有所上升。

（2）"当事人诉讼权利"指标得分的峰值是2020—2021年（70.5分），2015年得分最低（61.0分）；2020—2021年的得分（70.5分）相较2019年有所上升。

---

[1] 对于一级指标的纵向对比数据变化统计的表述顺序是以2020—2021年一级指标顺序展开的。

图 7-1　2014—2021 年司法文明指数总得分变化情况

（3）"民事司法程序"指标得分的峰值是 2020—2021 年（72.1 分），2015 年得分最低（65.1 分）；2020—2021 年的得分（72.1 分）相较 2019 年略有上升。

（4）"刑事司法程序"指标得分的峰值是 2020—2021 年（71.7 分），2014 年得分最低（64.5 分）；2020—2021 年的得分（71.7 分）相较 2019 年有所上升。

（5）"行政司法程序"指标得分的峰值是 2020—2021 年（72.4 分），2015 年得分最低（59.6 分）；2020—2021 年的得分（72.4 分）相较 2019 年有所上升。

	2014年	2015年	2016年	2017年	2018年	2019年	2020—2021年
司法权力	65.7	71.5	68.0	72.0	70.9	73.5	75.2
当事人诉讼权利	64.6	61.0	69.0	69.8	68.9	68.7	70.5
民事司法程序	65.3	65.1	69.0	71.2	70.6	71.3	72.1
刑事司法程序	64.5	65.0	69.3	71.5	70.4	70.1	71.7
行政司法程序	66.3	59.6	66.2	70.9	70.2	71.5	72.4

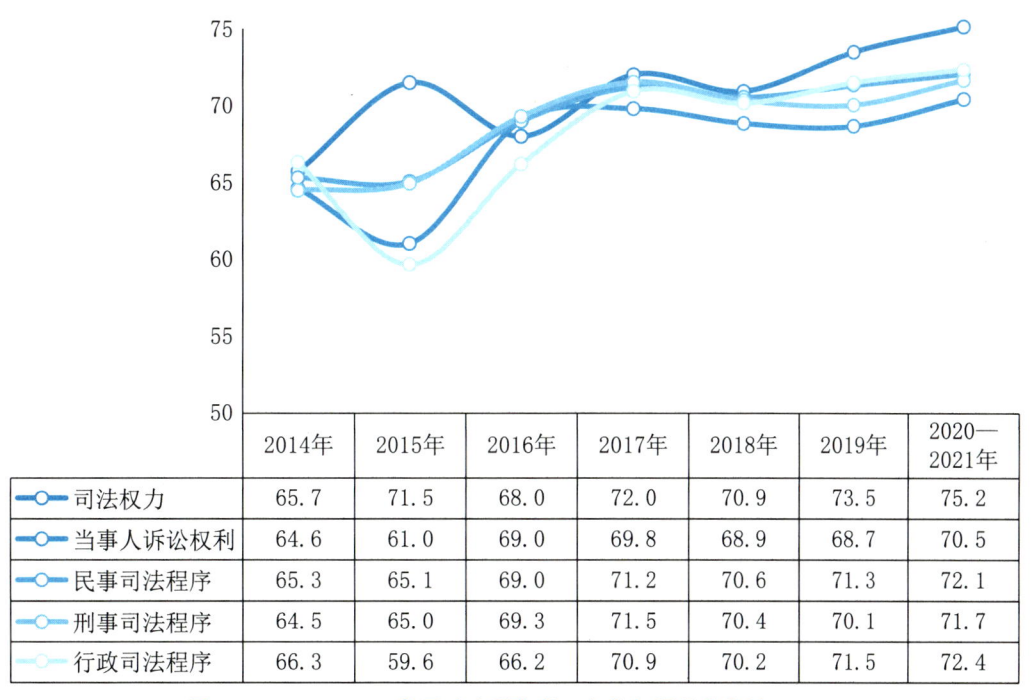

图 7-2　2014—2021 年司法文明指数一级指标得分变化情况（1）

（6）"证据制度"指标得分在 2014—2017 年均在 70 分左右，峰值是 2017 年（70.2 分），2018 年得分最低（67.5 分）；2020—2021 年的得分（69.6 分）相较 2019 年有所回升。

（7）"司法腐败遏制"指标得分的峰值是 2020—2021 年（69.0 分），2015 年得分最低（57.8 分）；2020—2021 年的得分（69.0 分）相较 2019 年有较大提升。

（8）"法律职业化"指标得分的峰值是 2019 年（66.5 分），2015 年得分最低（57.7 分）；2020—2021 年的得分（65.6 分）相较 2019 年有所下降。

（9）"司法公开"指标得分的峰值是 2020—2021 年（76.6 分），2015 年得分最低（69.5 分）；

2020—2021 年的得分（76.6 分）相较 2019 年有所上升。

（10）"司法文化"指标得分的峰值是 2015 年（68.5 分），2014 年得分最低（56.6 分）；2020—2021 年的得分（68.0 分）相较 2019 年略有回升。

	2014年	2015年	2016年	2017年	2018年	2019年	2020—2021年
证据制度	69.4	69.8	69.6	70.2	67.5	68.2	69.6
司法腐败遏制	66.9	57.8	64.7	66.6	66.1	66.5	69.0
法律职业化	65.2	57.7	66.4	64.5	65.6	66.5	65.6
司法公开	69.9	69.5	72.8	75.9	76.1	75.9	76.6
司法文化	56.6	68.5	67.1	66.8	67.2	67.4	68.0

图 7-3　2014—2021 年司法文明指数一级指标得分变化情况（2）

将 10 个一级指标进行年度横向对比，结果显示：

（1）2014 年所有一级指标中"司法公开与司法公信力"得分最高（69.9 分），"司法文化"得分最低（56.6 分）。

（2）2015 年"司法权力"得分最高（71.5 分），"法律职业化"得分最低（57.7 分）。

（3）2016 年"司法公开与司法公信力"得分最高（72.8 分），"司法腐败遏制"得分最低（64.7 分）。

（4）2017 年"司法公开"得分最高（75.9 分），"法律职业化"得分最低（64.5 分）。

（5）2018 年"司法公开"得分最高（76.1 分），"法律职业化"得分最低（65.6 分）。

（6）2019 年"司法公开"得分最高（75.9 分），"司法腐败遏制"得分最低（66.5 分）。

（7）2020—2021 年"司法公开"得分最高（76.6 分），"法律职业化"得分最低（65.6 分）。

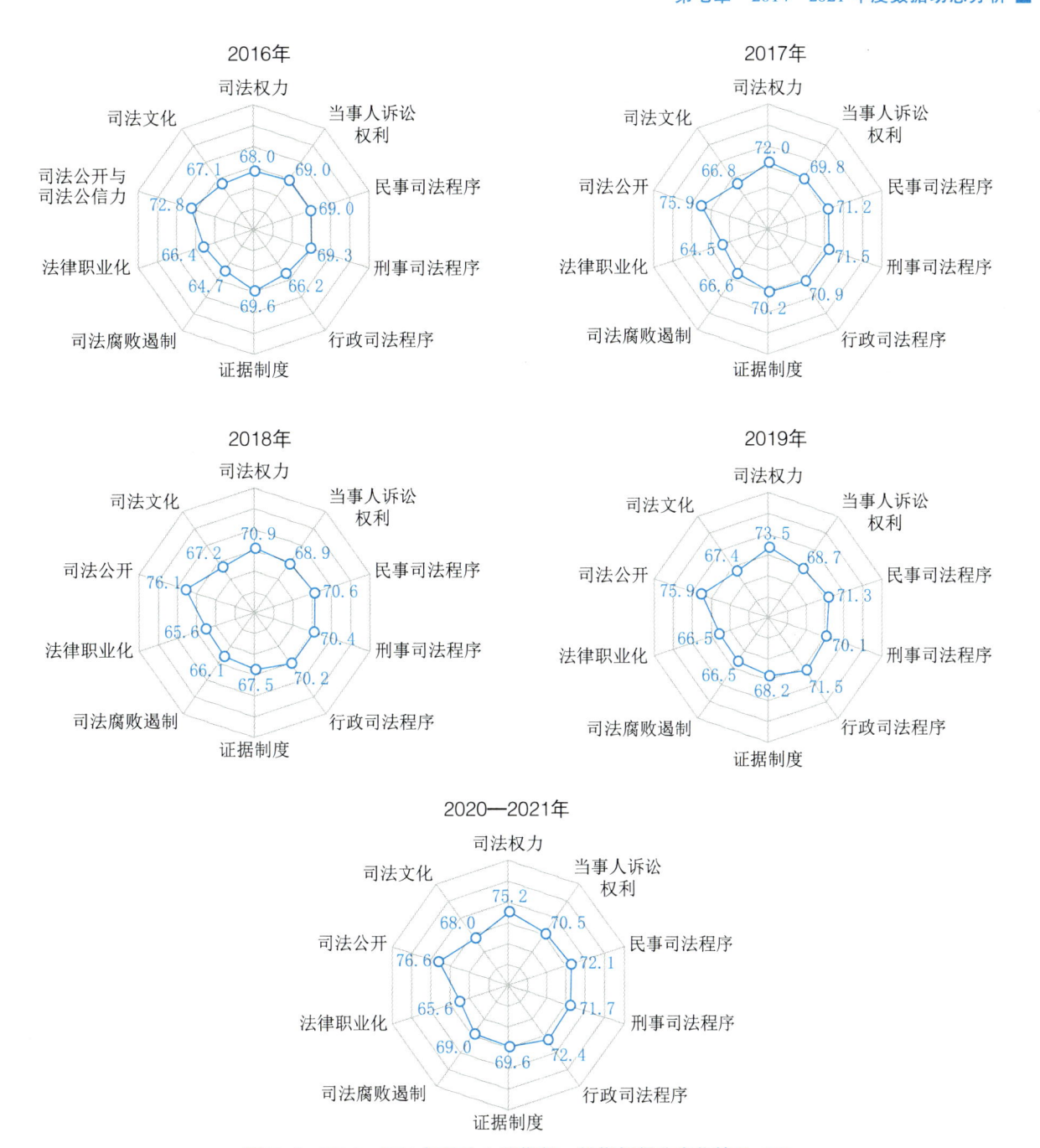

图 7-4 2014—2021 年司法文明指数一级指标得分变化情况（3）

（二）各指标得分变化情况

指标1：司法权力

2014—2021 年，"司法权力"指标下的二级指标有较大变化，从 2014 年的 7 个二级指标调整为 2017 年的 5 个二级指标，并稳定保持至 2020—2021 年。

2014—2016 年的二级指标"司法权力主体受到信任与认同"与"司法裁判受到信任与认同"在当年的一级指标"司法公开与司法公信力"下，2017 年调整至一级指标"司法权力"下。

表 7-2　2014—2021 年"司法权力"下的二级指标变化情况

2014 年	2015 年	2016 年	2017—2021 年
侦查权的合理运作	/	/	/
公诉权的合理运作	/	/	/
审判权的合理运作	/	/	/
执行权的合理运作	/	/	/
司法行政管理权的合理运作	/	/	/
法律监督权的合理运作	/	/	/
公安司法机关的合理分工与相互制衡	权力主体的合理分工与相互制约	/	/
/	司法权力依法行使	司法权力依法行使	司法权力依法行使
/	司法权力独立行使	司法权力独立行使	司法权力独立行使
/	司法权力公正行使	司法权力公正行使	司法权力公正行使
/	/	/	司法权力主体受到信任与认同
/	/	/	司法裁判受到信任与认同

将单个二级指标进行纵向对比，[1]统计数据显示：

（1）"司法权力依法行使"在 2015—2018 年间得分呈现逐年下降的趋势，2018 年达到最低（67.7 分）。2020—2021 年该指标得分（74.4 分）有所上升，达到最高。

（2）"司法权力独立行使"在 2015—2019 年间得分总体呈上升趋势，2015 年得分最低（55.3 分），2020—2021 年得分有较大提升，达到最高（66.5 分）。

（3）"司法权力公正行使"在 2015—2017 年间得分逐年上升，2017 年达到最高（79.9 分），2018 年得分（78.6 分）略有下降，2019 年（79.2 分）和 2020—2021 年（79.3 分）得分又略有回升。

（4）"司法权力主体受到信任与认同"在 2014—2017 年间得分逐年上升，2018 年得分（72.1 分）略有下降，2019 年（73.9 分）和 2020—2021 年（75.6 分）得分又有较大提升，2020—2021 年达到最高。

（5）"司法裁判受到信任与认同"2015 年得分最低（69.4 分），2020—2021 年得分最高（80.2 分）。

将所有二级指标进行年度横向对比，统计数据显示：

（1）2014 年"司法裁判受到信任与认同"得分较高（74.8 分），"司法权力主体受到信任与认同"得分较低（66.1 分）。

（2）2015 年"司法权力依法行使"得分最高（73.5 分），"司法权力独立行使"得分最低（55.3 分）。

（3）2016 年"司法裁判受到信任与认同"得分最高（75.0 分），"司法权力独立行使"得分最低（59.7 分）。

（4）2017—2019 年"司法权力公正行使"得分均为最高（79.9 分、78.6 分、79.2 分），"司法权力独立行使"得分均为最低（61.8 分、60.9 分、62.6 分）。

（3）2020—2021 年"司法裁判受到信任与认同"得分最高（80.2 分），"司法权力独立行使"得分最低（66.5 分）。

---

[1] 对于二级指标的纵向对比数据变化统计的表述顺序是以 2020—2021 年二级指标顺序展开的。下同。

	2014年	2015年	2016年	2017年	2018年	2019年	2020—2021年
司法权力依法行使	/	73.5	72.0	68.1	67.7	73.2	74.4
司法权力独立行使	/	55.3	59.7	61.8	60.9	62.6	66.5
司法权力公正行使	/	69.2	72.3	79.9	78.6	79.2	79.3
司法权力主体受到信任与认同	66.1	67.2	70.0	72.7	72.1	73.9	75.6
司法裁判受到信任与认同	74.8	69.4	75.0	77.5	75.4	78.7	80.2

图 7-5 2014—2021 年 "司法权力" 下的二级指标得分变化情况

指标 2：当事人诉讼权利

2014—2021 年，"当事人诉讼权利" 指标下的二级指标有较大变化，从 2014 年的 6 个二级指标调整为 2015 年的 4 个二级指标，并稳定保持至 2018 年。2019 年将 "当事人享有证据权利" 调整为 "当事人享有证据性权利"。

表 7-3 2014—2021 年 "当事人诉讼权利" 下的二级指标变化情况

2014 年	2015—2018 年	2019—2021 年
当事人享有启动诉讼程序的权利	/	/
当事人在法官面前享有平等的诉讼地位	/	/
当事人享有由一个依法设立的法庭进行公正、公开审判的权利	/	/
当事人享有获得辩护、代理的权利	当事人享有获得辩护、代理的权利	当事人享有获得辩护、代理的权利
当事人享有获得救济的权利	当事人享有获得救济的权利	当事人享有获得救济的权利
受到刑事指控的人享有不被强迫自证其罪的权利	当事人享有不被强迫自证其罪的权利	当事人享有不被强迫自证其罪的权利
/	当事人享有证据权利	当事人享有证据性权利

将单个二级指标进行纵向对比，统计数据显示：

（1）"当事人享有不被强迫自证其罪的权利" 在 2014—2021 年间得分呈现 "先上升后下降再回升" 的趋势，2014 年得分最低（60.5 分），2016 年达到峰值（76.7 分），2019 年下降至 68.9 分，2020—2021 年得分（70.6 分）比 2019 年又有所回升。

（2）"当事人享有获得辩护、代理的权利" 2014 年得分最高（76.6 分），2015 年得分最低（61.6

分），2020—2021年得分（70.0分）比2019年有所上升。

（3）"当事人享有证据性权利"得分一直呈上升趋势，2015年得分最低（64.8分），2020—2021年得分最高（70.6分）。

（4）"当事人享有获得救济的权利"在2014—2017年间得分呈现逐年上升趋势，2014年得分最低（60.1分），2017年得分达到69.9分，2018年下降至67.4分，2019—2021年得分持续提升，达到最高（70.6分）。

将所有二级指标进行年度横向对比，统计数据显示：

（1）2014年"当事人享有获得辩护、代理的权利"得分最高（76.6分），"当事人享有获得救济的权利"得分最低（60.1分）。

（2）2015年"当事人享有不被强迫自证其罪的权利"得分最高（75.2分），"当事人享有获得辩护、代理的权利"得分最低（61.6分）。

（3）2016年"当事人享有不被强迫自证其罪的权利"得分最高（76.7分），"当事人享有证据性权利"得分最低（64.8分）。

（4）2017年"当事人享有不被强迫自证其罪的权利"得分最高（75.7分），"当事人享有证据性权利"得分最低（66.2分）。

（5）2018年"当事人享有不被强迫自证其罪的权利"得分最高（74.8分），"当事人享有获得辩护、代理的权利"得分最低（66.4分）。

（6）2019年"当事人享有获得救济的权利"得分最高（69.1分），"当事人享有获得辩护、代理的权利"得分最低（67.8分）。

（7）2020—2021年"当事人享有获得救济的权利"得分最高[1]（70.6分），"当事人享有获得辩护、代理的权利"得分最低（70.0分）。

	2014年	2015年	2016年	2017年	2018年	2019年	2020—2021年
当事人享有不被强迫自证其罪的权利	60.5	75.2	76.7	75.7	74.8	68.9	70.6
当事人享有获得辩护、代理的权利	76.6	61.6	68.0	67.4	66.4	67.8	70.0
当事人享有证据性权利	/	64.8	64.8	66.2	66.8	69.0	70.6
当事人享有获得救济的权利	60.1	64.7	66.7	69.9	67.4	69.1	70.6

图7-6　2014—2021年"当事人诉讼权利"下的二级指标得分变化情况

---

[1] 保留三位小数，则2020—2021年"当事人享有不被强迫自证其罪的权利""当事人享有证据性权利""当事人享有获得救济的权利"得分分别为70.614分、70.589分、70.620分，"当事人享有获得救济的权利"得分最高。

指标3：民事司法程序

2014—2021年，"民事司法程序"指标下的二级指标有部分变化，从2014年的5个二级指标调整为2016年的3个二级指标（2015年删去了"民事司法能够提供有效的诉讼救济途径"，2016年删去了"民事起诉得到及时受理"），并稳定保持至2020—2021年。

表7-4　2014—2021年"民事司法程序"下的二级指标变化情况

2014年	2015年	2016—2021年
民事起诉得到及时受理	民事起诉得到及时受理	/
民事诉讼符合公正要求	民事审判符合公正要求	民事审判符合公正要求
民事诉讼中的调解自愿、合法	民事诉讼中的调解自愿、合法	民事诉讼中的调解自愿、合法
民事诉讼裁判得到有效执行	民事诉讼裁判得到有效执行	民事诉讼裁判得到有效执行
民事司法能够提供有效的诉讼救济途径	/	/

将单个二级指标进行纵向对比，统计数据显示：

（1）"民事审判符合公正要求"在2014—2021年间得分呈现逐年上升趋势，2014年得分最低（60.2分），2020—2021年得分最高（72.4分）。

（2）"民事诉讼中的调解自愿、合法"在2014—2017年间得分呈现逐年上升趋势，2014年得分最低（60.3分），2017年得分达到69.8分，2018年下降至68.7分，2019—2021年得分持续提升，2020—2021年得分达到最高（70.4分）。

（3）"民事诉讼裁判得到有效执行"2015年得分最低（62.5分），2020—2021年得分最高（73.6分）。

将所有二级指标进行年度横向对比，统计数据显示：

（1）2014年"民事诉讼裁判得到有效执行"得分最高（70.0分），"民事审判符合公正要求"得分最低（60.2分）。

	2014年	2015年	2016年	2017年	2018年	2019年	2020—2021年
民事审判符合公正要求	60.2	63.5	67.2	70.9	71.1	71.8	72.4
民事诉讼中的调解自愿、合法	60.3	66.5	69.3	69.8	68.7	68.9	70.4
民事诉讼裁判得到有效执行	70.0	62.5	70.5	73.0	71.9	73.3	73.6

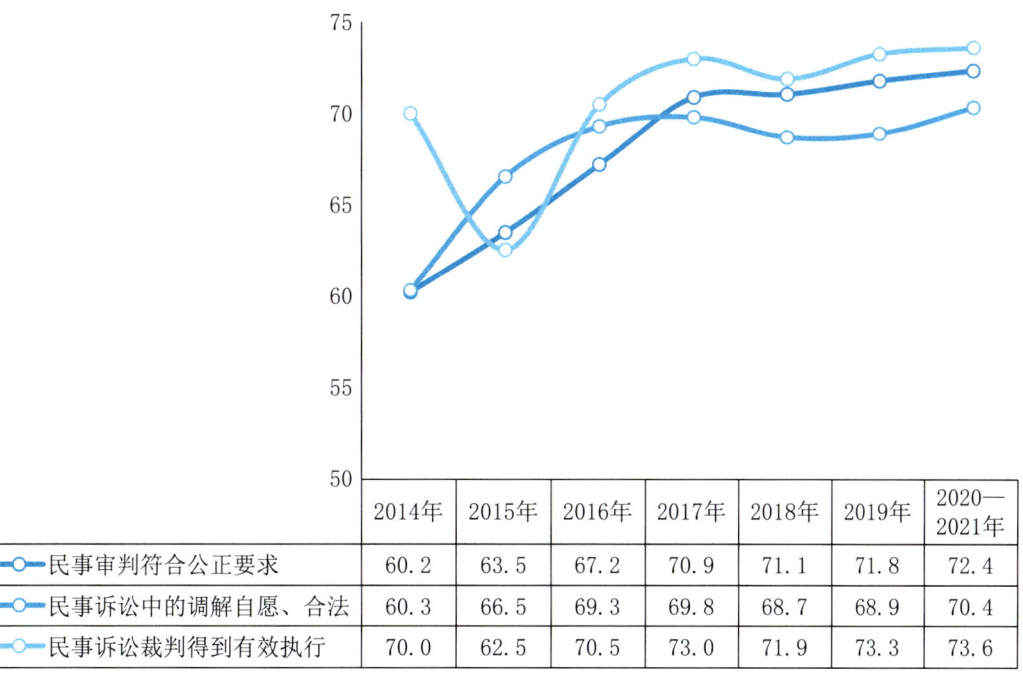

图7-7　2014—2021年"民事司法程序"下的二级指标得分变化情况

(2) 2015 年"民事诉讼中的调解自愿、合法"得分最高（66.5 分），"民事诉讼裁判得到有效执行"得分最低（62.5 分）。

(3) 2016 年"民事诉讼裁判得到有效执行"得分最高（70.5 分），"民事审判符合公正要求"得分最低（67.2 分）。

(4) 2017—2021 年"民事诉讼裁判得到有效执行"得分最高（73.0 分、71.9 分、73.3 分、73.6 分），"民事诉讼中的调解自愿、合法"得分最低（69.8 分、68.7 分、68.9 分、70.4 分）。

指标 4：刑事司法程序

2014—2021 年，"刑事司法程序"指标下的二级指标有较大变化，从 2014 年的 6 个二级指标调整为 2015 年的 3 个二级指标，并稳定保持至 2018 年。2019 年删去了"审查起诉公正有效"和"刑事审判公正及时有效"中的"有效"描述，测量内容仍然相同。

表 7-5　2014—2021 年"刑事司法程序"下的二级指标变化情况

2014 年	2015—2018 年	2019—2021 年
刑事司法程序贯彻无罪推定原则	/	/
刑事侦查合法、有效	侦查措施及时合法	侦查措施及时合法
刑事公诉公正、有效	审查起诉公正有效	审查起诉公正
刑事审判符合公正要求	刑事审判公正及时有效	刑事审判公正及时
刑事裁判的执行公正、人道	/	/
刑事司法能够提供有效的诉讼救济途径	/	/

将单个二级指标进行纵向对比，统计数据显示：

(1) "侦查措施及时合法"在 2014—2021 年间的峰值是 2020—2021 年（73.4 分），2015 年得分最低（64.8 分）。2020—2021 年得分（73.4 分）比 2019 年有较大提升。

(2) "审查起诉公正"在 2014—2021 年间的峰值是 2020—2021 年（70.5 分），2014 年得分最低（53.2 分）。2020—2021 年得分（70.5 分）比 2019 年有所提升。

(3) "刑事审判公正及时"呈现先上升后下降再回升的趋势，2014 年得分最低（66.1 分），2018 年得分最高（73.2 分）。2020—2021 年得分（71.2 分）比 2019 年有所回升。

将所有二级指标进行年度横向对比，统计数据显示：

(1) 2014 年"侦查措施及时合法"得分最高（68.0 分），"审查起诉公正"得分最低（53.2 分）。

(2) 2015 年"刑事审判公正及时"得分最高（66.5 分），"审查起诉公正"得分最低（62.7 分）。

(3) 2016 年"侦查措施及时合法"得分最高（70.6 分），"刑事审判公正及时"得分最低（67.4 分）。

(4) 2017—2018 年"刑事审判公正及时"得分最高（73.2 分、73.2 分），"审查起诉公正"得分最低（69.5 分、66.4 分）。

(5) 2019—2021 年"侦查措施及时合法"得分最高（70.7 分、73.4 分），"审查起诉公正"得分最低（69.0 分、70.5 分）。

	2014年	2015年	2016年	2017年	2018年	2019年	2020—2021年
侦查措施及时合法	68.0	64.8	70.6	72.0	71.6	70.7	73.4
审查起诉公正	53.2	62.7	69.9	69.5	66.4	69.0	70.5
刑事审判公正及时	66.1	66.5	67.4	73.2	73.2	70.6	71.2

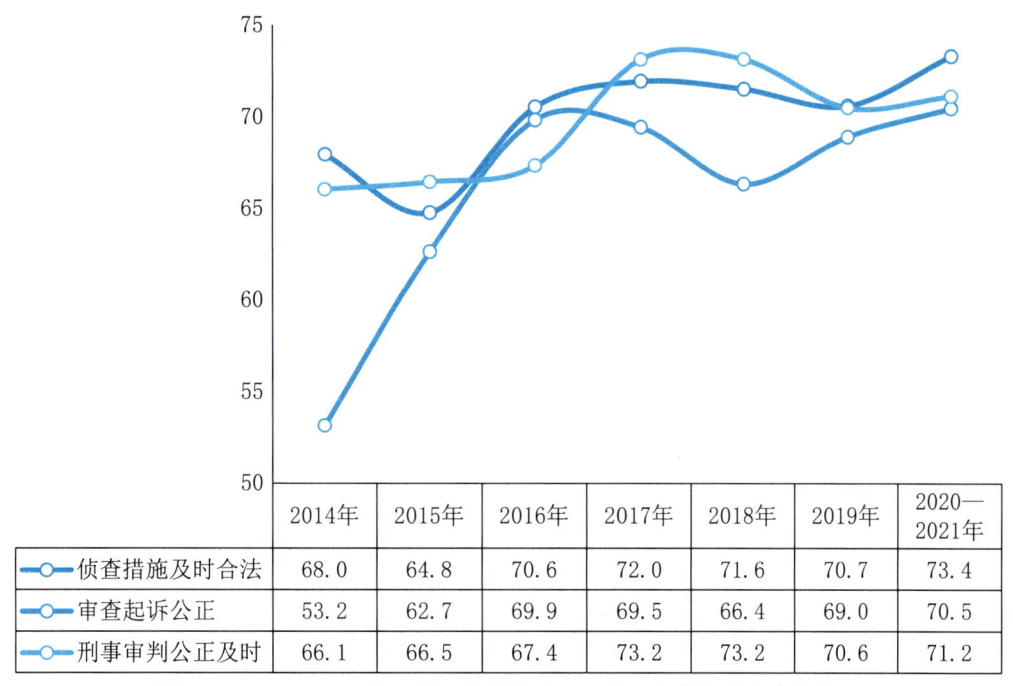

图 7-8　2014—2021 年"刑事司法程序"下的二级指标得分变化情况

指标 5：行政司法程序

2014—2021 年，"行政司法程序"指标下的二级指标有部分变化，从 2014 年的 4 个二级指标调整为 2016 年的 2 个二级指标，并稳定保持至 2020—2021 年。

表 7-6　2014—2021 年"行政司法程序"下的二级指标变化情况

2014 年	2015 年	2016—2021 年
行政起诉得到及时受理	行政起诉得到及时受理	/
行政诉讼符合公正要求	行政审判符合公正要求	行政审判符合公正要求
行政诉讼裁判得到尊重与有效执行	行政诉讼裁判得到有效执行	行政诉讼裁判得到有效执行
行政司法能够提供有效的诉讼救济途径	/	/

将单个二级指标进行纵向对比，统计数据显示：

（1）"行政审判符合公正要求"在 2014—2017 年呈现逐年上升趋势，2014 年得分最低（62.2 分），2017 年得分达到 74.2 分，2018 年得分（73.6 分）略有下降，2019—2021 年得分持续回升，2020—2021 年得分达到最高（74.5 分）。

（2）"行政诉讼裁判得到有效执行"的得分峰值在 2020—2021 年（70.4 分），2015 年得分最低（60.5 分）。

将所有二级指标进行年度横向对比，统计数据显示：

（1）2014 年"行政诉讼裁判得到有效执行"得分（68.3 分）高于"行政审判符合公正要求"得分（62.2 分）。

（2）2015—2021 年"行政审判符合公正要求"得分（67.8 分、68.4 分、74.2 分、73.6 分、73.9 分、74.5 分）均高于"行政诉讼裁判得到有效执行"得分（60.5 分、64.0 分、67.7 分、66.8 分、69.1 分、70.4 分）。

	2014年	2015年	2016年	2017年	2018年	2019年	2020—2021年
行政审判符合公正要求	62.2	67.8	68.4	74.2	73.6	73.9	74.5
行政诉讼裁判得到有效执行	68.3	60.5	64.0	67.7	66.8	69.1	70.4

图 7-9　2014—2021 年"行政司法程序"下的二级指标得分变化情况

指标 6：证据制度

2014—2021 年，"证据制度"指标下的二级指标有部分变化，从 2014 年的 4 个二级指标调整为 2015 年的 3 个二级指标，并稳定保持至 2020—2021 年。

表 7-7　2014—2021 年"证据制度"下的二级指标变化情况

2014 年	2015—2021 年
当事人的证据权利获得有效保障	证据裁判原则得到贯彻
公安司法人员具有证据意识	/
证据依法得到采纳与排除	证据依法得到采纳与排除
证明过程得到合理规范	证明过程得到合理规范

将单个二级指标进行纵向对比，统计数据显示：

（1）"证据裁判原则得到贯彻"在 2015—2021 年得分呈现"先下降后上升"的趋势，2015 年得分最高（70.1 分），2019 年得分最低（66.1 分），2020—2021 年得分（67.2 分）比 2019 年有所回升。

（2）"证据依法得到采纳与排除"在 2020—2021 年得分达到峰值（71.1 分），2016 年得分最低（63.7 分）。

（3）"证明过程得到合理规范"2014 年得分最高（76.1 分），2018 年得分最低（67.5 分）。2020—2021 年得分（70.5 分）有所回升。

将所有二级指标进行年度横向对比，统计数据显示：

（1）2014—2016 年"证明过程得到合理规范"得分最高（76.1 分、71.6 分、75.4 分），"证据依法得到采纳与排除"得分最低（67.7 分、64.7 分、63.7 分）。

（2）2017 年"证明过程得到合理规范"得分最高（73.0 分），"证据裁判原则得到贯彻"得分最低（68.3 分）。

(3) 2018—2021年"证据依法得到采纳与排除"得分最高（68.2分、70.4分、71.1分），"证据裁判原则得到贯彻"得分最低（66.7分、66.1分、67.2分）。

	2014年	2015年	2016年	2017年	2018年	2019年	2020—2021年
证据裁判原则得到贯彻	/	70.1	69.8	68.3	66.7	66.1	67.2
证据依法得到采纳与排除	67.7	64.7	63.7	69.5	68.2	70.4	71.1
证明过程得到合理规范	76.1	71.6	75.4	73.0	67.5	68.2	70.5

图 7-10　2014—2021 年"证据制度"下的二级指标得分变化情况

指标 7：司法腐败遏制

2014—2021 年，"司法腐败遏制"指标下的二级指标有部分变化，从 2014 年的 4 个二级指标调整为 2015 年的 3 个二级指标，并将"遵守法律职业伦理规范"调整至"法律职业化"下，稳定保持至 2020—2021 年。

表 7-8　2014—2021 年"司法腐败遏制"下的二级指标变化情况

2014 年	2015—2021 年
律师遵守职业伦理规范	/
警察遵守职业伦理规范与远离腐败	警察远离腐败
检察官遵守职业伦理规范与远离腐败	检察官远离腐败
法官遵守职业伦理规范与远离腐败	法官远离腐败

将单个二级指标进行纵向对比，统计数据显示：

3 个二级指标得分均呈现 2015 年相比于 2014 年大幅度下降，2016—2021 年有所回升的趋势。且 2017—2019 年，得分较为稳定，2020—2021 年得分大幅提升。

将所有二级指标进行年度横向对比，统计数据显示：

(1) 2014 年"检察官远离腐败"得分最高（76.6 分），"法官远离腐败"得分最低（64.0 分）。

(2) 2015—2021 年均为"检察官远离腐败"得分最高（59.5 分、67.0 分、68.4 分、67.9 分、68.0

分、70.5分），"警察远离腐败"得分最低（56.8分、62.7分、65.0分、64.4分、65.0分、67.5分）。

	2014年	2015年	2016年	2017年	2018年	2019年	2020—2021年
警察远离腐败	72.2	56.8	62.7	65.0	64.4	65.0	67.5
检察官远离腐败	76.6	59.5	67.0	68.4	67.9	68.0	70.5
法官远离腐败	64.0	57.4	64.4	66.4	66.1	66.5	69.1

图7-11 2014—2021年"司法腐败遏制"下的二级指标得分变化情况

指标8：法律职业化

2014—2021年，"法律职业化"指标下的二级指标有部分变化。2018年"法律职业人员具有适格性"与2015—2017年、2019—2021年"法律职业人员获得职业培训"的测量内容相同。2014年"法律职业人员具有适格性"与2018年同名指标的测量内容存在差异。

表7-9 2014—2021年"法律职业化"下的二级指标变化情况

2014年	2015—2017年	2018年	2019—2021年
法律职业人员具有适格性	/	法律职业人员具有适格性	/
法律职业人员获得职业培训	法律职业人员获得职业培训	/	法律职业人员获得职业培训
/	法律职业人员遵守法律职业伦理规范	法律职业人员遵守法律职业伦理规范	法律职业人员遵守法律职业伦理规范
法律职业人员享有职业保障	法律职业人员享有职业保障	法律职业人员享有职业保障	法律职业人员享有职业保障

将单个二级指标进行纵向对比，统计数据显示：

（1）"法律职业人员获得职业培训"（2018年为"法律职业人员具有适格性"，测量内容一致）在2015年得分最低（51.3分），2018年得分最高（71.9分）。2020—2021年得分（70.9分）比2019年略有下降。

（2）"法律职业人员遵守职业伦理规范"在2015年得分最低（57.5分），2019年得分最高（66.6分）。2020—2021年得分（63.5分）大幅下降。

（3）"法律职业人员享有职业保障"在2018年得分最低（60.8分），在2016年达到峰值（67.6

分)。2020—2021 年得分(62.5 分)比 2019 年有所回升。

将所有二级指标进行年度横向对比,统计数据显示:

(1) 2014 年"法律职业人员享有职业保障"得分(64.3 分)高于"法律职业人员获得职业培训"得分(60.8 分)。

(2) 2015 年"法律职业人员享有职业保障"得分最高(61.7 分),"法律职业人员获得职业培训"得分最低(51.3 分)。

(3) 2016—2017 年"法律职业人员获得职业培训"得分最高(70.1 分、69.6 分),"法律职业人员遵守职业伦理规范"得分最低(61.3 分、58.8 分)。

(4) 2018—2021 年均为"法律职业人员获得职业培训"("法律职业人员具有适格性")得分最高(71.9 分、71.4 分、70.9 分),"法律职业人员享有职业保障"得分最低(60.8 分、61.5 分、62.5 分)。

	2014年	2015年	2016年	2017年	2018年	2019年	2020—2021年
法律职业人员获得职业培训	60.8	51.3	70.1	69.6	71.9	71.4	70.9
法律职业人员遵守职业伦理规范	/	57.5	61.3	58.8	64.2	66.6	63.5
法律职业人员享有职业保障	64.3	61.7	67.6	65.2	60.8	61.5	62.5

图 7-12 2014—2021 年"法律职业化"下的二级指标得分变化情况

指标 9:司法公开

2014—2021 年,"司法公开"指标下的二级指标有较大变化,从 2014 年的 5 个二级指标调整为 2016 年的 4 个二级指标,并保持至 2017 年。2018 年将其中的"司法权力主体受到信任与认同"和"司法裁判受到信任与认同"调整至一级指标"司法权力"下,并保持至 2020—2021 年。

表 7-10 2014—2021 年"司法公开"下的二级指标变化情况

2014—2015 年	2016—2017 年	2018—2021 年
司法权力主体受到信任与认同	司法权力主体受到信任与认同	/
司法活动的过程依法公开	司法过程依法公开	司法过程依法公开
司法活动的过程受到信任与认同	/	/
司法活动的结果依法公开	裁判结果依法公开	裁判结果依法公开
司法活动的结果受到信任与认同	司法裁判受到信任与认同	/

将单个二级指标进行纵向对比,统计数据显示:

(1)"司法过程依法公开"在2015年相比于2014年得分有明显下降,2015年后得分逐年上升,2015年得分最低(70.4分),2014年得分最高(77.6分)。2020—2021年得分(76.8分)比2019年略有上升。

(2)"裁判结果依法公开"在2015年得分最高(77.6分),2014年和2016年得分较低(72.4分)。2020—2021年得分(76.4分)比2019年有所回升。

将所有二级指标进行年度横向对比,统计数据显示:

2014年、2016年、2019年、2020—2021年"司法过程依法公开"得分更高(77.6分、73.6分、76.5分、76.8分);2015年、2017年、2018年"裁判结果依法公开"得分更高(77.6分、76.3分、76.6分)。

	2014年	2015年	2016年	2017年	2018年	2019年	2020—2021年
司法过程依法公开	77.6	70.4	73.6	75.5	75.7	76.5	76.8
裁判结果依法公开	72.4	77.6	72.4	76.3	76.6	75.4	76.4

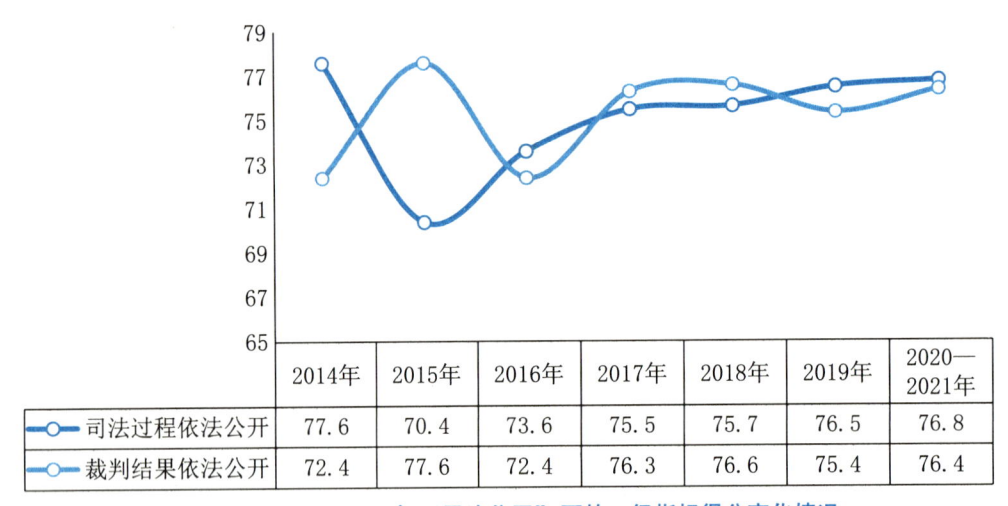

图7-13　2014—2021年"司法公开"下的二级指标得分变化情况

指标10:司法文化

2014—2021年,"司法文化"指标下的二级指标有部分变化,2014年有6个二级指标,2015年删去了其中的"公众接受普法教育"和"媒体对司法的监督与干预",并保持至2020—2021年。

表7-11　2014—2021年"司法文化"下的二级指标变化情况

2014年	2015—2021年
公众参与司法的意识及程度	公众参与司法的意识及程度
公众诉诸司法的意识及程度	公众诉诸司法的意识及程度
公众接受司法裁判的意识及程度	公众接受司法裁判的意识及程度
公众接受现代刑罚理念的意识及程度	公众接受现代刑罚理念的意识及程度
公众接受普法教育	/
媒体对司法的监督与干预	/

将单个二级指标进行纵向对比,统计数据显示:

(1)"公众参与司法的意识及程度"在2015年相比于2014年得分有大幅上升,增幅达22.8分,2015年后得分一直在70分以上,其中2015年得分最高(76.3分),2014年得分最低(53.5分)。2020—2021年得分(73.4分)比2019年有所提升。

(2)"公众诉诸司法的意识及程度"在2014—2021年间得分较稳定,其中2017年得分最低(67.2

分）。2020—2021年得分（69.9分）比2019年有所提升，达到峰值。

（3）"公众接受司法裁判的意识及程度"2014年得分最高（70.0分），2016年得分最低（64.4分），2020—2021年得分（66.9分）较2019年略有回升。

（4）"公众接受现代刑罚理念的意识及程度"2014年得分最高（69.7分），之后得分较稳定，2020—2021年得分最低（61.9分）。

将所有二级指标进行年度横向对比，统计数据显示：

（1）2014年"公众接受司法裁判的意识及程度"得分最高（70.0分），"公众参与司法的意识及程度"得分最低（53.5分）。

（2）2015—2021年得分最高的指标均为"公众参与司法的意识及程度"（76.3分、72.3分、71.1分、71.7分、72.3分、73.4分），得分最低的指标均为"公众接受现代刑罚理念的意识及程度"（63.6分、62.9分、63.2分、62.6分、62.3分、61.9分）。

	2014年	2015年	2016年	2017年	2018年	2019年	2020—2021年
公众参与司法的意识及程度	53.5	76.3	72.3	71.1	71.7	72.3	73.4
公众诉诸司法的意识及程度	68.0	68.6	68.6	67.2	69.2	68.3	69.9
公众接受司法裁判的意识及程度	70.0	65.4	64.4	65.7	65.2	66.6	66.9
公众接受现代刑罚理念的意识及程度	69.7	63.6	62.9	63.2	62.6	62.3	61.9

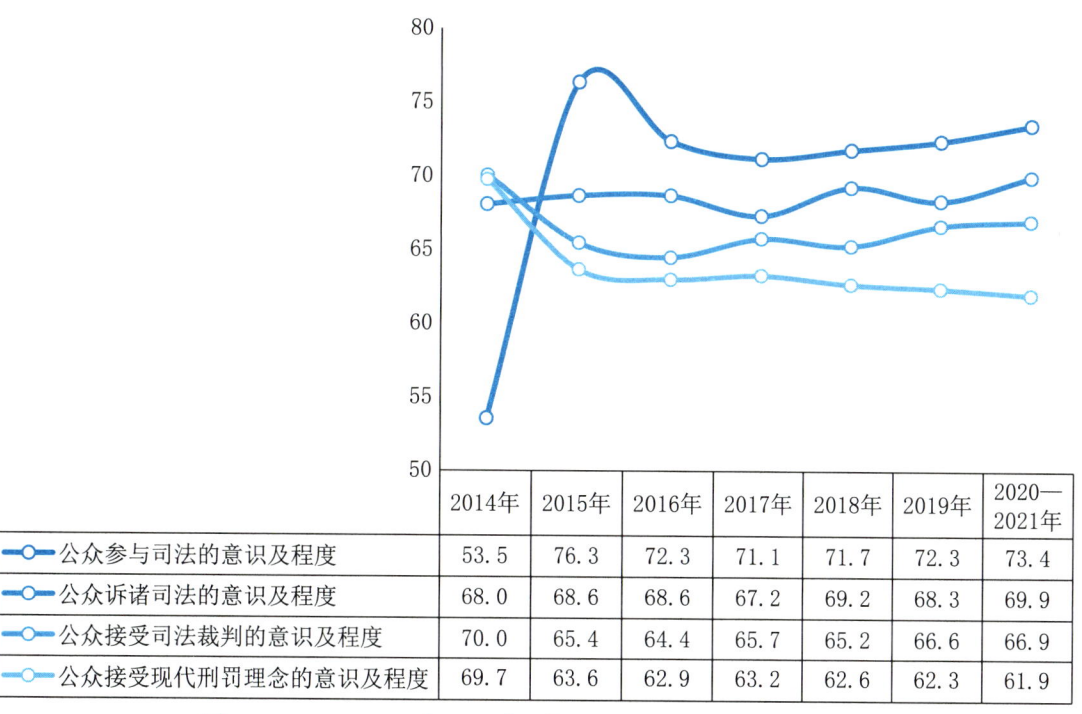

图7-14　2014—2021年"司法文化"下的二级指标得分变化情况

二、2014—2021年度各省份数据变化情况

司法文明指数问卷调查从2014年开始，现已经进行了7次调查。在此过程中，课题组对调查对象、指标体系以及相关问题不断进行修订。此外，每年的执行区域也有所不同：2014年，调查了北京、上海、广东、吉林、福建、湖北、四川、青海和海南9个省/直辖市；2015年，调查了20个省/自治区/直辖市，分别为北京、山西、内蒙古、吉林、黑龙江、上海、江苏、浙江、安徽、福建、山东、湖北、广东、海南、重庆、四川、贵州、云南、青海和宁夏；2016—2021年，则对全国31个省/自治区/直辖市（除港、澳、台）均进行了问卷调查。

2014—2021年各省份司法文明指数得分及排名显示，所有省/自治区/直辖市的得分都在60分以上，均达到了及格以上水平。上海排名能稳定在前十名内；而湖南排名稳定在后十名。

表 7-12　2014—2021 年度各省份司法文明指数得分及排名

省　份	2014 年	2015 年	2016 年	2017 年	2018 年	2019 年	2020—2021 年
北　京	65.6（3/9）	64.3（13/20）	69.7（6/31）	68.7（26/31）	70.6（7/31）	70.9（11/31）	71.4（13/31）
天　津	/	/	69.8（5/31）	69.1（22/31）	69.7（14/31）	70.2（17/31）	71.8（8/31）
河　北	/	/	69.9（4/31）	70.3（11/31）	68.7（22/31）	68.4（27/31）	70.0（25/31）
山　西	/	64.3（12/20）	67.4（24/31）	69.1（21/31）	68.6（23/31）	69.4（21/31）	69.5（28/31）
内蒙古	/	65.4（4/20）	68.3（17/31）	69.8（14/31）	67.8（28/31）	71.3（5/31）	69.2（31/31）
辽　宁	/	/	69.5（8/31）	69.8（15/31）	67.4（29/31）	68.2（29/31）	69.5（29/31）
吉　林	63.7（9/9）	64.8（10/20）	69.1（11/31）	71.0（8/31）	68.5（24/31）	70.4（15/31）	72.6（3/31）
黑龙江	/	62.8（20/20）	65.6（29/31）	68.6（27/31）	68.5（25/31）	69.2（23/31）	70.7（19/31）
上　海	68.8（1/9）	66.6（1/20）	70.5（1/31）	71.5（4/31）	71.4（1/31）	70.9（9/31）	73.3（1/31）
江　苏	/	65.0（7/20）	69.2（10/31）	71.2（6/31）	70.7（2/31）	71.4（4/31）	71.3（16/31）
浙　江	/	65.8（2/20）	68.0（20/31）	73.1（2/31）	69.6（18/31）	72.5（1/31）	71.2（17/31）
安　徽	/	64.9（8/20）	67.4（23/31）	70.3（10/31）	70.7（3/31）	70.3（16/31）	70.3（23/31）
福　建	64.7（7/9）	65.3（5/20）	69.0（12/31）	70.0（12/31）	69.7（16/31）	67.6（30/31）	71.9（7/31）
江　西	/	/	67.3（25/31）	69.7（16/31）	69.8（12/31）	70.9（10/31）	70.0（24/31）
山　东	/	64.7（11/20）	68.4（14/31）	71.1（7/31）	69.7（15/31）	70.9（7/31）	73.2（2/31）
河　南	/	/	64.9（30/31）	69.2（20/31）	70.4（9/31）	70.5（13/31）	69.7（27/31）
湖　北	64.3（8/9）	63.4（18/20）	67.9（21/31）	67.4（31/31）	69.2（20/31）	71.1（6/31）	71.5（11/31）
湖　南	/	/	66.6（26/31）	67.6（30/31）	66.4（30/31）	67.1（31/31）	69.4（30/31）
广　东	65.4（4/9）	64.2（14/20）	69.3（9/31）	69.7（18/31）	70.5（8/31）	70.9（8/31）	70.6（20/31）
广　西	/	/	66.3（28/31）	67.9（28/31）	68.0（27/31）	68.9（24/31）	71.5（12/31）
海　南	66.7（2/9）	63.7（16/20）	68.5（15/31）	76.2（1/31）	69.5（19/31）	68.5（26/31）	70.7（18/31）
重　庆	/	63.8（15/20）	68.1（19/31）	69.4（19/31）	70.6（6/31）	71.7（2/31）	72.1（6/31）
四　川	64.8（6/9）	64.8（9/20）	68.9（13/31）	68.7（25/31）	70.6（5/31）	71.3（3/31）	71.4（14/31）
贵　州	/	63.0（19/20）	67.8（22/31）	68.9（24/31）	68.4（26/31）	68.5（25/31）	71.6（10/31）
云　南	/	65.1（6/20）	69.7（7/31）	71.9（3/31）	70.7（4/31）	69.2（22/31）	71.8（9/31）
西　藏	/	/	68.4（16/31）	67.8（29/31）	69.9（11/31）	70.8（12/31）	70.0（26/31）
陕　西	/	/	63.8（31/31）	69.7（17/31）	69.6（17/31）	68.2（28/31）	71.4（15/31）
甘　肃	/	/	66.5（27/31）	69.9（13/31）	65.2（31/31）	69.7（20/31）	70.4（22/31）
青　海	65.0（5/9）	63.5（17/20）	68.2（18/31）	71.0（9/31）	69.1（21/31）	69.8（19/31）	70.5（21/31）
宁　夏	/	65.6（3/20）	70.3（2/31）	71.4（5/31）	70.2（10/31）	70.1（18/31）	72.5（4/31）
新　疆	/	/	70.0（3/31）	69.0（23/31）	69.8（13/31）	70.4（14/31）	72.4（5/31）

将 2016—2021 年[1]各省/自治区/直辖市的司法文明指数得分求平均值后再排名，观察长期趋势。数据显示：上海市排名第一，宁夏回族自治区排名第二，浙江省排名第三；而广西壮族自治区、甘肃省、湖南省位列后三名。六年间的司法文明指数均分为 69.7 分，各省份得分与均分的最大分差为 2.3

---

[1] 因 2014—2015 年仅在部分省份进行了调查，故不计入统计。

分。共有 16 个省份得分在均分以上。[1]

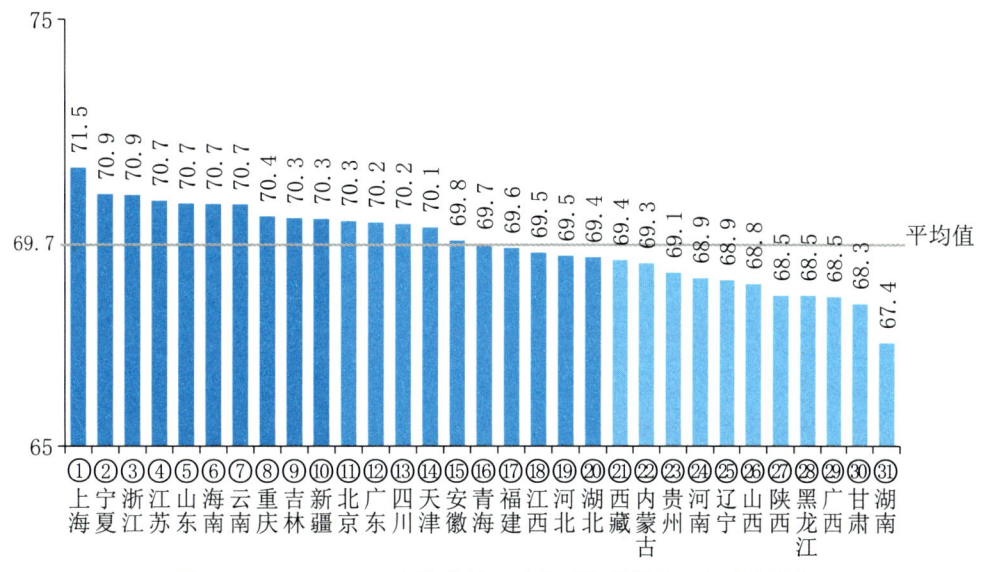

图 7-15　2016—2021 年各省份司法文明指数得分累加均分排名

(一) 北京市

北京市自 2014—2021 年进行了调查，司法文明指标得分总体上呈波动上升趋势，2015 年得分最低（64.3 分），2020—2021 年得分最高（71.5 分），分差为 7.2 分。与全国平均分相比较，综合来看略高于全国平均分。2016 年比全国平均分高 2.19%，2017 年比全国平均分低 1.81%，2018—2019 年比全国平均分分别高 1.82% 和 1.28%，2020—2021 年比全国平均分高 0.52%。

图 7-16　北京市司法文明指数得分年度变化情况

总体上看，北京市司法文明指数呈波动上升趋势，指标得分在 2015 年下降 1.3 分，2016 年提高 5.4 分，2017 年略有下降，此后呈逐年上升趋势。

---

[1] 下图中指数得分数据均保留一位小数，但实际指数得分绝大多数是无理数，故各省、直辖市、自治区指数得分与全国平均得分相差的百分比与图中显示数据计算的结果会存在不一致的情况。下同。

10 个一级指标得分变化趋势如下：

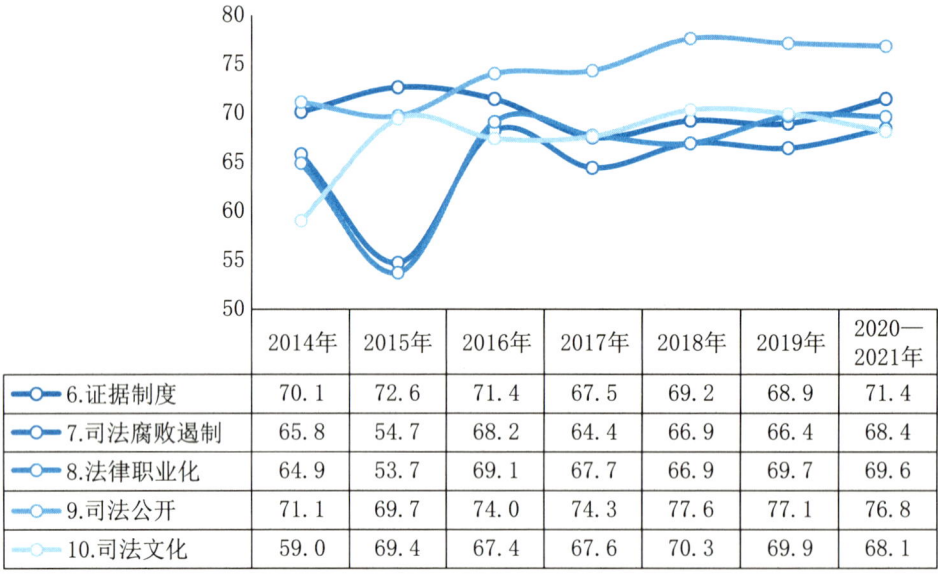

	2014年	2015年	2016年	2017年	2018年	2019年	2020—2021年
1.司法权力	64.6	73.2	69.2	69.6	71.6	72.9	74.7
2.当事人诉讼权利	63.2	62.1	69.7	66.4	69.5	69.3	69.4
3.民事司法程序	65.8	64.8	69.3	69.4	71.3	71.9	72.1
4.刑事司法程序	64.4	64.5	71.1	69.7	70.5	69.8	71.3
5.行政司法程序	66.8	58.3	67.8	70.2	72.1	72.9	72.8

	2014年	2015年	2016年	2017年	2018年	2019年	2020—2021年
6.证据制度	70.1	72.6	71.4	67.5	69.2	68.9	71.4
7.司法腐败遏制	65.8	54.7	68.2	64.4	66.9	66.4	68.4
8.法律职业化	64.9	53.7	69.1	67.7	66.9	69.7	69.6
9.司法公开	71.1	69.7	74.0	74.3	77.6	77.1	76.8
10.司法文化	59.0	69.4	67.4	67.6	70.3	69.9	68.1

图 7-17 北京市司法文明一级指标得分年度变化情况

（二）天津市

天津市自 2016—2021 年进行了调查，司法文明指标得分较稳定，均在 70 分左右，2017 年得分最低（69.1 分），2020—2021 年得分最高（71.8 分），分差为 2.7 分。综合来看与全国平均分相近。2016 年比全国平均分高 2.30%，2017 年比全国平均分低 1.24%，2018—2019 年比全国平均分分别高 0.49% 和 0.37%，2020—2021 年比全国平均分高 1.04%。

图 7-18　天津市司法文明指数得分年度变化情况

总体上看，天津市司法文明指数发展趋势较为平稳，指标得分在2017年下降了0.7分，此后呈逐年平稳上升趋势。

10个一级指标得分变化趋势如下：

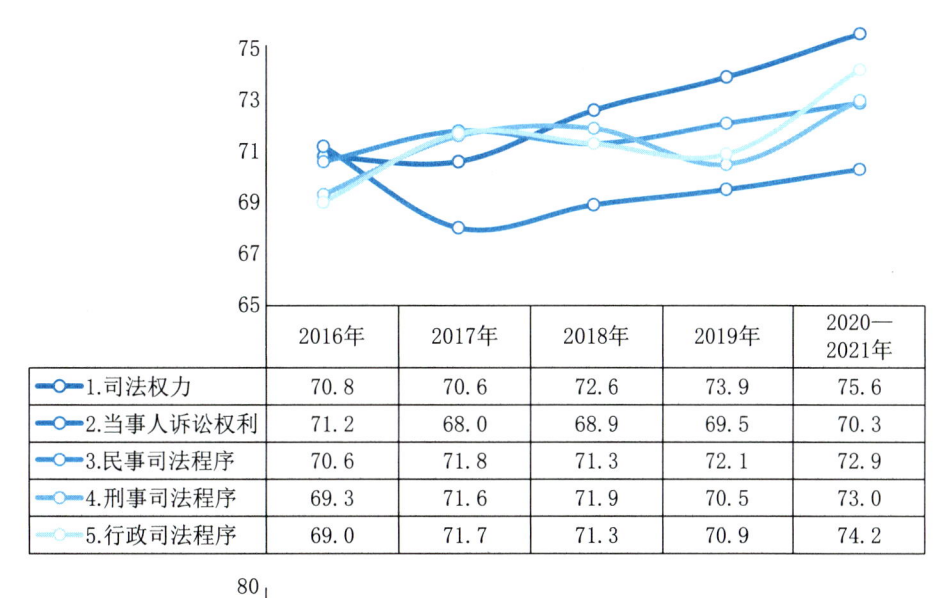

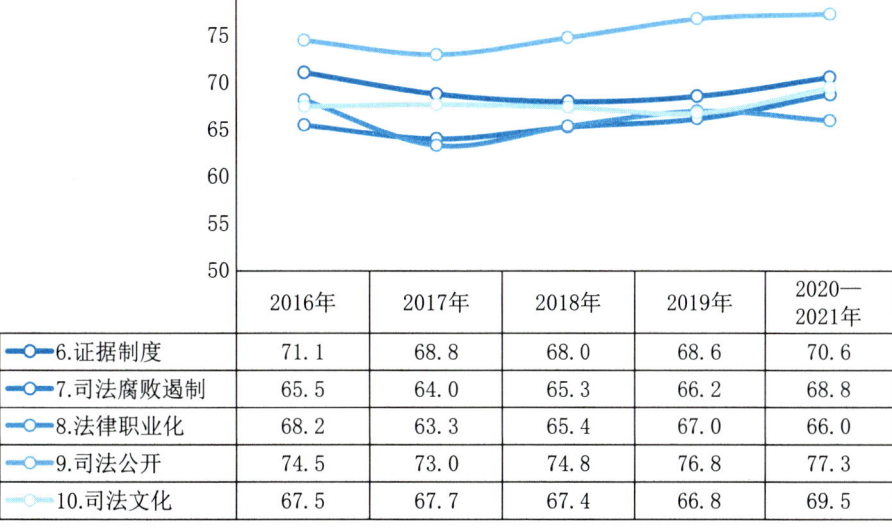

	2016年	2017年	2018年	2019年	2020—2021年
1.司法权力	70.8	70.6	72.6	73.9	75.6
2.当事人诉讼权利	71.2	68.0	68.9	69.5	70.3
3.民事司法程序	70.6	71.8	71.3	72.1	72.9
4.刑事司法程序	69.3	71.6	71.9	70.5	73.0
5.行政司法程序	69.0	71.7	71.3	70.9	74.2

	2016年	2017年	2018年	2019年	2020—2021年
6.证据制度	71.1	68.8	68.0	68.6	70.6
7.司法腐败遏制	65.5	64.0	65.3	66.2	68.8
8.法律职业化	68.2	63.3	65.4	67.0	66.0
9.司法公开	74.5	73.0	74.8	76.8	77.3
10.司法文化	67.5	67.7	67.4	66.8	69.5

图 7-19　天津市司法文明一级指标得分年度变化情况

(三) 河北省

河北省自2016—2021年进行了调查，司法文明指标得分呈波浪式发展趋势，2019年得分最低（68.4分），2017年得分最高（70.3分），分差为1.9分。2016—2017年比全国平均分高（2.45%、0.47%），2018—2021年比全国平均分低（0.87%、2.26%、1.54%）。

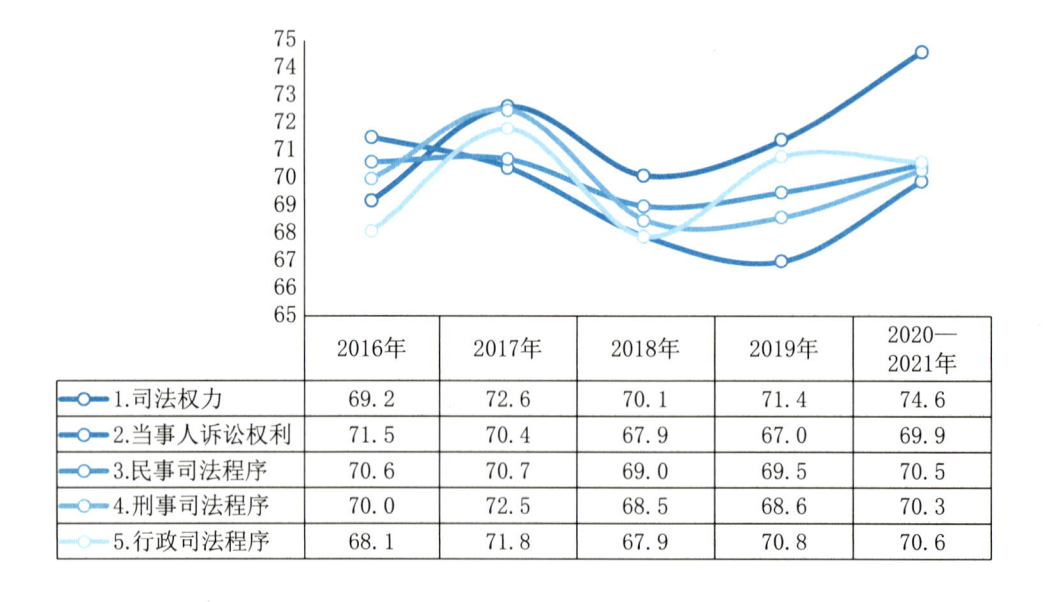

图7-20 河北省司法文明指数得分年度变化情况

总体上看，河北省司法文明指数呈波浪式发展趋势，指标得分在2017年提高了0.4分，2018年下降了1.6分，2019年再次下降了0.3分，2020—2021年则提高了1.6分。

10个一级指标得分变化趋势如下：

	2016年	2017年	2018年	2019年	2020—2021年
1.司法权力	69.2	72.6	70.1	71.4	74.6
2.当事人诉讼权利	71.5	70.4	67.9	67.0	69.9
3.民事司法程序	70.6	70.7	69.0	69.5	70.5
4.刑事司法程序	70.0	72.5	68.5	68.6	70.3
5.行政司法程序	68.1	71.8	67.9	70.8	70.6

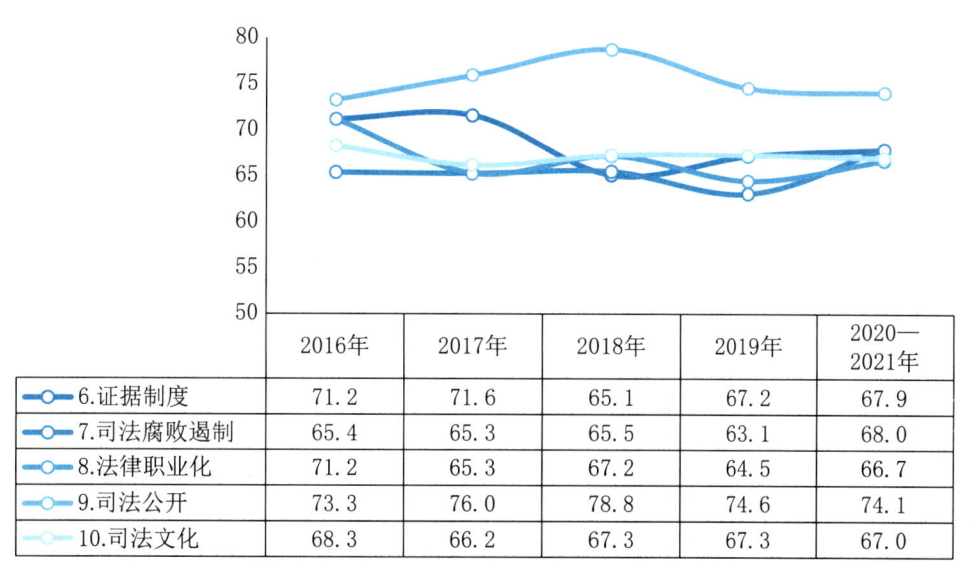

	2016年	2017年	2018年	2019年	2020—2021年
6.证据制度	71.2	71.6	65.1	67.2	67.9
7.司法腐败遏制	65.4	65.3	65.5	63.1	68.0
8.法律职业化	71.2	65.3	67.2	64.5	66.7
9.司法公开	73.3	76.0	78.8	74.6	74.1
10.司法文化	68.3	66.2	67.3	67.3	67.0

图 7-21 河北省司法文明一级指标得分年度变化情况

（四）山西省

山西省自 2015—2021 年进行了调查，司法文明指标得分呈波动上升趋势，2015 年得分最低（64.3 分），2020—2021 年得分最高（69.5 分），分差为 5.2 分。得分趋势与全国平均分相近，且均低于全国平均分。2015 年差距最小（0.35%），2018—2019 年差距得到缩小，2020—2021 年差距又大幅拉大，达到 2.24%。

图 7-22 山西省司法文明指数得分年度变化情况

总体上看，山西省司法文明指数呈波动上升趋势，指标得分在 2016 年提高了 3.1 分，2017 年又提高 1.7 分，2018 年略有下降，2019—2021 年又持续小幅度提升。

10 个一级指标得分变化趋势如下：

	2015年	2016年	2017年	2018年	2019年	2020—2021年
1.司法权力	71.7	66.8	70.9	70.8	73.6	73.3
2.当事人诉讼权利	57.6	69.2	68.8	68.5	66.9	70.5
3.民事司法程序	64.9	69.2	69.4	69.0	71.4	71.8
4.刑事司法程序	67.1	67.5	72.0	69.7	69.5	68.6
5.行政司法程序	58.8	64.1	70.2	67.8	69.4	68.3

	2015年	2016年	2017年	2018年	2019年	2020—2021年
6.证据制度	70.7	70.0	70.1	67.6	66.9	65.1
7.司法腐败遏制	59.0	63.1	66.2	66.5	66.9	67.2
8.法律职业化	59.7	64.4	61.5	64.8	68.9	66.6
9.司法公开	67.1	72.4	75.9	75.9	75.2	76.6
10.司法文化	66.7	67.4	65.9	65.3	65.5	66.8

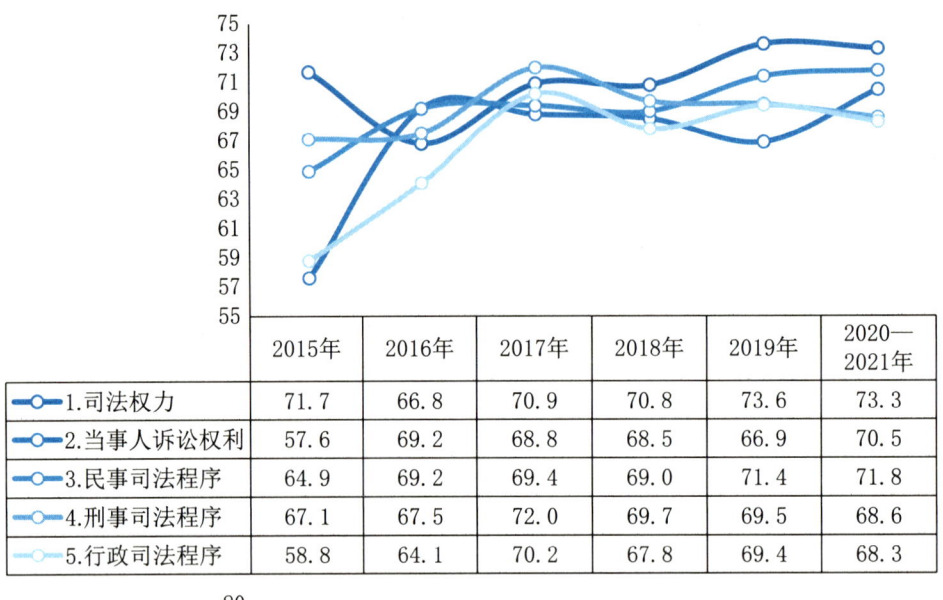

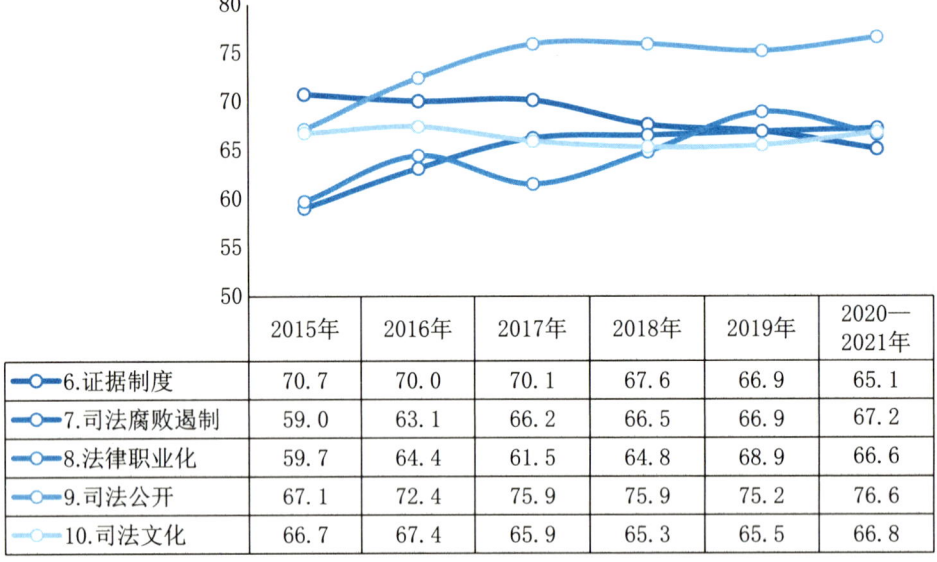

图7-23 山西省司法文明一级指标得分年度变化情况

（五）内蒙古自治区

内蒙古自治区自2015—2021年进行了调查，司法文明指标得分呈波浪式发展趋势，2015年得分最低（65.4分），2019年得分最高（71.3分），分差为5.9分。2015年、2016年、2019年三年得分均高于全国平均分。但内蒙古自治区司法文明指数不太稳定，2018年比全国平均分低2.23%，2019年则比全国平均分高1.85%，2020—2021年比全国平均分又低2.59%。

图 7-24 内蒙古自治区司法文明指数得分年度变化情况

总体上看，内蒙古自治区司法文明指数呈波浪式发展趋势，指标得分在 2016 年上升了 2.9 分，2017 年再次上升 1.5 分，2018 年下降了 2.0 分，2019 年显著上升 3.5 分，2020—2021 年显著下降 2.1 分。

10 个一级指标得分变化趋势如下：

	2015年	2016年	2017年	2018年	2019年	2020—2021年
1.司法权力	70.4	67.1	72.4	69.5	76.4	73.0
2.当事人诉讼权利	63.7	69.5	70.0	68.3	71.9	68.2
3.民事司法程序	65.5	69.7	71.2	70.6	73.2	70.9
4.刑事司法程序	64.3	68.3	71.7	69.0	70.4	70.3
5.行政司法程序	61.8	68.4	69.8	68.6	74.5	70.8

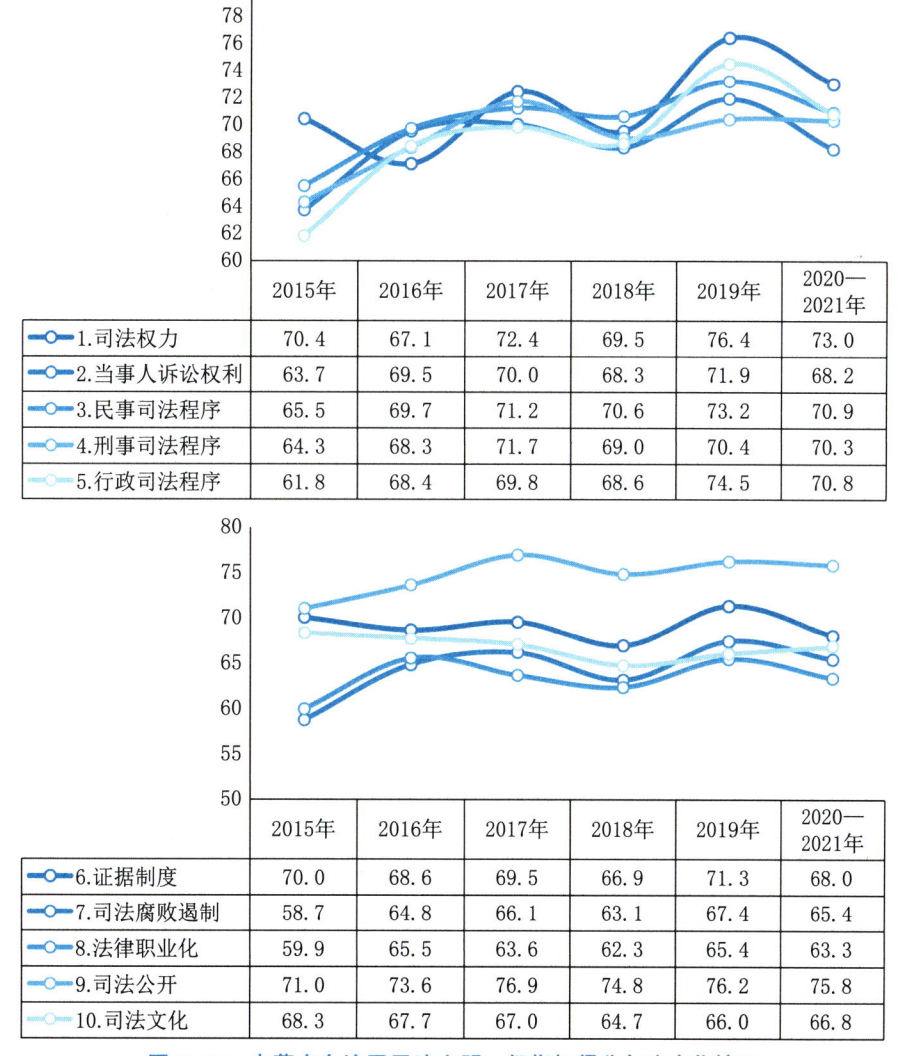

	2015年	2016年	2017年	2018年	2019年	2020—2021年
6.证据制度	70.0	68.6	69.5	66.9	71.3	68.0
7.司法腐败遏制	58.7	64.8	66.1	63.1	67.4	65.4
8.法律职业化	59.9	65.5	63.6	62.3	65.4	63.3
9.司法公开	71.0	73.6	76.9	74.8	76.2	75.8
10.司法文化	68.3	67.7	67.0	64.7	66.0	66.8

图 7-25 内蒙古自治区司法文明一级指标得分年度变化情况

(六) 辽宁省

辽宁省自2016—2021年进行了调查,司法文明指标得分总体上呈先下降后上升趋势,2018年得分最低(67.4分),2017年得分最高(69.8分),分差为2.4分。2016年比全国平均分高1.96%,2017—2021年均低于全国平均分,2018年与全国平均分差距最大,低2.73%。

图7-26 辽宁省司法文明指数得分年度变化情况

总体上看,辽宁省司法文明指数呈先下降后上升趋势,指标得分在2017年略微上升了0.3分,2018年下降2.4分,2019年回升了0.8分,2020—2021年再次回升了1.3分。

10个一级指标得分变化趋势如下:

	2016年	2017年	2018年	2019年	2020—2021年
1.司法权力	71.6	71.7	69.5	71.1	73.7
2.当事人诉讼权利	70.5	70.1	66.7	67.9	69.7
3.民事司法程序	71.1	72.0	69.4	68.1	70.8
4.刑事司法程序	69.8	70.4	68.5	67.8	68.0
5.行政司法程序	67.2	70.2	65.3	69.6	71.6

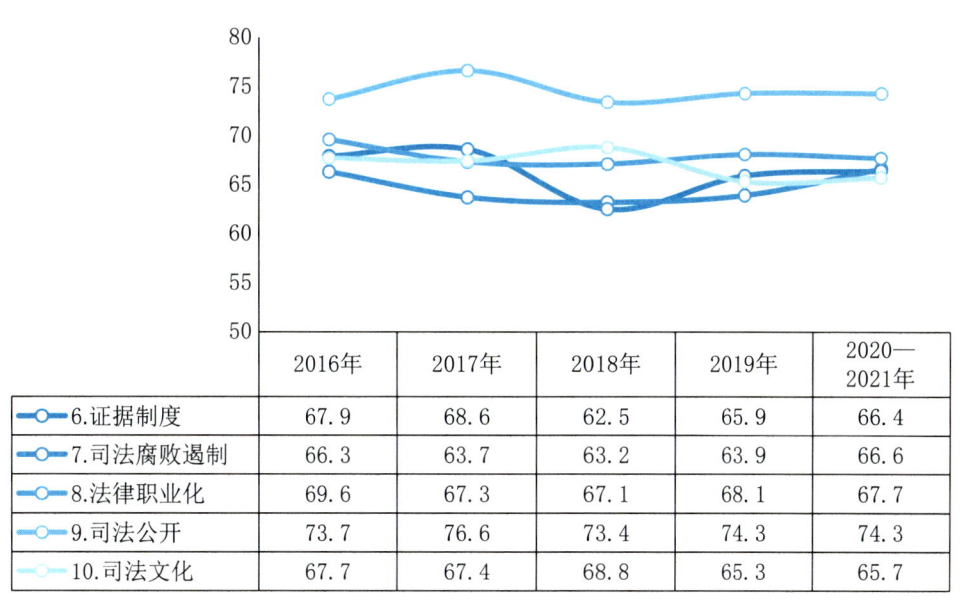

	2016年	2017年	2018年	2019年	2020—2021年
6.证据制度	67.9	68.6	62.5	65.9	66.4
7.司法腐败遏制	66.3	63.7	63.2	63.9	66.6
8.法律职业化	69.6	67.3	67.1	68.1	67.7
9.司法公开	73.7	76.6	73.4	74.3	74.3
10.司法文化	67.7	67.4	68.8	65.3	65.7

图 7-27 辽宁省司法文明一级指标得分年度变化情况

（七）吉林省

吉林省自 2014—2021 年进行了调查，司法文明指标得分呈波浪式发展趋势，2014—2017 年得分呈上升趋势，2018 年得分有所下降，2019—2021 年得分又开始回升。2014 年得分最低（63.7 分），2020—2021 年得分最高（72.6 分），分差为 8.9 分。2014 年比全国平均分低 2.67%，2020—2021 年比全国平均分高 2.14%。在 7 次调查中有 5 次高于全国平均分。

图 7-28 吉林省司法文明指数得分年度变化情况

总体上看，吉林省司法文明指数呈波浪式发展趋势，指标得分 2014—2017 年呈逐年上升趋势，2018 年下降 2.5 分，2019 年回升了 1.9 分，2020—2021 年再次提高了 2.2 分。

10 个一级指标得分变化趋势如下：

	2014年	2015年	2016年	2017年	2018年	2019年	2020—2021年
1.司法权力	65.2	71.2	69.4	73.2	69.7	74.5	77.6
2.当事人诉讼权利	63.7	62.2	70.5	72.1	69.4	70.2	73.3
3.民事司法程序	61.9	65.8	69.9	72.0	69.6	72.2	74.6
4.刑事司法程序	62.6	62.6	70.1	72.3	69.8	69.6	72.1
5.行政司法程序	62.7	60.3	65.7	70.4	69.5	71.1	75.2

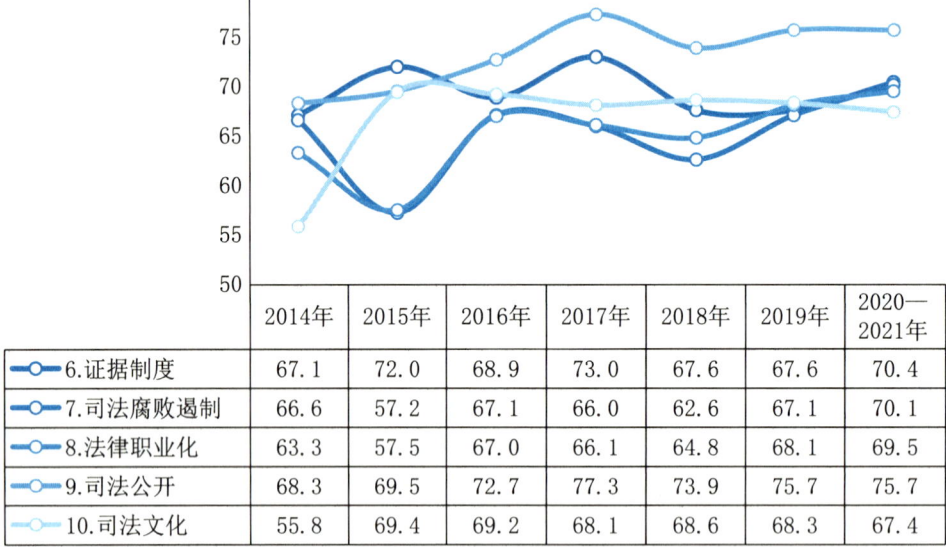

	2014年	2015年	2016年	2017年	2018年	2019年	2020—2021年
6.证据制度	67.1	72.0	68.9	73.0	67.6	67.6	70.4
7.司法腐败遏制	66.6	57.2	67.1	66.0	62.6	67.1	70.1
8.法律职业化	63.3	57.5	67.0	66.1	64.8	68.1	69.5
9.司法公开	68.3	69.5	72.7	77.3	73.9	75.7	75.7
10.司法文化	55.8	69.4	69.2	68.1	68.6	68.3	67.4

图 7-29 吉林省司法文明一级指标得分年度变化情况

（八）黑龙江省

黑龙江省自 2015—2021 年进行了调查，司法文明指标得分大体呈上升趋势，2015 年得分最低（62.8 分），2020—2021 年得分最高（70.7 分），分差为 7.9 分。2015—2021 年得分均低于全国平均分，其中 2016 年比全国平均分低 3.80%，但差距有缩小趋势，2020—2021 年得分仅低于全国平均分 0.52%。

图 7-30　黑龙江省司法文明指数得分年度变化情况

总体上看，黑龙江省司法文明指数呈上升趋势，指标得分 2016 年提高了 2.8 分，2017 年继续提高 3.0 分，2018 年与前一年基本持平，2019 年上升了 0.7 分，2020—2021 年再次提高了 1.5 分。

10 个一级指标得分变化趋势如下：

	2015年	2016年	2017年	2018年	2019年	2020—2021年
1.司法权力	68.2	64.0	70.5	69.4	70.9	75.1
2.当事人诉讼权利	60.2	67.7	69.1	69.5	68.1	70.3
3.民事司法程序	63.0	68.1	69.6	70.5	71.3	72.4
4.刑事司法程序	62.2	67.1	69.9	70.4	70.2	71.7
5.行政司法程序	58.4	62.7	70.3	68.0	71.1	75.2

	2015年	2016年	2017年	2018年	2019年	2020—2021年
6.证据制度	70.4	68.5	68.5	66.6	66.9	69.7
7.司法腐败遏制	53.0	57.9	63.5	63.1	64.8	66.4
8.法律职业化	56.0	65.0	63.3	66.1	65.4	62.6
9.司法公开	68.8	70.0	76.4	75.3	74.4	76.1
10.司法文化	68.2	65.2	64.7	66.5	68.8	67.6

图 7-31　黑龙江省司法文明一级指标得分年度变化情况

（九）上海市

上海市自2014—2021年进行了调查，司法文明指标得分呈波动上升趋势，2015年得分最低（66.6分），2020—2021年得分最高（73.3分），分差为6.7分。历年得分均高于全国平均分，2014年高出最多，比全国平均分高5.13%。

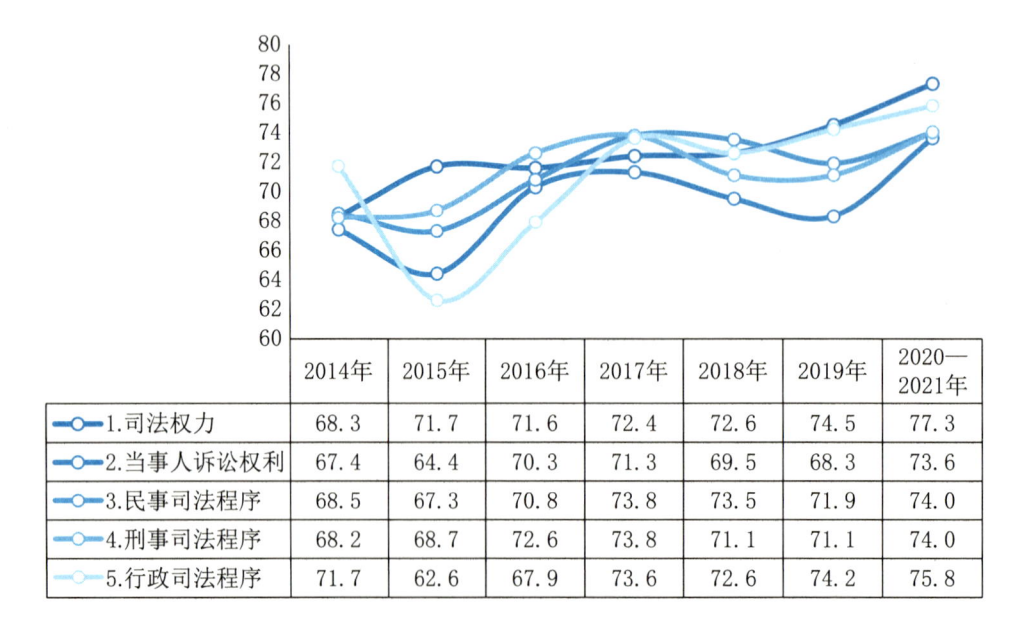

图 7-32 上海市司法文明指数得分年度变化情况

总体上看，上海市司法文明指数呈波动上升趋势，指标得分2015年降低了2.2分，2016年提高了3.9分，2017年提高了1.0分，2018年与前一年基本持平，2019年下降了0.5分，2020—2021年则提高了2.4分。

10个一级指标得分变化趋势如下：

	2014年	2015年	2016年	2017年	2018年	2019年	2020—2021年
1.司法权力	68.3	71.7	71.6	72.4	72.6	74.5	77.3
2.当事人诉讼权利	67.4	64.4	70.3	71.3	69.5	68.3	73.6
3.民事司法程序	68.5	67.3	70.8	73.8	73.5	71.9	74.0
4.刑事司法程序	68.2	68.7	72.6	73.8	71.1	71.1	74.0
5.行政司法程序	71.7	62.6	67.9	73.6	72.6	74.2	75.8

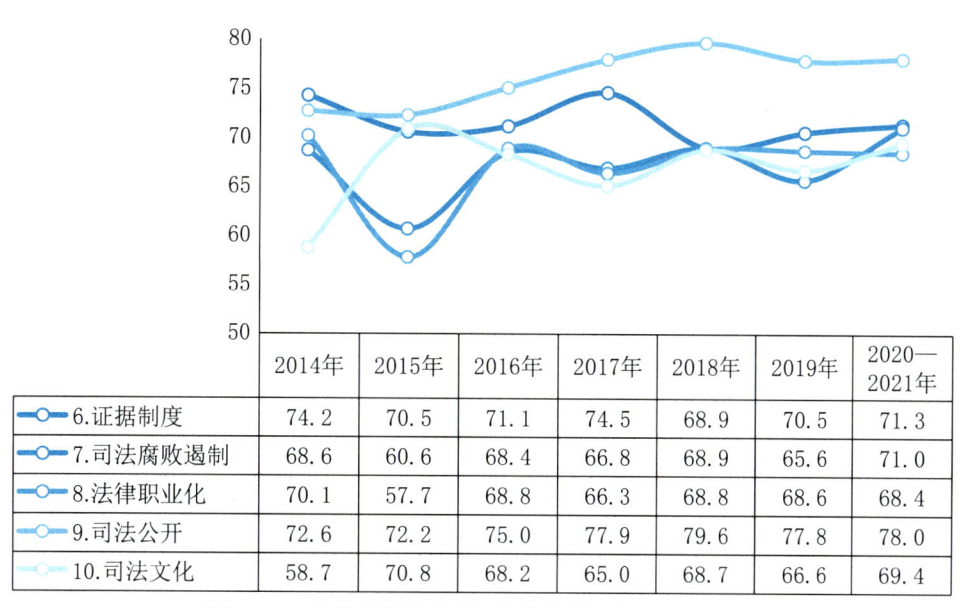

	2014年	2015年	2016年	2017年	2018年	2019年	2020—2021年
6.证据制度	74.2	70.5	71.1	74.5	68.9	70.5	71.3
7.司法腐败遏制	68.6	60.6	68.4	66.8	68.9	65.6	71.0
8.法律职业化	70.1	57.7	68.8	66.3	68.8	68.6	68.4
9.司法公开	72.6	72.2	75.0	77.9	79.6	77.8	78.0
10.司法文化	58.7	70.8	68.2	65.0	68.7	66.6	69.4

图 7-33 上海市司法文明一级指标得分年度变化情况

（十）江苏省

江苏省自 2015—2021 年进行了调查，司法文明指标得分呈波动上升趋势，2015 年得分最低（65.0 分），2019 年得分最高（71.3 分），分差为 6.3 分。历年得分均高于全国平均分，2016—2019 年比全国平均分高 1% 以上，其中 2018 年比全国平均分高 2.01%，2020—2021 年则高出全国平均分 0.26%。

图 7-34 江苏省司法文明指数得分年度变化情况

总体上看，江苏省司法文明指数呈波动上升趋势，指标得分 2016 年大幅升高了 4.2 分，2017 年继续升高 2.0 分，2018 年略有下降，2019 年回升了 0.6 分，2020—2021 年与 2019 年基本持平。

10 个一级指标得分变化趋势如下：

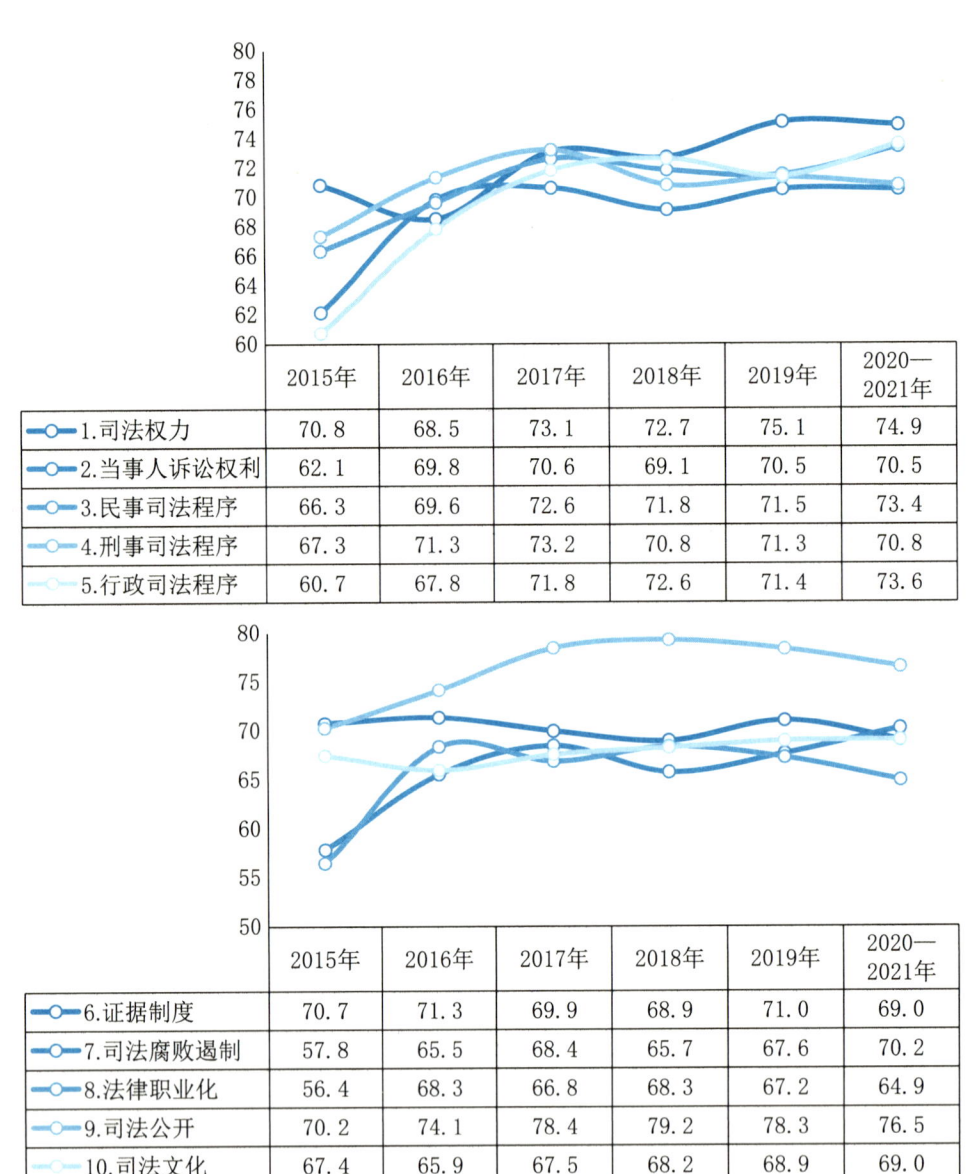

	2015年	2016年	2017年	2018年	2019年	2020—2021年
1.司法权力	70.8	68.5	73.1	72.7	75.1	74.9
2.当事人诉讼权利	62.1	69.8	70.6	69.1	70.5	70.5
3.民事司法程序	66.3	69.6	72.6	71.8	71.5	73.4
4.刑事司法程序	67.3	71.3	73.2	70.8	71.3	70.8
5.行政司法程序	60.7	67.8	71.8	72.6	71.4	73.6

	2015年	2016年	2017年	2018年	2019年	2020—2021年
6.证据制度	70.7	71.3	69.9	68.9	71.0	69.0
7.司法腐败遏制	57.8	65.5	68.4	65.7	67.6	70.2
8.法律职业化	56.4	68.3	66.8	68.3	67.2	64.9
9.司法公开	70.2	74.1	78.4	79.2	78.3	76.5
10.司法文化	67.4	65.9	67.5	68.2	68.9	69.0

图 7-35　江苏省司法文明一级指标得分年度变化情况

（十一）浙江省

浙江省自 2015—2021 年进行了调查，司法文明指标得分变化较大，2015—2017 年呈上升趋势，2018 年下降，2019 年又有所回升，2020—2021 年又有所下降。2015 年得分最低（65.8 分），2017 年得分最高（73.1 分），分差为 7.3 分。在 6 次调查中，有 5 次得分高于全国平均分，其中 2017 年、2019 年比全国平均分高 3% 以上，2020—2021 年则基本与全国平均分持平。

图 7-36 浙江省司法文明指数得分年度变化情况

总体上看,浙江省司法文明指数变化幅度较大,指标得分 2016 年提高了 2.2 分,2017 年继续提高 5.1 分,但 2018 年下降了 3.5 分,2019 年回升了 2.9 分,2020—2021 年又下降了 1.3 分。

10 个一级指标得分变化趋势如下:

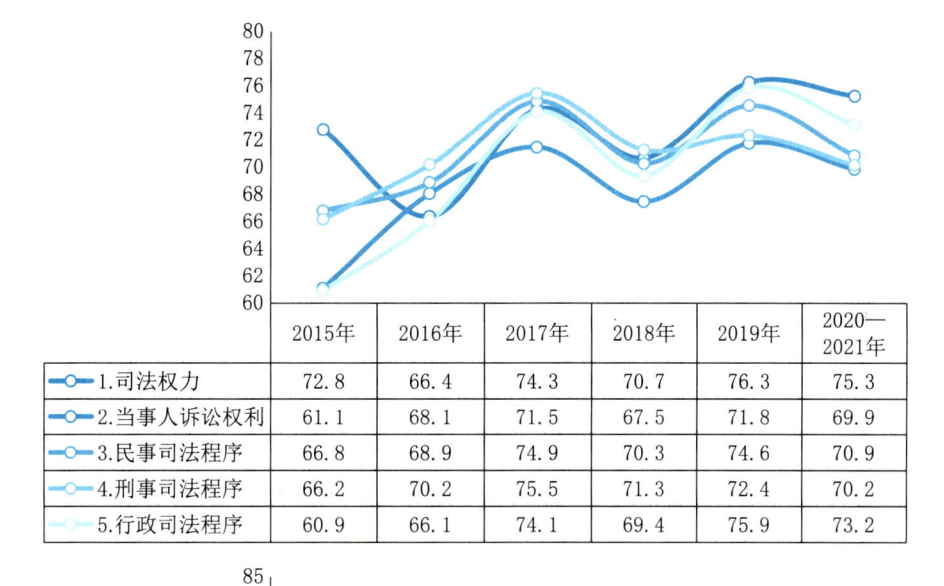

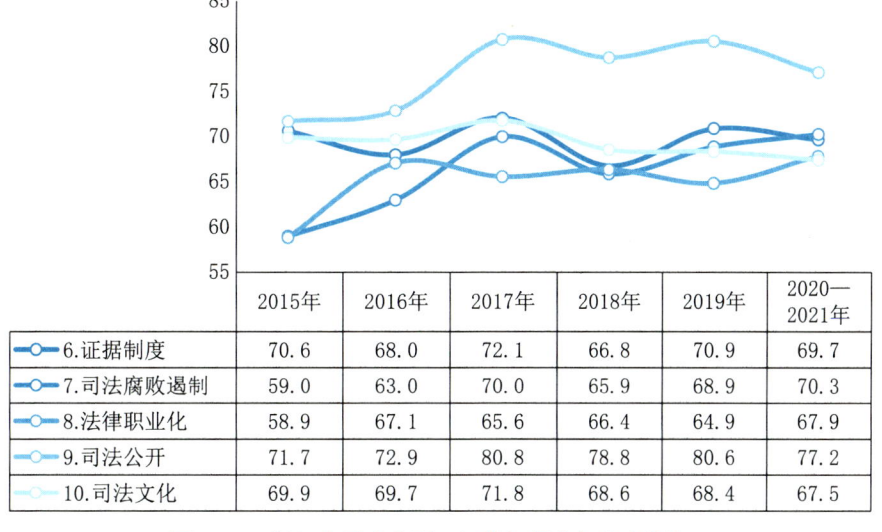

	2015年	2016年	2017年	2018年	2019年	2020—2021年
1.司法权力	72.8	66.4	74.3	70.7	76.3	75.3
2.当事人诉讼权利	61.1	68.1	71.5	67.5	71.8	69.9
3.民事司法程序	66.8	68.9	74.9	70.3	74.6	70.9
4.刑事司法程序	66.2	70.2	75.5	71.3	72.4	70.2
5.行政司法程序	60.9	66.1	74.1	69.4	75.9	73.2

	2015年	2016年	2017年	2018年	2019年	2020—2021年
6.证据制度	70.6	68.0	72.1	66.8	70.9	69.7
7.司法腐败遏制	59.0	63.0	70.0	65.9	68.9	70.3
8.法律职业化	58.9	67.1	65.6	66.4	64.9	67.9
9.司法公开	71.7	72.9	80.8	78.8	80.6	77.2
10.司法文化	69.9	69.7	71.8	68.6	68.4	67.5

图 7-37 浙江省司法文明一级指标得分年度变化情况

(十二) 安徽省

安徽省自 2015—2021 年进行了调查,司法文明指标得分呈先上升后下降趋势,2015 年得分最低(64.9 分),2018 年得分最高(70.7 分),分差为 5.8 分。2015—2017 年得分变化趋势与全国平均分相近,2016 年比全国平均分低 1.12%,2020—2021 年比全国平均分低 1.03%,其他 4 次调查均高于全国平均分,其中 2018 年比全国平均分高 1.98%。

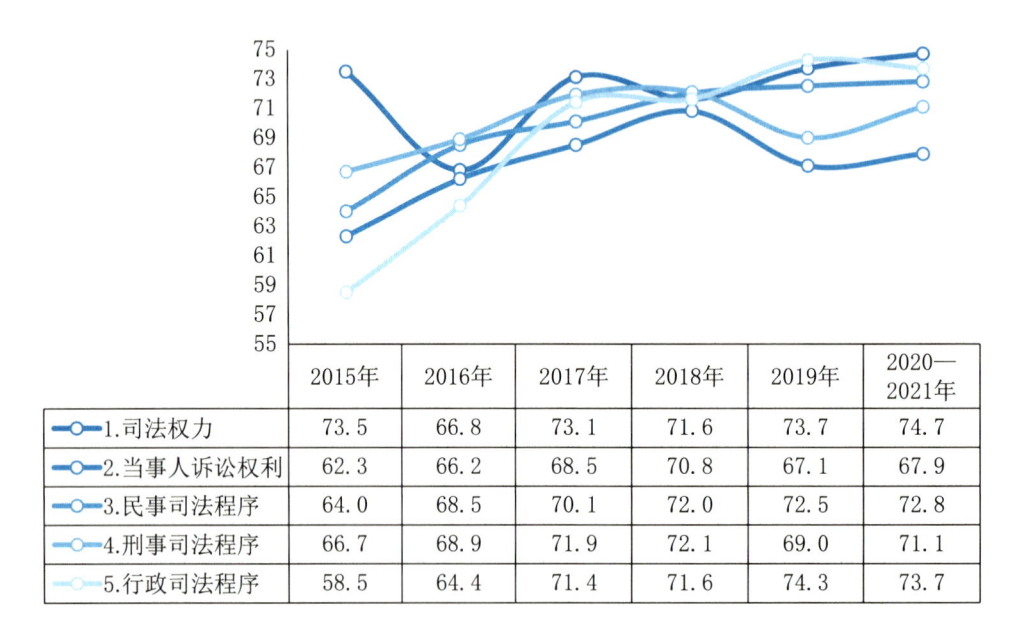

图 7-38 安徽省司法文明指数得分年度变化情况

总体上看,安徽省司法文明指数增长到近年变缓甚至略有下降趋势,指标得分在 2016—2018 年分别提高了 2.5 分、2.9 分、0.4 分,2019 年又回落了 0.4 分,2020—2021 年与 2019 年基本持平。

10 个一级指标得分变化趋势如下:

	2015年	2016年	2017年	2018年	2019年	2020—2021年
1.司法权力	73.5	66.8	73.1	71.6	73.7	74.7
2.当事人诉讼权利	62.3	66.2	68.5	70.8	67.1	67.9
3.民事司法程序	64.0	68.5	70.1	72.0	72.5	72.8
4.刑事司法程序	66.7	68.9	71.9	72.1	69.0	71.1
5.行政司法程序	58.5	64.4	71.4	71.6	74.3	73.7

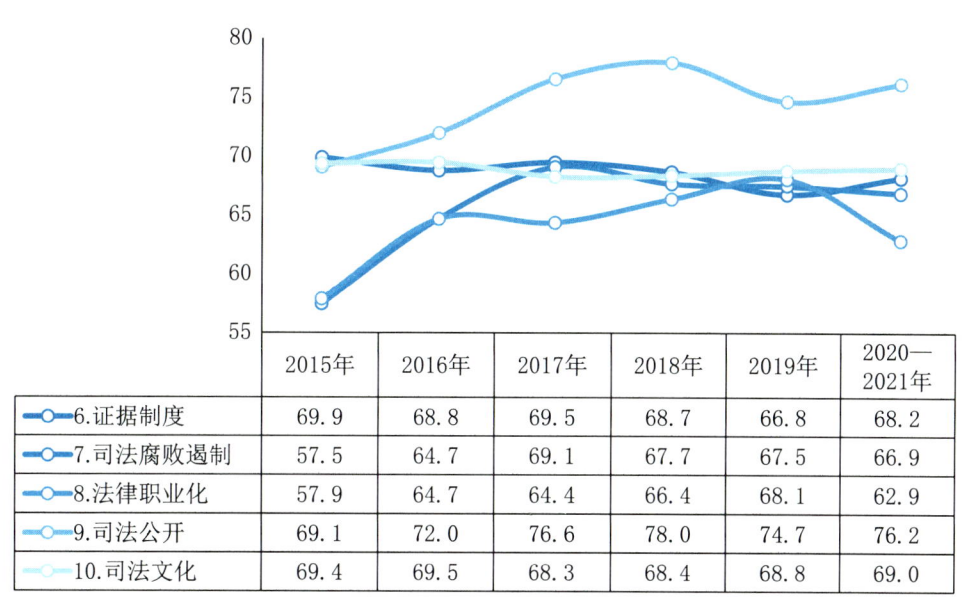

	2015年	2016年	2017年	2018年	2019年	2020—2021年
6.证据制度	69.9	68.8	69.5	68.7	66.8	68.2
7.司法腐败遏制	57.5	64.7	69.1	67.7	67.5	66.9
8.法律职业化	57.9	64.7	64.4	66.4	68.1	62.9
9.司法公开	69.1	72.0	76.6	78.0	74.7	76.2
10.司法文化	69.4	69.5	68.3	68.4	68.8	69.0

图 7-39 安徽省司法文明一级指标得分年度变化情况

（十三）福建省

福建省自 2014—2021 年进行了调查，司法文明指标得分变化较大，2014—2017 年得分呈逐年上升趋势，但 2017—2019 年得分逐年下降，2020—2021 年得分又大幅上升。2014 年得分最低（64.7 分），2020—2021 年得分最高（71.9 分），分差为 7.2 分。2014—2018 年得分与全国平均分相近，2019 年则比全国平均分低 3.46%，2020—2021 年又比全国平均分高 1.19%。

图 7-40 福建省司法文明指数得分年度变化情况

总体上看，福建省司法文明指数变化幅度较大，指标得分在 2015 年提高 0.6 分，2016 年提高 3.7 分，2017 年提高 1.0 分，2018 年开始下降，2019 年下降了 2.1 分，2020—2021 年则大幅提升 4.3 分。10 个一级指标得分变化趋势如下：

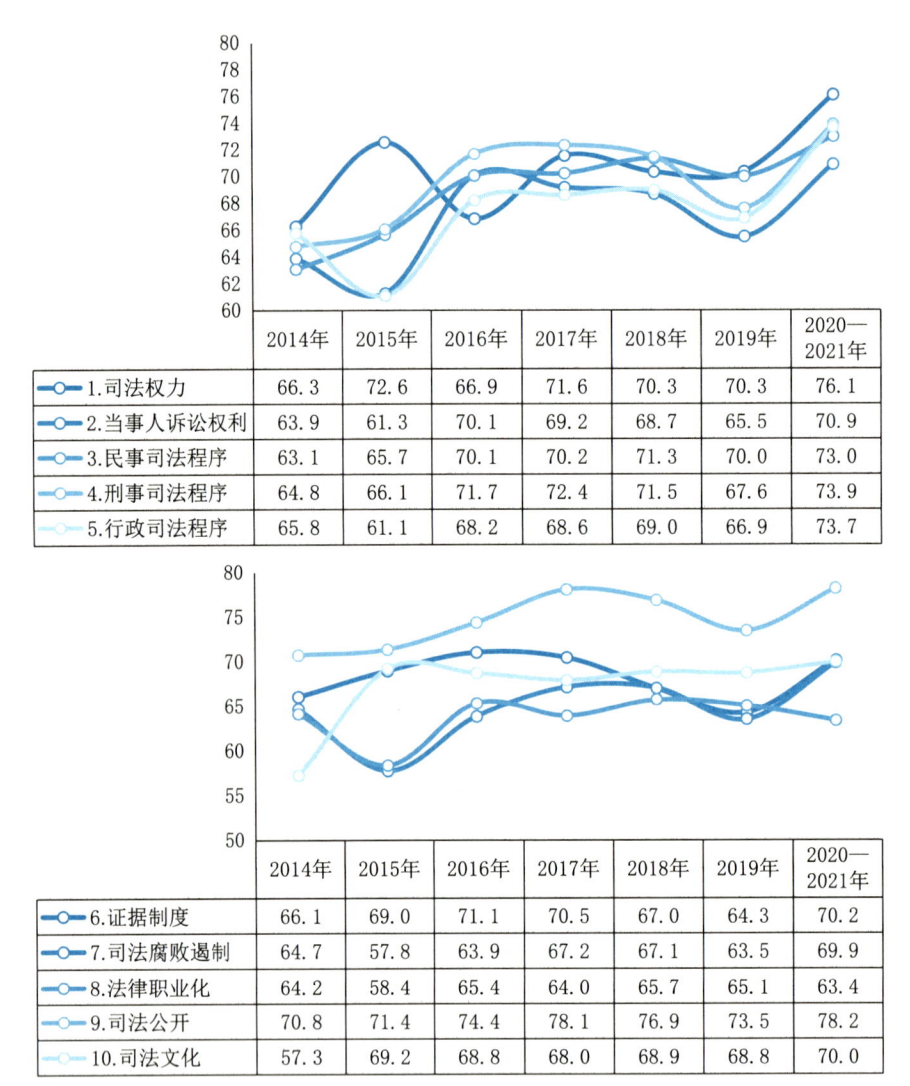

	2014年	2015年	2016年	2017年	2018年	2019年	2020—2021年
1.司法权力	66.3	72.6	66.9	71.6	70.3	70.3	76.1
2.当事人诉讼权利	63.9	61.3	70.1	69.2	68.7	65.5	70.9
3.民事司法程序	63.1	65.7	70.1	70.2	71.3	70.0	73.0
4.刑事司法程序	64.8	66.1	71.7	72.4	71.5	67.6	73.9
5.行政司法程序	65.8	61.1	68.2	68.6	69.0	66.9	73.7

	2014年	2015年	2016年	2017年	2018年	2019年	2020—2021年
6.证据制度	66.1	69.0	71.1	70.5	67.0	64.3	70.2
7.司法腐败遏制	64.7	57.8	63.9	67.2	67.1	63.5	69.9
8.法律职业化	64.2	58.4	65.4	64.0	65.7	65.1	63.4
9.司法公开	70.8	71.4	74.4	78.1	76.9	73.5	78.2
10.司法文化	57.3	69.2	68.8	68.0	68.9	68.8	70.0

图 7-41 福建省司法文明一级指标得分年度变化情况

（十四）江西省

江西省自 2016—2021 年进行了调查，司法文明指标得分呈先上升后下降的趋势，2016 年得分最低（67.3 分），2019 年得分最高（70.9 分），分差为 3.6 分。2016 年、2017 年比全国平均分低，但差距在缩小。2018 年与全国平均分的分差由负转正，2019 年则比全国平均分高 1.32%，2020—2021 年又由正转负，比全国平均分低 1.48%。

图 7-42 江西省司法文明指数得分年度变化情况

总体上看，江西省司法文明指数呈先上升后下降的趋势，指标得分在 2017 年提高了 2.4 分，2018 年略有上升，但与 2017 年基本持平，2019 年上升了 1.1 分，2020—2021 年则下降了 0.9 分。

10 个一级指标得分变化趋势如下：

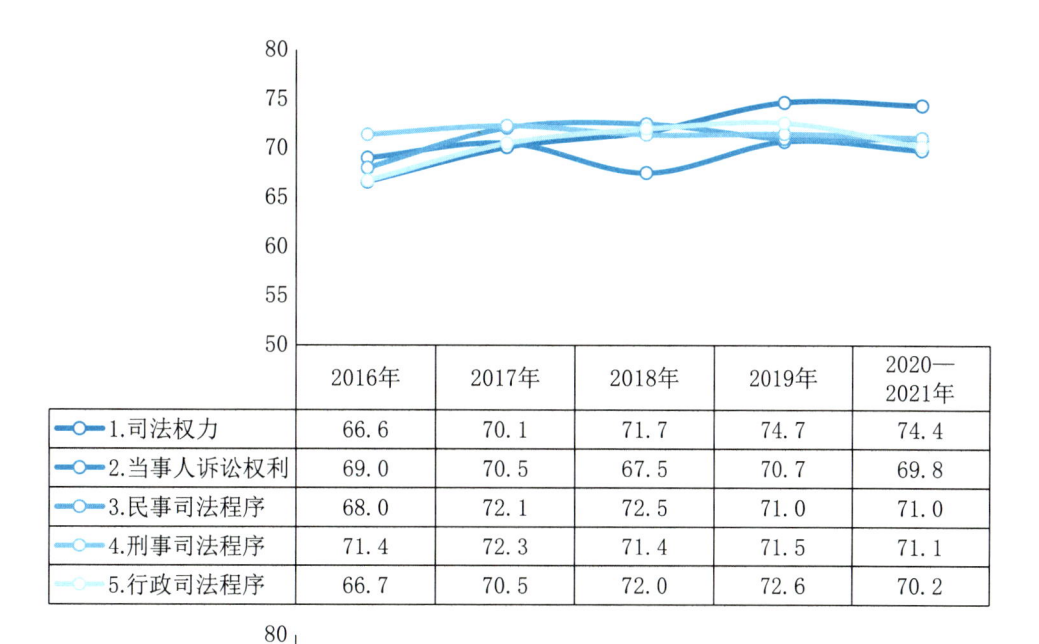

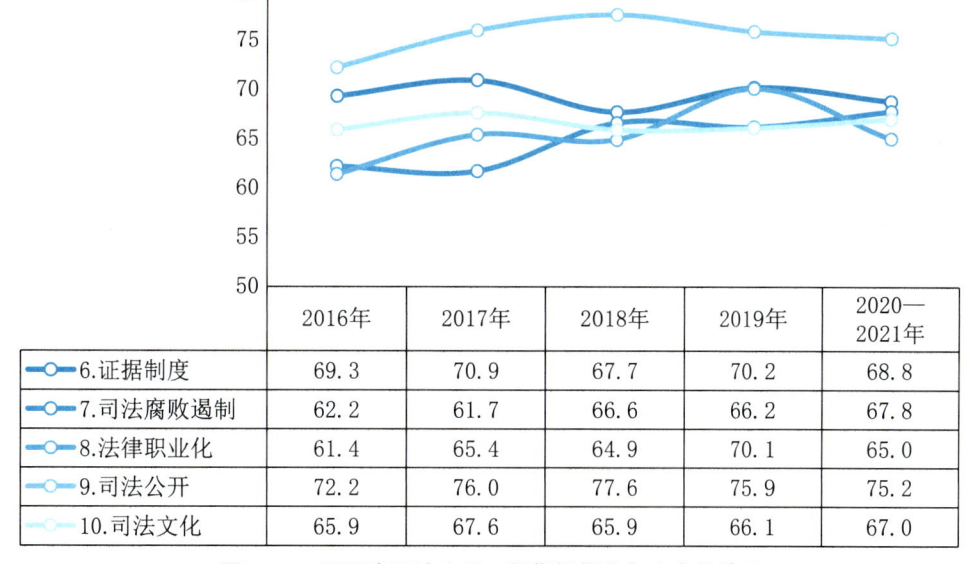

	2016年	2017年	2018年	2019年	2020—2021年
1.司法权力	66.6	70.1	71.7	74.7	74.4
2.当事人诉讼权利	69.0	70.5	67.5	70.7	69.8
3.民事司法程序	68.0	72.1	72.5	71.0	71.0
4.刑事司法程序	71.4	72.3	71.4	71.5	71.1
5.行政司法程序	66.7	70.5	72.0	72.6	70.2

	2016年	2017年	2018年	2019年	2020—2021年
6.证据制度	69.3	70.9	67.7	70.2	68.8
7.司法腐败遏制	62.2	61.7	66.6	66.2	67.8
8.法律职业化	61.4	65.4	64.9	70.1	65.0
9.司法公开	72.2	76.0	77.6	75.9	75.2
10.司法文化	65.9	67.6	65.9	66.1	67.0

图 7-43 江西省司法文明一级指标得分年度变化情况

（十五）山东省

山东省自 2015—2021 年进行了调查，司法文明指标得分呈波动上升趋势，前三年得分逐年上升，但 2018 年得分有所下降，2019—2021 年又有所回升。2015 年得分最低（64.7 分），2020—2021 年得分最高（73.2 分），分差为 8.5 分。历年得分均高于全国平均分，其中 2017 年比全国平均分高 1.62%，2019 年比全国平均分高 1.39%，2020—2021 年比全国平均分高 2.99%。

图 7-44 山东省司法文明指数得分年度变化情况

总体上看，山东省司法文明指数呈波动上升趋势，指标得分在 2016 年提高了 3.7 分，2017 年继续提高 2.7 分，2018 年降低了 1.4 分，2019 年回升了 1.2 分，2020—2021 年提高了 2.3 分。

10 个一级指标得分变化趋势如下：

	2015年	2016年	2017年	2018年	2019年	2020—2021年
1.司法权力	70.3	67.4	72.6	72.0	74.4	77.0
2.当事人诉讼权利	59.9	69.9	70.5	69.7	69.3	73.8
3.民事司法程序	64.9	69.2	70.9	69.7	72.5	75.2
4.刑事司法程序	64.1	66.9	71.4	69.5	72.3	75.8
5.行政司法程序	60.2	67.2	73.4	73.8	75.1	76.9

	2015年	2016年	2017年	2018年	2019年	2020—2021年
6.证据制度	71.6	70.2	73.9	70.0	69.2	72.6
7.司法腐败遏制	57.9	63.6	66.1	64.8	66.8	69.5
8.法律职业化	56.7	67.7	64.9	64.2	65.6	63.3
9.司法公开	71.2	74.5	77.6	77.0	77.4	78.8
10.司法文化	70.1	67.7	69.4	66.0	66.8	69.1

图 7-45 山东省司法文明一级指标得分年度变化情况

（十六）河南省

河南省自 2016—2021 年进行了调查，司法文明指标得分呈先上升后下降的趋势，2016 年得分最低（64.9 分），2019 年得分最高（70.5 分），分差为 5.6 分。2016 年、2017 年比全国平均分低 1% 以上，2018 年得分与全国平均分相比由负转正，2019 年也比全国平均分高 0.75%，2020—2021 年则由正转负，比全国平均分低 1.99%。

图 7-46　河南省司法文明指数得分年度变化情况

总体上看，河南省司法文明指数呈先上升后下降的趋势，指标得分在 2017 年提高了 4.3 分，2018 年继续提高 1.2 分，2019 年提分放缓，得分接近 2018 年，2020—2021 年则下降了 0.8 分。

10 个一级指标得分变化趋势如下：

	2016年	2017年	2018年	2019年	2020—2021年
1.司法权力	63.5	70.7	72.6	74.8	73.1
2.当事人诉讼权利	64.1	69.7	71.8	71.5	68.9
3.民事司法程序	65.7	69.4	71.5	70.9	69.0
4.刑事司法程序	64.1	69.9	69.8	69.7	68.8
5.行政司法程序	63.6	71.1	72.1	72.6	70.9

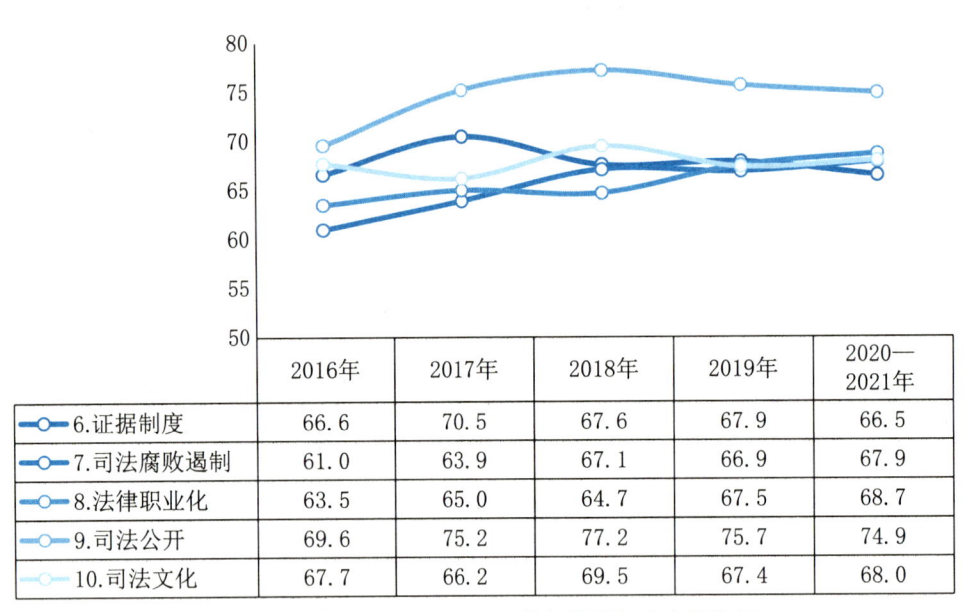

	2016年	2017年	2018年	2019年	2020—2021年
6.证据制度	66.6	70.5	67.6	67.9	66.5
7.司法腐败遏制	61.0	63.9	67.1	66.9	67.9
8.法律职业化	63.5	65.0	64.7	67.5	68.7
9.司法公开	69.6	75.2	77.2	75.7	74.9
10.司法文化	67.7	66.2	69.5	67.4	68.0

图 7-47　河南省司法文明一级指标得分年度变化情况

（十七）湖北省

湖北省自 2014—2021 年进行了调查，司法文明指标得分呈波动上升趋势，2015 年得分最低（63.4 分），2020—2021 年得分最高（71.6 分），分差为 8.2 分。2014—2018 年得分均低于全国平均分，其中 2017 年比全国平均分低 3.67%，但 2019—2021 年反超全国平均分，分别高出 1.59% 和 0.67%。

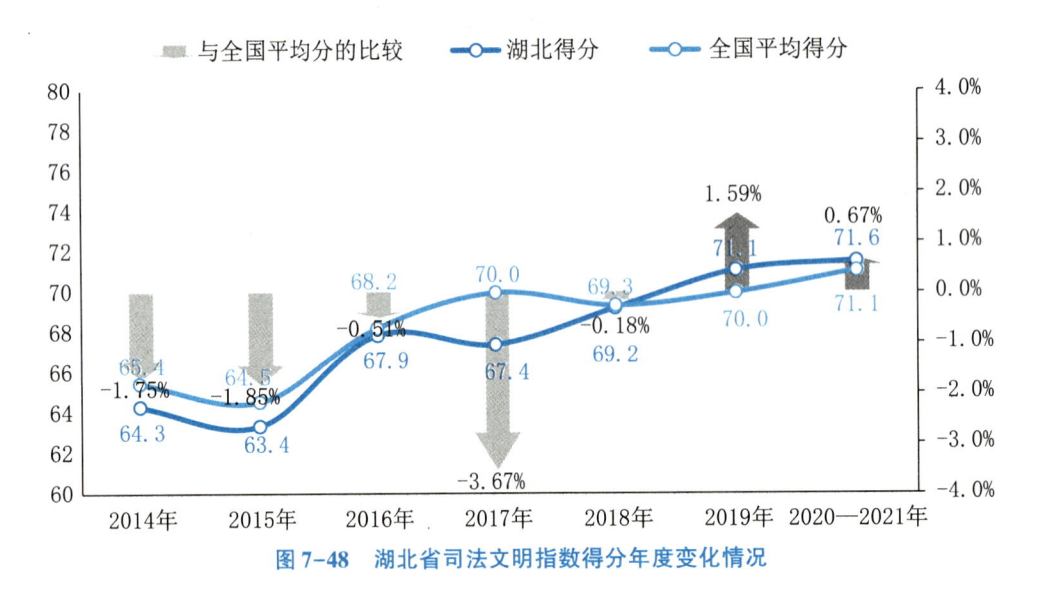

图 7-48　湖北省司法文明指数得分年度变化情况

总体上看，湖北省司法文明指数呈波动上升趋势，指标得分在 2015 年下降了 0.9 分，2016 年提高了 4.5 分，2017 年再次小幅下降 0.5 分，2018 年回升 1.8 分，2019 年继续提高 1.9 分，2020—2021 年再次提高 0.5 分。

10 个一级指标得分变化趋势如下：

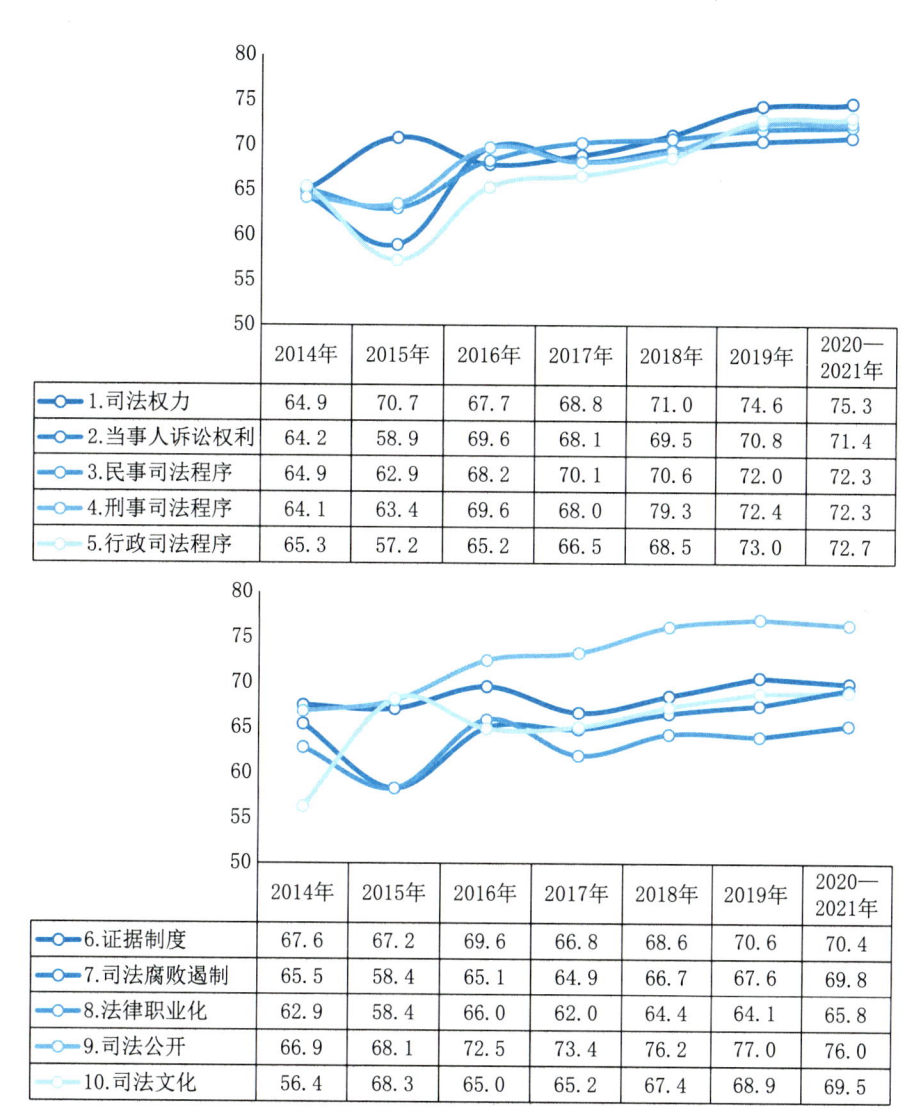

	2014年	2015年	2016年	2017年	2018年	2019年	2020—2021年
1.司法权力	64.9	70.7	67.7	68.8	71.0	74.6	75.3
2.当事人诉讼权利	64.2	58.9	69.6	68.1	69.5	70.8	71.4
3.民事司法程序	64.9	62.9	68.2	70.1	70.6	72.0	72.3
4.刑事司法程序	64.1	63.4	69.6	68.0	79.3	72.4	72.3
5.行政司法程序	65.3	57.2	65.2	66.5	68.5	73.0	72.7

	2014年	2015年	2016年	2017年	2018年	2019年	2020—2021年
6.证据制度	67.6	67.2	69.6	66.8	68.6	70.6	70.4
7.司法腐败遏制	65.5	58.4	65.1	64.9	66.7	67.6	69.8
8.法律职业化	62.9	58.4	66.0	62.0	64.4	64.1	65.8
9.司法公开	66.9	68.1	72.5	73.4	76.2	77.0	76.0
10.司法文化	56.4	68.3	65.0	65.2	67.4	68.9	69.5

图 7-49　湖北省司法文明一级指标得分年度变化情况

（十八）湖南省

湖南省自 2016—2021 年进行了调查，司法文明指标得分呈波动上升趋势，2018 年得分最低（66.4 分），2020—2021 年得分最高（69.4 分），分差为 3.0 分。但历年得分均低于全国平均分 2% 以上，其中 2018 年比全国平均分低 4.28%，2020—2021 年缩小至 2.39%。

图 7-50　湖南省司法文明指数得分年度变化情况

总体上看,湖南省司法文明指数呈波动上升趋势,指标得分在2017年上升了1.0分,2018年下降了1.2分,2019年回升了0.7分,2020—2021年再次提高了2.3分。

10个一级指标得分变化趋势如下:

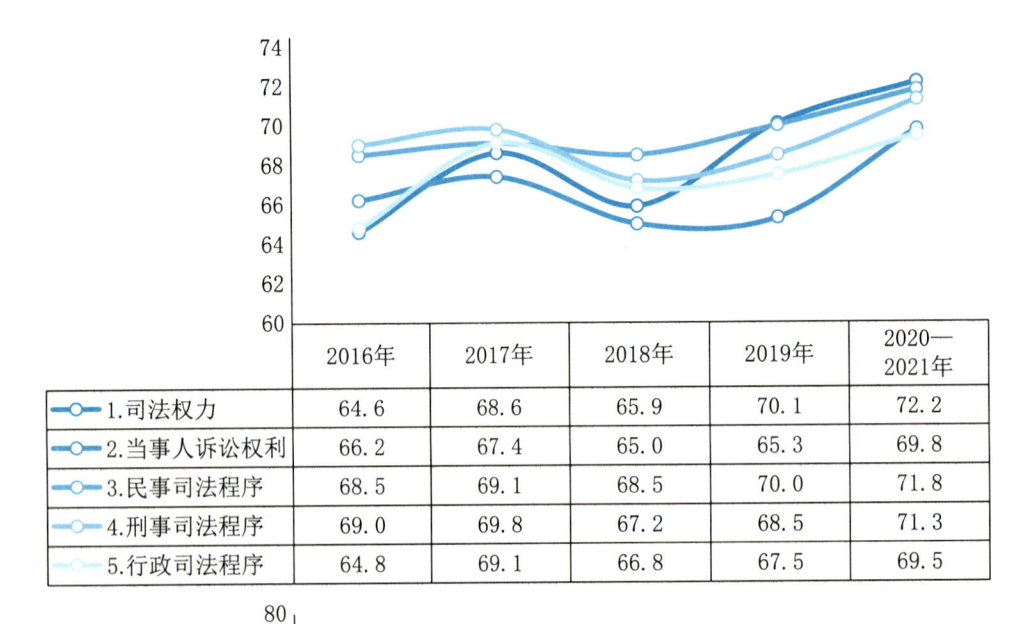

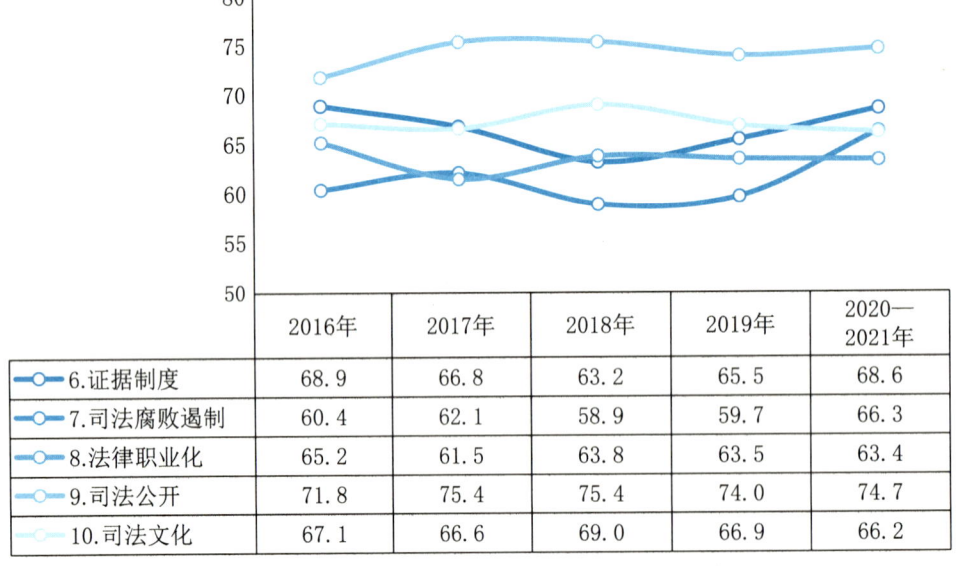

	2016年	2017年	2018年	2019年	2020—2021年
1.司法权力	64.6	68.6	65.9	70.1	72.2
2.当事人诉讼权利	66.2	67.4	65.0	65.3	69.8
3.民事司法程序	68.5	69.1	68.5	70.0	71.8
4.刑事司法程序	69.0	69.8	67.2	68.5	71.3
5.行政司法程序	64.8	69.1	66.8	67.5	69.5

	2016年	2017年	2018年	2019年	2020—2021年
6.证据制度	68.9	66.8	63.2	65.5	68.6
7.司法腐败遏制	60.4	62.1	58.9	59.7	66.3
8.法律职业化	65.2	61.5	63.8	63.5	63.4
9.司法公开	71.8	75.4	75.4	74.0	74.7
10.司法文化	67.1	66.6	69.0	66.9	66.2

图7-51 湖南省司法文明一级指标得分年度变化情况

(十九)广东省

广东省自2014—2021年进行了调查,司法文明指标得分呈波浪式发展趋势,2015年得分最低(64.2分),2019年得分最高(70.9分),分差为6.7分。2016年、2018年、2019年得分均高于全国平均分1%以上,但2020—2021年得分低于全国平均分0.61%。

图 7-52 广东省司法文明指数得分年度变化情况

总体上看,广东省司法文明指数呈波浪式发展趋势,指标得分在 2015 年下降了 1.2 分,此后呈先上升后下降的趋势,2016 年上升幅度最大,2017 年、2018 年、2019 年均略有上升,2020—2021 年则下降了 0.3 分。

10 个一级指标得分变化趋势如下:

	2014年	2015年	2016年	2017年	2018年	2019年	2020—2021年
1.司法权力	65.5	72.2	69.1	70.4	72.2	73.9	74.4
2.当事人诉讼权利	64.7	60.5	69.9	69.4	68.9	69.2	68.6
3.民事司法程序	64.1	65.7	70.4	71.9	72.4	73.2	71.7
4.刑事司法程序	65.0	65.9	71.9	72.3	71.8	70.9	71.4
5.行政司法程序	69.6	59.1	67.7	70.8	73.7	73.5	72.0

	2014年	2015年	2016年	2017年	2018年	2019年	2020—2021年
6.证据制度	69.3	68.3	71.3	69.9	68.2	68.3	68.1
7.司法腐败遏制	65.9	57.7	64.3	64.4	66.3	66.6	68.8
8.法律职业化	66.3	56.5	68.6	65.8	66.2	68.5	65.0
9.司法公开	69.6	69.6	73.6	76.2	77.3	77.5	76.1
10.司法文化	54.1	66.6	66.6	65.7	68.4	67.6	70.3

图 7-53 广东省司法文明一级指标得分年度变化情况

(二十) 广西壮族自治区

广西壮族自治区自 2016—2021 年进行了调查，司法文明指标得分呈逐年上升趋势，2016 年得分最低（66.3 分），2020—2021 年得分最高（71.5 分），分差为 5.2 分。2016—2019 年得分均比全国平均分低 1% 以上，但差距总体上逐渐缩小，2020—2021 年得分反超全国平均分，高出 0.54%。

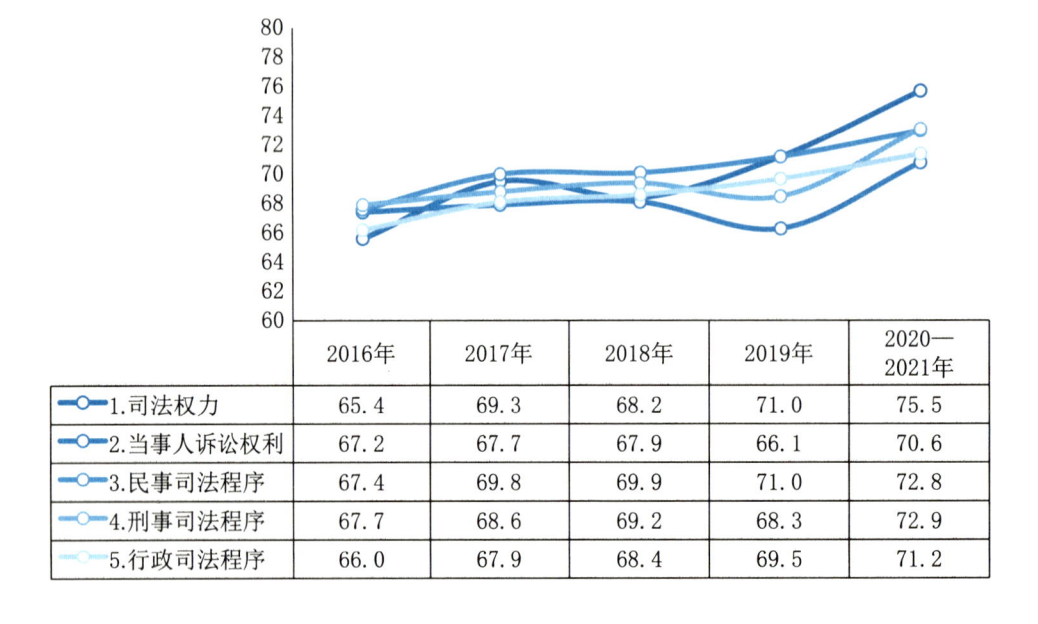

图 7-54 广西壮族自治区司法文明指数得分年度变化情况

总体上看，广西壮族自治区司法文明指数呈逐年上升趋势，指标得分在 2017 年提高了 1.6 分，2018 年提高了 0.1 分，2019 年继续提高 0.9 分，2020—2021 年大幅提高 2.6 分。

10 个一级指标得分变化趋势如下：

	2016年	2017年	2018年	2019年	2020—2021年
1.司法权力	65.4	69.3	68.2	71.0	75.5
2.当事人诉讼权利	67.2	67.7	67.9	66.1	70.6
3.民事司法程序	67.4	69.8	69.9	71.0	72.8
4.刑事司法程序	67.7	68.6	69.2	68.3	72.9
5.行政司法程序	66.0	67.9	68.4	69.5	71.2

	2016年	2017年	2018年	2019年	2020—2021年
6.证据制度	69.0	68.9	66.1	67.0	71.3
7.司法腐败遏制	59.9	61.9	61.9	63.1	67.7
8.法律职业化	63.4	63.9	66.8	68.6	68.3
9.司法公开	70.5	75.5	75.4	75.5	76.9
10.司法文化	66.2	65.6	66.4	68.7	67.2

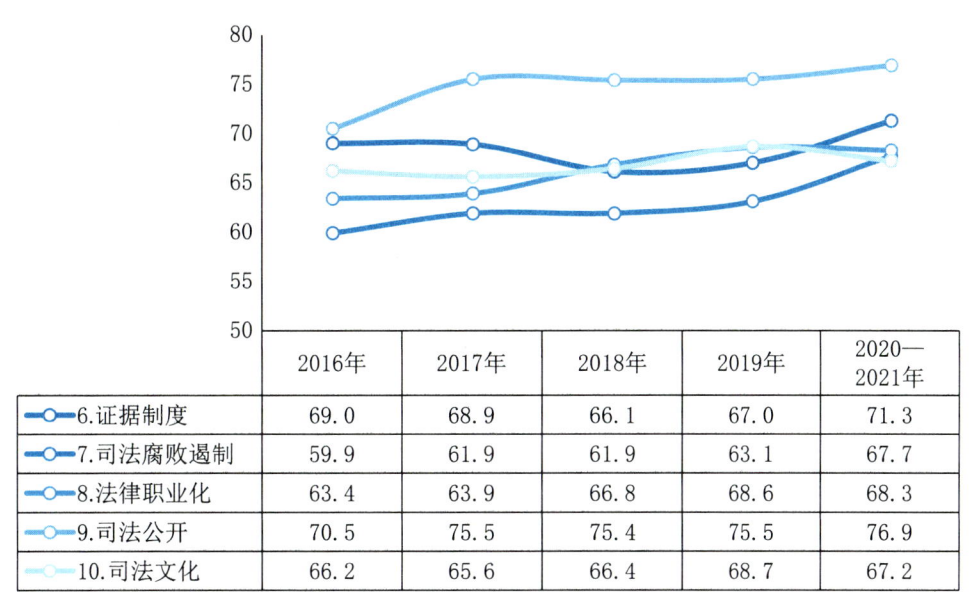

图 7-55 广西壮族自治区司法文明一级指标得分年度变化情况

（二十一）海南省

海南省自 2014—2021 年进行了调查，司法文明指标得分变化较大，2015 年得分最低（63.7 分），2017 年得分最高（76.2 分），分差为 12.5 分。2017 年比全国平均分高 8.91%，2016 年、2018 年、2020—2021 年与全国平均分非常接近，2019 年则比全国平均分低 2.14%。

图 7-56 海南省司法文明指数得分年度变化情况

总体上看，海南省司法文明指数变化幅度较大，指标得分在 2015 年下降了 3.0 分，2016 年、2017 年分别提高了 4.7 分、7.8 分，2018 年、2019 年分别降低了 6.7 分、1.0 分，2020—2021 年再次提高了 2.2 分。

10 个一级指标得分变化趋势如下：

	2014年	2015年	2016年	2017年	2018年	2019年	2020—2021年
1.司法权力	68.5	68.3	69.2	87.4	70.9	71.9	75.3
2.当事人诉讼权利	65.2	60.9	69.1	74.1	70.0	66.6	70.9
3.民事司法程序	68.8	65.4	68.6	77.8	71.1	69.9	72.1
4.刑事司法程序	64.7	63.1	69.8	81.5	70.0	67.5	72.2
5.行政司法程序	68.1	59.9	68.0	86.3	70.5	70.6	71.6

	2014年	2015年	2016年	2017年	2018年	2019年	2020—2021年
6.证据制度	69.2	68.0	69.1	74.2	68.4	66.5	69.4
7.司法腐败遏制	68.8	56.7	65.5	87.2	63.3	63.0	66.6
8.法律职业化	68.0	58.3	67.3	67.1	66.5	67.6	64.5
9.司法公开	69.4	68.4	71.8	63.4	77.5	75.0	76.4
10.司法文化	55.7	67.6	65.7	62.9	66.6	66.3	68.2

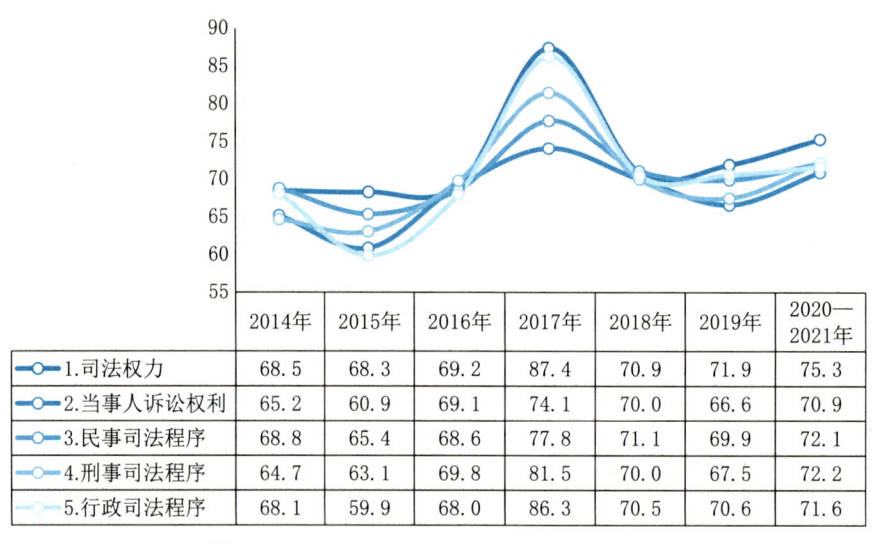

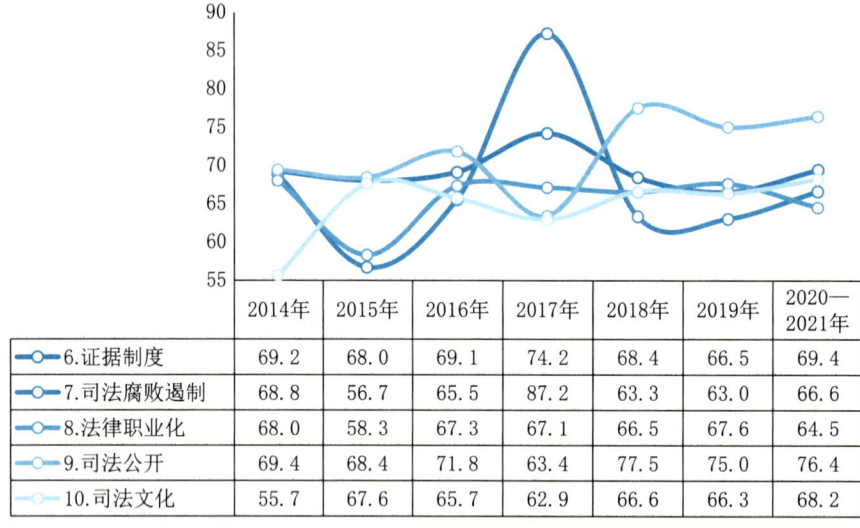

图 7-57　海南省司法文明一级指标得分年度变化情况

（二十二）重庆市

重庆市自 2015—2021 年进行了调查，司法文明指标得分呈逐年上升趋势，2015 年得分最低（63.8 分），2020—2021 年得分最高（72.1 分），分差为 8.3 分。指标得分从低于全国平均分逐渐变为高于全国平均分，2020—2021 年比全国平均分高 1.38%。

图 7-58　重庆市司法文明指数得分年度变化情况

总体上看，重庆市司法文明指数呈逐年上升趋势，指标得分 2016—2021 年分别上升了 4.3 分、1.3 分、1.2 分、1.1 分、0.4 分，上升趋势逐渐减缓。

10 个一级指标得分变化趋势如下：

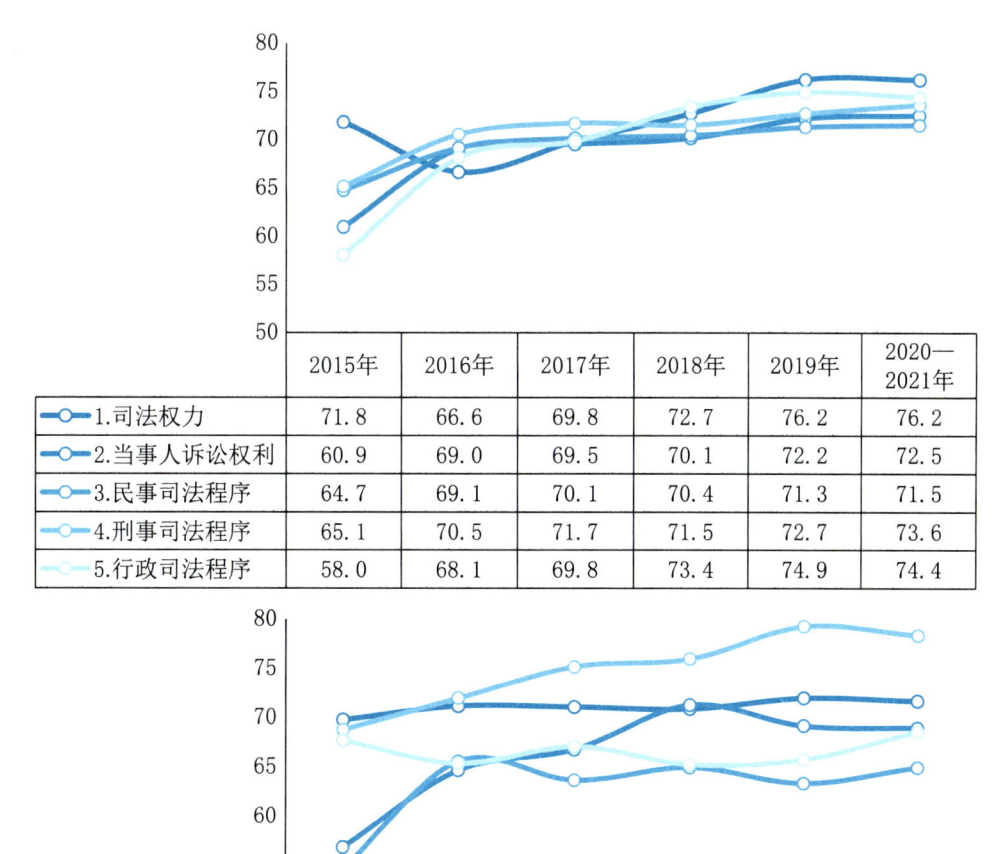

	2015年	2016年	2017年	2018年	2019年	2020—2021年
1.司法权力	71.8	66.6	69.8	72.7	76.2	76.2
2.当事人诉讼权利	60.9	69.0	69.5	70.1	72.2	72.5
3.民事司法程序	64.7	69.1	70.1	70.4	71.3	71.5
4.刑事司法程序	65.1	70.5	71.7	71.5	72.7	73.6
5.行政司法程序	58.0	68.1	69.8	73.4	74.9	74.4

	2015年	2016年	2017年	2018年	2019年	2020—2021年
6.证据制度	69.7	71.1	71.0	70.8	71.9	71.6
7.司法腐败遏制	56.8	64.6	66.7	71.2	69.1	68.9
8.法律职业化	54.6	65.5	63.6	64.9	63.3	64.9
9.司法公开	68.7	71.9	75.1	75.9	79.2	78.3
10.司法文化	67.6	65.3	67.0	65.2	65.7	68.5

图 7-59 重庆市司法文明一级指标得分年度变化情况

（二十三）四川省

四川省自 2014—2021 年进行了调查，司法文明指标得分呈波动上升趋势，2014 年得分最低（64.8 分），2020—2021 年得分最高（71.4 分），分差为 6.6 分。在 7 次调查中，有 5 次得分高于全国平均分，且近 3 次调查得分均高于全国平均分，2018 年、2019 年得分均高于全国平均分 1% 以上，2020—2021 年得分（71.4 分）高于全国平均分 0.48%。

图 7-60　四川省司法文明指数得分年度变化情况

总体上看，四川省司法文明指数呈波动上升趋势，指标得分在 2015 年与 2014 年持平，2016 年大幅上升 4.1 分，2017 年略有下降，2018 年上升 1.9 分，2019 年继续上升 0.7 分，2020—2021 年则基本与 2019 年持平。

10 个一级指标得分变化趋势如下：

	2014年	2015年	2016年	2017年	2018年	2019年	2020—2021年
1.司法权力	62.9	72.2	69.8	70.3	73.4	76.7	76.4
2.当事人诉讼权利	64.7	61.5	70.3	68.5	70.6	71.6	71.2
3.民事司法程序	67.5	66.1	69.9	70.1	70.7	73.1	71.5
4.刑事司法程序	64.0	64.8	69.9	70.0	72.3	70.5	73.4
5.行政司法程序	61.4	60.1	67.4	68.8	72.0	75.2	70.8

	2014年	2015年	2016年	2017年	2018年	2019年	2020—2021年
6.证据制度	70.6	68.2	71.3	68.6	69.7	70.4	71.4
7.司法腐败遏制	67.7	59.7	65.1	65.9	69.0	69.6	70.6
8.法律职业化	63.8	58.8	66.2	64.7	65.3	63.6	64.8
9.司法公开	69.9	68.9	72.7	74.5	76.5	76.9	76.6
10.司法文化	56.1	67.8	66.9	66.0	66.9	65.6	67.5

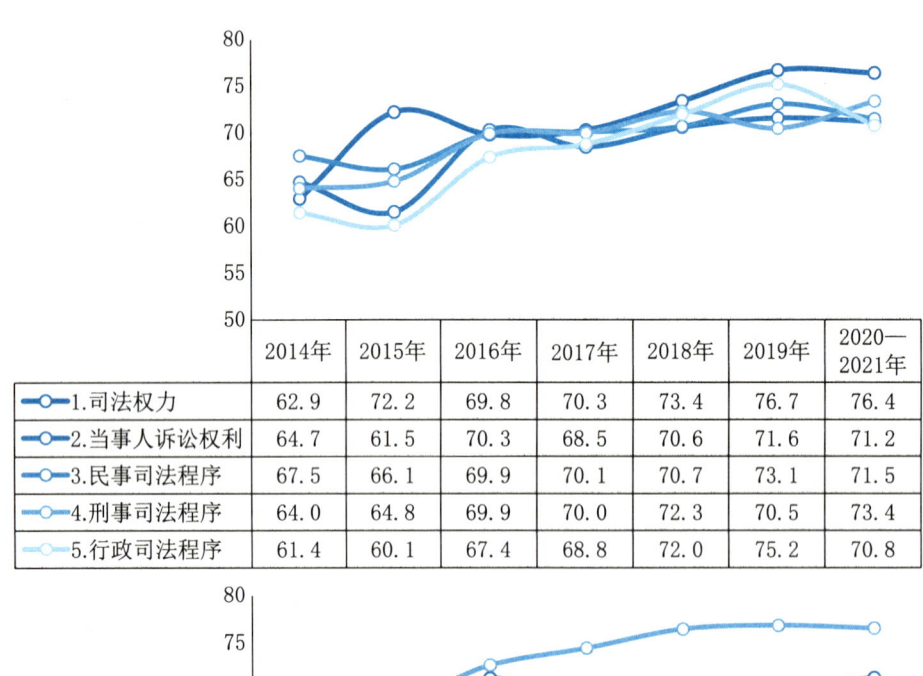

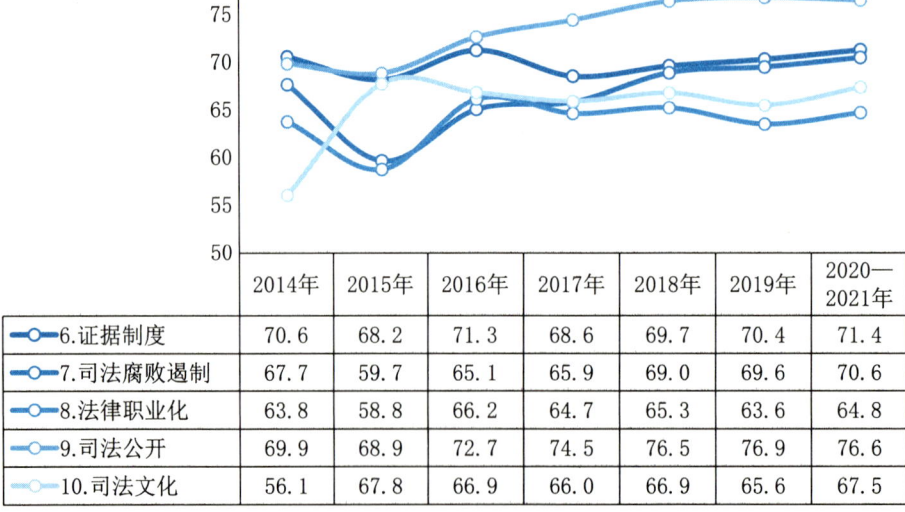

图 7-61　四川省司法文明一级指标得分年度变化情况

(二十四) 贵州省

贵州省自 2015—2021 年进行了调查，司法文明指标得分呈波动上升趋势，2015 年得分最低（63.0 分），2020—2021 年得分最高（71.6 分），分差为 8.6 分。2015—2019 年得分均低于全国平均分，2020—2021 年得分反超全国平均分，比全国平均分高 0.76%。

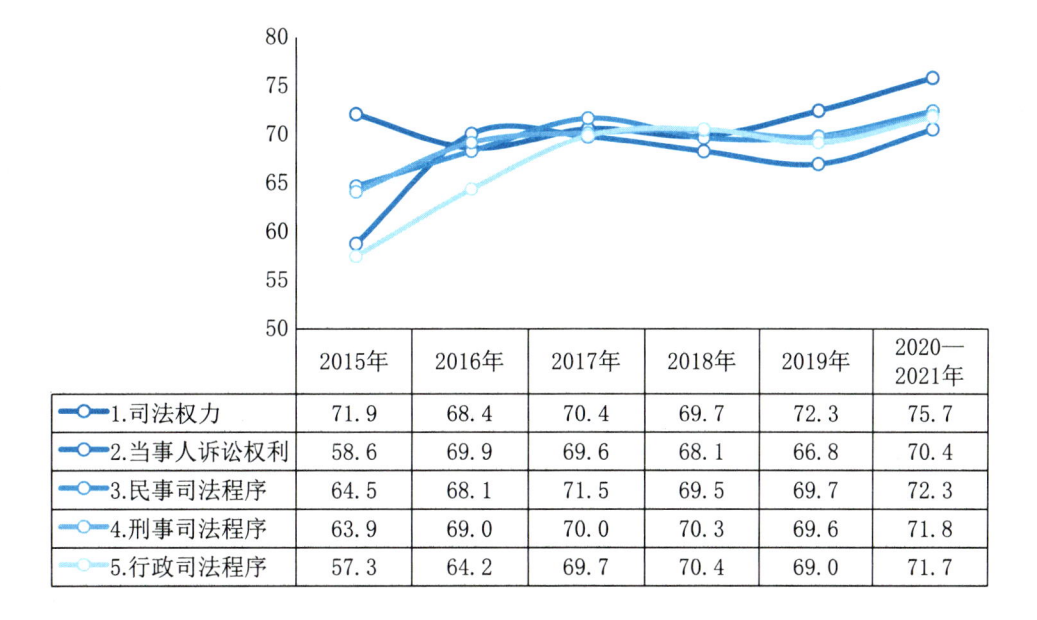

图 7-62 贵州省司法文明指数得分年度变化情况

总体上看，贵州省司法文明指数呈波动上升趋势，指标得分在 2016 年大幅上升 4.8 分，2017 年继续上升 1.1 分，2018 年略有下降，2019 年略有回升，2020—2021 年则大幅上升 2.9 分。

10 个一级指标得分变化趋势如下：

	2015年	2016年	2017年	2018年	2019年	2020—2021年
1.司法权力	71.9	68.4	70.4	69.7	72.3	75.7
2.当事人诉讼权利	58.6	69.9	69.6	68.1	66.8	70.4
3.民事司法程序	64.5	68.1	71.5	69.5	69.7	72.3
4.刑事司法程序	63.9	69.0	70.0	70.3	69.6	71.8
5.行政司法程序	57.3	64.2	69.7	70.4	69.0	71.7

	2015年	2016年	2017年	2018年	2019年	2020—2021年
6.证据制度	66.8	69.3	69.6	67.1	66.5	72.6
7.司法腐败遏制	56.8	66.4	65.3	66.1	67.7	69.2
8.法律职业化	58.2	64.3	62.0	61.5	63.6	65.0
9.司法公开	66.3	71.9	73.3	76.0	74.4	78.5
10.司法文化	66.0	66.0	67.4	64.9	67.2	68.9

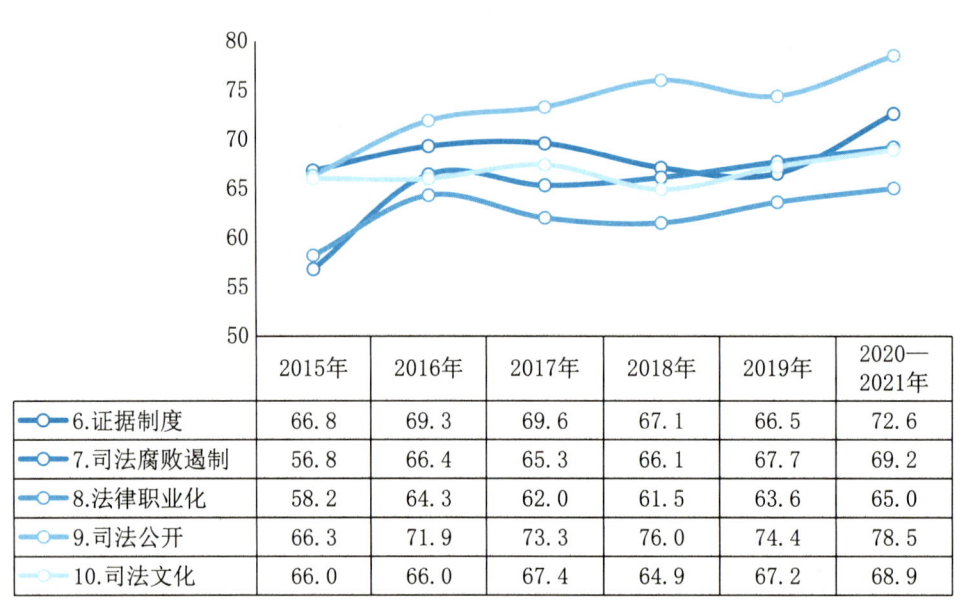

图 7-63 贵州省司法文明一级指标得分年度变化情况

（二十五）云南省

云南省自 2015—2021 年进行了调查，司法文明指标得分呈波浪式发展趋势，2015 年得分最低（65.1 分），2017 年得分最高（71.9 分），分差为 6.8 分。在 6 次调查中，有 5 次得分高于全国平均分，只有 2019 年低于全国平均分，2020—2021 年比全国平均分高 0.96%。

图 7-64 云南省司法文明指数得分年度变化情况

总体上看，云南省司法文明指数呈波浪式发展趋势，指标得分在 2016 年大幅上升 4.6 分，2017 年继续上升 2.2 分，2018 年下降 1.2 分，2019 年继续下降 1.5 分，2020—2021 年则回升 2.6 分。

10 个一级指标得分变化趋势如下：

	2015年	2016年	2017年	2018年	2019年	2020—2021年
1.司法权力	73.4	71.1	75.5	71.9	73.4	77.1
2.当事人诉讼权利	60.4	71.3	71.5	70.3	68.4	71.6
3.民事司法程序	65.2	69.6	72.6	71.2	70.1	72.8
4.刑事司法程序	64.8	70.3	72.1	71.6	71.0	70.5
5.行政司法程序	60.0	66.3	72.2	70.4	71.2	75.6

	2015年	2016年	2017年	2018年	2019年	2020—2021年
6.证据制度	71.7	73.3	71.7	69.7	68.4	71.4
7.司法腐败遏制	60.2	68.6	69.9	71.0	68.7	69.1
8.法律职业化	57.9	66.7	65.3	66.4	63.1	64.8
9.司法公开	67.8	72.8	81.3	78.1	73.0	77.2
10.司法文化	69.2	66.9	67.2	66.2	65.1	67.3

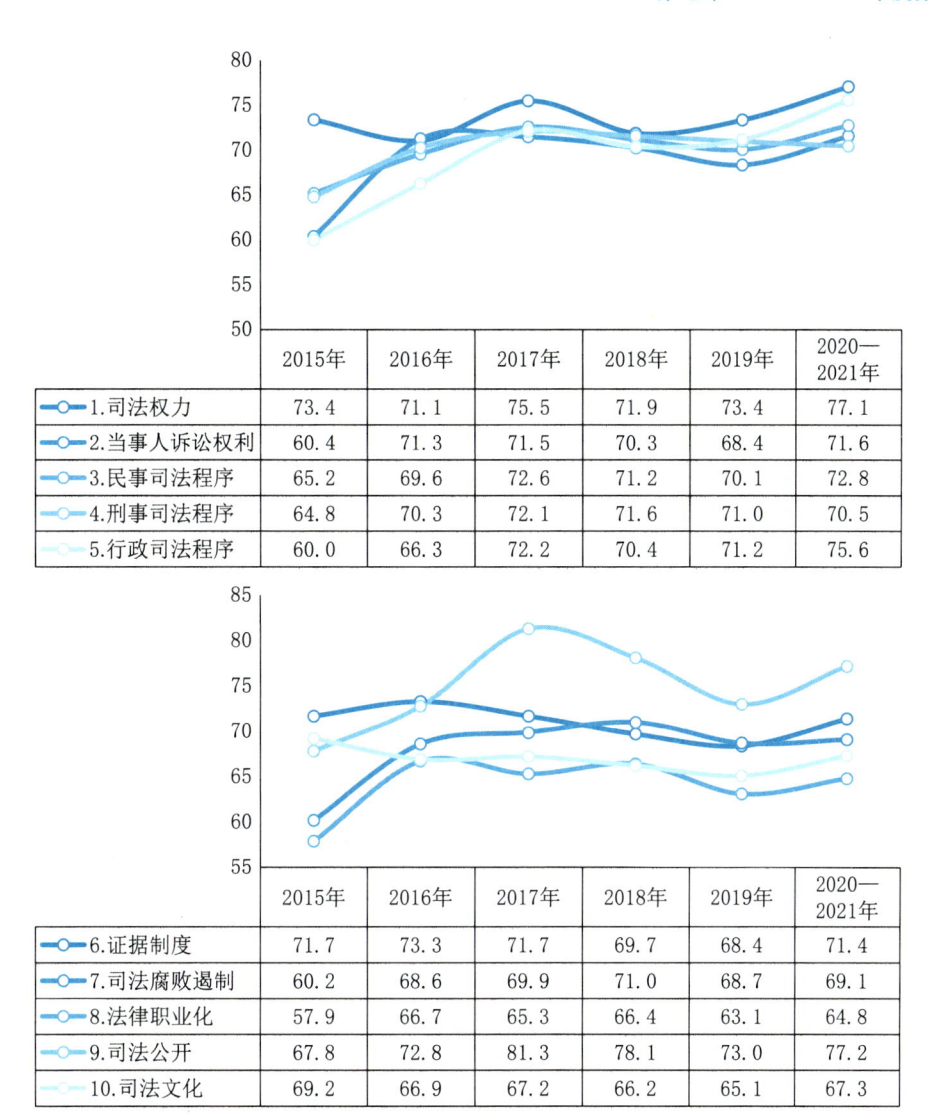

图 7-65 云南省司法文明一级指标得分年度变化情况

（二十六）西藏自治区

西藏自治区自 2016—2021 年进行了调查，司法文明指标得分呈波浪式发展趋势，2017 年得分最低（67.8 分），2019 年得分最高（70.8 分），分差为 3.0 分。2017 年比全国平均分低 3.10%，2020—2021 年比全国平均分低 1.54%，其余 3 次调查比全国平均分高。

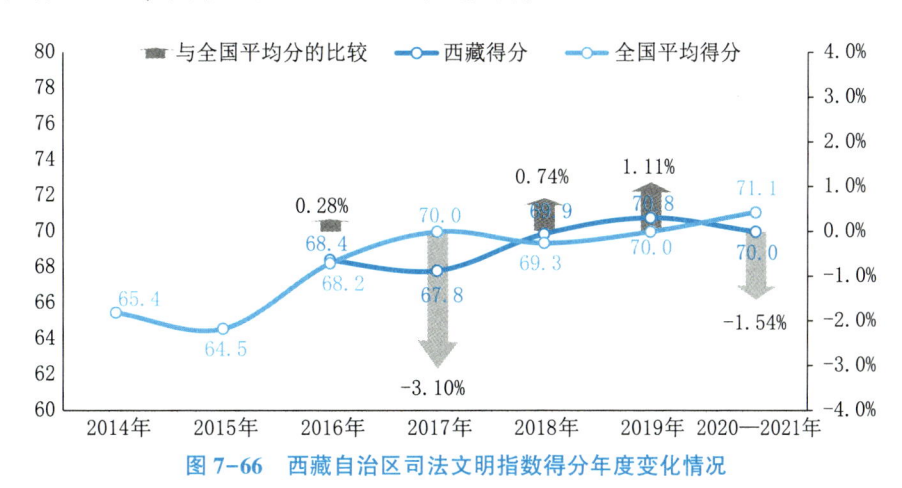

图 7-66 西藏自治区司法文明指数得分年度变化情况

总体上看，西藏自治区司法文明指数呈波浪式发展趋势，指标得分在 2017 年下降 0.6 分，2018 年提高 2.1 分，2019 年继续提高 0.9 分，2020—2021 年则下降了 0.8 分。

10 个一级指标得分变化趋势如下：

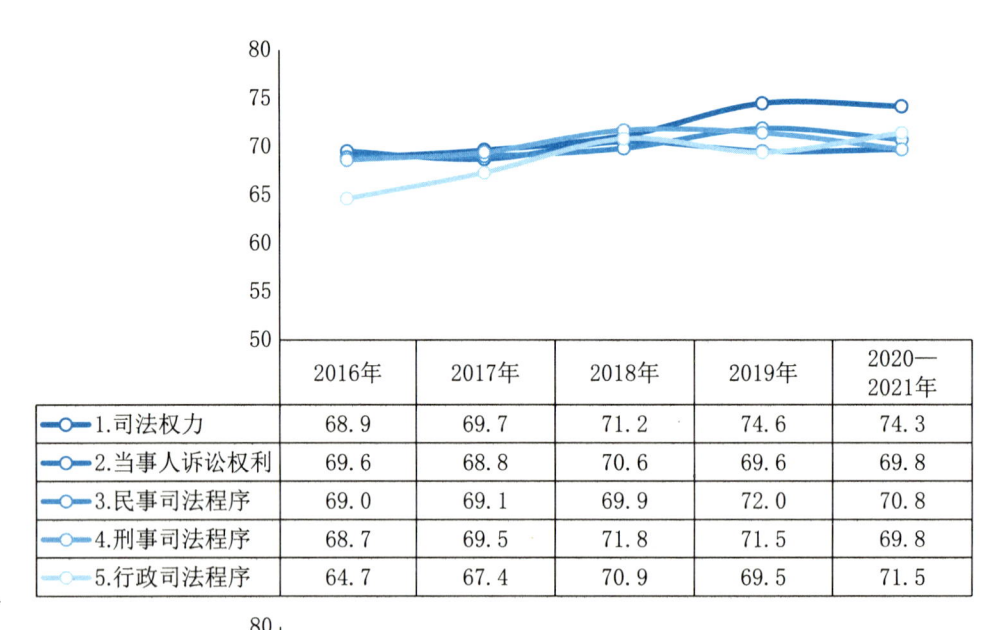

	2016年	2017年	2018年	2019年	2020—2021年
1.司法权力	68.9	69.7	71.2	74.6	74.3
2.当事人诉讼权利	69.6	68.8	70.6	69.6	69.8
3.民事司法程序	69.0	69.1	69.9	72.0	70.8
4.刑事司法程序	68.7	69.5	71.8	71.5	69.8
5.行政司法程序	64.7	67.4	70.9	69.5	71.5

	2016年	2017年	2018年	2019年	2020—2021年
6.证据制度	68.5	70.8	70.4	69.0	68.2
7.司法腐败遏制	69.3	67.9	72.9	72.4	71.2
8.法律职业化	67.1	62.1	62.6	66.1	62.6
9.司法公开	73.8	72.8	75.3	75.4	75.8
10.司法文化	64.4	60.0	62.9	67.4	65.8

图 7-67　西藏自治区司法文明一级指标得分年度变化情况

（二十七）陕西省

陕西省自 2016—2021 年进行了调查，司法文明指标得分呈波动上升趋势，2016 年得分最低（63.8 分），2020—2021 年得分最高（71.4 分），分差为 7.6 分。2016 年比全国平均分低 6.47%，2017 年、2018 年与全国平均分相近，2019 年比全国平均分低 2.50%，2020—2021 年又高出全国平均分 0.41%。

图 7-68 陕西省司法文明指数得分年度变化情况

总体上看，陕西省司法文明指数呈波动上升趋势，指标得分在 2017 年大幅上升 5.9 分，2018 年略有下降，2019 年继续下降 1.4 分，2020—2021 年则回升 3.2 分。

10 个一级指标得分变化趋势如下：

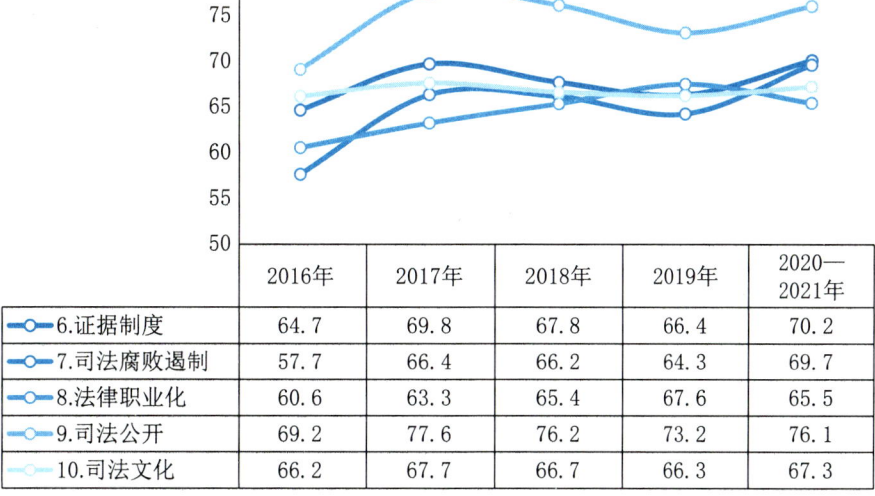

	2016年	2017年	2018年	2019年	2020—2021年
1.司法权力	61.7	71.9	70.2	72.0	76.0
2.当事人诉讼权利	63.4	68.7	68.2	67.0	69.1
3.民事司法程序	66.5	70.9	71.1	70.3	73.0
4.刑事司法程序	66.6	69.7	70.9	67.2	72.7
5.行政司法程序	61.4	70.8	73.0	68.0	74.2

	2016年	2017年	2018年	2019年	2020—2021年
6.证据制度	64.7	69.8	67.8	66.4	70.2
7.司法腐败遏制	57.7	66.4	66.2	64.3	69.7
8.法律职业化	60.6	63.3	65.4	67.6	65.5
9.司法公开	69.2	77.6	76.2	73.2	76.1
10.司法文化	66.2	67.7	66.7	66.3	67.3

图 7-69 陕西省司法文明一级指标得分年度变化情况

(二十八) 甘肃省

甘肃省自 2016—2021 年进行了调查,六年间得分呈"N"形变化,2018 年得分最低（65.2 分）,2020—2021 年得分最高（70.4 分）,分差为 5.2 分。六年间得分均低于全国平均分,其中 2018 年比全国平均分低 5.90%,2019 年大幅缩小差距,仅低于全国平均分 0.45%,2020—2021 年差距再次拉大,低于全国平均分 0.93%。

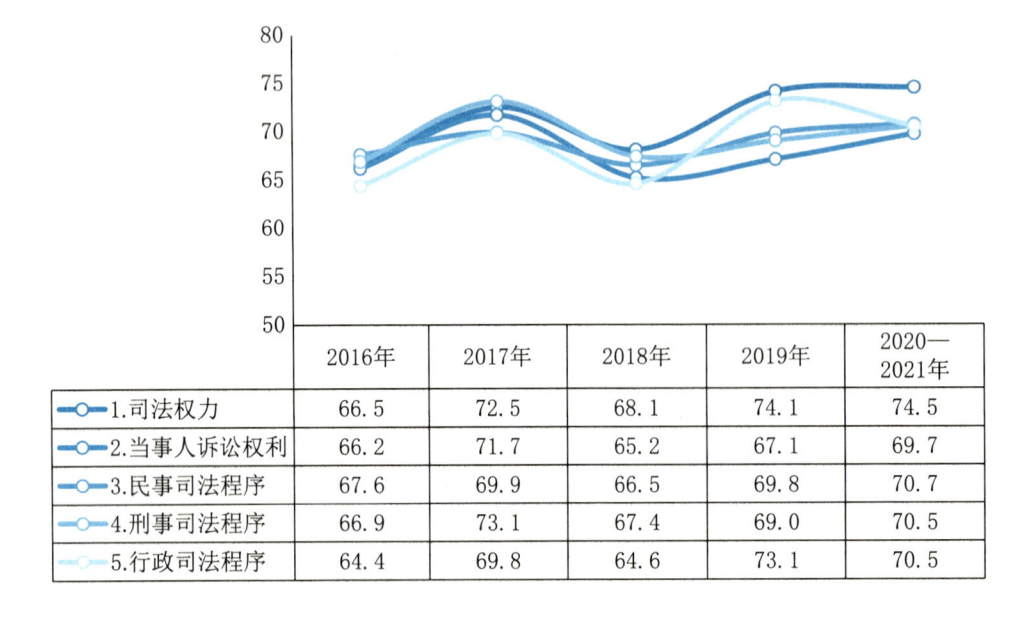

图 7-70 甘肃省司法文明指数得分年度变化情况

总体上看,甘肃省司法文明指数变化幅度较大,指标得分在 2017 年上升 3.4 分,2018 年下降 4.7 分,2019 年回升 4.5 分,2020—2021 年继续提高 0.7 分。

10 个一级指标得分变化趋势如下:

	2016年	2017年	2018年	2019年	2020—2021年
1.司法权力	66.5	72.5	68.1	74.1	74.5
2.当事人诉讼权利	66.2	71.7	65.2	67.1	69.7
3.民事司法程序	67.6	69.9	66.5	69.8	70.7
4.刑事司法程序	66.9	73.1	67.4	69.0	70.5
5.行政司法程序	64.4	69.8	64.6	73.1	70.5

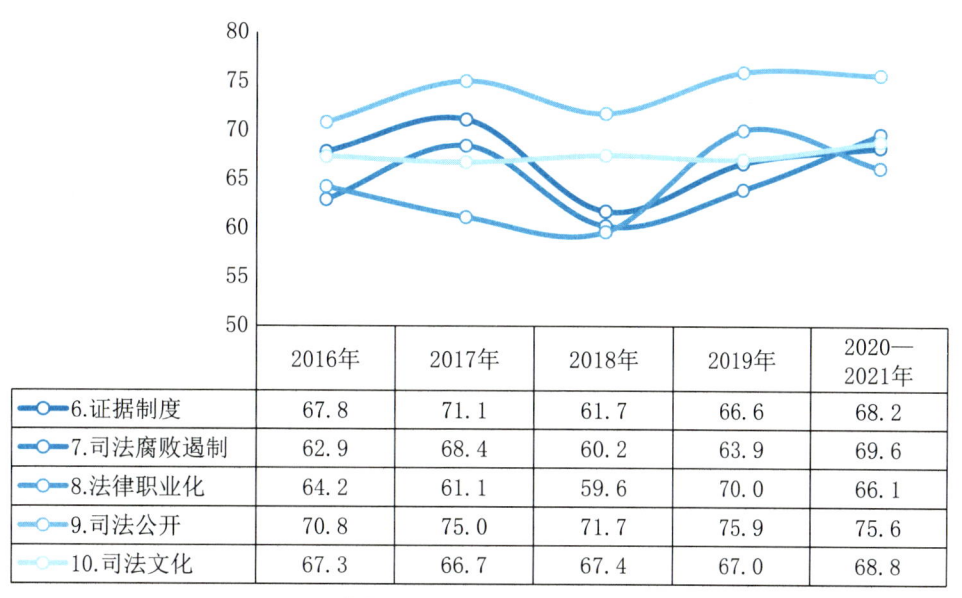

	2016年	2017年	2018年	2019年	2020—2021年
6.证据制度	67.8	71.1	61.7	66.6	68.2
7.司法腐败遏制	62.9	68.4	60.2	63.9	69.6
8.法律职业化	64.2	61.1	59.6	70.0	66.1
9.司法公开	70.8	75.0	71.7	75.9	75.6
10.司法文化	67.3	66.7	67.4	67.0	68.8

图 7-71 甘肃省司法文明一级指标得分年度变化情况

(二十九) 青海省

青海省自 2014—2021 年进行了调查，司法文明指标得分呈"W"形变化，2015 年得分最低（63.5 分），2017 年得分最高（71.0 分），分差为 7.5 分。历年得分变化趋势与全国平均分相近，在 7 次调查中，有 6 次调查得分低于全国平均分，仅 2017 年比全国平均分高 1.48%，2018 年、2019 年、2020—2021 年均略低于全国平均分。

图 7-72 青海省司法文明指数得分年度变化情况

总体上看，青海省司法文明指数呈波浪式发展趋势，指标得分在 2015 年下降 1.5 分，2016 年上升 4.7 分，2017 年继续上升 2.8 分，2018 年回落 1.9 分，2019 年又回升了 0.7 分，2020—2021 年继续提升 0.7 分。

10 个一级指标得分变化趋势如下：

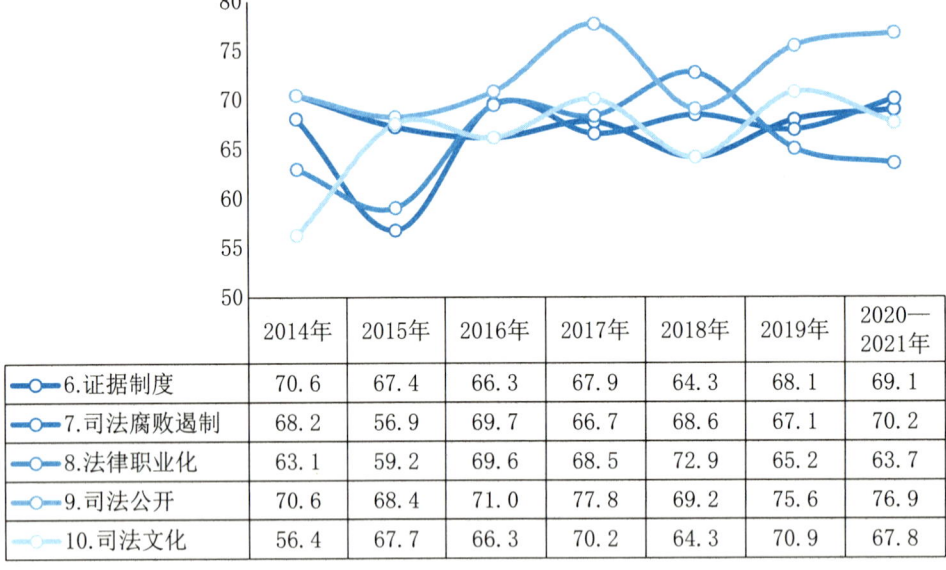

	2014年	2015年	2016年	2017年	2018年	2019年	2020—2021年
1.司法权力	65.5	68.0	71.6	72.7	71.6	73.0	73.8
2.当事人诉讼权利	64.2	60.6	69.2	70.1	68.7	67.3	69.2
3.民事司法程序	63.3	63.5	66.9	72.1	71.8	69.5	72.3
4.刑事司法程序	63.2	63.4	67.8	70.8	71.5	70.0	71.4
5.行政司法程序	65.3	59.7	63.5	72.9	68.6	71.7	70.3

	2014年	2015年	2016年	2017年	2018年	2019年	2020—2021年
6.证据制度	70.6	67.4	66.3	67.9	64.3	68.1	69.1
7.司法腐败遏制	68.2	56.9	69.7	66.7	68.6	67.1	70.2
8.法律职业化	63.1	59.2	69.6	68.5	72.9	65.2	63.7
9.司法公开	70.6	68.4	71.0	77.8	69.2	75.6	76.9
10.司法文化	56.4	67.7	66.3	70.2	64.3	70.9	67.8

图 7-73　青海省司法文明一级指标得分年度变化情况

（三十）宁夏回族自治区

宁夏回族自治区自 2015—2021 年进行了调查，司法文明指标得分呈波动上升趋势，2015 年得分最低（65.6 分），2020—2021 年得分最高（72.5 分），分差为 6.9 分。历年得分均高于全国平均分，2016 年比全国平均分高 3.04%，之后差距不断缩小，2019 年仅比全国平均分高 0.24%，2020—2021 年差距再次拉大，比全国平均分高 1.97%。

图 7-74 宁夏回族自治区司法文明指数得分年度变化情况

总体上看，宁夏回族自治区司法文明指数呈波动上升趋势，指标得分在 2016 年、2017 年分别提高 4.7 分、1.1 分，2018 年、2019 年分别降低 1.2 分、0.1 分，2020—2021 年则回升 2.3 分。

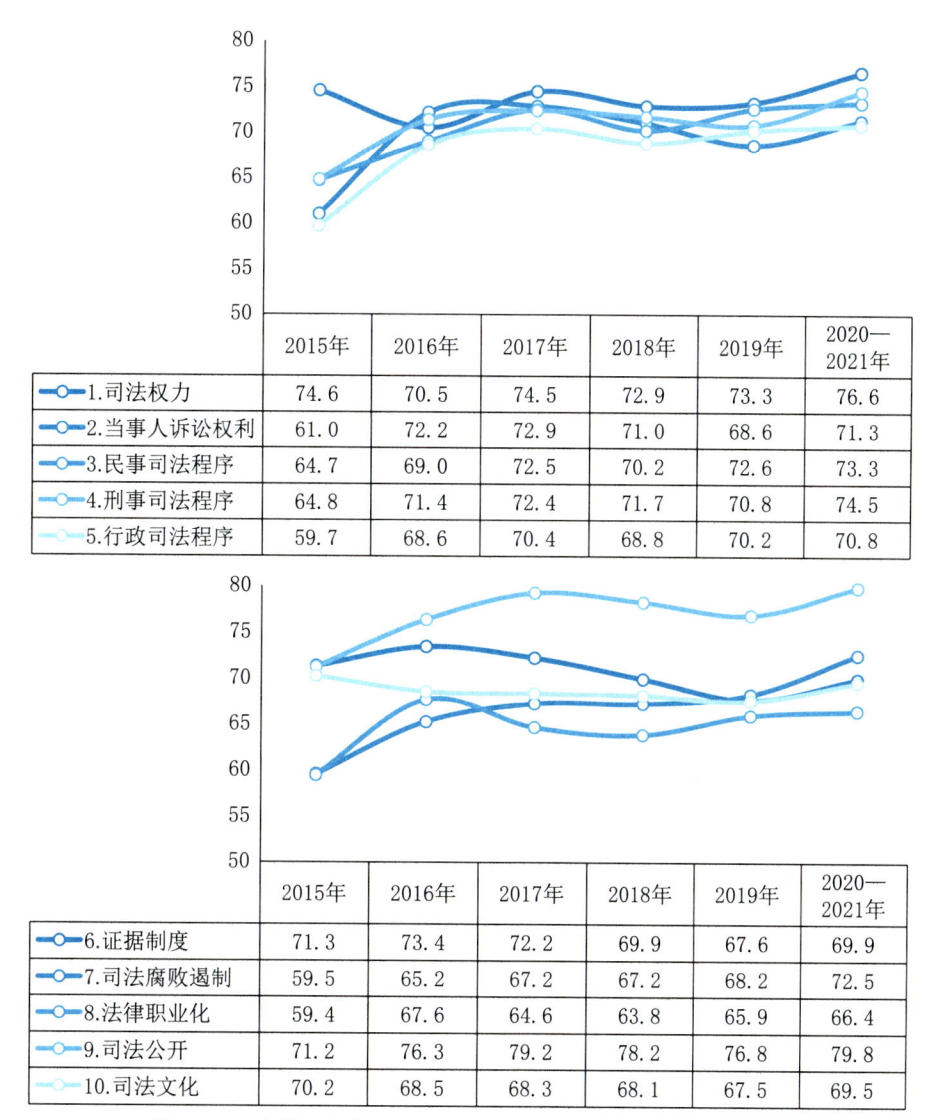

10 个一级指标得分变化趋势如下：

	2015年	2016年	2017年	2018年	2019年	2020—2021年
1.司法权力	74.6	70.5	74.5	72.9	73.3	76.6
2.当事人诉讼权利	61.0	72.2	72.9	71.0	68.6	71.3
3.民事司法程序	64.7	69.0	72.5	70.2	72.6	73.3
4.刑事司法程序	64.8	71.4	72.4	71.7	70.8	74.5
5.行政司法程序	59.7	68.6	70.4	68.8	70.2	70.8

	2015年	2016年	2017年	2018年	2019年	2020—2021年
6.证据制度	71.3	73.4	72.2	69.9	67.6	69.9
7.司法腐败遏制	59.5	65.2	67.2	67.2	68.2	72.5
8.法律职业化	59.4	67.6	64.6	63.8	65.9	66.4
9.司法公开	71.2	76.3	79.2	78.2	76.8	79.8
10.司法文化	70.2	68.5	68.3	68.1	67.5	69.5

图 7-75 宁夏回族自治区司法文明一级指标得分年度变化情况

(三十一) 新疆维吾尔自治区

新疆维吾尔自治区自 2016—2021 年进行了调查，司法文明指标得分较为稳定，2017 年得分最低（69.0 分），2020—2021 年得分最高（72.4 分），分差为 3.4 分。在 5 次调查中，有 4 次得分高于全国平均分，其中 2016 年比全国平均分高 2.60%，但 2017 年比全国平均分低 1.38%。2018—2021 年得分均比全国平均分高，其中 2020—2021 年比全国平均分高 1.84%。

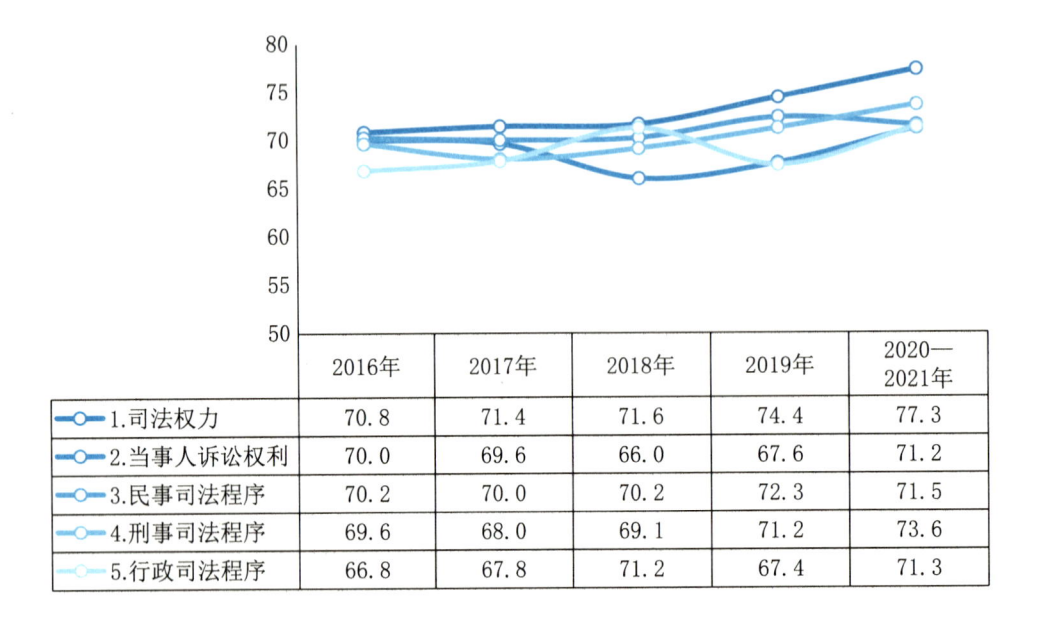

图 7-76 新疆维吾尔自治区司法文明指数得分年度变化情况

总体上看，新疆维吾尔自治区司法文明指数变化较为平稳，指标得分在 2017 年下降 1.0 分，2018 年提高 0.8 分，2019 年继续提高 0.6 分，2020—2021 年则提高了 2.0 分。

10 个一级指标得分变化趋势如下：

	2016年	2017年	2018年	2019年	2020—2021年
1.司法权力	70.8	71.4	71.6	74.4	77.3
2.当事人诉讼权利	70.0	69.6	66.0	67.6	71.2
3.民事司法程序	70.2	70.0	70.2	72.3	71.5
4.刑事司法程序	69.6	68.0	69.1	71.2	73.6
5.行政司法程序	66.8	67.8	71.2	67.4	71.3

	2016年	2017年	2018年	2019年	2020—2021年
—○— 6.证据制度	70.9	68.7	66.8	68.0	71.1
—○— 7.司法腐败遏制	70.8	68.0	71.2	71.8	75.1
—○— 8.法律职业化	68.0	64.6	70.0	67.6	66.7
—○— 9.司法公开	75.8	74.9	72.1	76.5	77.7
—○— 10.司法文化	66.9	66.7	69.3	67.8	68.3

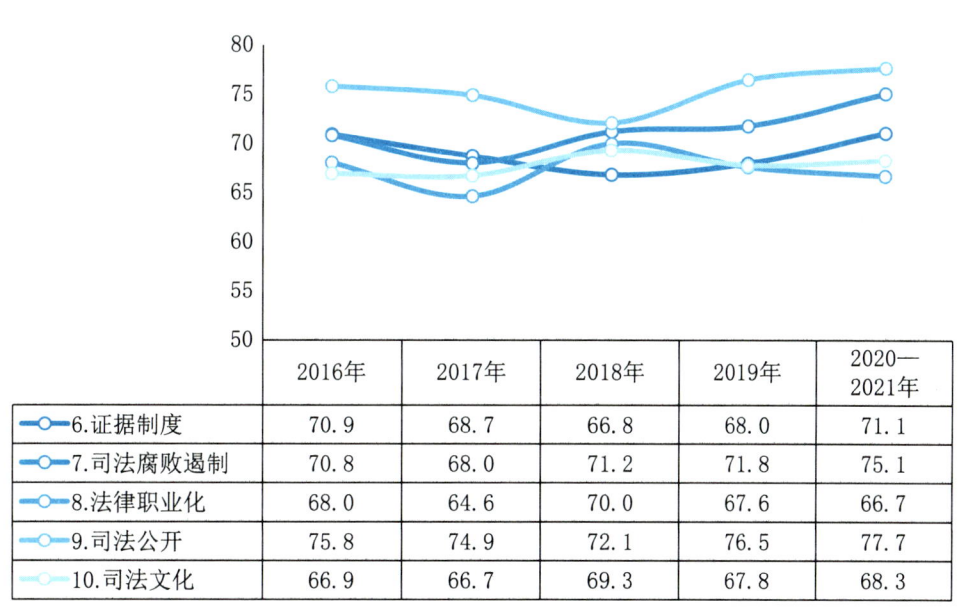

图 7-77 新疆维吾尔自治区司法文明一级指标得分年度变化情况

附录1 司法文明指数调查问卷（职业卷）

您好：

"司法文明指数"是教育部、财政部"2011计划"司法文明协同创新中心承担的一个重大研究项目。为了对我国各省、自治区、直辖市的司法文明状况进行评估，我们设计了这份问卷。请根据您所在地区的实际情况，回答每一个问题。问卷采取匿名方式，对于问卷答题结果和您的个人信息，根据《中华人民共和国统计法》第九条的规定，我们将为您严格保密。您的每一个回答都将为司法文明建设贡献一份力量。

衷心感谢您对我们工作的支持！

《司法文明指数研究》课题组

请在选择项对应的数字代号上画○。

个人基本情况

Z1. 您的性别： 【单选】
男……………………… 1　　女……………………… 2

Z2. 出生年月：_____年_____月

Z3. 民族：_____族

Z4. 您目前工作的地方：_____省（自治区/直辖市）_____地级市（州、区）_____区（县）

Z5.1 您的职业是： 【单选】

法　官……………………… 1　　警　察……………………… 3
检察官……………………… 2　　律　师……………………… 4

Z5.2 如果您是法官或检察官，您是否已经进入员额？

是……………………… 1　　否……………………… 2

Z6. 您从_____年_____月开始从事法律职业。

Z7. 您的教育背景（学历/学位）： 【单选】

高中及以下……………………………………………………	1	➔【跳答到Z9题】
专　科…………………………………………………………	2	➔【继续回答下一题】
本　科…………………………………………………………	3	
研究生/硕士……………………………………………………	4	
研究生/博士……………………………………………………	5	

Z8. 【如 Z7 选择了 2~5 中的任一个，则回答此题】您的专业（含全日制、函授、自考教育）：【单选】

　　法学专业（包括专科、本科、研究生）…………………………… 1
　　其他专业…………………………… 2

Z9. 您的政治面貌： 【单选】

　　中共党员…………………………… 1
　　共青团员…………………………… 4
　　民主党派…………………………… 2
　　群　众……………………………… 5
　　无党派（经有关部门认定）……… 3

主体问题

Q1. 在过去三年，您获得业务培训的总时长是多少？ 【单选】

　　没　有……………………………… 1
　　2~4 周 ……………………………… 4
　　1 周以内 …………………………… 2
　　4 周以上 …………………………… 5
　　1~2 周 ……………………………… 3

Q2. 您对自己所获得的法律职业保障的满意程度如何？ 【逐行单选】

	非常满意	比较满意	一　般	不太满意	非常不满意
2.1 职务晋升前景	5	4	3	2	1
2.2 职业待遇（工资、奖金、福利等）	5	4	3	2	1
2.3 履行法定职责保护机制	5	4	3	2	1

Q3. 在您所在单位，您感受到来自以下方面的工作压力如何？ 【逐行单选】

【3.2，3.4 不纳入指标算分】

	很　大	大	中	小	无
3.1 绩效考核	5	4	3	2	1
3.2 错案责任追究	5	4	3	2	1
3.3 当事人及其家属	5	4	3	2	1
3.4 媒体舆论	5	4	3	2	1

Q4. 在您所在地区，律师执业时发生如下问题的可能性有多大？ 【逐行单选】

	非常可能	很可能	有可能	不太可能	非常不可能
4.1 调查取证权行使受到限制	5	4	3	2	1
4.2 庭审中质证权行使受到限制	5	4	3	2	1
4.3 被追究"律师伪证罪"	5	4	3	2	1
4.4 办案过程中被公检法人员羞辱	5	4	3	2	1

Q5. 在您所在地区，律师存在下列行为的可能性有多大？　　　　　　　　　　　　　　　　　　　　【逐行单选】

	非常可能	很可能	有可能	不太可能	非常不可能
5.1 虚假承诺	5	4	3	2	1
5.2 与法官有不正当利益往来	5	4	3	2	1
5.3 尽职尽责为委托人服务	5	4	3	2	1

Q6. 在您所在地区，下列人员办"关系案"的可能性有多大？　　　　　　　　　　　　　　　　　　【逐行单选】

	非常可能	很可能	有可能	不太可能	非常不可能
6.1 法官	5	4	3	2	1
6.2 检察官	5	4	3	2	1
6.3 警察	5	4	3	2	1

Q7. 在您所在地区，下列人员收受贿赂的可能性有多大？　　　　　　　　　　　　　　　　　　　【逐行单选】

	非常可能	很可能	有可能	不太可能	非常不可能
7.1 法官	5	4	3	2	1
7.2 检察官	5	4	3	2	1
7.3 警察	5	4	3	2	1

Q8. 在您所在地区，法官办案受到本院领导干涉的可能性有多大？　　　　　　　　　　　　　　　　　【单选】

非常可能	很可能	有可能	不太可能	非常不可能
5	4	3	2	1

Q9. 在您所在地区，下列司法机关办案受到党政机关干涉的可能性有多大？　　　　　　　　　　　【逐行单选】

	非常可能	很可能	有可能	不太可能	非常不可能
9.1 法院	5	4	3	2	1
9.2 检察院	5	4	3	2	1

Q10. 在您所在地区，下列机关公正办案的可能性有多大？　　　　　　　　　　　　　　　　　　　【逐行单选】

	非常可能	很可能	有可能	不太可能	非常不可能
10.1 法院	5	4	3	2	1
10.2 检察院	5	4	3	2	1
10.3 公安机关	5	4	3	2	1

Q11. 在您所在地区，法院对以下案件当事人"不偏不倚"的可能性有多大？　　　　　　　　　　　【逐行单选】

	非常可能	很可能	有可能	不太可能	非常不可能
11.1 民事诉讼中贫富不同的当事人	5	4	3	2	1
11.2 刑事诉讼控辩双方	5	4	3	2	1
11.3 行政诉讼原告与被告	5	4	3	2	1

Q12. 在您所在地区,法院依法行使审判权的可能性有多大? 【单选】

非常可能	很可能	有可能	不太可能	非常不可能
5	4	3	2	1

Q13. 在您所在地区,在审查起诉时如果发现有利于犯罪嫌疑人的证据,检察院及时调取该证据的可能性有多大? 【单选】

非常可能	很可能	有可能	不太可能	非常不可能
5	4	3	2	1

Q14. 在您所在地区,对于公安机关移送审查起诉的案件,检察机关经过审查后认为犯罪情节轻微,依照刑法规定不需要判处刑罚或者可以免除刑罚的,其作出不起诉决定的可能性有多大? 【单选】

非常可能	很可能	有可能	不太可能	非常不可能
5	4	3	2	1

Q15. 在您所在地区,警察对犯罪嫌疑人刑讯逼供的可能性有多大? 【单选】

非常可能	很可能	有可能	不太可能	非常不可能
5	4	3	2	1

Q16. 在您所在地区,犯罪嫌疑人被超期羁押的可能性有多大? 【单选】

非常可能	很可能	有可能	不太可能	非常不可能
5	4	3	2	1

Q17. 在您所在地区的侦查讯问中,警察要求犯罪嫌疑人自证其罪的可能性有多大? 【单选】

非常可能	很可能	有可能	不太可能	非常不可能
5	4	3	2	1

Q18. 在您所在地区,律师行使辩护权得到保障的可能性有多大? 【单选】

非常可能	很可能	有可能	不太可能	非常不可能
5	4	3	2	1

Q19. 在您所在地区的刑事审判中,如果被告人要求证人出庭作证,法官传唤该证人出庭作证的可能性有多大? 【单选】

非常可能	很可能	有可能	不太可能	非常不可能
5	4	3	2	1

Q20. 在您所在地区的民事诉讼中，法官强迫或变相强迫当事人接受调解的可能性有多大？ 【单选】

非常可能	很可能	有可能	不太可能	非常不可能
5	4	3	2	1

Q21. 在您所在地区，下列案件生效判决得到有效执行的可能性有多大？ 【逐行单选】

	非常可能	很可能	有可能	不太可能	非常不可能
21.1 民事判决	5	4	3	2	1
21.2 行政诉讼中行政机关败诉的判决	5	4	3	2	1

Q22. 在您所在地区，对于被批准逮捕后不再具有社会危险性的犯罪嫌疑人，检察机关依法予以变更或者解除逮捕措施的可能性有多大？ 【单选】

非常可能	很可能	有可能	不太可能	完全不可能
5	4	3	2	1

Q23. 在您所在地区，侦查机关滥用权力进行非法监听的可能性有多大？ 【单选】

非常可能	很可能	有可能	不太可能	非常不可能
5	4	3	2	1

Q24. 在您所在地区，对于公安机关移送审查起诉的案件，检察机关经过审查后认为证据不足，直接作出不起诉决定的可能性有多大？ 【单选】

非常可能	很可能	有可能	不太可能	非常不可能
5	4	3	2	1

Q25. 在您所在地区，刑事案件审判久拖不决的可能性有多大？ 【单选】

非常可能	很可能	有可能	不太可能	非常不可能
5	4	3	2	1

Q26. 在您所在地区，对确有错误的生效判决，法院启动再审程序予以纠正的可能性有多大？ 【逐行单选】

	非常可能	很可能	有可能	不太可能	非常不可能
26.1 民事案件	5	4	3	2	1
26.2 刑事案件	5	4	3	2	1
26.3 行政案件	5	4	3	2	1

Q27. 在您所在地区，您觉得"打官司就是打证据"的可能性有多大？ 【单选】

非常可能	很可能	有可能	不太可能	非常不可能
5	4	3	2	1

Q28. 在您所在地区，认定被告人有罪的证据不足，法院"宁可错放，也不错判"的可能性有多大？【单选】

非常可能	很可能	有可能	不太可能	非常不可能
5	4	3	2	1

Q29. 辩护律师向法庭申请排除非法口供，并履行了初步证明责任，而公诉人未证明取证合法的，法官排除该证据的可能性有多大？ 【单选】

非常可能	很可能	有可能	不太可能	非常不可能
5	4	3	2	1

Q30. 在您所在地区，庭审经过严格举证、质证程序（不走过场）才作出判决的可能性有多大？

【逐行单选】

	非常可能	很可能	有可能	不太可能	非常不可能
30.1 侦查人员出庭作证	5	4	3	2	1
30.2 证人证言在法庭上得到质证	5	4	3	2	1

Q31. 您对自己所在地区法官、检察官、警察队伍的总体满意程度如何？ 【逐行单选】

	非常满意	比较满意	一般	不太满意	非常不满意
31.1 法官	5	4	3	2	1
31.2 检察官	5	4	3	2	1
31.3 警察	5	4	3	2	1

Q32. 在您所在地区，法院司法公开的可能性有多大？ 【逐行单选】

	非常可能	很可能	有可能	不太可能	非常不可能
32.1 法院允许公众旁听审判	5	4	3	2	1
32.2 法院依法及时公开判决书	5	4	3	2	1
32.3 判决书对证据采纳与排除的理由予以充分说明	5	4	3	2	1

Q33. 在您所在地区，法院公正审判的可能性有多大？ 【逐行单选】

	非常可能	很可能	有可能	不太可能	非常不可能
33.1 审判过程公正	5	4	3	2	1
33.2 判决结果公正	5	4	3	2	1

Q34. 您对这次调查有何意见或评论？对本问卷有何修改或完善的意见？

衷心感谢您的支持！

附录2　司法文明指数调查问卷（公众卷）

您好：

"司法文明指数"是教育部、财政部"2011计划"司法文明协同创新中心承担的一个重大研究项目。为了对我国各省、自治区、直辖市的司法文明状况进行评估，我们设计了这份问卷。请根据您所在地区的实际情况，回答每一个问题。问卷采取匿名方式，对于问卷答题结果和您的个人信息，根据《中华人民共和国统计法》第九条的规定，我们将为您严格保密。您的每一个回答都将为司法文明建设贡献一份力量。

衷心感谢您对我们工作的支持！

《司法文明指数研究》课题组

请在选择项对应的数字代号上画○。

个人基本情况

Z1. 您的性别：【单选】

男……………………1　　女……………………2

Z2. 出生年月：_____年_____月

Z3. 您的民族：_____族

Z4. 请问您的职业是？【注：如目前从事多个职业，请以您最主要的为准。】【单选】

党政机关人员……………………1　　自由职业者……………………6
事业单位（含学校、研究机构）人员……2　　离退休人员……………………7
企业、服务业人员……………………3　　学　生……………………8
进城务工人员……………………4　　无　业……………………9
农民（含林牧渔业生产者）……………5　　其　他【请注明】_____

Z5. 文化程度：【单选】

初中及以下……………………1　　本科/专科……………………3
高中/中专……………………2　　研究生……………………4

Z6. 所在地区：

_____省（自治区/直辖市）_____地级市（州、区）

Z7. 您的政治面貌：【单选】

中共党员……………………1
民主党派……………………2　　共青团员……………………4
无党派（经有关部门认定）……3　　群　众……………………5

Z8. 您或者您的家人是否曾参加过诉讼活动？ 【单选】

　　　是…………………………… 1　　　　　否…………………………… 2

主体问题

Q1. 如果有当人民陪审员的机会，您愿意参与法庭审判吗？ 【单选】

非常愿意	比较愿意	一　般	不太愿意	非常不愿意
5	4	3	2	1

Q2. 在您所在地区，下列人员收受贿赂的可能性有多大？ 【逐行单选】

	非常可能	很可能	有可能	不太可能	非常不可能
2.1 法官	5	4	3	2	1
2.2 检察官	5	4	3	2	1
2.3 警察	5	4	3	2	1

Q3. 在您所在地区，律师存在下列行为的可能性有多大？ 【逐行单选】

	非常可能	很可能	有可能	不太可能	非常不可能
3.1 虚假承诺	5	4	3	2	1
3.2 与法官有不正当利益往来	5	4	3	2	1
3.3 尽职尽责为委托人服务	5	4	3	2	1

Q4. 您对自己所在地区法官、检察官、警察队伍的总体满意程度如何？ 【逐行单选】

	非常满意	比较满意	一　般	不太满意	非常不满意
4.1 法官	5	4	3	2	1
4.2 检察官	5	4	3	2	1
4.3 警察	5	4	3	2	1

Q5. 在您所在地区，法院司法公开的可能性有多大？ 【逐行单选】

	非常可能	很可能	有可能	不太可能	非常不可能
5.1 法院允许公众旁听审判	5	4	3	2	1
5.2 法院依法及时公开判决书	5	4	3	2	1

Q6. 在您所在地区，法院公正审判的可能性有多大？ 【逐行单选】

	非常可能	很可能	有可能	不太可能	非常不可能
6.1 审判过程公正	5	4	3	2	1
6.2 判决结果公正	5	4	3	2	1

Q7. 在您所在地区，当矛盾双方无法通过协商、调解等方式解决纠纷时，人们到法院起诉的可能性有多大？【单选】

非常可能	很可能	有可能	不太可能	非常不可能
5	4	3	2	1

Q8. 假设审判程序没有问题，但判决结果对您不利，您尊重法院判决的可能性有多大？【单选】

非常可能	很可能	有可能	不太可能	非常不可能
5	4	3	2	1

Q9. 对于在公共场所举行公捕、公判大会，您的总体态度是？【单选】

坚决支持	一定程度上支持	不关心、无所谓	不太支持	强烈反对
5	4	3	2	1

Q10. 与枪决相比，您对以注射方式执行死刑的态度是？【单选】

坚决支持	一定程度上支持	不关心、无所谓	不太支持	强烈反对
5	4	3	2	1

Q11. 在您所在地区，贫富不同的当事人受到法院平等对待的可能性有多大？【单选】

非常可能	很可能	有可能	不太可能	非常不可能
5	4	3	2	1

Q12. 在您所在地区，警察对犯罪嫌疑人刑讯逼供的可能性有多大？【单选】

非常可能	很可能	有可能	不太可能	非常不可能
5	4	3	2	1

Q13. 在您所在地区，被告人如果请不起律师，他/她得到免费法律援助的可能性有多大？【单选】

非常可能	很可能	有可能	不太可能	非常不可能
5	4	3	2	1

Q14. 在您所在地区，刑事案件审判久拖不决的可能性有多大？【单选】

非常可能	很可能	有可能	不太可能	非常不可能
5	4	3	2	1

Q15. 在您所在地区的民事诉讼中，法官强迫或变相强迫当事人接受调解的可能性有多大？【单选】

非常可能	很可能	有可能	不太可能	非常不可能
5	4	3	2	1

Q16. 在您所在地区，下列案件生效判决得到有效执行的可能性有多大？ 【逐行单选】

	非常可能	很可能	有可能	不太可能	非常不可能
16.1 民事判决	5	4	3	2	1
16.2 行政诉讼中行政机关败诉的判决	5	4	3	2	1

Q17. 在您所在地区，刑事案件立案后，公安机关及时侦查的可能性有多大？ 【单选】

非常可能	很可能	有可能	不太可能	非常不可能
5	4	3	2	1

Q18. 在您所在地区，您觉得"打官司就是打关系"的可能性有多大？ 【单选】

非常可能	很可能	有可能	不太可能	非常不可能
5	4	3	2	1

Q19. 您了解公安机关、检察院、法院工作情况的主要渠道为 【可多选】

报纸杂志 …………………… 1　　亲身经历 …………………… 5

电视电台 …………………… 2　　旁听审判 …………………… 6

网　　络 …………………… 3　　陪审经历 …………………… 7

他人讲述 …………………… 4　　其　他【请注明】_____

Q20. 您对这次调查有何意见或评论？对本问卷有何修改或完善的意见？

_____

_____

_____

衷心感谢您的支持！

声　　明　　1. 版权所有，侵权必究。

2. 如有缺页、倒装问题，由出版社负责退换。

图书在版编目（CIP）数据

中国司法文明指数调查数据挖掘报告.2020—2021/张中主编.—北京：中国政法大学出版社，2023.8
ISBN 978-7-5764-1139-3

Ⅰ.①中…　Ⅱ.①张…　Ⅲ.①司法制度－研究报告－中国－2020-2021　Ⅳ.①D926

中国国家版本馆CIP数据核字(2023)第184359号

出 版 者	中国政法大学出版社
地　　址	北京市海淀区西土城路25号
邮寄地址	北京100088 信箱8034 分箱　邮编100088
网　　址	http://www.cuplpress.com（网络实名：中国政法大学出版社）
电　　话	010-58908289(编辑部) 58908334(邮购部)
承　　印	固安华明印业有限公司
开　　本	889mm×1194mm　1/16
印　　张	18.5
字　　数	560 千字
版　　次	2023年8月第1版
印　　次	2023年8月第1次印刷
定　　价	128.00元